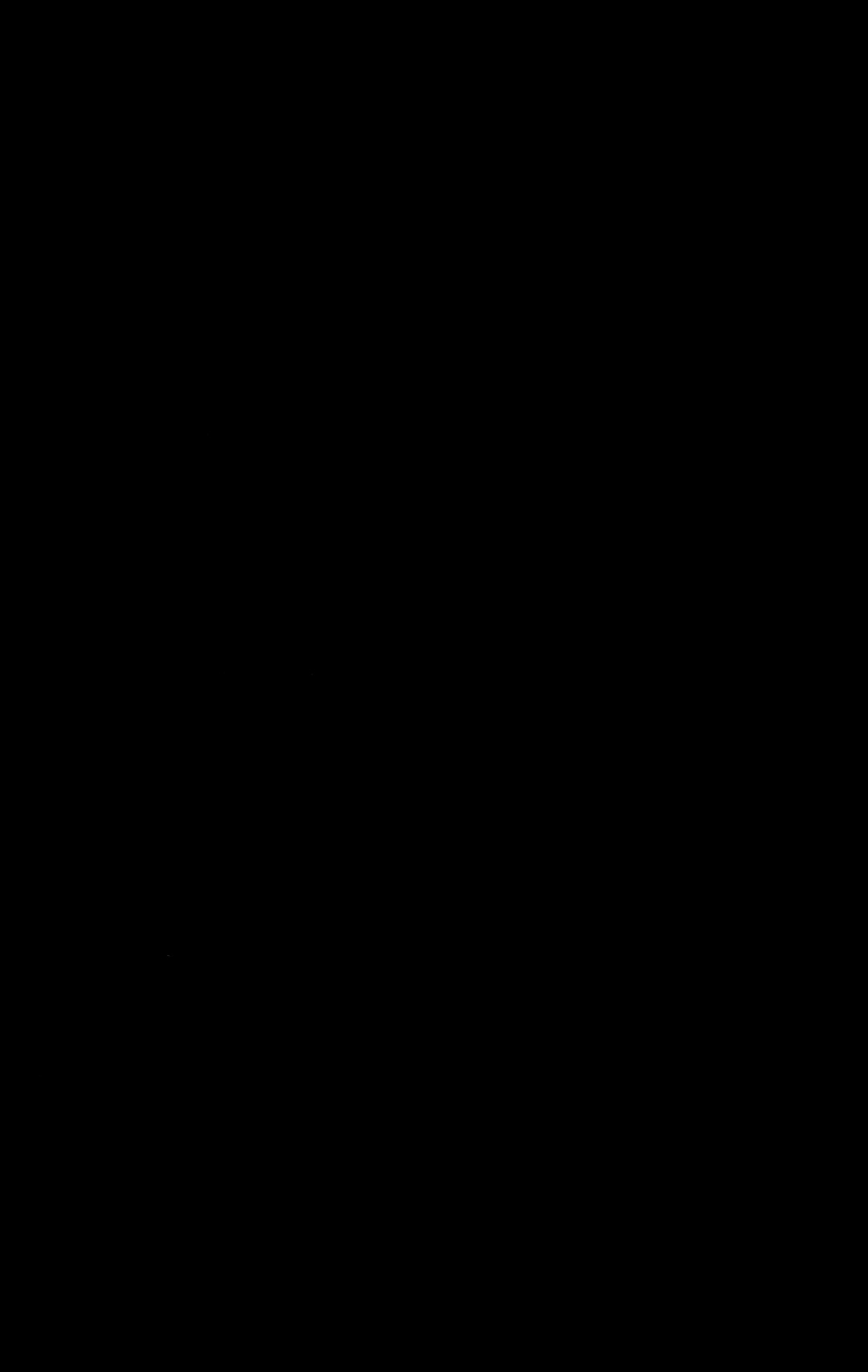

메이로쿠 잡지 – 문명개화의 공론장
1판 1쇄 발행 2021년 9월 15일
후쿠자와 유키치 외 원저 이새봄 쓰고 옮김
편집 정철 표지 디자인 김상만
발행 정철 출판사 빈서재
이메일 pinkcrimson@gmail.com
ISBN 979-11-971296-2-9

빈서재는 근현대사 고전 전문 출판사를 지향합니다. 번역하고 싶은 고전이 있다면 연락주세요. 제타위키에서 '빈서재 출판사'를 검색하시면 다양한 정보를 더 얻을 수 있습니다. https://zetawiki.com
이 책의 본문 편집은 $\LaTeX$로 작업되었습니다. 초보자에게 많은 도움을 주신 KTUG 회원 여러분께 감사드립니다. http://ktug.org

메이로쿠 잡지
문명개화의 공론장

明六雜誌

메이로쿠샤 동인 지음, **1874-1875**년
이새봄 쓰고 옮김, **2021**년

빈서재

원저자 메이로쿠샤 동인. 메이로쿠샤는 메이지 초기 미국에서 돌아온 모리 아리노리가 니시무라 시게키와 주축이 되어 만든 모임이다. 당대 최고의 양학자로 꼽히던 쓰다 마미치, 니시 아마네, 나카무라 마사나오, 미츠쿠리 슈헤이, 스기 코지, 미츠쿠리 린쇼, 가토 히로유키, 후쿠자와 유키치 등이 유명하지만, 순수한 한학자로 분류되는 사카타니 시로시 같은 인물도 활발하게 참여했다.

쓰고 옮긴이 이새봄. 연세대학교 국학연구원 HK연구교수. 도쿄 대학에서 일본사상사 전공으로 학위를 받았다. 박사학위 논문을 토대로『「自由」を求めた儒者-中村正直の理想と現実』(中央公論新社, 2020)를 출간했다. 그 외에『일본 근세 유학과 지식의 활용』(보고사, 2021),『유길준의 사상 세계-동아시아 문맥과 지적 여정』(나남, 2021),『가족주의와 가족의 경계들』(한국문화사, 2020),『동아시아에서 세계를 보면? - 역사의 길목에 선 동아시아 지식인들』(너머북스, 2017),『近代日本政治思想史』(ナカニシヤ出版、2014) 등의 편저에 글을 실었다. 최근엔 문명개화라는 시대의 과제를 한중일 삼국이 어떻게 능동적으로 받아들여왔는지 비교하는 연구에 힘쓰고 있다.

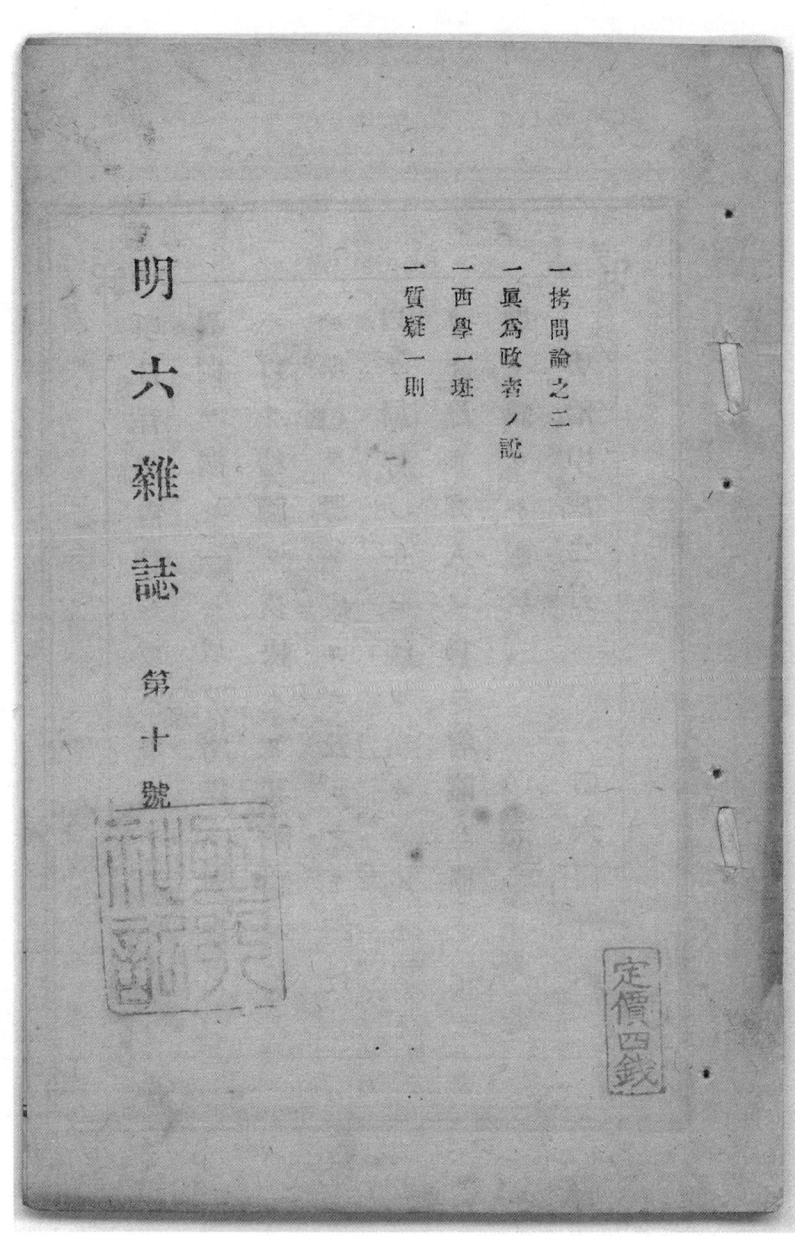

『메이로쿠 잡지』원본 표지

頃日吾儕盍簪シ或ハ事理ヲ論シ或ハ異聞ヲ談シ一ハ以テ學業ヲ研磨シ一ハ以テ精神ヲ爽快ニス其談論筆記スル所積テ册ヲ成スニ及ヒ之ヲ鏤行シ以テ同好ノ士ニ頒ツ頃々タル小册ナリト雖モ邦人ノ爲ニ智識ヲ開クノ一助トナルヲハ幸甚

明治甲戌二月　　　明六同社識

『메이로쿠 잡지』의 소개 글
근자에 우리는 모여서 사리事理를 논하거나 이문異聞을 얘기함으로써 학업을 연마하고 머리를 상쾌하게 하였다. 그러한 논의 내용을 적은 바가 쌓여서 책자를 이루게 되었기에 이를 인쇄하여 출판함으로써 동호인에게 나누고자 한다. 얇은 소책자라고는 하지만 우리나라 사람들의 지식이 열리는 데에 일조할 수 있다면 기쁘겠다.
-1874년 2월 메이로쿠샤 적음

明六社雜誌第三十七號明治八年五月刊行
〇自主自由解西語十二解ノ二
自主自由解五月一日演說

西村茂樹

自主自由ハ英語ノ「リバーチイ」及ビ「フリードム」ノ譯語ナリ「リバーチイ」ハ拉丁語ノ「リベルタス」ヨリ出テ「フリードム」ハ丟度尼語ノ「フライハイト」ヨリ出タリ羅馬ノ法律ニ獨立ノ生計ヲ立タル人ト人ノ奴隸トヲル者ヲ以テ判然別種ノ民トナシ獨立ノ民ノ有樣ヲ稱シテ「リバーチイ」(自主自由)ト云ヒ奴隸ノ有樣ヲ指シテ「セルビス」(服役)ト云フ故ニ自由ノ語ノ本來ノ意味ハ唯羅馬ニ於テ獨立セル民ノ有樣ヲ言タルモノナリ然レ又其義ヲ轉シテ政治上ノ意味ニ用ヒタルコトアリ李維ノ羅馬史ニ羅馬人其暴君達爾癸虐ヲ逐ヒ始メテ其「リバーチイ」(自由)ヲ得タリト記セリ此「リバーチイ」ノ意味ハ前ニ言タル獨立ノ民ト奴隸ノ民ノ有樣ト事替リテ全國人民ノ身上ニ自由ト束縛ノ二樣アルコニテ一國ノ民ハ暴君ノ下ニ壓制セラル、トハ之ヲ束縛ヲ受ルト云ヒ若シ其壓制ヲ免

□ 일러두기

1. 이 책은 메이로쿠샤 동인이 펴낸 〈메이로쿠 잡지〉(1874-1875)를 선별, 번역했고 이를 주제에 맞게 재분류했다. 그 외에 〈메이로쿠 잡지〉에는 실리지 않았지만 논의의 시발점이 되었던 글인 후쿠자와 유키치의 「학자직분론」, 「메이로쿠 잡지 출판을 중지하자는 의안」과 이타가키 다이스케 등이 작성한 「민선의원설립건백서」를 포함하였다.

2. 저본으로는 일본 국립국어연구소国立国語研究所研究図書室蔵書에서 제공하는 원본 스캔 파일과 개인 소장본을 이용했으며 비교를 위해 『明六雜誌』(岩波書店, 1999-2009)를 참고하였다.

3. 한자와 가나 원문은 오른쪽에 작은 글자로 병기했다. 구자체舊字體가 사용되던 시기의 책이므로 본문의 한자는 모두 구자체로 통일했다.

4. 본문중에 사용된 상자 처리나 작은 글씨는 원주와 혹은 부가정보 기술용으로 사용된 원문이다. 역주는 모두 각주로 다루었다.

5. 일본어의 한글 표기는 활용빈도를 조사하여 선택하였다. 따라서 일관성이 깨지더라도 카토 히로유카 / 가토 히로유키, 이노우에 테츠지로 / 이노우에 데쓰지로 표기한다. 이의 상세한 논의는 제타위키의 '빈서재 출판사' 항목을 참고.

6. 이 번역서는 2017년 한국연구재단의 지원을 받아 수행된 연구결과물임 (2017S1A5B5A07062206 / 근대 일본의 정치사상적 맥락과 〈메이로쿠잡지(明六雜誌)〉)

차 례

차 례 9

제 **1** 장 메이로쿠 잡지의 전말 **15**
   1.1 메이로쿠샤 제1회 임원 개선에 관한 연설
             .... (모리 아리노리) 15
   1.2 메이로쿠 잡지 출판을 중지하자는 의안
             .... (후쿠자와 유키치) 21

제 **2** 장 국어 및 문자 개혁 **27**
   2.1 서양 글자로 국어를 쓰는 일에 관한 논설
             .... (니시 아마네) 27
   2.2 개화의 정도에 따라 문자도 바꿔야 한다는 설
             .... (니시무라 시게키) 46
   2.3 히라가나의 설 .... (시미즈 우사부로) 50
   2.4 질의일칙 .... (사카타니 시로시) 55

제 **3** 장 「학자직분론」과 논평 **59**
   3.1 학자직분론 .... (후쿠자와 유키치) 59
   3.2 후쿠자와 선생의 논설에 답하다 (가토 히로유키) 70
   3.3 학자직분론에 대한 평 ...... (모리 아리노리) 71

3.4　학자직분론에 대한 평 . . . .　(쓰다 마미치)　73
　　3.5　비학자직분론 . . . .　(니시 아마네)　74

제4장　민선의원 설립 논쟁 . . . .　**79**
　　4.1　민선의원설립건백서 . . .　(이타가키 다이스케 외)　79
　　4.2　민선의원설립 건언서의 평 . . .　(모리 아리노리)　86
　　4.3　블룬츨리『국법범론』발췌역 : 민선의원 불가립의
　　　　론 . . . .　(가토 히로유키)　88
　　4.4　정론 3 . . . .　(쓰다 마미치)　91
　　4.5　민선의원을 세우려면 먼저 정체를 정해야 한다는
　　　　것에 대한 의문 . . . .　(사카타니 시로시)　97
　　4.6　민선의원의 때가 아직 도래하지 않았다는 논의
　　　　 . . . .　(간다 다카히라)　105
　　4.7　망라의원의 설 . . . .　(니시 아마네)　106

제5장　남녀관계와 여성의 역할 . . . .　**111**
　　5.1　처첩론 1 . . . .　(모리 아리노리)　111
　　5.2　처첩론 2 . . . .　(모리 아리노리)　113
　　5.3　처첩론 3 . . . .　(모리 아리노리)　115
　　5.4　처첩론 4 . . . .　(모리 아리노리)　118
　　5.5　처첩론 5 . . . .　(모리 아리노리)　119
　　5.6　남녀동수론 . . . .　(후쿠자와 유키치)　122
　　5.7　부부동권의 유폐론 1 . . . . .　(가토 히로유키)　123
　　5.8　부부동권의 유폐론 2 . . . . .　(가토 히로유키)　125
　　5.9　부부동권변 . . . .　(쓰다 마미치)　127
　　5.10 첩설에 관한 의문 . . . . . .　(사카타니 시로시)　129
　　5.11 교육담 . . . .　(미쓰쿠리 슈헤이)　140
　　5.12 좋은 어머니를 만드는 설 . .　(나카무라 마사나오)　144

제 6 장 종교를 이해하는 방식 **149**
   6.1 교문론 1 . . . . (니시 아마네) 149
   6.2 교문론 2 . . . . (니시 아마네) 152
   6.3 교문론 3 . . . . (니시 아마네) 157
   6.4 교문론 5 . . . . (니시 아마네) 159
   6.5 교문론 6 . . . . (니시 아마네) 162
   6.6 교문론 7 . . . . (니시 아마네) 167
   6.7 교문론 의문 1 . . . . . . (카시와바라 타카아키) 172
   6.8 교문론 의문 2 . . . . . . (카시와바라 타카아키) 176
   6.9 교문론 의문 3 . . . . . . (카시와바라 타카아키) 179
   6.10 개화를 진전시키는 방법을 논하다　(쓰다 마미치) 183
   6.11 삼성론 . . . . (쓰다 마미치) 186
   6.12 인민의 성질을 개조하는 설 . (나카무라 마사나오) 188

제 7 장 문명개화와 인민 **191**
   7.1 개화 제1화 . . . . (모리 아리노리) 191
   7.2 진언일칙 . . . . (니시무라 시게키) 192
   7.3 개화의 진행은 정부에 의하지 않고 인민의 중론에
       의한다는 설 . . . . (미쓰쿠리 린쇼) 194
   7.4 서양 개화는 서행한다는 설 . . . . (쓰다 마미치) 197
   7.5 서양 단어 열두 개에 대한 풀이 : 문명개화 해석
       . . . . (니시무라 시게키) 199
   7.6 정부와 인민은 이해를 달리한다는 논
       . . . . (니시무라 시게키) 203

제 8 장 자유에 대한 이해 **209**
   8.1 출판의 자유를 바라는 글 . . . . . (쓰다 마미치) 209
   8.2 리버티에 대한 논설 1 . . . . . . (미쓰쿠리 린쇼) 212

8.3 리버티에 대한 논설 2 . . . . . . (미쓰쿠리 린쇼) 215
8.4 신문지론 . . . . (쓰다 마미치) 219
8.5 서양 단어 열두 개에 대한 풀이 : 자주자유 해석
. . . . (니시무라 시게키) 221

제 9 장 타자를 어떻게 이해할 것인가 **227**

9.1 애적론 . . . . (니시 아마네) 227
9.2 존이설 . . . . (사카타니 시로시) 231
9.3 적설 . . . . (니시무라 시게키) 236
9.4 대만정벌의 강화회의에 대한 연설
. . . . (후쿠자와 유키치) 241
9.5 중국을 얕보지 말아야 한다는 논설
. . . . (나카무라 마사나오) 246
9.6 존왕양이설 . . . . (사카타니 시로시) 251

제 10 장 사회와 국가 제도 **261**

10.1 인간 공공의 설 1 . . . . (스기 코지) 261
10.2 인간 공공의 설 2 . . . . (스기 코지) 264
10.3 인간 공공의 설 3 . . . . (스기 코지) 267
10.4 인간 공공의 설 4 . . . . (스기 코지) 269
10.5 수신과 치국은 두 갈래 길이 아니라는 논의
. . . . (니시무라 시게키) 271
10.6 조세의 권을 상하 공공으로 해야 한다는 설
. . . . (사카타니 시로시) 276
10.7 재정변혁의 설 . . . . (간다 다카히라) 280
10.8 고문론 1 . . . . (쓰다 마미치) 286
10.9 고문론 2 . . . . (쓰다 마미치) 288
10.10 사형론 . . . . (쓰다 마미치) 294

제11장 외국인의 국내여행 **297**
    11.1 내지여행 . . . . (니시 아마네) 297
    11.2 내지여행론 . . . . (쓰다 마미치) 306
    11.3 내지여행에 관한 니시 선생의 주장을 논박하다
        . . . . (후쿠자와 유키치) 311

해제 1 '문명개화'와 『메이로쿠 잡지』 . . (이새봄) . . **321**

해제 2 메이로쿠샤 지식인들 논의에 나타난 다양성과
       공존의 문제 . . . . (이새봄) . . **357**

해제 3 자유민권운동 발흥을 향한 메이지 유학자의 시
       선 . . . . (이새봄) . . **381**

해제 4 메이로쿠샤 지식인의 **religion** 이해의 맥락
       . . . . (이새봄) . . **407**

해제 5 메이지 일본의 '양처현모'론 탄생의 맥락
       . . . . (이새봄) . . **431**

부록 **457**

참고 문헌 **471**

찾아보기 **479**

제 1 장

메이로쿠 잡지의 전말

1.1 메이로쿠샤 제1회 임원 개선에 관한 연설

모리 아리노리, 제30호

오늘은 메이지 8년 2월 1일, 즉 메이로쿠샤 설립 1주년이 되는 날이자 처음으로 모임의 임원을 개선改選하는 날이다. 그러므로 먼저 여러분에게 개회 이래 있었던 일들의 대략을 말하고, 또 모임의 번창과 번영을 축하하며, 아울러 여러분의 너그럽고 관대한 대우와 친절하고 정성스러운 정의情意에 감사한다. 동시에 제가 이제 사장社長의 임무를 내려놓기에 이르러 앞으로의 모임 업무에 관해 약간의 생각을 말하고 정중하게 여러분의 고견을 청한다.[1]

  메이지 6년(1873) 7월, 미국에서 돌아온 나는 모임을 세워 회동할 것을 도모했다. 여러 사람이 모두 기뻐하며 신속하게 이에 응했고, 서너 번의 회합을 거쳐 사칙社則과 설립에 관한 논의가 일어났다. 그러나 그 논의가 늦어지면서 7년 2월이 되어서야 비로소 자리가

---

[1] 메이로쿠샤의 장이었으므로 사장이라는 표현을 썼다.

제1장 메이로쿠 잡지의 전말

잡혔다. 그 전에는 후쿠자와 유키치 군을 사장으로 삼자는 얘기가 있었고, 모임은 니시무라 시게키 군과 나에게 맡겨서 그 뜻을 후쿠자와 군에게 전하도록 했지만, 후쿠자와 군은 이를 고사하여 받아들이지 않았다. 이렇게 되자 모임은 사장 자리를 나에게 명했고, 나는 이를 굳이 사양하지 않고 삼가 이를 받들어 승낙했다. 모임은 또한 회계를 시미즈 우사부로淸水卯三郎 군에게, 서기를 세라 타이치世良太一 군에게 맡겼다. 두 사람이 열심히 힘써 일하는 모습은 여러분 모두 잘 아시는 바일 것이다. 지금 두 사람에게 모임의 감사 인사를 전하는 일은 단지 나 하나만의 기쁨에 그치는 것이 아니라 또한 반드시 여러분 모두가 기꺼이 허락하는 바라고 믿는다.

모임을 설립할 당시의 본 회원은 모두 열 명으로, 니시무라 시게키西村茂樹, 쓰다 마미치津田眞道, 니시 아마네西周, 나카무라 마사나오中村正直, 가토 히로유키加藤弘之, 미쓰쿠리 슈헤이箕作秋坪, 후쿠자와 유키치福澤諭吉, 스기 코지杉亨二, 미쓰쿠리 린쇼箕作麟祥, 모리 아리노리森有禮이다. 이들 중에서 미쓰쿠리 린쇼 군은 병으로 모임을 그만뒀다. 이렇게 널리 읽고博覽 뛰어난 인물이 그만둔 것을 실로 모임의 불행이라 말할 수 있다. 그러나 조만간 회복해서 그가 다시 모임에 돌아오기를 여러분과 나 모두가 한 마음으로 기원하고 있음은 의심할 여지가 없다. 모임을 세운 후에 합류한 사람은 5명이고, 통신원으로 뽑혀 들어온 사람이 5명이며, 격외원格外員이 10명으로 모두 30명이다. 그 외에 객원 자격으로 허가를 받아 임시로 참가하는 사람은 그 숫자가 일정치 않다. 그러나 최근 들어 매번 모임이 불어나서 이 추세대로라면 몇 달 가지 않아 수백 명이 될지도 모른다. 이는 모임의 체면상 실로 영예로운 일이라고 할 수 있기는 하지만, 이로 인해 모임이 다소 혼잡해졌기에 메이로쿠샤 차원에서 약간의 돈을 들여 어떻게든 여기에 대처하지 않으면 안 된다. 내 생각에는 객원을 허가함에 있어 표를 판매하는 방법을 마련해 그 비용을 보전하고, 표에 번호를 매겨서 여기에 따라 자리순서를 정한다면 혼잡으로 인한 우려를 피할 수 있을 것이다. 그렇게 하면 손님은 표를 사서 자유롭게 와서 참석할 수 있을 것이고, 메이로쿠샤 차원에서도 사업의 편익을 증진시킬 수 있고 영예로운榮幸 일일 것이다.

『메이로쿠 잡지』의 발매는 작년 2월에 시작하여, 매 달 대략 두 호씩 냈고, 같은 해 11월에는 세 호로 늘렸다. 작년 한 해 동안에 스물다섯 호를 간행했고, 그 책 수는 105,984권이며, 그 중 이미 팔린 분량은 80,127책, 즉 매 호마다 3,205책 정도다. 상세한 내용은 세라 씨가 정리한 표로 미루겠다.

회계의 경위는 시미즈 군의 회계장부에 자세히 있다. 또한 정산을 위해 스기 코지, 쓰다 센津田仙 두 사람에게 장부 점검을 맡겼다. 두 사람은 이를 꼼꼼하게 조사하여 그 상태를 제시해주길 바란다. 지금 시미즈 군의 표에 의하면, 『메이로쿠 잡지』 제1호부터 제19호까지를 팔아서 메이로쿠샤 수입으로 들어온 돈이 632엔 82전 5리 세리 군의 잡지 조사표에 의하면 641엔 15전이다. 이 차이는 호치샤報知社에서 우리 모임용으로 미리 빌려준 돈을 빼고 난 잔금을 시미즈 군에게 내어주었기 때문에 생긴 것으로 보인다., 모임 내에서 모아둔 돈 81엔 50전, 이 두 군데에서 생기는 이자가 3엔 33전 2리 두 군데의 돈 중에 이자가 붙는 게 있고 없는 게 있다. 회계장부를 확인해 볼 것., 이상 모두 717엔 65전 7리다. 이 중에서 쓴 액수는 식사비 214엔 84전, 잡비 5엔 60전 8리, 잡지 검인료 21엔 72전 8리, 작년 12월부터 금년 1월까지 서기·회계에게 치른 사례금 20엔, 합계 262엔 17전 6리다. 수입과 지출을 계산해서 남은 455엔 46전 6리가 현재 우리 모임이 갖고 있는 돈이다. 아직 납입되지 않은 잡지 제20호부터 제25호까지의 판매수익을 대략 180엔이라고 잡으면, 작년에 잡지 전체에서 얻은 수입은 810엔 가량이 될 것이다.

작년 11월부터 잡지 판매수익금 중 반은 모임을 위해 저금하고,

제1장 메이로쿠 잡지의 전말

나머지 반은 잡지 기고자에게 분배하기로 결정하였다. 그러나 아직 그 저금의 용도를 정하지 못했다. 지금 추세로는 저금액이 매 달 50여엔 저자에게 분배하고 남은 금액을 말한다.이 될 것이기에, 1년이면 600여엔을 모을 수 있다. 지금까지 1년 정도 경과하는 동안의 모양새를 보아하니 이런 추세가 오랫동안 지속될 것이라고 믿어도 될 것 같다. 그래서 이미 앞에서 말한 바와 같이 저금액 600여엔의 용도가 아직 정해지지 않았다. 내가 곰곰이 생각해 보았는데, 이 돈을 운용하여 가장 무난하고 큰 수입을 올릴 수 있는 방법으로 우리 모임의 회관을 세워서 쓰는 것보다 나은 것이 없다. 지금 시험 삼아 그 취지와 구체적 방법에 관한 대강의 내용을 말해 보겠다.

1. 회관의 건평은 대략 70평, 한 평당 50엔으로 잡으면 총액은 3,500엔이다. 그 이자가 1년에 1할이면 350엔, 여기에 땅 100평을 빌리는 값이 1년에 60엔, 경비원, 사환 등 전체 비용이 190엔이라 치면 합계 600엔에 이른다. 이는 곧 우리 메이로쿠샤의 저금으로 처리할 수 있는 금액이다.

2. 회관 건축을 위한 자금 제공자에게는 이자를 매 달 몇십 엔 건축비 액수의 1할을 낼 것을 약속하면 된다. 만일 이를 낼 수 없게 되었을 때에는 『메이로쿠 잡지』판권으로 대체할 수 있다.

3. 메이로쿠샤 집회 외에 다른 일로 이 회관을 사용해서 이익을 얻을 경우, 그 이익의 반액을 건축자금 제공자에게 낼 것을 약속해야 한다.

4. 회관 건축의 자본금을 몇 개의 주식으로 나눠서 각 주 당 100엔으로 정한다. 그 주식의 주인이 한 명이건 몇 명이건 상관없다. 물론 메이로쿠샤도 동등하게 그 주주일 수 있다.

5. 회관을 다른 사람에게 빌려주고 받은 대여비를 메이로쿠샤의 수입으로 간주해 모임의 저금액 매 달 50엔을 채울 수 있다면, 잡지 판매로 올린 수익 전부를 잡지 필진에게 분배해야 한다.

1.1 메이로쿠샤 제1회 임원 개선에 관한 연설

이상은 회관을 세우는 취지와 방법의 대강의 뜻이다. 회관 설립의 목적이 오로지 메이로쿠샤의 집회를 위한 것이기는 하지만, 집회는 겨우 한 달에 두 번이고 그 시간도 네다섯 시간을 넘지 않으니 나머지 날과 시간은 다른 일에 써도 괜찮다. 그렇다면 단지 임대료를 얻는 이득이 있을 뿐 아니라, 크게 세상의 공익을 일으키는 방법을 발전시키는 데에도 공헌할 것이다. 예를 들어, 이 건물을 음악, 오락, 설교, 미술, 상업, 강연, 토론 등 여러 유익한 회합에 사용하는 종류의 일을 말한다.

작년 겨울부터 메이로쿠샤 회합에서 연설演說이 생김으로써 드디어 소사이어티(society)ソサエチー의 형식을 갖추기에 이르렀다. 그러나 아직은 연설을 듣고서 여기에 대해 토론·비평하는 단계에는 이르지 않았다. 이는 필경 한자를 많이 사용해서 듣는 사람이 내용을 명확하게 이해할 수 없다는 것과 연설 방법이 아직 제대로 갖춰지지 않았다는 점에 기인할 것이다. 마땅히 마음을 정성껏 여기에 쏟아 연설의 장애물을 제거하는 수단을 마련하여 더욱 회합의 즐거움을 더하고 모임의 이익을 늘릴 것을 꾀해야 한다.

우리 모임에서 논의하는 안건은 제규 제1조에 내건 것처럼 오로지 교육에 관계되는 학문, 기술, 사물의 이치, 일의 이치 등, 대저 인간의 재능을 풍부하게 하고, 품행이 나아지는 데 필요한 일들이다. 더군다나 기약하는 바는 오로지 후세를 위한 것이기 때문에 간혹 현재의 꺼리는 것을 건드리는 일도 있을 수 있다. 이는 어쩔 수 없는 일이다. 그러나 현재의 정치에 관해 논하는 일 같은 것은 본래 우리가 모임을 연 주된 뜻이 아니다. 그런 일들에 관해 직접 논의한다고 해도 노력한 것에 비해 공功이 없을 뿐만 아니라, 이로 인해 불필요한 곤란을 모임에 가져올 수 있음을 생각하지 않을 수 없다. 그러므로 지금 장래의 사익社益을 약간 걱정하여 미리 말씀드리는 것임을 여러분이 양해해주셨으면 한다.

제1장 메이로쿠 잡지의 전말

　사장 개선에 임해 새로운 사장을 지명하고 공선公選에 부치는 것이 전임 사장의 임무이다. 황송하게도 내가 이를 맡게 된 것은 실로 명예로운 일이다. 임기 동안 항상 여러분의 사랑과 은혜, 그리고 각별한 신뢰를 받아 오늘 이렇게 원활하게 일을 마칠 수 있었으니, 나는 이를 대단히 기쁘게 생각하며 다시 한 번 감사의 인사를 드린다. 여러분께서 이를 잘 받아주시길 바란다.

　사장은 성품이 온후하고 매사의 사정에 통달한 사람을 적임자로 여기는 법이다. 새로 사장이 될 미쓰쿠리 슈헤이 군은 이러한 자질을 갖추었다. 그래서 그를 지명하여 향후 일 년 동안의 사장으로 추천한다. 여러분의 공선이 이와 같다면 실로 무엇보다도 다행이다.

1.2 메이로쿠 잡지 출판을 중지하자는 의안[2]

후쿠자와 유키치, 〈유빈호치郵便報知신문〉 1875년 9월 4일

올해 6월에 발표된 참방률讒謗律 및 신문조례[3]는 우리 학자들의 자유로운 발언과 양립할 수 없는 것이다. 이들 법령을 정말로 실행하게 된다면 학자는 갑자기 자신의 사상을 바꾸던지 아니면 붓을 꺾고 발언하기를 그만두지 않을 수 없다.

우리 메이로쿠샤 설립의 주지主旨는 사칙 제1조에도 쓰여 있듯이 동지들이 모여서 의견을 교환하는 일이다. 또한 의견을 논하고 연설을 하여 이를 잡지로 출판하는 일이다. 그런데 설립 이래 모임 안에서 행해진 논의나 연설의 내용들을 보고 미래를 살펴보니, 앞으로의 출판이 반드시 법령에 저촉되지 않으리라고 기대할 수가 없다. 뿐만 아니라, 회원 열 명 중 여덟 아홉은 관리官吏이기 때문에 7월 9일에 발표된 제119호의 관령에 의해 발언의 제약은 더욱 심해질 것으로 보인다.[4] 예를 들어 얼마 전 잡지에 실린 니시 아마네 선생의 「내지여행론」(▷p297)이나 간다 다카히라 선생의 「금화외출론」[5]과 같은 글도 이제는 출판할 수 없을 것이다.[6]

---

2) 福澤諭吉, 「明六雜誌の出版を止るの議案」, 『福澤諭吉全集』[17] 제19권, 553~556쪽.
3) 1875년 6월 28일에 공표된 법령(태정관포고 제111호)으로 과격한 언론활동에 대한 규제를 강화하는 내용이다. 참방률은 이른바 명예훼손에 해당하는 죄를 단속하는 것이다. 신문조례는 1873년 10월 19일에 공포된 '신문지 발행 조목'(태정관포고 제352호)을 확대·강화하는 형태로 성립했다. 신문이나 잡지의 발행을 규제하며, 다른 사람을 교사해서 죄를 범하게 만들거나, "정부를 변괴變壞하고 국가를 전복시키는 논"이나 "성법을 비훼誹毀하는 등의 주장을 단속하는 것이었다.
4) 태정관 닷시達 제119호의 "모든 관리된 자는 관보官報나 공고公告를 제외하고는 신문 또는 잡지, 잡보 등에 사사로이 일체의 정무政務를 서술해서는 안 된다."라는 내용을 가리킨다.
5) 23호 「정금의 해외 유출에 대한 탄식」
6) 당시 니시는 육군성, 간다는 태정관 소속 관리였다.

제1장 메이로쿠 잡지의 전말

　그러므로 이때를 맞아 우리 모임이 결의해야 하는 바는, 첫째로 사원들의 본래 사상을 갑자기 바꾸고 절개를 굽혀서 법령에 맞춰 정부가 원하는 바에 영합하여 잡지를 출판할 것인지, 둘째로 법과 제도를 어기고 조례에 저촉되더라도 자유자재로 붓을 놀려 정부의 죄인이 될 것인지, 오직 이 두 개의 문제만이 있다. 하지만 지금 모임의 전체 모습을 살펴보자면, 양쪽 모두 실행하기는 어려울 것이다. 생각건대, 절개를 굽힌다거나 자유롭게 주장을 펼치는 일과 같은 것들은 바로 정신의 내부에 존재하는 것으로, 사람들이 한 마음으로 결정해야 하는 일이기 때문에 회원들의 소견이 실로 하나로 합쳐져서 메이로쿠샤가 마치 한 몸처럼 되지 않는다면 모임의 진퇴를 함께 할 수 없다. 그렇지만 메이로쿠샤는 세워진 지 얼마 되지 않았다. 겨우 한 달에 두 번의 집회를 여는 정도이지, 아직 하나의 모임이 한 몸一社一身과 같은 상태라고 볼 수는 없다. 앞에서 말한 것처럼 절개를 굽힐 수도 없고, 주장을 자유롭게 펼치는 일 또한 할 수 없다. 그렇다면 오직 잡지의 출판을 멈추는 방책만이 있을 뿐이다. 이 방책이 결코 상책은 아니라 할지라도, 적어도 학자들의 모임으로서 지금의 법령 때문에 발언의 자유를 방해받거나 법령을 어길 수도 없고, 또 기꺼이 절개를 굽히는 일도 할 수 없다. 어정쩡하게 진퇴를 결정하지 못하는 본보기를 세상에 보여주는 일은 모임을 위해서 취할 바가 아니다.

　어떤 사람은 이렇게 말할 것이다. "참방률과 신문조례는 정부가 따로 목표한 바가 있어서 몸소 발표한 것이기 때문에 메이로쿠샤의 잡지와는 조금도 관계가 없다. 법령의 문면은 엄격한 듯하지만, 그 내용은 결코 엄하지 않다"고 말이다. 어쩌면 이 말대로 일 것이다. 그렇다고 하더라도 엄격함이나 관대함이라고 하는 것은 정부의 속내를 억측한 것일 뿐이다. 나로서는 법령의 문장을 보고 그 엄격함이나 관대함을 살피는 방법 이외에 다른 방법이 있을 수 없다. 한편으로 그 문장이 엄격하지만 실제로는 관대하다는 것은 무엇에 의거한 판단이겠는가. 다름 아닌 법령 제정에 관여한 관리의 뜻에 맡기되, 그 뜻이 관대할 것을 미루어 짐작하여 억지로 스스로를 위로하는 일일 것이다. 그렇지만 뜻이 관대할 수 있다고 함은 또한 뜻이 엄격하다고 할 수도 있는 법이니 여기에 의거해서는 안 된다.

원래 학자의 주장이란 무형無形의 정신에서 나온 것이기 때문에, 유형有形의 법령을 규범으로 삼기란 대단히 쉽지 않다. 예를 들어 다른 의견을 논박하면 이를 두고 참방讒謗이라고 할 수 있다. 정사政事의 득실을 토론하는 일은 비훼誹毀라는 이름이 붙을 수 있다. 논박과 참방, 토론과 비훼 사이에 명백한 경계를 정하고자 해도, 법령의 문면에 의거해 할 수 있는 일이 아니라면 어쩔 수 없이 당국의 뜻을 갖고 이를 판단하지 않을 수 없다. 그러나 그 당국이란 곧 관리이기 때문에, 관리의 뜻이 관대한지 엄격한지에 따라서 그 판단에도 관대함과 엄격함의 차이가 생길 수밖에 없다. 필경 법령이 조야하거나 그 구조가 나빠서가 아니다. 법령의 성질 상 피할 수 없는 병폐이다.

이를 빗대어 보자면, 온도계 없이 공기의 춥고 따뜻함을 논하는 것과 같다. 같은 정도의 온도에 노출되었다 하더라도 느끼는 것은 사람들 사이에서 반드시 동일할 수는 없다. 그렇기 때문에 지금 이 잡지를 출판하여 나의 사상을 말하더라도, 이를 말하고 죄를 입게 될 것인지 아닌지는 완전히 다른 사람의 의중에 맡기게 되는 것으로, 그야말로 다른 사람이 나의 사상을 지배하게 되는 일이라고 할 수밖에 없다. 아니면 논자가 억측했듯이 정부의 속내는 관대하여 죄를 면하는 일도 있을 것이라고 해도, 그렇게 면하는 것은 요행으로 면하는 것일 뿐이다. 적어도 한 나라의 정부 하에 있으면서 요행으로 죄를 면하길 바라는 일과 같은 좁고 비루한 행위는 모임을 위해서 취해서는 안 될 일이다. 그래서 『메이로쿠 잡지』의 출판은 단연코 중지해야 한다고 말하는 것이다.

논자는 또 이렇게 말할지도 모른다. "메이로쿠샤는 학문적인 모임이지, 정치를 얘기하는 곳이 아니다. 서양 여러 나라들에도 이러한 종류의 모임은 대단히 많다. 우리나라 법령이 금지하는 바는 오로지 정무政務에 관한 일에 있기 때문에, 모임의 글과 법령이 서로 저촉되는 위험은 있을 수 없다. 만일 여기에 저촉되는 일이 있다면 일부러 화를 일으키고자 했기 때문이다."라고. 이 말도 실로 그러하다. 메이로쿠샤는 원래 정치 담론을 하는 모임이 아니다. 그야말로 사칙에 "의견을 교환하고 지知를 넓히며 식識을 밝힌다"고 명백하게 적혀있다. 그렇지만 만일 이 명백한 문장의 뜻을 달성하고자 한다면, 사람의 의견에는 범위를 설정할 수 없고, 지식의 영역에는 경계가 있어서는 안 된다. 그런데 의견을 교환하고 지식을 넓히고자 할 때에, 논의가 미치는 바가 과연 정치의 영역에 걸치는 일이 없으리라고 기대할 수 있을까. 모임 설립 이래에 나온 잡지를 보더라도 이미 그렇게 기대할 수 없음을 알 수 있다. 혹은 지금부터 회원들의 의견이 갑자기 방향을 바꾸어 우연히 정치상의 일을 서술하지 않을 수도 있겠지만, 우연히 멈추는 것은 또한 우연히 일어나는 것이 이치이기 때문에, 어쩌면 앞으로 회원의 의견 중에는 우연히 정치상의 논의를 하는 일도 또한 있을 수 있다. 결국 이를 미연에 방지하는 일을 확실하게 보장할 수는 없는 것이다.

뿐만 아니라, 서양 여러 나라들의 사회는 이미 무르익어, 정치도 또한 단지 사회 속의 일부분인 것 같은 기세이기 때문에, 여러 가지 모임들도 자연스럽게 따로 하나의 세계를 만들어 그곳에서 논하는 바와 행하는 바가 완전히 정부를 제쳐놓고 자신들을 위해 충분한 여지를 남겨야 한다고 하지만, 다만 우리 일본에서는 그렇지 않다. 세상 모든 일事物이란 십중팔구 정부와 관계없는 것이 없다. 어쩔 수 없는 사정이자 갑자기 바꿀 수 없는 습관이라고는 하지만, 지금의 일본은 일본 인민의 일본이 아니라 정부의 일본이라고 말하지 않을 수 없다.

이런 일본 안에 살고 있는 학자가, 말과 행동 모두 정치상 관련되는 내용을 피하고, 모든 말에 주의를 기울이고, 모든 단어에 마음을 써서 발걸음마다 길을 골라서 가고자 하는 것이 과연 현실적으로 가능한 일인가. 그 형상이란 마치 바다를 건너면서 물을 보지 않고, 산에 오르면서 나무를 보는 일이 없기를 바라는 것과 같다. 이는 결국 동서의 사정을 자세히 밝히지 않고 경솔하게 서양의 일례를 가져와서 현실에서 행해서는 안 될 곳에다가 억지로 이를 행하려고 하는 좁은 의견일 뿐이다. 그렇기 때문에 우리의 『메이로쿠 잡지』의 논의는 앞으로 정치상의 일과 관계가 없기를 기대할 수 없다고 말하는 것이다. 그렇게 기대할 수 없음이 이미 명백하기 때문에 신속하게 출판을 중지하지 않으면 안 된다. 혹시 모임 안에 의견을 말하고자 하는 사람이 있다면, 잡지의 이름에 의지하지 말고 각자 스스로 간행하고 그 책임을 져야한다.

> **후쿠자와의 글 앞에 있던 〈유빈호치신분〉의 설명**
>
> 메이로쿠 잡지는 일본 안의 유명한 학자 선생님들이 출판하는 것으로, 발간으로부터 어느덧 2년이라는 시간이 지나 세상을 이롭게 하는 일도 물론 적지 않았다. 회원들도 점점 늘어나서 더욱 번창할 줄 알았는데, 이번에 예상치 못한 특이한 의견을 담은 의안이 나왔다. 게다가 이 의안에 동의하는 자가 16명 중 12명이다. 그 일의 전말 및 의안을 입수하였기에 이를 오늘 사론社論에 게재한다고 한다.

9월 1일은 메이로쿠샤 휴가 후의 모임으로,[a] 회원 모임에서 여느 때처럼 회무에 관한 논의가 있었다. 그때, 『메이로쿠 잡지』 출판과 관련하여 미쓰쿠리 슈헤이 군이 이견을 말했고, 모리 아리노리 군과의 논의로 이어지더니, 그 다음에 후쿠자와 유키치 군이 아래의 의안을 사원들에게 나눠주고 이를 읽어내려 갔다. 토론과 논박이 있은 후 찬성과 반대 양쪽으로 의견이 나뉘었다. 당일 출석한 회원 13명 중에서 이 의안에 동의한 사람은 9명, 즉 다나카 후지마로田中不二麿, 쓰다 센, 쓰지 신지辻新次, 후쿠자와 유키치, 후루카와 마사오古川正雄, 아키야마 쓰네타로秋山恆太郎, 시미즈 우사부로, 스기 코지, 이상의 9명이었다. 여기에 동의하지 않은 사람은 니시 아마네, 쓰다 마미치, 사카타니 시로시, 모리 아리노리, 총 4명이었다.

또한 해당일에 출석은 하지는 않았지만 지금까지 한결 같이 잡지 출판에 관계해 온 회원의 뜻을 묻기 위해 니시무라 시게키, 가토 히로유키, 나카무라 마사나오 군의 집에 의안을 돌렸더니, 모두 의안에 동의한다는 뜻을 알렸다. 상황은 이와 같고, 이번 의안에 동의한 사람들은 『메이로쿠 잡지』 이름에 기대지 않아도 따로 자신들의 저술도 있을 것이기 때문에 앞으로 잡지의 필진은 크게 줄어들 것이다.

---

a) 메이로쿠샤는 여름 휴가 기간을 두어 8월에는 정례 모임을 갖지 않았다.

제2장

국어 및 문자 개혁

2.1 서양 글자로 국어를 쓰는 일에 관한 논설

니시 아마네, 제1호

내가 평소에 친구 두셋과 모여 어쩌다 이야기가 지금의 치란성쇠의 연유, 정치득실의 선례, 세상사 전반에 관한 논의에 이르면, 자칫 유럽 여러 나라들과 비교하는 일이 많아, 끝에 가서는 그들의 문명을 부러워하고 우리의 개화되지 못함을 안타까워했다. 그러다가 결국에는 인민의 우매함은 어찌할 도리가 없다는 것으로 귀착되면, 한숨으지며 길게 탄식하지 않을 수 없게 된다.

유신 이래 뛰어난 재능을 가진 인재도 나오고 여러 제도를 수없이 개혁하여, 관官·성省·료寮·사司에서부터 60여 현縣에 이르기까지 일본은 이미 과거의 일본이 아니다.[1] 선정善政과 미거美擧 역시 손으로 다 꼽을 수가 없다. 그렇지만 물러나 곰곰이 이에 관해 생각해보면, 아직 많은 일들이 오랜 폐단을 씻어내지 못하였으며, 선정이 있긴

---

1) 일본의 중앙 관제官制. 이관二官 팔성八省과 그 아래에 직職·요寮·사司가 있었다.

하지만 백성은 그 은혜를 입지 못하고, 미거가 있더라도 득보다 실이 더 많은 일도 많다.

　왜냐하면 유신을 단행한 지 얼마 지나지 않았기 때문에, 겉으로 드러나는 변화가 아무리 크다 하더라도 참된 마음은 아직 널리 고루 퍼지지 못했기 때문이다. 이는 마치 원숭이에게 옷을 입힌다거나, 부엌데기에게 무도복舞衣을 입히는 것과 같다. 그러므로 윗사람의 뜻은 아래로 전달이 안 되고, 아랫사람의 마음은 위로 뻗질 못하니 마치 전신불수인 사람과 같다. 여기에 간혹 한두 명의 현명한 영웅호걸이 나타나 이런 상황을 고무하고 진작振起시키려고 해도, 마치 잠에 취한 아이를 깨운다거나 술에 취해 쓰러진 남자를 돕는 것과 같은 모양새밖에 되지 않는다. 손이 피로해지고 힘을 모두 소진하여 자기 자신도 쓰러질 판인 것이다. 이것이 개혁을 추진하는 유력자나 주창자가 결국 뜻을 굽히고 자신의 진심을 드러내지 못한 채 잠시 대충 일을 처리하다가 본의와는 달리 명확하지 않은 태도로 남의 뜻에 따를 수밖에 없는 이유이다. 내가 보건대 이는 세상에 어디에나 있는 폐해다. 그 원인은 현명하고 지혜로운 사람은 적고 어리석은 사람은 많은데, 소수가 다수의 세勢를 꺾을 수는 없는 법이기 때문이다. 이것이 앞서 말한 인민의 우매함은 어찌할 도리가 없다는 뜻이다. 이는 확실히 윗사람이 정치를 시행하고 명령을 내리는 데에서만 일어나는 폐해가 아니다. 오늘날 사회활동交際을 함에 있어서도, 만일 여러 사람의 힘을 모아 어떤 일을 기획하고자 한다면, 반드시 먼저 이와 같은 곤란을 넘어야 함을 알 수 있다.

　그러나 이러한 인민의 우매함도 왼쪽에서 잡고 오른쪽에서 끌며,[2] 위로하며 부추겨서[3] 성급하게 일을 이루려다가 망치지 말고,[4]

---

[2] '좌제우설左提右挈'은 『안씨가훈安氏家訓』「형제」편이 출처이다.
[3] '노래보익勞萊輔翼'은 『맹자』「등문공 상」이 출처이다.
[4] 이 부분은 『맹자』「공손추 상」에 등장하는 송나라 사람宋人有閔其苗之不長而揠之者의

그렇다고 돌보지 않은 채로 내버려 두지도 말아야 한다. 때를 잘 잡아 점차 개명開明의 영역으로 나아가게 함은 본래 요직에 있는 권력자들의 임무로써, 이를 어긴다는 것은 정사政事상의 죄일 것이다. 그렇지만 이러한 폐해로 인해 세상 사람들이 행복을 얻지 못하고 극단적으로 피폐해져서 구제할 길이 없어지게 된다면, 이는 단지 정부의 죄가 아니라 애초에 그 나라 인민 스스로의 사회적世道(social)죄이다. 만일 현명하게 일을 처리하고자 하는 사람이라면, 먼저 이를 해결하지 않고서는 사회적 죄가 없다고 할 수 없다. 모리 선생님이 이러한 학學·술術·문장文章의 단체를 결성하고자 함도, 생각건대 또한 여기에 있을 것이다.

학學이라거나, 술術이라거나, 문장文章이라는 것은 모두 그와 같은 우매함을 타파하고 커다란 곤란함을 제거하기 위한 도구이므로, 내 생각에 만일 인민이 남몰래 사회 속의 어리석음을 물리치고자 한다면 학·술·문장을 익히는 길 외에는 방법이 없을 것이다. 나는 비록 재능이 없고 생각이 얕지만 삼히 힘을 더해 대열에 줄서기를 바라는 바이다. 그런데 내가 가만히 생각하니 의문이 생긴다. 학·술·문장을 원대하게 하고자 해도, 만일 이 목표를 위해 구체적으로 나아가려는 작업이 없다면, 모처럼의 뜻도 허사가 될 것이다. 친구들이 모여 절차탁마하며, 자신의 견해를 말하기도 하고, 혹은 의문점을 묻기도 한다면, 이러한 토론 강구講究는 유익함이 많다. 그러나 실질적으로 구체적인 일에 착수하여 실행하지 않는다면, 아마도 인민의 강고한 우매함을 부숴버린다는 커다란 목표를 달성할 수는 없을 것이다. 이는 내가 가장 두려워하는 일이다.

그러므로 보잘것없긴 해도 기괴한 안을 하나 제시하여 메이로쿠샤의 여러 선생님들을 약간 놀라게 해 드리려고 한다. 그러나 이

일화를 전거로 삼고 있다.

제2장 국어 및 문자 개혁

제안이란 실로 경악스럽고 미심쩍어할 만한 것으로 이른바 "야광주 夜光珠를 어둠 속에 던진다"[5)]는 말과 같다고 할 수 있지만, 나는 메이로쿠샤에서 이 일을 이뤄내어 반드시 저 인민의 우매함을 쳐부술 선봉이 되기를 바란다.

이제 모임의 주제인 학·술·문장 세 가지에 대해 논하건대, 소위 학이나 술은 문장이 있어야 비로소 이뤄질 수 있다. 만일 글이 없다면 무엇을 학문이라 하고 술이라고 하겠는가. 옛사람도 "문장이란 도를 꿰는 수단이다"[6)]라고 말한 바 있다.

그러나 지금 우리의 문장이라는 것은 말하는 법과 쓰는 법이 달라서 말하고자 하는 것을 쓸 수 없고, 써야 할 것은 말하지 못한다. 이 또한 일본의 문장이 가진 문제이자 커다란 어려움이다. 생각건대, 세상 사람들도 이미 여기에 대해 느낀 바가 있어서 오늘날 이를 개정하려는 움직임 또한 없지 않다. 한자의 숫자를 줄여서 그 숫자를 정하자고 말하는 것이나, 일본 글자 가나假名만을 사용하여 가나 책을 만들고, 가나로 된 문법서를 만들자고 말한다. 이 외에도 다른 논의들이 있으나 이것이 최근 가장 두드러진 의견이다.

한자를 줄이자는 설은 매우 치우친 의견이라고 할 수 있다. 소와 양, 그리고 여우와 너구리가 다 같이 한 연못에서 물을 마실 때, 각각의 동물은 자신의 양껏 마실 뿐이다. 무엇 때문에 그 연못이 크다는 사실에 유감을 갖겠는가. 유감을 가진 사람은 아마 이렇게 말할 것이다. "소나 양처럼 배통이 큰 동물은 드물고, 여우나 너구리의 배통은 작은데, 이런 배통이 작은 동물들은 꽤 많다. 작은 동물들 기준으로 큰 동물들이 맞추기를 청한다." 이 지식이 적은 사람은, 유럽에

---

5) 명주암투明珠暗投. 재능이 있는 인물을 발탁해서 쓰지 않는다는 의미이나, 여기서는 갑자기 중요한 문제를 제시다는 의미로 썼다.
6) '문자관도지기文者貫道之器'는 한유의 제자인 이한李漢의 「창려문집서昌黎文集序」에 나오는 말이다.

2.1 서양 글자로 국어를 쓰는 일에 관한 논설

있으면서 여러 나라 말을 할 줄 알고, 라틴어, 그리스어, 히브리어, 산스크리트와 같은 사어死語까지 하는 자와는 다르다.[7]

또한 말하기를, "일본 글자 가나만 쓰자"고 한다. 이는 매우 일리 있는 말처럼 들린다. 그렇지만 가나 글자의 제도는 자음과 모음이 합쳐진 것이다. 이보다 큰 불편함은 없다. 여기에 대해서는 후술하기를 청한다.

이 두 가지 설에 찬성할 수 없음을 나는 잘 안다. 지금의 추세는 유럽의 습속이 우리에게 들어온 정도가 대단히 크다. 그 기세란 병에서 쏟아지는 물과 같다. 의복, 음식, 주거, 법률, 정사, 풍속, 그 외의 수많은 기술과 학술에 이르기까지 저들이 쓰지 않는 것이 없다. 소위 내외국민의 잡거雜居 문제나 기독교 문제들도 시간문제일 뿐이다.[8] 오랜 시간을 잡고 기다린다면 잡거는 반드시 이뤄지지 않을 수 없고, 기독교도 반드시 들어오지 않을 수 없다. 어떤 사람이 사탕수수를 먹을 때, 처음부터 아예 없었다면 모르겠지만, 한창 맛있게 먹고 있다가 그만 먹고자 한다고 하더라도 어찌 그것이 가능하겠는가? 그 기세가 이미 매우 빨라서 7만 취하고 3만 남길 수 없다면 문자도 역시 함께 들여오는 것이 낫다.

애초에 우리나라의 글자는 선왕께서 중국漢土 것을 취해 사용했다. 그 당시의 문헌 또한 전부 중국에서 가져왔다. 오늘날 다시 세상의 기운이 바뀌어 문헌을 전부 유럽에서 취하게 되었다. 그렇다면 어째서 유독 글자만 취하지 말란 법이 있겠는가. 중국支那의 경우, 땅이 넓고 인민이 많으며 나라의 기세가 드높고 문물전장文物典章 또한 밝게

---

[7] 한자밖에 모르는 사람을 작은 동물에 비유하면서, 이들의 주장을 비판한 것이다.

[8] 잡거는 외국인에게 지정된 거류지가 아닌 곳으로 여행·거주·외출할 수 있는 자유를 허가하는 일로, 서양 국가들과의 조약개정 문제가 얽혀 있었다. 잡거를 허가할지 여부에 관한 찬반 논쟁은 『메이로쿠 잡지』상에서도 일어났다. 본서 11장에서 해당 주제를 다룬 글들을 모아두었다.

빛난다. 과거로 거슬러 올라가면 그 문명은 유럽에 전혀 뒤처지지 않았다. 만약 고루하다면 고루함을 지키면 되는 것이지 무엇 때문에 다른 곳을 돌아볼 필요가 있겠는가.

그렇지만 우리나라의 경우, 지금까지의 내력에 비추어 보고 국민의 성질을 따져보면, 답습에 능하고 모방을 잘 하지만 스스로 기축機軸을 만들어 내는 일에는 모자라다. 이런 경향을 지금까지의 학문에만 비추어 보더라도, 헤이안中古시대에는 백거이白居易를 높이 샀고, 하야시 라잔林羅山,9) 야마자키 안사이山崎闇齊 등은 송宋나라 유학자를 으뜸으로 삼았으며,10) 나카에 도주中江藤樹,11) 구마자와 반잔熊澤蕃山 등은 왕양명王陽明을 근본으로 삼았고,12) 오규 소라이荻生徂徠는 왕세정王世貞과 이반룡李攀龍에 뿌리를 두었으며,13) 그 후에는 원굉도袁宏道와 종성鐘惺마저도 답습하는 자가 생기기에 이르렀다. 아직까지 한 사람도 새로운 기축을 만들어내는 사람을 보지 못했다. 그러므로 우리의 새로움은 저들에게는 낡은 것임은 말할 필요도 없다. 대저 이러한 인민을 가지고 이러한 나라에 있으면서 타인의 장점을 나의 장점으로 만드는 일에 무엇을 꺼릴 것이 있단 말인가? 하물며 나를 버리고 다른 사람을 좇는 것은 위대한 순舜임금의 미덕이고, 의義를 들으면 바로 거기에 따르는 것은 공자孔子의 대의大義이니, 일을 자기

---

9) 하야시 라잔(1583~1657)은 도쿠가와 시대 초기의 유학자이다. 도쿠가와 이에야스德川家康 이후 4대에 걸쳐 쇼군의 시강侍講이 되었다.
10) 야마자키 안사이(1618~1682)는 도쿠가와 시대 초기의 유학자로, 주자학과 신토神道를 융합하여 스이카垂加 신도를 창시했다.
11) 나카에 도주(1608~1648)는 도쿠가와 초기에 활동한 일본 양명학파의 개조로 알려진 유학자이다. '오미近江의 성인'이라는 별칭이 있으며, 구마자와 반잔의 스승이다.
12) 구마자와 반잔(1619~1691)은 오카야마岡山 번주인 이케다 미쓰마사池田光政를 섬기던 유학자로, 『대학혹문大學或問』이라는 저서가 도쿠가와 정부를 비판했다는 이유로 유폐되어 세상을 떠났다.
13) 오규 소라이(1666~1728)는 도쿠가와 중기에 일본 유학사에 전환점을 가져온 유학자로 꼽힌다. 주자학을 비판하면서 자신만의 체계적인 경학 해석을 내놓았고, 그와 그의 문인들을 가리켜 '소라이학파'라고 일컫는다.

스스로 내어야만 반드시 마음속으로부터 유쾌해지는 것은 지혜로운 자가 취하지 않는 바이거늘, 지금 또 어째서 그런 편협함을 지키겠는가? 내가 생각건대, 우리 백성이 스스로 기축을 만들어 낼 수 없지만, 선善을 보고서 옮겨가 장점을 취하여 쓰는 것은 또한 미덕이다.

그러나 쓸데없이 이 말을 주장하면 누군가가 또 말할 것이다. "그들의 장점을 취하고 그들의 글자를 사용하는 것은 좋지만, 나라 전체로 하여금 갑자기 이를 배우게 하는 것은 어렵다. 당신은 이를 어떻게 할 것인가."라고 말이다. 혹은, "그들의 글자를 쓰는 것이 좋은데 영어 혹은 불어를 쓰게 하는 것보다 좋은 방법은 없다. 옛날에 러시아 관부官府에서는 모두 불어를 쓰다가 지금은 자국의 말도 약간 같이 쓰는 것이 그런 사례인데, 여기에 의거하는 것도 나쁘지 않다." 라고 말할 것이다.

내가 생각하기에는 그렇지 않다. 생각건대, 인민의 언어는 천성天性에 기초한다. 풍토나 추위와 더위, 인종의 기원 등이 합쳐져서 생기는 것이므로 필시 변할 수 없다. 과거에 우리나라는 중국의 음을 배웠는데, 이것이 오래 계속되자 진음眞音을 잃었으니 이를 오음吳音이라고 했다. 중엽에 이르러 다시 중국의 음을 배우는 것이 오래되자 또 그 진음을 잃었는데, 이를 한음漢音이라고 했다. 그리하여 지금의 당음唐音과 다른 것이 생겨났다. 결국 이 두 개의 진실하지 못한 소리가 전해지게 되었고, 없애지 못하게 되었다. 또한 고대 왕조王朝의 관부에서는 한어를 사용했으므로 그 교화가 국한되어 일본 전체에 퍼지지 못했다. 결국 이것이 변하여 소로분候文이 되었고,[14] 일본어에서도 '받들다奉る', '이르게 하다致す', '위하여爲め', '같이如し' 등을 중국어 어순으로 읽게 되었다. 무릇 이러한 것은 천성의 언어를 폐

---

14) 헤이안 시대에 형성되기 시작하여 카마쿠라鎌倉 시대에 문어로 확립했다고 알려져 있는 일본어의 문체이다. 도쿠가와 시대의 주류 문체로 공문서나 서간 등에서 사용되었고, 메이지 시대에도 서간체로는 소로분이 주로 사용되었다.

하고 남의 언어를 쓰고자 한 데에서 유래한 폐단으로, 이는 거울삼아 경계해야 할 일이다.

그가 묻기를, "그렇다면 그대의 서양 글자를 쓴다는 설說은 어떠한가?"라고 했다. 나는 대답하기를, "서양 글자로 일본어를 쓰고, 읽는 방법을 정해서 읽는 것, 이 뿐이다. 그렇지만 이 일이란 엄명을 통해 이루어질 일이 아니며, 금지와 벌칙을 써서 강제로 배우게 해서는 안 된다. 점차 배우게 하고 시간을 들여서 실행하여, 소수가 다수가 되고 작은 것이 크게 되도록 하는 것이다. 동지들이 모임을 결성하고 동호인들이 의기투합하지 않으면 이뤄질 수 없다. 이것이 바로 모임을 결성하는 요지이므로, 여러 선생님들의 명망을 빌리지 않으면 이룰 수 없는 바이다."라고 했다.

그는, "이익이 열 가지가 되지 않으면 일을 바꾸지 않고, 해악이 백 가지가 되지 않으면 법을 바꾸지 않는다고 한다. 지금 서양 글자로 일본어를 쓰는 일의 이해득실은 과연 어떠한가?"라고 물었다.

나는 다음과 같이 대답했다.

- 이 방법이 행해지면 우리나라의 어학이 서게 된다. 그 첫 번째 이익이다.
- 처음 배우는 어린 아이가 일단 국어에 능통하게 되고 일반 사물의 이름과 이치에 통하게 되면 다른 나라 언어에 입문할 수 있다. 같은 서양 글자라면 그것을 보고도 괴이하게 여길 것이 없다. 어종語種의 차이, 어음의 변화 등 이미 국어에서 배운 것이기에 다른 언어는 단지 기억하기에 힘쓰기만 하면 된다. 입문하는 단계에서의 난이도는 이로써 확실하게 알 수 있다. 이것이 두 번째 이익이다.
- 말하는 바와 쓰는 바를 같게 만들어 이로써 쓰고, 이로써 말해야 한다. 즉 렉쳐(lecture), 토스트(toast)부터 스피치(speech),

법사法師의 설교까지 모두 써서 암송할 수 있고 읽어서 쓸 수 있게 된다. 이것이 세 번째 이익이다.
- 아(A͡), 베(B͡), 쎄(C͡) 스물여섯 글자를 알고 나서 만일 철자법과 읽는 법도 배운다면, 아녀자도 또한 남성이 읽는 책을 읽고, 무식한 사람도 군자의 책을 읽으며, 또 스스로 자신의 의견을 쓸 수 있을 것이다. 이것이 네 번째 이익이다.
- 현재 서양 셈법이 행해져 사람들이 이를 잘 쓴다. 이와 함께 가로쓰기의 편리함도 알게 되었다. 게다가 대장성과 육군성에서는 이미 북키핑(bookkeeping) 법을 시행하여 이와 함께 가로쓰기를 사용한다. 직접 서양의 방법을 취한 것이다. 그 다섯 번째 이익이다.
- 최근 헵번의 자서字書와15) 프랑스인 로니의 일본어회日本語會가 있다.16) 그러나 직접 지금의 속어를 기록하고 있을 뿐 아직 그 요점을 얻지 못했다. 지금 내가 제안하는 방법을 한 번 확립하고 나면 이들과도 일치할 것이다. 이것이 여섯 번째 이익이다.
- 이 방법이 확립된다면 저술이나 번역은 대단히 편리함을 얻을 것이다. 이것이 일곱 번째 이익이다.
- 이 방법이 마침내 확립되면 인쇄의 편리함도 모두 저들의 방법을 따를 것이니, 그 간편함은 이루 다 말할 수 없을 것이다.

---

15) James Curtis Hepburn (1815~1911). 미국 장로파 교회의 의료 전도 선교사로 일본에서 활동한 의사이다. 그는 헵번식 로마자의 고안자로 널리 알려져 있다. 여기서 니시가 말하는 '자서'란 헵번이 편찬한 최초의 일영사전인 『화영어림집성和英語林集成』을 가리킨다. (1867년에 초판, 1872년 재판, 1886년 제3판이 발간됨)

16) Léon-Louis-Lucien Prunel de Rosny (1837~1914). 프랑스 태생의 민족학, 언어학, 동양학 연구자로, 독학으로 일본어 공부를 시작해 다수의 업적을 남긴 제1세대 일본학 연구자이기도 하다. 1863년에 프랑스의 동양어학교의 초대강사로 일본어 강의를 담당했으며, 1868년에는 정식으로 교수에 임명되었다. 『일본어회』는 아마도 로니가 집필한 『일본어회화안내』*Guide de la conversation japonaise*(1865)로 보이나, 이외에도 『일본어강의』*Cours de japonais*(1869) 등 다수의 일본어 학습에 관한 서적이 있으므로 특정하기는 어렵다.

제2장 국어 및 문자 개혁

　서양에서 인쇄에 관련된 기술을 발명하면, 그대로 가져다 쓸 수 있다. 이 편리함이 여덟 번째 이익이다.
- 번역할 때, 학술상의 어휘 같은 것은, 문자를 그대로 쓰면 번역하지 않고 사용할 수 있다. 또한 기계나 물건의 명칭 등에 이르러서는 일부러 번역어를 만들지 않고 원래 글자 그대로 사용할 수 있다. 이것이 아홉 번째 이익이다.
- 이 방법이 마침내 확립되면, 대저 유럽의 만사는 모두 우리의 소유가 될 것이다. 자기 나라에서 쓰는 문자를 폐지하고 다른 나라의 장점을 취한다면 이는 사소한 복식을 바꾸는 것 따위에 비할 수 없는 것으로, 우리나라 인민의 성질이 선善을 따라 흐르는 것 같은 아름다움을 세계에 과시하고 그들의 간담을 서늘하게 만들기에 충실하다. 이것이 열 번째 이익이다.

이렇게 열 가지 이익이 있고 이를 행하면 되는데. 무엇 때문에 고민하고 실행에 옮기지 않는 것인가!

　그가 묻기를 "그렇다면 도대체 여기에 해악은 없단 말인가?"라고 했다. 나는 다음과 같이 대답했다. 붓과 먹 장사들은 먹고살 수단이 없어질 테니 이것이 첫 번째 손해이다. 그러나 소위 붓과 먹 장사라는 것은 삼도三都 외에 극소수가 있을 뿐이다.[17] 또한 점진적으로 실행에 옮길 것이니 붓과 먹 장사들이 업종을 바꾸는데 필요한 여유도 있으므로 생각해 볼 필요도 없는 문제이다.

　종이 제조도 바꾸지 않으면 안 된다는 점을 두 번째 손해로 들 수 있다. 그러나 최근에 이미 양지제조소洋紙製造所를 세우고자 하고 있다. 점차 이 추세가 전국으로 미치게 하면 될 것이다. 그리고 원래 있던 우리 종이가 실로 많으니, 이 종이를 원재료로 사용하는 우리의 유리 미닫이를 세계에서 사용하도록 제공할 수 있을 것이다. 이는

---

17) 도쿄, 교토, 오사카를 말한다.

손해를 바꾸어 이익으로 만드는 것이다.

 다만 한학자들이나 국학자들은 이런 얘기를 들으면 상당히 싫어하고 질투할 것이다. 이것이 세 번째 손해이다. 그렇지만 소위 국학이라는 관점에서 서양 글자로 일본어를 쓴다는 발상을 본다면 이로 인해 국어國語라는 학문이 확립될 수 있다. 이는 기뻐해야 할 일이지 싫어할 일이 아니다. 더군다나 우리 관점에서 중국과 서양을 보면 처음부터 이 둘 사이에 차이는 없다. 그리고 서양 글자는 표음문자이고 한자는 표의문자라서 우리와 상반되는 것과 같지 않겠는가. 그러므로 그들이 참으로 그 편리함을 알게 된다면 진실로 이에 승복해야 한다. 우리나라에서 한학의 위치란 마치 서양의 라틴어와 같다. 어린이가 처음에는 국어를 배우고 난 후 중학中學 이상의 과정에서 한어漢語를 배우도록 한다. 그 경계는 저절로 알 수 있다. 소위 한학자류도 중학 이상의 교사인 것으로 마치 유럽의 라틴어나 그리스어 교사와 같은 것이다. 교사의 급은 공부의 등급에 따라서 올라가는 것으로 이 또한 걱정할 필요가 없다. 다만 시골 학자, 서당 선생, 속된 관리, 하급 관리 같은 사람들은 이를 들으면 흔쾌히 받아들이지 않을 것이다. 그렇다고 해도 명령을 내리는 방식으로 시행하지는 않는다. 또한 점차적인 시행을 통해 그들로 하여금 궁지에 몰리게도 하지 않을 것이다. 그러므로 갑작스런 시행을 걱정하지 않아도 된다.

 이러한 까닭으로 위의 세 가지 손해는 손해가 아니며, 소위 열 가지 이익이라는 것은 진정한 이익이다. 어찌 열 가지 진정한 이익을 하나의 헛된 손해에 견줄 수 있겠는가.

 그가 말하기를, "이익과 손해에 대해서는 이제 잘 알겠다. 다만 이를 시행하는 데 있어서의 난이도를 걱정하지 않으면 안 된다고 말하는 사람이 있을 것이다."라고 했다. 나는 말하기를, "시행의 요지로는 세 가지 어려움이 있다. 첫째, 어학의 어려움이다. 지금 일본

어를 세워서 이를 사용하고자 함은 그 누가 원하지 않는 바이겠는가. 그러나 국학자는 쓸데없이 고문법古文法을 쓸 줄만 알았지 이를 실질적으로 사용하는 법을 모른다. 실제 사용에 적합한 것은 소로분인데, 말하는 바와 쓰는 바가 달라서, 최근에는 지금 이 책처럼 가타카나 혼용체의 문장이 일정한 문체로 자리 잡았다. 그러나 종종 이 글처럼 한어법漢語法을 사용하거나 일본어법을 사용하여 문체가 확실하게 자리 잡지는 못했다. 그러므로 국학에 대항하는 사람들은 마침내 지금의 속어를 그대로 써서 소위 테니오하テニヲハ법을 들어 이를 폐지하고자 한다.[18] 이 두 진영의 싸움이 멈추지 않는다면 무엇으로써 어법을 확립할 수 있겠는가. 생각건대, 이것이 첫 번째 어려움이다. 그렇지만 이 둘을 화해시킬 방법이 없다고 할 수는 없다."라고 했다.

그가, "그 방법이란 무엇인가?"라고 물었다. 나는 다음과 같이 대답했다. 철자(spelling)スペリング법과 발음(pronunciation)プロナンシエシウン법을 확립하여 이로써 화해하도록 하는 것이다. 사전에서 영어를 찾아보면 철자와 발음이 종종 다르다. 이 또한 우리 국어처럼 어쩔 수 없는 일인 듯하다. 그러므로 일본어의 아속雅俗이 다르다는 점은 또한 대체로 이와 같은 것이다. 시험 삼아 두세 가지 예를 들어보자.[19]

---

[18] 니시는 국학자들이 쓸데없이 고대 문법을 강조하기만 하는 경향, 구어와는 전혀 다른 문어로서의 소로분의 무용성, 가타카나 혼용체의 어려움 등을 꼽으며 정확한 음성 표기를 위한 최선의 수단으로서 로마자를 사용할 것을 주장하고 있다. 하지만 그는 1870년 무렵에 집필한 것으로 추정되는 「文武學校基本幷則書」에서 '국어교육'의 필요성을 강조하며, 우선 '발음변화音便'와 '테テ·니ニ·오ヲ·하ハ'법을 가르쳐야 한다고 주장한 바 있다. 이러한 니시의 '국어'에 대한 관심에는 양학자로서 서양의 문자가 음성을 정확하게 표기할 수 있다는 사실을 발견했다는 점과 도쿠가 후기에 유행한 국학파의 가나假名와 음성의 관계가 가진 신비성에 주목하는 주장들로부터 받은 영향이 중요한 역할을 했을 것이라고 추정된다.(澤井[83] p65~75) 그러므로 여기에서 "지금의 속어"에 "테·니·오·하"법을 이용하자는 의견은 니시 자신이 이전에 전개했던 주장과 연결된다.

[19] 니시가 아래에서 복잡하게 설명하고 있는 내용은 일본어 읽기 방식에서 아문과 속문이 다르다는 것이다. 그리고 가나에 자음과 모음이 섞여있어 이 다름이 심화된다고 주장한다.

2.1 서양 글자로 국어를 쓰는 일에 관한 논설

> 로마자 아래 .은 읽지않는 글자 표시
> 로마자 아래 _는 운자로 운이 바뀌는 단어
> 로마자 위의 가타가나는 철자
> 로마자 아래의 가타가나는 발음
> 밑줄친 가나는 살펴볼 말

형용사質言20)

イカサマ	ヲモシロシ		コレ	ハ	ヨロシシ
ikasama	omosiro$\underline{s}$i		kore	wa	yorosi$\underline{s}$i
イカサマ	ヲモシロイ		コレ	ハ	ヨロシイ

ヲモシロキ		コト	ウツクシキ		ハナ
omosiro$\underline{k}$i		koto	utskusi$\underline{k}$i		hana
オモシロイ		コト	ウツクシイ		ハナ

アツク	ナル		サムク	ナル
atu$\underline{k}$u	naru		samu$\underline{k}$u	naru
アツウ	ナル		サムウ	ナル

끝의 두 가지 예시 중 아래줄은 교토식 발음이다. 에도에서는 윗줄 그대로 읽는다.

---

20) クシキノ詞 : 쿠, 시, 키로 끝나는 말. 일본어 형용사.

제2장 국어 및 문자 개혁

명사^{實辭}나 그 밖의 말을 형용하는 말로 쓰려고 할 때

    キタイナル　ヒト　　　　　　フシギナル　コト
    kitai-naru　hito　　　　　　fusigi-naru　koto
    キタイナ　　ヒト　　　　　　フシギナ　　コト

여기에서 ナル는 ニアル를 줄인 것으로, 부사나 동사와 겹치는 것이지만 일단 여기서는 원래 그러한 것이라고 정한다.

대명사^{代言}

    カレ　　　イヅレ　　　イヅコ
    kare　　　idure　　　 iduko
    アレ　　　ドレ　　　　ドコ

접속조사^{續言}

    コレ　ニテ　　ヨシ　　　　ソレ　ニテモ　ヨシ
    kore　nite　　yosi　　　 sore　nitemo　yosi
    コレ　デ　　　ヨイ　　　　ソレ　デモ　　ヨイ

동사^{働言}

    イマ　　キカム　　ユワム　　　ユメ　ヲ　　ミタリ
    ima　　 kikam　　yuwam　　　yume　vo　　mitar
    イマ　　キカウ　　ユワウ　　　ユメ　ヲ　　ミタ

    イマ　　イキツ　　　　　　　　キルル　　モユル
    ima　　 ikitu　　　　　　　　 kiruru　　moyuru
    イマ　　イッタ　　　　　　　　キレル　　モエル

기타
　ナニ　　ニテモ　　カ　　ニテモ
　Nani　n̠temo　ka　n̠temo
　ナニ　　デモ　　　カ　　デモ

　ベンキヨウヲ　セズ　バ　ナルマジ
　benkiyau vo　sezu　ba　narumaz̠i
　勉強　　　ヲ　セズ　バ　ナルマイ

───────────────────────

　　이와 같은 방식을 통해 아속雅俗 양측의 싸움이 대체로 화해로 이어지길 바란다. 그러나 이 밖에도 '있다ｱﾙ'를 '있으시다ｺﾞｻﾞﾙ'라고 한다든가, '계시다座ス'나 '말씀드리다申ス' 같은 여러 종류의 경어敬語를 버리려 해도 버릴 수가 없고, 취하려 해도 취할 수가 없어서 뜻을 맞출 수 없는 일이 많이 있다. 그렇지만 아문雅文을 지지하는 사람도, 구어를 그대로 문어로 쓰자는 속어俗語 주창자도 서로의 주장을 굽혀서 지나치게 고상한 어법은 평소에 쓰지 말고, 대신 구어도 가능한 한 수의를 기울여서 말을 그대로 문자화 할 수 있을 정도로 말하는 법을 연구한다면, 자연스럽게 습관이 성질이 되어 백 년도 안 되어 유럽의 아름다움에 가까워지지 않겠는가. 앞서 일본 글자는 자모음이 합쳐져서 불편하므로 서양 글자가 필요하다고 말한 것은 이 때문이다.

　　또한 두 번째 어려움은, 정사政事상의 어려움이다. "천자天子가 아니면 문文을 생각하여 정하지 않는다."[21] 지금 내가 아무리 이를 좋다고 생각해도 정사상의 허가를 받지 못했고, 문부성으로부터 금지라도 한 번 당하면 모두 수포가 될 것이다. 그러나 오늘날 유신을 겪은 공경公卿과 대신大臣은 모두 변화를 높이 사는 사람들이기 때문에, 만일 이치로 이러한 주장을 하고, 도道로 이를 청하여, 국가에 해악은

───────────────────────
21) "非天子、不議禮、不制度、不考文."『중용』제28장

제2장 국어 및 문자 개혁

없고 이익이 생길 것으로 파악한다면 허가를 받을 수 있을 것이다. 두 번째 어려움도 제거하지 못할 이유가 없다.

세 번째 어려움은 비용의 어려움이다. 그렇지만 이는 큰 비용이 필요하지 않다. 첫째, 집회의 비용인데, 이는 참여자들의 자비로 충분할 것이다. 둘째, 서기에게 줄 급여, 셋째로는 인쇄를 위한 자본이다. 이것이 초기에 필요한 비용들이다. 일이 점차 풀리기 시작하면 사전, 문전文典, 그 외의 여러 문서를 인쇄하는 비용이 들 것이다. 그 비용을 대기 위한 방법은 메이로쿠샤 결의를 통해서 정하되, 지금의 인원을 모임의 본 회원으로 정하고, 입회하는 모든 사람은 입회할 때 3엔씩 내게 하여 그 돈을 모아서 후일의 자본금으로 사용하면, 10명이면 30엔, 100명이면 300엔으로, 차례대로 1,000명에 다다르면 3,000엔이 되어 비용을 상당히 충당할 수 있게 될 것이다. 이렇게 해서 본 회원 이외의 입회자는, 회의를 거쳐 만든 규칙을 문서로 인쇄할 때, 두세 장짜리 인쇄물을 배포하여 그 규칙을 지키게 한다. 그리고 혹 의문이 생기면 질문하러 오는 것을 허용하고, 새로운 아이디어가 있으면 모임의 본 회원에게 제출하여 받아들일 것인지 안 할 것인지를 회의에 부치는 등의 특권을 줘야 한다. 그리고 메이로쿠샤 사람들은 서로 주고받는 서한부터 시작해서 학·술·문장에 대해 논하여 저술한 바가 있다면, 이 규칙을 준용하되 숙지하고 있는 것이 중요하다. 다만 세간에 낼 저술서나 번역서는 이러한 예에 속하지 않는다.

이렇게 하여 모임의 범위를 점차 넓혀나가면 3년 후에는 나라 안에 2~3만 명의 회원을 얻을 것이다. 3만 명으로 계산하면 9만 엔이 모일 것이다. 이렇게 되면 인쇄, 저술, 번역, 기관지 등 무슨 일이든지 못할 일이 없다.

그렇지만 모임을 결성할 때의 중요한 요결要訣은 먼저 모임의 본 회원을 뽑는 법을 정하고, 열심히 모임에 종사하고, 억지로 사람을 추천하지도 초대하지도 않으며, 특히 나이 어린 학생들을 피해 되도록 비밀스럽게 하는 것이 중요하다. 생각건대, 사람의 성질에는 큐리어시티(curiosity)가 있다. 그 성질을 자극하려면, 비밀스럽게 굴어서 점점 더 궁금증을 일으켜야 한다. 이렇게 하면 모임은 더욱 견고해지고 뜻있는 사람들이 모일 것이다.

그리고 또 다른 이점이 있다. 만일 이 모임이 확립된다면 들어오는 사람은 한학자든 국학자든 혹은 일반 사람이라도, 모두 뜻이 있는 사람으로 서양풍의 것을 지향하는 무리일 것이다. 그렇다면 이른바 "영웅의 마음을 얻는다"는[22] 말처럼 천하의 인재를 한 모임에 망라하게 되어, 마땅한 방법만 얻는다면 사이언스(science), 아트(art), 리터러처(literature), 모럴(moral)을 대략 일치시키지 못할 일이 없고, 저 우매하고 완고한 무리를 비로소 남김없이 쳐부수고, 우리 문명의 개선가를 부르게 될 것이다.

대체로 필요한 시간을 계산해보면, 1년이면 대략의 법칙을 정할 수 있을 것이다. 2년이면 도시에 전파할 수 있고, 3년이면 일단 완성이 된다. 7년이면 나라 전체에 전파하고, 10년이면 아녀자도 이를 암송할 수 있고, 소학생은 이것으로 공부에 입문할 수 있을 것이다.

그렇게 되면 소위 세 가지 어려움을 제거하고자 할 때, 한 가지 어려움이 새롭게 발생한다. 그 한 가지 어려움이란 무엇인가.

모임 안에서 이 사업에 종사할 사람은 자기의 사적 이익 면에서 조금도 손익이 없다. 생각건대, 손해는 있지만, 이득은 없다. 그 사람은 뜻을 오로지 천하 인민의 생활을 위하는 데에 두고, 이른바 선우후락先憂後樂의 자세로 살아야 하므로, 처음에는 물론 처음, 중간, 나중에도 다소 즐겁지 않은 일, 질려서 싫어지는 일이 생길 수밖에

---

22) "夫主將之法、務攬英雄之心、賞祿有功、通志於衆."『육도삼략六韜三略』

제2장 국어 및 문자 개혁

없다. 이런 어려움을 제거하는 것은 오로지 여러 선생님의 분발, 부담, 공부, 인내의 네 가지에 달려 있으며, 만일 여기서 하나라도 빠진다면 일은 결코 성사되지 못할 것임은 자명하다. 이것이 내가 말했던 의심스럽고 놀랄 일이니, 아무 맥락 없이 갑자기 이 얘기를 들었다면 경솔하게 시세를 좇는다거나 온 나라를 서양화의 길로 끌고 간다는 말과 비슷하게 들릴 것이다. 또한 가만히 이 얘기를 들여다보면, 세상 물정을 잘 모르고 때를 모르며 사람 심리를 모르는 것처럼 느껴지기도 할 것이다. 그러나 이를 또한 분발해서 번성케 하고자 한다면, 전장에서 제일 먼저 적에게 창을 꽂는 어려움이나, 임금에게 간언하는 어려움보다 덜하지 않을 것이다.

　내가 일찍이 생각하길, 유럽의 인종은 오늘날 세계의 으뜸이다. 그리고 이를 성리性理상으로 논해본다면, 그들 인종은 사물을 볼 때 훨씬 세밀한데, 그 세세한 부분을 쌓아 올려 오늘날 대업을 이루었다. 우주의 광활함에 대한 관찰도 사과 한 개가 떨어지는 데에서 비롯된다. 백만의 군대를 지휘하는 것도 병사 한 사람의 몸을 훈련시키는 데에서 비롯된다. 증기선이 사해四海를 돌아다니는 것도 증기의 팽창력일 뿐이다. 전기가 사주四州에 흐르게 된 것도 연을 날리는 작은 일에서[23] 비롯된 것과 같다. 곧 문예, 학술의 세계에서 가장 뛰어난 이유도 아, 베, 쎄 스물 여섯 글자와 직결되어 있음에 지나지 않는다. 그렇다면 오늘날 여러 선생님께서 나의 논의에 만일 동의해주신다면 먼저 아(A) 글자에서부터 시작해야 할 것이다. 내가 일찍이 일에 착수하기 위해 순서를 생각해 둔 적이 있다. 다음과 같다.

1. 아(A), 베(B), 쎄(C)에 우리나라 말의 음을 배당한다.
2. 우리 말 음에 사성四聲의 구분이 있으니 그 법을 정한다.
3. 말의 성질을 정리하여 몇 가지로 만든다.

---

[23] 벤저민 프랭클린(Benjamin Franklin)의 피뢰침 발명 과정의 일화를 말한다.

4. 말에는 전천前天과 후천後天의 구분이 있으니, 이를 정한다.[24]
5. 철자법을 정한다.
6. 발음법을 정한다.
7. 굴곡의 법을 정한다.[25]
8. 동사 활용법 및 시제를 정한다.
9. 한자의 음을 쓰는 법을 정한다.
10. 서양어를 사용하는 법을 정한다.

그 외에 어격語格과 같은 것은 후일의 성공을 기다려야 할 것이다. 앞의 약간의 제 생각에 대해 선생님들께 의견을 여쭙는다. 감히 채택해주기를 바라지는 않는다고 하지만, 여러 선생님께서 한 번 슬쩍 봐주시면 무엇보다도 다행일 것이다.

---

[24] 니시가 말하는 '전천'은 a priori, '후천'은 a posteriori를 지칭하나, 이 문맥에서 정확한 의미를 특정하기는 어렵다. 전자가 원래 일본에서 자생적으로 나온 것, 후자가 나중에 외부에서 들어온 것을 가리키는 것으로 해석해 볼 수 있다.

[25] 어형 변화 규칙을 뜻한다.

2.2 개화의 정도에 따라 문자도 바꿔야 한다는 설

니시무라 시게키, 제1호

니시 선생님의 문자를 바꾸는 것에 관한 논설을 여러 번 숙독해보니, 그 논설의 통쾌함과 정밀함이 두루 미친 바가 조금도 유감스러운 부분이 없다. 과연 그 말대로 될 수 있다면 실로 문운文運이 크게 진보하여 우리 문필가가 가장 유쾌하게 여기는 바일 것이다. 다만 지금의 인민은 우매하여 학문이 무엇인지를 모른다. 예로부터 있던 문자를 배우게 하는 것도 수없이 타이르고 깨우쳐주지 않으면 할 수 없는 일이다. 하물며 지금까지 국자國字라고 해온 마흔 여덟 글자를 버리고 지렁이나 뱀이 기어가는 것처럼 보이는 외국 문자를 배우게 한다는 것은 지극히 어려운 일일 것이다. 니시 선생님의 글에서 말하기를, "문자를 바꿔서 인민의 우견愚見을 깨뜨리자"고 한다. 하지만 나는 "인민의 우견을 깨뜨리지 않으면, 문자를 바꾸는 일은 할 수 없다"고 생각한다.

대저 지자知者가 어떤 일에 관해 걱정할 때에는 반드시 이해利害 문제가 얽히는 법이다. 서양 문자를 사용하는 일의 이익은 니시 선생님의 논의 안에 이미 상술했으므로 또 덧붙일 말은 없다. 그러나 그 해로움을 말하는 데는 미처 다하지 못한 바가 있는 것 같으니, 내가 이를 보충해보고자 청하는 바이다.

무릇 간단하고 쉬우며 명백한 것을 좋아하고, 번거롭고 어려우며 혼잡한 것을 싫어하는 것이 사람의 마음이다. 지금 山, 川이라고 쓰면, 글자 획은 간단하고 글자 뜻은 명백하다. yama, kafa라고 쓰면, 글자 획은 상당히 번잡하고 글자 모양새는 별로 명료하지 못하다. 게다가 川, 革, 側이라고 쓰면, 언뜻 글자 모양을 보아 자연스럽게 그 뜻을 알 수 있다. kafa, kafa, kafa라고 쓸 경우 세 단어의 각기 다른 뜻을 구별하기가 매우 어렵다.[26] 이것이 첫 번째 불리함이다.

옛날에 우리나라에서 종래의 국자國字를 폐하고 중국支那의 문자를 사용함은, 당시 아직 학문이 발달하지 못한 때였기 때문에 쉽게 성공할 수 있었다. 우리나라의 옛 글자를 지금은 알 수 없다고는 하지만, 실제 사용하기에는 어렵고 하찮은 것으로, 이를 문명이 찬란하게 빛나는 중국의 문자에 비한다면 그 편리함과 불편함은 하늘과 땅만큼의 차이가 있으리라. 그러므로 당시 식자들은 재빨리 이를 버리고 중국 글자를 취하여 온 나라의 백성도 또한 쉽게 구습을 바꾸었을 것이다.

오늘날의 경우는 이와 다르다. 우리나라가 중국의 언어와 문자를 씨줄과 날줄로 삼아 사용한 지는 천여 년이나 되었기 때문에, 그 문자를 사용하는 법이 매우 편리하다. 그런데 이제 한자와 가나假名를 모두 버리고 오로지 서양 글자를 사용하게 만든다면, 지금 개화의 정도로는 과거에 우리 글자를 버리고 한자를 취하던 때와는 어려움의 정도가 같을 수 없다. 이것이 두 번째 불리함이다.

현재 위로는 정부의 명령에서부터 아래로는 민간의 서한에 이르기까지 가나와 한자를 사용하지 않는 자가 없다. 그 밖에 도리道理를 논하고, 인민을 가르치고, 사적事迹을 기록하고, 예술에 관한 기술 등의 문필에 관한 일도 모두 그렇지 않은 바가 없다. 만일 단호하게 가나와 한자를 폐지하고 서양 글자만을 사용한다면, 과거의 문헌은 모조리 읽을 수 없게 되어 학문이 얕은 사람만을 말한다., 2천 년 동안의 일본과 중국의 자취는 흐릿해져 어두운 밤과 같아질 것이다. 그렇다 하더라도 그 중에서 학자가 배출되어 서양 글자로 일본, 중국의 역사나 전기 등을 쓰는 사람이 있을 수도 있겠지만, 요컨대 이중의 수고를 하게 될 것이다. 이것이 세 번째 불리함이다.

---

26) '야마'는 산, '카와'는 하천을 각각 가리키며, 일본어로 川, 革, 側을 모두 '카와'라고 읽는다.

제2장 국어 및 문자 개혁

　이 세 가지 불리함을 감수하고 지금껏 존재하지 않았던 기이한 방법을 행하려고 한다는 것이 얼마나 어려운 일인지는 삼척동자라도 알 수 있을 것이다. 그렇다면 문자를 바꾸는 일은 끝내 행해서는 안 되는 일인가.

　그렇지 않다. 위에서 말한 소위 세 가지 불리함이란, 오늘날 우리나라의 인민을 대상으로 했을 경우를 염두에 두고 한 것이다. 문명개화文化開明된 인민이라면, 이 세 가지 중에 한 가지라도 불리하다고 여기지 않을 것이다. 그렇다면 오늘날 우리나라에서 문자를 바꾸자고 한다면 어떤 순서로 그 일을 해야 하는가.

　그것은 이렇다. 오늘날의 급무는 국학, 한학, 양학의 구별 없이 오로지 한 사람이라도 더 많은 국민이 학문에 뜻을 두게 하는 데에 있다. 학문에 뜻을 둔다면 자연스럽게 우리나라의 문자나 언어에 장애물이 많음을 알 것이고, 이를 알게 되면 반드시 바꾸고자 하는 생각이 생길 것이다. 여기에 이르러 일·중의 문자를 폐지하고 서양 글자를 사용하자는 주장을 하게 된다면, 물흐름을 따라 배가 흘러가는 것처럼 힘들지 않고 공을 이룰 수 있을 것이다. 이것이 내가 말하는 인민의 어리석음을 타파하지 않는 한 문자를 바꿀 수 없다는 주장이다. 문자를 바꾸고 나면 거기서부터 학문이 진보하게 된다는 니시 선생님의 말씀대로 될 것이다.

　모임의 규칙에 관한 니시 선생님의 주장 또한 지당하다. 이에 관해서는 모리 선생님의 초안이 있다고 들었다. 바라건대, 두 분 선생님의 주장을 합하고 거기에 여러 선생님의 논의를 더해, 이로써 절충하고 보완한다면 모든 것을 갖출 수 있을 것이다. 무릇 어떤 일을 할 때 처음부터 엄격하게 규칙을 세우게 되면, 그 규칙에 구속받게 되어 많은 일이 자유로울 수 없다. 그렇다고 해서 조금의 규칙도 세우지 않으면, 몇 번을 모이더라도 일진일퇴하여 항상 똑같은 일을 논하게 되므로 모임의 진보가 대단히 느려진다. 여러분의 고견으로 다음 사항을 논의하여 결정하기를 바란다.

1. 모임 이름
2. 모임 인원人員의 정수
3. 새로 들어오는 사람을 선발하는 방법
4. 새로 들어온 사람으로부터 거둬야 할 돈의 액수
5. 모임의 회장을 정하는 방법
6. 모임을 가질 때의 논의 규칙
7. 서기 및 회계 담당자를 선발하는 일
8. 일지日誌 출판의 방법

우리나라에서 학술이나 문예의 단체를 조직하는 일은 오늘이 처음이다. 그리고 모임의 여러분은 모두 천하의 명사名士이다. 사람들이 모두 말하기를, 탁월하고 훌륭한 논의, 영원히 없어지지 않을 설說은 반드시 이 모임으로부터 일어날 것이라고 한다. 아무쪼록 뛰어나게 훌륭하고 영원히 사라지지 않을 여러분의 논설이 이 모임에서 일어나, 탁월한 식견과 고견으로 우매한 이들을 잠에서 깨워 천하의 모범을 세워서, 식자의 바람을 헛되이 하지 않기를 기원한다.

2.3 히라가나의 설

시미즈 우사부로[27], 제7호

유신을 기회로 문자를 바꿔서 두루 편리하게 사용하자는 뜻에서 혹자는 히라가나平假名를 쓰자고 하고, 혹자는 가타카나片假名를 쓰자고 하며, 혹자는 서양 글자로 바꾸자고 하고, 혹자는 새로운 글자를 만들자고 하며, 또는 우리나라 말을 폐지하고 영어로 바꾸자는 사람이 있다. 또는 여태까지처럼 가나와 한자를 섞어서 사용하자는 사람도 있다. 그렇지만 세상의 일이란 두루 쓰이는 편리함이 없으면, 그 용도에 적합하지 않게 되고, 그렇게 용도에 적합하지 않으면 교화훈도敎化訓導의 수단으로서의 가치가 손상된다. 생각건대, 우리나라 글자를 폐지하고 영어로 바꾸자는 말을 하는 것은 애초에 논의할 필요조차 없는 일이다. 가나와 한자를 섞어서 사용하는 일은 예로부터 그렇게 해온 바이기에 대단히 적절한 용법이라고는 하지만, 세상에 이것을 읽을 수 있는 사람이 몇 명이나 되며, 설사 사전을 쓴다고 해도 초서나 행서체는 또한 어떻게 할 것인가. 관청의 포고문이라든지 저술서 등도 후리가나振り假名를 쓰거나 조어助語를 쓰는 번거로움이 있는데,[28] 세상에 이를 제대로 이해하는 사람이 얼마나 되겠는가.

어떤 사람은 가나와 한자의 혼용문 교육이 제대로 이뤄지지 않아서 못한다고 말하지만, 그것보다는 원래 배우기가 쉽지 않기 때문이다. 게다가 키세루煙管・喜世留, 가라스硝子・玻璃, 메리야스莫大小・目利安, 후지산不二山・富士山의 부류는 하나의 대상을 다른 글자로 써서 같은

---

27) 시미즈 우사부로清水卯三郎(1829~1910)는 상인 출신으로 일찍이 한학, 난학, 그리고 영어를 공부해 막부 말기 최초로 파리 만국박람회에 참가했던 인물이다. 이 글에서 주장한 바와 같이 그는 가나 전용론을 지지했고, 1881년에는 유지들과 함께 '가나노토모かなのとも' 즉 '가나의 벗' 모임을 결성하여 1883년에는 『가나노미치비키かなのみちびき』라는 기관지를 발행했다.

28) 후리가나振り假名는 한자의 음을 가나로 달아놓은 것.

음으로 읽고,29) 하세長谷, 아타고愛宕, 아스카飛鳥, 구사카日下, 이리오마즈不入斗, 쓰쿠모九十九 같은 것처럼 따로 사전을 만들지 않으면 음을 알 수 없는 것도 있다.30) 니치쇼쿠·짓소쿠日蝕, 코오코오·홍콩香港, 쇼카이·상하이上海, 시소·치소紫蘇, 콘부·코부昆布처럼 하나의 어휘에 두 가지 음이 있기도 하다.31) 시미즈·기요미즈·세이스이淸水, 고베·간베·간도·고도神戸처럼 하나의 단어를 여러 가지로 풀어 읽는 법도 있다.32) 새롭게 사전을 만든다고 하더라도 어느 풀이를 선택해서 채워 넣어야 하는지를 모른다. 또한 오늘날처럼 한자음을 빌려 표기하는 어휘나 새로운 글자가 끊임없이 나오는 시기에는, 여러 해에 걸쳐 열심히 공부한 한 사람이 아니라면 보통의 책도 읽을 수 없다. 그렇다면 가나와 한자를 섞어 쓰는 것도 교화훈도의 용도 이외에는 일상적으로 쓸 수 있는 편리한 도구가 아니다. 또한 서양 문자로 바꾸는 것은 마치 쌀밥을 빵으로 대체하고, 된장을 유제품으로 대신하는 것과 같다. 영양 면에서 그쪽이 낫다고 해도 현실적인 불편함을 겪는다. 그렇지만 따로 새 문자를 만드는 것보다 낫기는 하다.

    대저 문자와 문장은 음성의 기호이자 언어의 형상이므로, 이를 통해 고금을 살피고, 피차彼此가 소통하며, 약속을 기록하고, 예술을 넓히며, 하루하루의 일을 적어두는 데 쓰는 대단한 도구이다. 실로 말과 다를 수 없다. 만일 말과 다르다면 이것을 읽고 희로애락의 정에 감동하는 일도 없을 것이다. 희로애락의 정을 느끼고 감동하는 일이 없다면 교화나 훈도의 의미도 잃는 것이다. 저 『이나카 겐지田舎源氏』, 『가짜 무라사키 이나카 겐지修紫田舎源氏』, 『지라이야自來也 이야기』, 『지라이야 호걸담兒雷也豪傑譚』, 『히자쿠리게膝栗毛』, 『도카이도츄 히자

---

29) '키세루'는 일본의 파이프 담배, '가라스'는 유리, '메리야스'는 편물 옷감이다. '후지산'은 고유명사이나 이와 같이 다른 한자로 표기하는 경우가 종종 있다.
30) '하세' 이하 모두 지명이다.
31) '니치쇼쿠'는 일식, '시소'는 식물이름, '콘부'는 해초 이름이다.
32) '시미즈' 이하 모두 지명이나 인명으로 유명한 이름들이다.

제2장 국어 및 문자 개혁

쿠리게東海道中膝栗毛』,『핫쇼진八笑人』,『하나고요미 핫쇼진花曆八笑人』, 기다유義太夫 책, 조루리淨瑠璃 책처럼, 부녀자나 아이도 이것을 읽고 능히 감동하고, 웃고, 슬퍼하는 것은 실제 말과 문장이 같기 때문이다.[33] 그러므로 유럽이나 미국의 여러 주에서는, 모두 자국自國의 말과 문장을 일치시키는 일을 급선무로 삼았다. 미국의 경우 영국과 같은 말로 자국의 문장을 만들었다. 그럼에도 영국 책을 출판할 때, 자국에서 사용하는 문맥으로 개편하여 출판한다. 그에 관해서는 볼 만한 점이 있다. 최근에 들은 바로는 청나라에서 외국으로 유학생을 보낼 때, 따로 자국의 말과 문장을 가르칠 선생을 붙여준다고 한다. 그러한 배려는 눈여겨볼 만하다. 그런데 우리나라만 문장을 다른 나라 것에서 취할 필요가 어디에 있겠는가. 생각건대, 관습이나 버릇을 스스로 고칠 수 없고, 애국심이 매우 부족하기 때문이다.

대저 읽기 쉽고 알기 쉬운, 언문일치의 문장을 통해 세상에 뜻을 펼치고 인민의 지식을 진보하게 하는 것은 원래 학자와 교사의 임무이다. 그런데 이러한 임무를 저버리고 그 배운 바에 익숙한 나머지 이상한 글자나 새로운 어휘를 삽입하는 것을 자랑스러워하는 자는 자신의 직무를 크게 태만히 하는 자이다. 삼가 반성하지 않으면 안 될 것이다. 또한 가타가나를 아는 사람도 세상에 많지 않다. 그러므로 나는 오로지 히라가나만을 사용할 것을 주장하는 바이다. 히라가나가 일상에서 통용되고 있는 분야는 간판, 포렴布簾, 청원서, 소설 등의 부류에서 볼 수 있다. 그래서 내가『모노와리노 하시고舍密の階』를 번역해서 동지들에게 피로했던 것이다.[34]

---

[33] 위의 작품들은 모두 에도시대 후기에 널리 읽힌 작품으로 여러 장르가 섞여 있는데, 쿠사조시草雙紙, 콧케이본滑稽本, 조루리淨瑠璃의 대본, 그리고 조루리의 일종인 기다유부시義太夫節 등이다.

[34]『모노와리노 하시고』는 시미즈가 1874년에 영국의 Thomas Turner Tate(1807~1888)가 런던에서 출판한 실험화학 입문서인 *Outlines of Experimental Chemistry; Being a Familiar Introduction to the Science of Agriculture* (1850)를 번역하여 출간한 책으로, 전문 히라가나로 집필되었다.

니시무라 선생님과 니시 선생님의 주장을 반박해보겠다. 皮, 側, 川 세 글자처럼 발음이 같으면,[35] 그 혼란을 어떻게 할 것이냐고 말했다. 하지만 글이나 대화에는 모두 전후 맥락이 있어서 반드시 한 단어만으로 끝나지 않는다. 전보電報처럼 간단한 문장에서는 약속된 축약어가 통할 수 있다. 하물며 글이나 대화에서는 어떻겠는가. 또 영어에도 한 단어에 여러 가지 발음이 있는 것이 있다. 여기서 그 예를 들어보자. Lot: 제비뽑기, 운명, 울타리柵, 사람 무리/ Tin: 방울, 철판, 화폐/ State: 형세, 대신大臣, 국가/ Branch: 나뭇가지, 학파, 혈통/ Arm: 팔, 힘, 갑옷/ Type: 활자, 기호, 혈액형/ Lime: 석회, 새 잡는 끈끈이 같은 것들이 있다. 그 외에도 네덜란드어나 프랑스어에도 또한 이러한 예가 있다고 한다. 그럼에도 불구하고 그들은 오해하는 일이 없다. 그렇다면 우리라고 오해할 일이 무엇이 있겠는가. 지금 니시무라 선생님께서 이를 언급하지 않은 것은 아마도 해당 부분을 놓쳤기 때문일 것이다.

대저 사람이 만물의 영장일 수 있는 이유는 생각하고 조사하는 능력이 있기 때문이다. 이를 통해 능히 고대의 글을 읽을 수 있고, 마멸된 전각체의 글자를 이해할 수 있는 것이다. 하물며 한 글자에 여러 가지 뜻풀이가 있다고 한들, 글이나 대화 속에서 이해가 안 될 리가 있겠는가.

혹자는 "그대는 왜 이 글을 히라가나로 쓰지 않았는가?"라고 물을 것이다. 그렇게 할 수도 있겠지만, 내가 히라가나를 사용해야 한다고 주장하는 이유는 뒤처진 사람들의 편리함을 위한 것일 뿐이다. 이 글은 전적으로 식자學者를 대상으로 삼아 쓴 것이다. 옛날 한학자 부류는 서양을 보고 이夷나 만蠻이라고 부르며, 우리 글자로 된 번

---

35) 앞의 니시무라 글에서와 달리 여기서는 '가와'로 읽는 한자로 革 대신 皮를 들고 있다.

역서가 있다 해도 버리고 거들떠보지도 않았다. 서양에 관한 여러 한문 번역서가 들어오게 되자 비로소 그들이 오랑캐가 아님을 알게 되었다. 그리고 이렇게 되자 양학파로 옮겨 간 사람들이 많아졌다. 유학자에게 중국漢土 얘기를 하면 주의를 기울여 듣고, 상인에게 이득에 관해 말하면 귀를 쫑긋 세우고 듣는 법이다. 농민이나 장인도 모두 그렇다. 사람의 마음이란 자신이 익숙한 쪽으로 기우는 법이다. 그렇기 때문에 이 글을 지금 여기에 쓴 것이다. 내가 히라가나로 쓴『모노와리노 하시고』의 서문에 히라가나로 글을 쓰는 것에 대한 의의는 대략 적은 바 있다.

2.4 질의일칙

사카타니 시로시, 제10호

내가 우매하다고는 하지만, 마음속에 성채를 쌓고 자신의 편견을 중요하게 여기는 일을 경멸한다. 그러므로 어리석고 둔하며 서양 언어를 이해하지 못하지만, 나는 서양학을 하는 사람들을 좋아하고, 서양과 중국의 학문이 일치하여^{歐漢一致} 공평하게 실현될 것을 바란다. 최근에 여러 선생님이 메이로쿠샤를 열었다는 말을 듣고, 기쁜 마음으로 듣기를 청하여 말석에 참석하니 얻는 바가 많다. 그런데 의문이 많아도 일일이 질문을 하면 얘기를 방해하게 될까 두려워 그때그때 적어두었다가 바로잡으려고 한다. 여러 선생님께서 아낌없이 말씀해주신다면 대단히 감사하겠다.

일본의 문자와 언어를 개정하는 문제에 관하여 몇 해 전부터 문부성 및 세간의 군자^{君子}들이 제각각 의견을 내어 신문지상에서 논의해온 바를 봐왔다. 최근에 귀사^{貴社}의 집지에도 니시와 니시무라 두 선생님, 시미즈 군의 논설이 다시금 이 주제에 이르렀다.[36] 나는 오랫동안 이 논의를 볼 때마다, 모든 논의들이 깊이 마음을 썼으며 각 논의마다 일리가 있다는 점에 감복하였다. 그렇지만 이를 실행하기는 어려워 백 년 뒤를 기약해야 할 정도이다. 교류하는 나라들은 각각 달라서, 영국과 프랑스에서는 영국과 프랑스의 말과 글을 사용하지 않으면 안 되고, 러시아나 독일에서는 러시아나 독일의 말과 글을 사용하지 않으면 안 되며, 중국과 조선에서는 중국과 조선의 글과 말을 사용하지 않으면 안 된다. 하나를 따르자니 다른 하나를 거스르게 되고, 하나가 편리하면 다른 하나는 불편한 법이다. 각 나라마다 자신의 말과 글이 있다. 모두가 쓰지 않을 수 없기 때문에 힘들여 노력해서 배우지 않을 수 없는 법이다. 실용의 길이란 것이 어찌 글과 말의

---

[36] 사카타니는 당시 정회원이 아니었으므로, 귀사^{貴社}라는 표현을 썼다.

제2장 국어 및 문자 개혁

차이에 있겠는가. 그렇지만 그 차이 때문에 상당한 정신적 노력과 시간을 소비해야 하는 것이야말로 실로 오대주五大洲 안의 개화를 방해하는 큰 요인이다. 어찌 크게 탄식하지 않을 수 있겠는가.

그렇다면 어떻게 해야 할까. 그것은 모든 나라의 문자와 언어를 하나로 만드는 길뿐이다. 대저 세상에는, 같은 것에는 같은 것끼리의 묘함이 있다. 사람이라면 누구나 선한 것은 선하고 악한 것은 악하다고 하며, 이로운 것은 이롭고 해로운 것은 해롭다고 하는 것이 바로 그러한 종류의 일이다. 다름에는 다름의 묘함이 있다. 이 그릇이 저 그릇과 형질을 달리하기 때문에 서로 다른 용도에 응할 수 있고, 나의 부모와 처자식이 다른 사람의 부모와 처자식과 얼굴이 다르기 때문에 혼란이 없는 것이 바로 다름의 묘함이다. 단지 문자와 언어에 이르러서는 사람들이 뜻과 발음을 달리하는데, 이를 동일하게 만들면 해로움은 없어지고 이로움만 남을 뿐이다. 그 편리함이 학문과 교제에 주는 이익이란 실로 거대하다. 지금 다만 우리나라 안에서만 통일하고자 하는 것은 실행이 쉽지 않고 방해 요소도 많다. 마땅히 주장을 확대하여 만국이 모두 같은 방책을 세워야 한다. 그 방책을 어떻게 세울 것인가.

만국에 두루 통하는 공리公理에 의거해 각국이 합의하여 논의를 결정하면 된다. 그렇지만 이 일의 크기와 어려움은 구미 문명국가들에서도 아직 생각이 미치지 못했을 정도이다. 지금 메이로쿠샤가 그 논의를 일으키고, 앞장서서 주창하여, 매번 그 규칙과 순서를 토론하고, 각국에 자문하여 각국의 글과 말의 장점을 취하고 단점을 버려서 하나로 돌아가게 하는 기본을 열며, 백절불굴의 인내와 노력으로 천지간에 하나의 글과 하나의 말을 쓰는 커다란 이로움을 이룬다면 어찌 만고의 큰 기쁨이 아니겠는가.

일찍이 유럽의 현철賢哲이 전쟁을 폐지하자는 논의를 한 바가 있다고 들었다. 이는 전례가 없는 훌륭한 일로 만국의 더 없는 인仁이다. 그렇지만 각국이 진정으로 개명開明하여 사사로운 자주자유自主自由가 하나도 없는 경지에 다다르지 않는 한 아마도 무용한 얘기일 것이다. 그러나 문자와 언어에 이르러서는 각국의 빈부나 강약과 관계없이 오직 같은 이로움이 있을 뿐이다. 그리고 조화造化가 미치지 못하는 곳을 서로 도와 이 세상의 개화를 신속하게 한다. 아직 그 정도로 개화가 되지 않았기 때문에, 당치 않은 큰소리를 치고 비할 데 없이 사정에 어두운 것으로 보이겠지만, 이 제안의 이치는 명확하다. 여러 선생님께서 그 단서를 열어주실 의향이 있는지 여쭙고 싶다.

생각건대, 이러한 주장이 실행되기 어려운 나라로는 중국支那이 으뜸이다. 그렇지만 그들도 원래 한족과 만주족의 글과 말이 매우 다른 상황을 꺼려했었고, 근래에는 구미 문물을 배우게 되면서 한층 더 번잡해졌기 때문에 따라볼 만한 이치가 있다. 또 생각건대, 처음에는 공용公用과 사용私用의 구분을 하고, 각국의 옛날부터 내려온 글자는 사용으로 삼고, 새로운 글자는 공용으로 삼아, 책이나 교류를 위한 문서에는 반드시 공용 글자를 쓰고, 점차 공용 글자를 융성하게 만들어 사용 글자가 쇠퇴하게 만들면 어떨까. 이렇게 해서 공용 글자는 러시아나 중국, 영국이나 프랑스가 하나로 귀결되는 것이다. 그렇게 귀결이 되는 나라만이 홀로 공용과 사용의 언어가 일치하게 되는 이익을 받게 되겠지만, 천하의 공의公議이면서 교류나 학문을 위한 커다란 이로움을 가져올 논의이니, 이를 논하지 않을 수 있겠는가.

제 3 장

「학자직분론」과 논평

3.1 학자직분론[1]

후쿠자와 유키치, 『학문의 권장』 4편

근자에 가만히 식자의 말을 들어보니, 향후 일본의 성쇠에 관해 사람의 지혜로는 분명하게 헤아리기 어렵다고 하지만, 끝내 그 독립을 잃게 될 염려는 없는 것인지, 지금 우리가 보고 있는 기세로 점차 진보해나가면 반드시 문명성대의 영역에 다다를 수 있는지를 묻는 자가 있다고 한다. 혹은 독립을 지킬 수 있을지 없을지 여부는 지금부터 이삼십 년이 지나지 않으면 확실하게 이를 예상하기 어렵다고

---

[1] 1874년 4월에 간행된 『메이로쿠 잡지』 제2호는 이런 구절로 시작한다. "후쿠자와 선생님의 「학자직분론」은 게이오기주쿠慶應義塾에서 출판된 『학문의 권장』 제4편에 나온다. 이 글은 선생님이 메이로쿠샤를 위해서 저술한 것으로 원래 본 잡지에 실어야 했지만, 이미 발행이 되었기 때문에 여기에 싣지 못했다. 독자들은 본 잡지에 실린 글들을 「학자직분론」과 함께 봐야할 것이다." 즉, 제2호는 후쿠자와 유키치가 같은 해 1월에 발표한 「學者職分論」에 대한 논평으로 꾸며졌다. 「학자직분론」은 『메이로쿠 잡지』에 실린 글은 아니지만, 논평을 이해하기 위해서는 논평의 대상이 되는 글이 필요하므로 여기에 번역하여 실었다. 저본은 慶應義塾編, 『福澤諭吉全集 第3卷』 岩波書店, 1959에 있는 「學問のすすめ」를 사용했다.

말하며 이를 의심하는 사람도 있고, 이 나라를 멸시하는 외국인의 주장에 따르면, 일본의 독립은 매우 위태로우며 독립이 어려울 것이라고 말하는 사람도 있다고 한다.

원래 다른 사람의 얘기를 들었다고 바로 이를 믿고 희망을 잃을 것은 없지만, 필경 이러한 여러 얘기는 우리의 독립을 지킬 수 있을지 없을지에 대한 의문이다. 어떤 일에 의심이 없다면 의문이 발생할 이유가 없다. 시험 삼아 영국에 가서 "브리튼(Britain)의 독립을 지킬 수 있을까 없을까"라고 묻는다면, 사람들은 모두 웃어넘기고 대답하는 사람은 없을 것이다. 대답하는 사람이 없는 것은 왜 그럴까. 아무도 브리튼의 독립을 의심하지 않기 때문이다. 그렇다면 오늘날 우리나라 문명의 모습을 어제와 비교해본다면, 진보한 것 같기도 하지만, 결국에 가서는 다시 한 점의 의심이 남을 수밖에 없다. 적어도 이 나라에 태어나서 일본인으로 사는 사람이라면 여기에 섬뜩함을 느끼지 않을 수 있을까. 지금 우리도 이 나라에 태어나서 일본인이라는 이름이 있으니, 각자 자신의 몫을 분명하게 하고 진력해야한다. 원래 정政이라는 글자의 뜻에 한정된 일을 하는 것이 정부의 임무이지만, 사람 사이의 사무에는 정부가 관여할 수 없는 것도 또한 많다. 따라서 한 나라의 전체를 정리하려면, 인민과 정부가 양립해야 비로소 그 성공을 얻을 수 있는 것이기 때문에, 우리는 국민으로서의 본분과 한계를 다하고 정부는 정부로서의 본분과 한계를 다하여 서로 도움으로써 온 나라의 독립을 유지하지 않으면 안 된다.

모든 사물을 유지하기 위해서는 힘의 균형이 없으면 안 된다. 인간의 몸으로 비유하자면, 몸을 건강하게 지키기 위해서는 음식이 없으면 안 되고, 대기나 햇빛이 없으면 안 된다. 추위와 더위, 아픔이나 가려움처럼 외부로부터의 자극에 대해 내부로부터 반응하여 몸의 활동이 조화를 이루는 것이다. 만약 갑자기 이 외부로부터의 자극이 사라지고 오로지 생명력의 작동에 맡겨서 방치해둔다면, 몸의 건강은 하루도 유지될 수 없을 것이다. 나라도 또한 마찬가지이다. 정치는 한 나라의 활동이다. 이 활동을 조화시켜서 나라의 독립을 유지하고자 한다면, 안으로는 정부의 힘이 있고 밖으로는 인민의 힘이 있어, 내외가 서로 응하여 힘의 균형을 이루어야 한다. 그러므로 정부는 마치 생명력과 같고, 인민은 마치 외부로부터의 충격과 같다. 만일 갑자기 이 자극을 없애버리고 오로지 정부가 움직이는 대로 맡겨두고 이를 방치한다면, 나라의 독립은 하루도 유지될 수 없을 것이다. 적어도 인체의 이치를 궁구하는 뜻을 밝혀서, 그 규칙을 갖고 나라 경제의 논의에 적용시키는 일을 아는 자는 이 이치를 의심할 일이 없을 것이다.

현재 우리나라의 형세를 살펴서 외국에 못 미치는 것을 꼽아보자면, 학술, 경제商賣, 법률이 있다. 세상의 문명이란 오로지 이 세 가지와 연관되어 있고, 세 가지가 모두 갖춰지지 않으면 나라의 독립을 유지할 수 없음은 누가 보아도 명백하다. 그런데 지금 우리는 하나도 그 체재를 갖추시 못했다.

정부가 일신一新한 때부터[2] 관직에 있는 사람들이 힘을 다하지 않은 바가 없었고, 그들의 재능과 능력이 보잘 것 없지 않았지만, 일을 하는 데 있어서 어쩔 수 없는 원인 때문에 마음대로 되지 않는 일이 많다. 그 원인은 인민의 무지문맹無知文盲 바로 이것이다. 정부가 이미 그 원인이 어디에 있는지 알고 있으므로, 끊임없이 학술을 장려하고, 법률을 의논하고, 경제를 세우는 길을 제시하는 등의 일을 인민에게 가르치거나, 스스로 선례를 보여주는 등 백방으로 재주를 다하고 있지만, 지금까지 아직 실제 효과를 거두지는 못했다. 정부는 여전히 전제 정부이고, 인민은 여전히 무기력한 우민일 뿐이다. 미미하나마 약간은 효과가 있었다고는 하더라도, 여기에 든 힘과 비용에 비한

---

[2] 1868년의 메이지유신을 가리킨다.

제3장 「학자직분론」과 논평

다면 공들인 보람이 잘 드러나지 않는 이유는 무엇일까. 생각건대, 일국의 문명은 단지 정부의 힘만으로 이루어질 수 있는 것이 아니다.

어떤 사람이 말하기를, "정부가 당분간 우민을 다스리기 위해 일시적인 술책을 써서, 그들의 지덕智德이 진보하기를 기다린 후에 스스로 문명의 영역에 들어가게 하면 된다."라고 했다. 이런 주장은, 말이야 그렇게 할 수 있지만 실행으로 옮길 수는 없다. 우리나라의 인민은 수천 년 동안 전제 정치에 고통을 받아 왔기 때문에, 사람들이 마음속으로 생각한 바를 드러내지 못한다. 속여서 안전을 확보하고, 속여서 죄를 피하니, 속이는 꾀는 사는 데 반드시 필요한 도구가 되었고, 불성실함은 일상적인 습관이 되었으나 부끄러워하는 자도 없고 이상하게 여기는 자도 없다. 일신의 염치는 이미 모두 땅에 떨어졌으니, 어느 겨를에 나라를 생각하겠는가.

정부는 이러한 악폐를 교정하기 위해 점점 더 헛된 권위를 뽐내고 인민을 협박하거나 혼을 내어 강제로 성실하게 만들고자 하지만, 도리어 점점 더 불신을 키우는 형국이라, 상황이 마치 불로 불을 끄려는 모습 같다. 종국에는 위아래 사이가 멀어져 각자 나름의 기풍이 생겨났다. 기풍이란 것은 소위 스피릿(spirit)이란 것으로 갑자기 이를 바꾸기는 어렵다. 최근 정부의 외형은 크게 바뀌었다고 하지만, 그 전제 억압의 기풍은 여전하다. 인민도 조금 권리를 얻은 것 같지만, 그 비굴한 불신의 기풍은 여전해서 옛날과 다름이 없다. 이 기풍은 형체가 없어서, 어떤 한 사람의 특정 경우나 일의 한 장면을 급히 보고 그 상태를 말할 수 있는 것은 아니지만, 실제로 그 힘이란 대단히 강력해서 사회에서 일어나고 있는 일들에 명백하게 드러나고 있으므로, 그것이 헛된 것이 아님을 명백히 알 수 있다.

시험 삼아 그 중 하나를 들어보겠다. 지금 관직에 있는 사람들이 적지 않다. 사적으로 그들의 말을 듣고 행동을 보면, 대체로 모두 활달하고 도량이 넓은 사군자士君子로, 비난할 구석이 없을 뿐만 아니라 그 언행 중에는 존경할 만한 점도 있다. 한편 평민이라고 하더라도 모두가 무기력한 우민만은 아니다. 만 명 중에 하나는 공명성실公明誠實한 양민良民도 있을 것이다. 그렇지만 지금 사군자가 정부에 들어가 정치를 하며 쌓은 위정자로서의 행적을 보면 달갑지 않은 일들이 매우 많고, 또 저 성실한 양민도 정부를 접하면 순식간에 절개를 굽히고 사기술책을 동원하여 관官을 기만하면서 일찍이 부끄러워하는 자가 없다. 이 사군자로 하여금 이런 정치를 베풀고, 인민으로 하여금 이처럼 천하고 비열해지게 만드는 것은 무엇인가. 마치 한 몸에 두 개의 머리가 달린 것과 같다. 민간에서 사사로이 있을 때는 슬기롭지만, 관에 있으면 어리석어진다. 흩어지면 밝은데, 이들을 모아 놓으면 어둡다. 정부는 수많은 지혜로운 자가 모여 어리석은 사람 하나처럼 일을 하고 있다고 말할 수 있다. 어찌 기이하지 않을 수 있겠는가. 필경 그러한 연유는 저 기풍이란 것에 억눌려 사람들이 스스로 각자의 활동을 마음대로 할 수 없기 때문에 일어나는 것이 아닐까. 유신維新 이래, 정부에서 학술, 법률, 경제 등의 길을 일으키고자 했음에도 효험이 없었던 것도 그 병의 원인은 여기에 있다고 여겨진다.

그렇지만 지금 일시적 방편으로 백성을 다스리면서 지덕智德이 진보하길 기다린다는 것은, 위압으로 타인에게 문명을 강요하거나, 그렇지 않으면 기만으로 선善에 돌아가게 만들고자 하는 방책일 것이다. 정부가 위압을 가하면 인민은 거짓으로 이에 대응할 것이며, 정부가 속임수를 쓴다면 인민은 겉모습만 여기에 따를 뿐이다. 이는 좋은 방법이 아니다. 설사 그 방책이 뛰어나더라도 문명의 실질을 베푸는 데는 도움이 되지 않을 것이다. 그러므로 "세상을 문명으로 나아가게 하려면 정부의 힘에만 의존해서는 안 된다."고 말하는 것이다.

이러한 논의를 토대로 생각해보면, 오늘날 우리나라가 문명으로

제3장 「학자직분론」과 논평

나아가기 위해서는 우선 저들의 마음에 젖어들어 있는 기풍을 모조리 쓸어버려야 한다. 이를 완전히 쓸어버리는 방법은 정부의 명령으로도 어렵고, 사적으로 타이르는 것으로도 어렵다. 반드시 내가 다른 사람보다 앞장서서 일을 하고, 그로써 인민이 의거해야 할 표적을 제시하는 자가 아니면 안 된다. 이 표적이 될 만한 인물은, 농부 중에도 없고, 상인 중에도 없으며, 또한 국학자나 한학자 중에도 없다. 적임자는 오로지 양학자 중에 있을 뿐이다.

하지만 한편으로 이들에게 의지만 할 수 없는 사정도 있다. 근래 들어 드디어 이런 사람들이 사회에서 늘어나, 서양 책을 얘기하고 번역서를 읽는 등 힘을 다하고 있는 것 같지만, 학자들이 글은 읽었어도 의미를 이해하지 못하거나, 혹은 의미를 이해해도 이를 현실에 적용하려는 성의가 없는 것인지 그들의 행동에 관해 의심 가는 구석이 적지 않다. 의심이 간다는 것은, 이들 덕망 있는 학자들은 모두 관官이 있는 것만을 알고 민간私이 있음을 알지 못하고, 정부 안에 들어가는 방법은 알지만 정부 밖에 있는 길을 모른다는 점이다. 필경 한학자가 흔히 갖는 악습에서 벗어나지 못한 것으로, 마치 한漢이라는 몸에 양洋이라는 옷을 걸치고 있는 것과 같다.

예를 하나 들어보기로 한다. 현재 세상의 양학자라는 사람들은 대부분 정부 기관에 들어가 버려, 민간에서 일하는 사람은 손가락을 꼽을 정도밖에 되지 않는다. 생각건대, 관직에 있는 것은 단지 자신의 이익만을 추구하기 위한 것만이 아니라, 여태까지 받아온 교육에 의해 형성된 의식이 오로지 정부에만 눈을 돌리게 한 탓에, 정부가 아니면 결코 뜻한 바를 이룰 수 없다고 생각하게 되어, 정부에 기대어 오랫동안 마음에 품고 있던 청운의 꿈을 이루고자 하기 때문이다. 사회적인 명망이 있는 대가들도 이런 범위를 벗어나지 못하니, 그 행위는 비천한 것 같지만, 그들의 의도를 크게 나무랄 수는 없다. 왜냐하면 그 의도가 나쁜 것이 아니라 단지 세간의 기풍에 취해 스스로도 모르고 있기 때문이다. 명망 있는 사군자士君子도 이런 정도이니, 세상 사람들이 어찌 그 풍조에 물들지 않을 수 있겠는가. 청년 서생들은 단지 책 몇 권을 읽으면 바로 관직에 뜻을 두고, 뜻이 있는 상인町人은 약간의 자금이 있으면 곧 관의 이름을 빌려 장사를 하려고 하고, 학교도 관허官許가 있어야 하고, 설교도, 양잠도 관허가 필요하다. 대부분의 민간사업이 열 개 중에 일고여덟 개는 정부와 관련 없는 것이 없다. 이로써 세상의 인심이 더욱 그런 풍조로 쏠려, 관을 따르고 관에 의지하며, 또 관을 두려워하고 관에 아첨하여, 조금도 독립의 단심丹心을 드러내는 자가 없어 그 추태를 두고 보기가 어렵다.

예를 들어, 오늘날 출판된 신문 및 여러 사람의 상서나 건백서 종류도 그 일례이다. 출판 조례가 심하게 엄격한 것이 아님에도,[3] 신문을 보면 정부가 싫어하는 말은 전혀 싣지 않을 뿐만 아니라, 정부가 조금이라도 칭찬 받을 만한 일을 하면 무조건 이를 칭송하는 것이 도를 지나쳐 마치 창기娼妓가 손님에게 아양을 떠는 듯한 모습이다. 또한 상시나 건백서를 보면 그 문장은 언제나 비열함의 극치로, 쓸데없이 정부를 존숭尊崇하기를 귀신 모시듯 하며, 스스로를 낮추는 바가 마치 죄인 같고, 동등한 인간 사회에서 있을 수 없는 허례허식의 허문虛文을 태연히 쓰면서 부끄러움이 없다. 이 글을 읽고 글쓴이에 대해 생각해보면 미친 사람이라는 생각이 들 뿐이다. 그렇지만 신문을 출판하고 정부에 건백하는 사람은 대개 모두 양학자라는 사람들로, 사적으로 볼 때는 창기도 아니고 미친 사람도 아니다. 하지만 그 불성실함이 이처럼 심하게 된 까닭은, 아직 세간에 민권을 주창하는 실제 사례가 없기 때문에 오로지 저 비굴한 기풍에 눌려 거기에 부화뇌동하다 국민으로서의 본모습을 나타낼 수 없기 때문이다. 이를 요약하면, 일본에는 오직 정부만이 있고 아직 국민은 없다고 말할

---

[3] 1872년에 반포된 개정판 출판조례를 가리킨다.

제3장 「학자직분론」과 논평

수 있을 것이다. 그러므로 인민의 기풍을 일신하여 사회가 문명으로 나아가게 하려면 지금의 양학자들에게도 또한 의지할 수 없다.

앞에서 말한 바가 옳다면, 우리나라의 문명을 발전시키고 독립을 지키기 위해서는, 단지 정부의 능력만으로는 안 되고, 또한 지금의 양학자들에게 의지할 수도 없다. 우리가 맡은 일은 반드시 나부터 일의 실마리를 열어서, 어리석은 백성보다 앞장설 뿐 아니라, 또한 저 양학자들을 위해서 앞서 나아가 지향해야 할 바를 제시하지 않으면 안 된다. 지금 나 자신을 생각하면 학식은 원래 얕지만 양학에 뜻을 품은 지 오래되었고, 이 나라에서는 중인中人 이상의 지위에 있는 사람이다. 최근에 일어난 개혁들도 내가 주동자가 되어 시작한 것이거나, 내가 암암리에 도움을 준 것들이다. 혹은 도움을 주지 못했어도 개혁 자체를 기쁜 일이라 생각했기 때문에, 세상 사람들도 또한 나를 가리켜 개혁가라는 이름으로 부르게 되었다. 이미 개혁가라는 이름을 얻었고 또한 중인 이상의 지위에 있으니, 세상의 어떤 사람은 나의 업적을 목표로 삼는 사람도 있을 것이다. 그렇다면 지금 사람들보다 앞장서서 일을 하는 것, 이것이 바로 나의 임무라고 말할 수 있다.

원래 일을 할 때에, 명령하는 것은 설명해서 깨우치게 하는 것만 못하고, 이를 깨우치게 하는 것은 그 실례를 직접 보여주는 것에 미치지 못한다. 정부는 오직 명령하는 권한만이 있을 뿐이다. 그것을 설명하고 실행에 옮겨 보여주는 것은 사적 차원의 일이니, 우선 내가 민간의 위치에서 학술을 강의한다거나 상업에 종사한다거나 책을 쓴다거나 신문을 출판하는 등, 대개 국민으로서의 본분을 넘지 않는 일이라면 정부가 싫어하는 것을 꺼리지 말고 이를 실행한다. 그리고 법을 잘 지켜서 올바르게 일을 처리하며, 정부의 명령이 못미더워 피해를 입는 일이 있으면 자신의 입장을 굽히지 말고 설명하여, 정부에 따끔한 비판을 가해 오래된 폐단을 제거하고 민권을 회복하고자 하는 것이 작금의 시급하고도 중요한 임무이다. 원래 민간에서 하는 사업은 다양하고, 또 이를 행하는 사람들도 각자 장점이 있기 때문에 소수의 학자가 모든 일을 할 수 있는 것은 아니지만, 내가 목표로 하는 바는 일을 잘 한다는 것을 보여주려는 것이 아니라 다만 세상 사람들에게 민간이 나아가야 할 방향을 가르쳐주고자 할 뿐이다. 말로 백 번 설명하는 것보다 실례를 한 번 보여주는 것이 낫다.

이제 나부터 민간에서 할 수 있는 일을 제시해보겠다. 세상의 일은 정부에게만 맡겨진 것이 아니다. 학자는 학자로서 사사로이 일을 해야 하고, 상인町人은 상인으로 사사로이 일을 해야 한다. 정부도 일본의 정부요, 인민도 일본의 인민이다. 정부는 두려워하지 말고 가까이 해야 하는 존재이며, 의심하지 말고 친해야 하는 대상임을 알린다면, 인민이 차차 나아갈 방향을 확실히 알고, 위아래 원래 갖고 있던 기풍도 점차로 소멸하여 비로소 진정한 일본 국민이 되어, 정부의 노리갯감이 아닌 자극제가 될 것이다. 그리하여 학술, 경제, 법률도 자연스럽게 국민들의 영역으로 돌아가 국민의 힘과 정부의 힘이 시로 균형을 이루어 국가의 독립을 유지할 수 있게 된다.

이상에서 논의한 바를 요약하면 다음과 같다. 오늘날 학자들이 이 나라의 독립을 위해 일하고자 할 때, 정부에 들어가 관직에 있으면서 일을 하는 것과 정부 밖에서 사사로이 일하는 경우의 이해득실利害得失을 따져보았다. 이 글은 후자의 편에 서있다. 모든 세상일을 자세하게 논해보면, 이로움이 없으면 반드시 해로움이 있고, 얻는 것이 없으면 반드시 잃는 것이 있다. 이해득실이 반반인 것은 없다. 내가 원래부터 하고자 하는 바가 있어 민간에서의 사립私立을 주장한 것이 아니라, 단지 평소에 갖고 있던 생각을 근거로 하여 논증하다 보니 민간에서의 사립이라는 결론에 도달한 것뿐이다. 이 결론에 대해 만일 누군가가 확실한 증거를 갖고 반박하여 명백하게 사립의 불리함을 주장한다면, 나는 기꺼이 그 주장에 따름으로써 세상에 해를 끼치는 일이 없도록 할 것이다.

제3장 「학자직분론」과 논평

[부록] 이 글에 대해 몇 가지 질문과 답변이 있어 이를 권말에 쓴다.

　첫째는, 일을 추진하는 데 있어서 힘이 있는 정부에 의지하는 것에 비할 만한 편리한 방법은 없지 않은가라는 것이었다. 여기에 답하자면, 문명을 발전시키기 위해서는 오로지 정부의 힘에만 의지해서는 안 된다고 이미 본문에서 분명하게 말했다. 게다가 정부가 일하는 것을 이미 몇 년간 실제로 경험해봐서 알겠지만 아직 그 효과를 보지 못했다. 민간에서 일을 추진한다고 해도 정말 그 효과를 기대하기 어려울 수 있겠지만, 이론상 분명한 가능성이 있다면 이를 시도해보지 않을 수 없다. 시도조차 해보지 않고 먼저 그 성패를 의심하는 사람은 용기 있는 사람이라고 할 수 없다.

　둘째는, 정부에 인재가 부족하여 유능한 사람들이 정부를 떠나면 정부 업무에 차질이 있지 않겠는가라는 의문이다. 그에 대한 대답은 결코 그렇지 않다는 것이다. 현재 정부는 관원官員이 너무 많아 골칫거리이다. 일을 간소화하고 관원을 줄이면 업무도 정리되고 남은 인원은 세간에서 필요로 하는 일을 할 수 있으니 일거양득이라고 할 수 있다. 일부러 정부 업무를 늘리고, 유능한 사람을 채용해서 쓸데없는 일을 하게 만드는 것은 졸렬한 정책이라고 할 수 있다. 게다가 유능한 사람이 정부를 떠난다고 해도, 외국으로 가는 것도 아니고, 일본에서 일본의 일을 할 뿐이니 어찌 걱정할 필요가 있는가.

　셋째는, 정부 바깥에서 민간의 인물을 모으게 되면, 그들이 스스로 정부처럼 되어서 실제 정부의 힘을 떨어뜨리게 된다는 점이다. 여기에 대해 답하자면, 이는 소인배의 주장이다. 민간의 인물도 관직에 있는 인물도 똑같이 일본인이다. 단지 지위를 달리하여 일을 추진할 뿐 실제로는 서로 도와 함께 온 나라의 이익을 도모하는 것이니, 적이 아니라 이익을 함께 하는 친구인 것이다. 또한 이 민간의 인물이 범법행위를 하면 이를 처벌할 수 있기 때문에 조금도 두려워할 필요가 없다.

    넷째는, 민간에서 일하고 싶은 인물이 있어도 관직을 떠나면 다른 생계 수단이 없는 것 아닌가라는 점이다. 여기에 대해서는, 이 말은 사군자가 할 말이 아니라고 답할 수 있겠다. 이미 스스로 학자라고 자처하며 천하의 일을 걱정하는 자가 어찌 재주가 없는 인물이겠는가. 자신이 가진 재주로 입에 풀칠하는 일은 그렇게 어렵지 않다. 또한 관에 있으면서 공무를 수행하는 일도, 사사로이 일을 영위하는 것도 그 쉽고 어려움이 다를 리는 없다. 만약 관에서 하는 일이 쉬우면서도 그 이익이 민간에서 하는 일보다 더 크다면, 그 이익은 실제 일한 것보다 많다고 말할 수 있다. 과분한 이익을 탐하는 일을 군자는 하지 않는다. 재주도 없고 능력도 없으면서, 요행으로 관직에 앉아 그저 급료를 받아 사치하는데 쓰고, 재미 삼아 세상사의 옳고 그름을 논하기만 하는 사람은 나의 친구가 아니다.

3.2 후쿠자와 선생의 논설에 답하다

가토 히로유키, 제2호

선생님의 견해로는, 내적 함양 선생님의 말씀에 따르자면, 즉 정부 관리의 다스림과 외적 자극 즉 인민이 정부를 자극하는 일 사이의 균형을 잡을 수 없는 동안에도 외적 자극을 특히 더 중시하는 듯 보인다. 그렇기 때문에 말씀 중에 "현재의 양학자라는 사람들은, 글자는 읽어도 뜻은 이해하지 못하는 것인가. 또는 뜻은 이해하지만 실천으로 옮길 성의는 없는 것인가! 오직 관官이 있음을 알고 민간私이 있음을 모른다. 정부가 아니면 일을 할 수 없다고 생각한다."라는 말이 있어서, 양학자가 관직에 오르는 것은 결코 해서는 안 될 일인 것처럼 말했다. 그렇지만 내 생각에는 내적 함양과 외적 자극 둘 다 중요肝要하지만 오늘날과 같은 상황에서는 내적 함양이 더 중요하다. 그렇기 때문에 양학자가 자신이 뜻한 바에 따라서 관직에 종사해도 결코 안 될 일은 아닐 것이다.

선생님의 의견은 리버럴(liberal)이다. 리버럴이 결코 불가不可한 것은 아니다. 근자에 유럽 각국에서 세도世道가 진보하는 것을 도운 것은 무엇보다도 리버럴의 공이었다. 그렇지만 리버럴의 주장이 심하게 과격해지면 국권國權은 결국 쇠약해지지 않을 수 없고, 국권이 쇠약해지면 국가 또한 결코 존립할 수 없다. 프란츠라는 사람의 『피지오로기 폰 스타트』 책 제목은 '국가의 궁리窮理'라는 뜻에서 "리버럴당과 코뮤니스트당(communist)의 주장은 완전히 상반되는 것으로, 둘 다 틀린 것이다.[4] 그 이유는 다음과 같다. 리버럴당은 무리하게 국권을 감축시키고, 무리하게 민권을 확장시키고자 한다. 그러므로 교육,

---

[4] Konstantin Frantz(1817~1891). 독일의 철학자이자 수학자, 정치인. 가토가 언급한 책의 원제목은 *Vorschule zur Physiologie der Staaten* (1857), 번역하자면 『국가생리학입문』이다.

전신, 우편, 그 외 모든 공중公衆과 관련된 일을 민간인에게 맡기고 결코 정부로 하여금 이들 일에 관여하지 않는 것이 좋은 일이라고 한다. 그러나 코뮤니스트당은 무리하게 국권을 확장하고 무리하게 민권을 감축시켜서, 농·공·상의 모든 사업을 전부 국가 스스로가 관리하는 것이 좋다고 한다. 생각건대, 두 당 모두 국권과 민권의 분리되는 까닭을 모르기에 이렇게 말한 것이다."라고 했다. 내적 함양을 가볍게 하고 외적 자극을 중히 여기는 바가 심해지면 끝에 가서 이 리버럴당의 주장으로 귀착될 위험이 있다.

그러므로 생각하건대, 국무國務든 민사民事든 둘 다 중요한 것이기 때문에 양학자는 그 재능과 학문에 따라서 관무에 종사하는 자도 있고, 사업에 종사하는 자도 있어서 편향되지 않는 것이 좋다고 생각한다.

3.3 학자직분론에 대한 평

모리 아리노리, 제2호

민권을 세운다는 글은, 뜻한 바는 정성을 다하고, 논의하는 재주는 빼어나 읽는 사람으로 하여금 분기憤起하게 만들기에 충분하다. 그렇지만 그 주장에는 온당하지 못하다는 생각이 드는 부분이 있다.

첫 번째로, "한 나라 전체를 바로 잡으려면 인민과 정부가 양립하고 나서야 비로소 성공할 수 있다"는 것은 무슨 말인가. 대저 인민의 공적 의무는 나라에 긴요한 것이므로, 문사文事건 무사武事건 반드시 피할 수 없다. 각자가 힘을 다하여 여기에 종사해야 함은 말할 필요도 없다. 민民이란 무엇인가? 그 임무를 다해야 하는 권權과 그 책임을 짊어져야 하는 의義를 가진 사람을 가리킨다. 그러므로 관리도 민이고, 귀족도 민이며, 평민도 민이다. 일본의 영토에 사는 일본인은

제3장 「학자직분론」과 논평

누구도 우리나라 민民이라는 이름을 면할 수 없다. 또한 그 책임을 짊어지지 않을 수 없다. 그리하여 정부는 만백성의 정부이자, 백성을 위해 세워지고 백성에 의해 확립된 것이다.

그럼에도 불구하고, 그 사이에 정부와 인민이 양립한다는 이치가 있음을 모르고 또한 그런 형편이 있음을 보지 못한다. 유럽 여러 나라 중에는 왕의 권위가 무한하고, 정권이 한 집안의 소유가 되어 정령政令을 임의로 행하므로 인민이 이를 반기지 않는 나라가 있다. 이러한 나라에서는 위와 아래 사이에 불화가 생겨 소란을 일으키고, 결국에는 인민이 군주나 정권의 위력을 제한하고 정치권력을 여러 사람이 나누어, 소위 입헌군주정定律王政 혹은 공화민정共和民政의 체제로 바뀐 나라들이 많이 있다.5) 하지만 아직 정부와 인민 사이 안팎의 대립을 서로 자극하여 조화시켰다는 사례가 있음을 듣지 못했다.

두 번째로는, "세상의 문명을 나아가게 하려면 오로지 정부의 힘에만 의존하면 안 된다."는 말이다. 세상의 문명을 나아가게 하는 것은 정부의 본 업무라고 하기는 어렵다. 그 책임은 이를 알고, 이를 주장하는 사람에게 있다. 이를 주장하는 사람은 각각 능히 자신의 지위를 살펴보고 세상일을 해나가야 하기 때문에, 각자의 뜻에 맞는 바에 따르고, 민으로서의 의무를 다하고 세상의 공리公利를 나아가도록 해야 한다. 그렇다면 관직으로 나아가서 이를 담당하든 또는 민간에서 이를 행하든 별다른 차이랄 것이 없다.

후쿠자와 선생님이 사립위업私立爲業으로써 세상 사람들에게 나아갈 방향을 제시해주신 뜻은, 선생님의 생각 그 자체로도 칭송받을 만하고, 또한 사립위업을 좋다고 여기는 그 인품 때문에도 쾌연快然하다. 그렇지만 사립위업과 재관위무在官爲務를 비교해서 세상의 이익과 해악을 논한 것은 아마도 취지가 편향되어있음을 면할 수 없다.

---

5) 정률왕정은 constitutional monarchy, 공화민정은 republic을 각각 가리킨다.

만일 재관위무의 공익公益이 사립위업의 세리世利에 미치지 못한다면, 학자는 모두 관직을 떠나고 배움이 없는 사람들에게만 정부를 맡겨야 세리가 일어난다는 얘기가 된다. 선생님의 고견이 반드시 그런 뜻은 아니지만, 나라를 걱정하는 두터운 마음厚情이 여기에 이른 것이라고 생각한다.

3.4 학자직분론에 대한 평

쓰다 마미치, 제2호

국가를 사람 몸에 비유하는 것은 괜찮다. 그러나 정부는 생명력과 같고, 인민은 외부의 사물外物과 같다고 말하는 것은 잘못된 비유 같다. 애초에 인민을 몸 밖의 자극제로 비유한다면 나라 밖의 존재에 대한 비유가 된다. 그렇지만 인민은 나라 안에 있는 인민이므로 나라 안의 존재이다. 생각건대, 외부로부터의 자극은 외국과의 교제를 들어서 비유해야 한다. 정부는 마치 정신과 같고, 인민은 마치 신체와 같다. 정신과 신체가 서로 합하여 사람의 몸을 이루고, 정부와 인민이 서로 합하여 국가를 이룬다. 신체는 있지만 정신이 없다면 그것은 죽은 사람이다. 정신만 있고 신체가 없다면 그것은 사람이 아니다. 마찬가지로 인민은 있어도 정부가 없다면 나라를 이루지 못한다. 더군다나 오직 정부만 있고 인민이 없다면 나라를 이루지 못한 것이다. 그래서 신체는 오직 정신의 명령대로 따라야하는 것처럼 생각하지만, 그렇지 않다. 신체에는 신체 고유의 자연 법칙이 있다. 이 법칙을 간과하고 무리하게 몸을 쓰게 되면 정신도 따라서 힘을 쓰게 되고, 몸이 쇠약해져 결국 죽음에 이른다. 만일 그 신체 고유의 자연 법칙에 따라서 몸을 쓴다면 몸은 더욱 건강해진다.

그렇지만 지금 우리나라의 상황은 인민 중에 민간에서 일을 하려는 기상이 있는 자가 매우 적은데, 단지 적을 뿐만 아니라 거의 없다고 말할 수 있다. 걱정이 태산이다. 이는 예전부터 전제군주의 국풍國風이기 때문이므로, 정부의 명령은 만에 하나 무리한 것이더라도 따르지 않을 수 없다. 사람들이 모두 "우는 아이와 지토地頭는 당해낼 수가 없다"라고 할 만하다.6) 이런 모습에 크게 탄식하지 않을 수 없다. 국력을 경장更張시키지 못하는 원인이 모두 여기에 있다. 그러므로 힘을 다해서 인민의 자유자주自由自主의 설을 주장하고, 아무리 정부의 명령이라고 하더라도 무리한 일은 이를 거절할 수 있는 권리가 있음을 알려주어, 우리 인민을 자주자유의 기상을 가진 인간으로 만드는 것이 내가 크게 바라는 바이다. 이 일은 관에 있거나 민간에 있거나 상관없이 각자가 그 지위에 따라서 그 사람 나름의 몫을 힘을 다해 하면 가능할 것이다. 그런데도 우리 모두가 관직을 떠나 민간으로 나아가지 않으면 안 된다고 말하는 것은 너무 극단적이다.

3.5 비학자직분론

니시 아마네, 제2호

「학자직분론」은 세운 뜻이 명쾌하다고는 하나, 비판할 부분이 없을 수 없다. 조목별로 자세한 분석을 한 결과는 다음과 같다.

첫째, 입론의 본뜻은 우리나라의 독립이 아직 의심스럽고 위태로운 부분이 있음을 출발점으로 삼고, 결론에서는 학자가 따로 민간에서 독립하여 이를 유지해야 함을 말한다. 이른바 의심해야하고 위태롭게 여겨야 할 부분이라는 것은 대략의 뭉뚱그린 생각에서 나온 것이며, 그 아래에서 논하는 '기풍氣風' 등이 바로 그러하다. 그러므로 하나도 사실에 입각한 것이 없다. 그렇다면 즉 독립에 관해 한 점의 의문이 없을 수 없다는 말은 대단히 그럴듯한 얘기에 근거하고 있는

---

6) 지토地頭는 세금을 징수하는 관원. 말이 통하지 않는 어린 아이와 세금을 걷는 관리에게는 논리적인 대응을 할 수 없다는 의미의 일본 속담.

것이다. 이 그럴듯한 얘기를 가지고 학자가 민간에서 독립을 꾀하기 위해 관직을 그만두기를 바라는 것은, 증기를 고체로 바꾸는 것 같은 말은 아니지만 논리학에서 말하는 궤변에 속하는 얘기 아닐까.

둘째, "정부는 여전히 전제정부이고 인민은 여전히 무기무력한 우민"이라고 운운하는 것은 적절하게 작금의 문제의 핵심을 찌른 것이라 할 수 있다. 그렇지만 오래된 문제이기 때문에 이를 개선하려고 해도 하루아침에 해결할 수 없을 것이니 어떻게 해야 할까. 대저 우리나라는 신교神敎정부에서 시작하여 진시황의 제도로 떠받치고, 무가 정권의 통치로 이어온 시간이 2,500년 동안 계속되어,[7] 억압과 비굴함이 밥 먹는 것 같이 되었다. 유신維新이 서양 제도를 많이 참고하긴 했지만 새로운 시대가 밝은지 이제 겨우 7년밖에 되지 않았고, 더군다나 유신의 출발점도 맨 처음에는 존왕양이尊王攘夷로 시작해 억압과 비굴함을 쌀밥에 단무지 먹듯 했던 점을 생각해보면, 지금 갑자기 날마다 매질을 해서 초楚나라 말을 하도록 만들고자 하거나, 새를 보고 새 구이炙를 달라고 하는 말과 같이, 몹시 성급한 계책이 아니겠는가.[8] 그렇지만 이는 단지 우리나라에만 해당하는 일이 아니라, 설산총령雪山蔥嶺 동북 지역에서는 예나 지금이나 이런 풍습에서 벗어난 정부와 인민을 보지 못했다.[9]

셋째, 학술·경제·법률의 수준이 외국에 못 미치는데, 이들 셋이 전부 갖춰지지 않으면 나라의 독립을 유지할 수 없음은 식자가 말해주지 않더라도 명백한 이야기이다. 하지만 실로 그렇다고 해도 일의 연유를 생각하지 않고, 이유 없이 여기에 분노하는 것도 쓸데없는

---

7) 신교神敎정부는 신화를 기원으로 하는 천황가의 초기 단계를 말하고, 진시황의 제도는 율령제의 도입을 가리키며, 무가武家 정권의 통치는 미나모토노 요리토모源賴朝부터 시작해서 메이지유신까지의 무인이 정권을 잡은 시기를 말한다.
8) 『맹자』와 『장자』에 나오는 이야기로, 급히 성과를 내려는 것의 비유이다.
9) 설산총령은 히말라야산맥을 가리키는 말이므로, 그 동북쪽은 중국, 조선, 일본 등이다.

제3장 「학자직분론」과 논평

일이다. 이른바 학술이란 것은, 7~8년 전까지만 해도 사서오경四書五經의 범위를 벗어나지 않았다. 그리고 사자육경四子六經조차도 오로지 취미 정도로 여겼고, 이를 우습게 보기를 다도나 꽃꽂이와 어깨를 나란히 하는 것으로 여겼고, 올려다보기는 궁마검창弓馬劍槍과 막상 막하 정도로 여겼다. 그런데 지금 갑자기 서양의 학술과 경쟁하기를 원한다고 하면 당연히 어렵지 않겠는가. 내가 보기에는, 이른바 서양 학술의 경우 세상의 대가 선생님이라고 불리는 자들도 아직 온오蘊奧를 궁구했다고 말할 수 없다. 그렇기 때문에 지금 일을 꾀하려면 그저 입문하는 수준 정도로만 하면 된다. 소위 '갖춰진다'는 것은 후손들이 이뤄주길 기다려야 한다. 상업이나 법률 역시 이와 같을 뿐이다. 더군다나 당·명唐明의 오래된 법령을 참고하면서 서양의 뜻은 아주 조금만 반영될 뿐이다. 재판관이 되었든 변호사가 되었든 이들이 구지카타토메야쿠公事方留役나 구지야도公事宿와 같은 구시대의 감각에서 벗어나는 일은 언제를 기약해야 할까.[10] 사정이 이러할진대 어찌 서양과 비교해서 갖췄다 못 갖췄다는 소리를 할까.

넷째, "청년 서생들이 겨우 몇 권의 책을 읽으면 곧 관직에 뜻을 품는 일은 명망 있는 사군자士君子들의 문화를 흉내 내는 것이다."라고 했는데, 이 말의 원인이 무엇인지 미루어 생각해보면, 그런 이유 때문이 아니라고 봐야 한다. 그 근본적 원인은, 공부할 돈이 전혀 없고 입에 풀칠하기에 쫓기는데, 위에서는 양서洋書를 읽는 사람을 원하는 등의 이유 때문에 일어나는 일이다. 또한 과거 도쿠가와 시대 중엽에는 독서인을 보면 미친 사람 취급을 하고, 독서인 자신도 기꺼이 세상살이의 실무와 거리를 두면서 정치에 관해 말하지 않았다. 실무를 관장하는 사람은 왕왕 하급관리로부터 나왔지만, 이제는 서생

---

10) 구지카타토메야쿠公事方留役는 도쿠가와 시대에 재판을 담당한 관직명이고, 구지야도公事宿는 재판 때문에 지방에서 에도江戶로 올라온 사람들이 묵던 숙박 장소이다.

으로부터 나온다. 이를 두고 폐해가 되는 풍습이라고 할 수도 있지만, 예전에 비한다면 세운世運이 조금 진보한 것이라고 볼 수 있다.

다섯째, 신문을 출판하여 정부에 건백하는 자는 대개 모두 양학자라는 얘기도 역시 그렇지 않은 것 같다. 저런 아첨을 늘어놓고 비굴한 태도를 취하는 자는 대개 신교정학가神敎政學家이다.11) 이를 보고 양학자의 소행이라고 하는 것은 억울한 누명을 씌우는 일이라고 생각한다.

여섯째, 정부는 마치 인체의 생명력과 같고 인민은 마치 외부로부터의 자극과 같다는 말 중에서, 생명력이나 자극의 논의는 글 안의 맥락이 있다고는 하지만, 나는 이 논의에 관해서는 의구심이 든다. 이른바 자극이란 것이 적절하다면 괜찮다. 하지만 만일 자극이 과격해지면 생명력은 원기元氣의 근본부터 쇠약해져서 도리어 다른 증상들이 발생할 가능성이 있다. 비유하자면, 눈이 아픈 사람은 광선의 자극이 심해지면 해로운 경우가 적지 않다. 이른바 정부에 대한 외부로부터의 자극이란 인민의 개명진보開明進步에 따라 점차 키워나가는 것이 적절하다고 할 수 있다. 만일 강제로 자극을 일으키려고 하면 아마도 과격해지는 일을 피할 수 없을 것이다. 무릇 이러한 일들은 인위적으로 할 수 없는 일이다. 일단 자극의 조짐이 나타나기 시작하면 어떻게도 할 수 없는 일이 있다. 민간에서 지기志氣를 떨쳐 사회社會가 일어나는 일은 지극히 바람직하다. 붕당朋黨을 일으켜 끝내 봉기가 일어나는 사태는 몹시 바람직하지 못하다. 그렇기 때문에 이른바 자극을 적절하게 활용할 수 있으면 영국이나 미국이 되는 것이고, 만일 그렇지 못하게 되면 프랑스나 스페인처럼 되는 것이니, 살피지 않을 수 없다. 대개 이러한 일들은 세상의 형세에 따른 것이니, 한

---

11) 신토神道나 국학자들 중 자신들의 교리를 주로 황실과 연결시켜 정치 권력 획득으로 연결시키고자 한 세력을 가리킨다.

제3장 「학자직분론」과 논평

사람 혹은 하나의 방책으로 능히 제재할 수 있는 바가 아니다. 하나의 무리가 생겨나면 두 개의 무리가 일어날 수밖에 없고, 그 기세를 몰아 셋에서 넷으로, 다시 다섯으로 불어나게 될 터이니 어찌 그 끝이 있겠는가. 즉, 지리멸렬에 이르지 않을 수 없다. 덴구렌天狗連에서 그 전례를 볼 수 있다.[12]

정부를 생기生氣라고 말한다면, 생기를 돌게 만들기 위해서는 염산이나 퀴닌이 없으면 안 되듯이,[13] 정부를 위해 일하는 학자도 없으면 안 된다. 인민을 자극이라고 부른다면, 자극에 맞는 적정 온도가 없으면 안 되듯이, 학자들이 민간에서 사립하는 일 또한 없어서는 안 된다. 그렇지만 지금 오로지 민간의 독립私立을 주로 여겨 자극을 양성하게 되면, 마치 피부가 늘어난 사람이 혹한에 맞닥뜨리게 되는 것과 같고, 감기가 변해서 심각한 유행병이 되지 않겠는가.

내가 말하고자 하는 바는, 사람마다 장점이 다르고, 또 지향하는 바가 다르므로, 같은 양학자라고 해도 어떤 사람은 정부에서 일을 하여 정부를 돕고, 어떤 사람은 민간에서 독립적으로 일을 한다면 둘 다 안 될 것이 없다는 점이다. 다만 나처럼 약간의 번역하는 잔재주를 갖고 정부 일을 하는 존재는 드물다는 사실을 알고 있기 때문에, 후쿠자와 선생님의 고상한 품성을 흠모하여 지금 당장 관직을 그만둘 수는 없다고 하지만, 항상 선생님을 본받고자 하고 있다.

---

12) 여기서 덴구렌天狗連은 에도시대 말기 미토水戶번의 존왕양이尊王攘夷파들로 덴구도天狗黨를 만든 인물들을 가리킨다. 이들은 1864년 막부에게 양이를 실행하라고 요구하며 쓰쿠바筑波산에서 군사를 일으켰고 이로 인해 미토번 내부의 분열은 격화되었다. 이후 유신의 과정에서 번 차원의 통합된 의지를 보여주지 못해 존재감을 드러내지 못했다.

13) quinine. 인도네시아의 자바섬 등에서 재배되는 키나나무 수피에 함유된 성분으로 말라리아 치료제로 쓰였다.

제4장

민선의원 설립 논쟁[1])

4.1 민선의원설립건백서[2])

이타가키 다이스케 외, 1874.1

저희가 별지로 건언建言을 올린 이유는, 이것이 평소의 지론이었고, 저희들이 관직에 있을 때부터 종종 건언해 온 내용도 여기에 있습니다. 그러한 가운데 구미의 각 조약체결국으로 대사를 파견 중이라 실제 상황을 직접 보고 와서 시기를 고려해 설립해야 한다는 논의도 있었습니다.[3]) 그렇지만 이미 대사가

---

1) 상세한 설명은 해제「자유민권운동 발흥을 향한 메이지 유학자의 시선」(▷p381)을 참고.
2) 1874년 1월 17일 이타가키 다이스케板垣退助 등이 의회議會 개설을 요망하는 건백서建白書를 좌원에 제출했다. 다음날 1월 18일, 영국인 존 블랙(John R. Black)이 만든 좌원 어용신문인『日新眞事誌』에 건백서의 전문이 게재되면서 전국적으로 알려졌으며, 이를 둘러싸고 소위 민선의원설립 논쟁이 전개되었다. 이 건백서는 이후 의회 개설에 관한 논의를 촉발시켜,『메이로쿠 잡지』에도 여러 편의 관련 논설이 실렸다. 이 건백서는『메이로쿠 잡지』에 실린 글은 아니지만,『메이로쿠 잡지』의 여러 글을 이해하기 위해서는 필요하므로, 여기에 싣는다.
3) 1871년 12월에 출발해 1873년 9월에 귀국한 이와쿠라 사절단을 가리킨다. 특명전권대사 이와쿠라 도모미岩倉具視의 이름을 딴 해당 사절단은, 서양 문명국들을 시찰하고 메이지 신정부의 국서를 전달하며, 불평등조약 개정을 위한 예비교섭을 목적으로 하였다. 사절단에는 정부 수뇌부 인사가 다수 포함되어 있었으며, 이들의 부재 기간 동안「민선의원설립건백서」를 제출한 자들은 일본에 남아

제4장 민선의원 설립 논쟁

귀국한 지 몇 달이 지났음에도 불구하고, 정책 시행에 관한 어떠한 얘기도 삼가 듣지 못했습니다. 작금에 민심은 시끄럽고 위아래는 서로 의심하여, 자칫하면 토붕와해土崩瓦解의 조짐이 보일 정도의 상황입니다. 결국 천하의 여론공의輿論公議를 막아버렸기 때문에 이러한 상황이 된 것이라 안타깝기 그지없습니다. 이 건의를 평의評議해주시면 좋으리라고 생각합니다.

메이지 7년(1874) 1월 17일
코치高智현 관속사족貫屬士族 후루사와 우로古澤迂郎
코치현 관속사족 오카모토 겐자부로岡本健三郎
묘도名東현 관속사족 코무로 노부오小室信夫
츠루가敦賀현 관속사족 유리 키미마사由利公正
사가佐賀현 관속사족 에토 신페이江藤新平
코치현 관속사족 이타가키 다이스케板垣退助
도쿄東京부 관속사족 고토 쇼지로後藤象次郎
사가현 관속사족 후쿠시마 타네오미福島種臣

신臣들이 엎드려 생각건대, 오늘날 정치권력이 돌아간 곳을 보면, 위로는 황실에 있지 않고, 아래로 인민에게 있지도 않으며, 다만 관료有司에게 돌아갔을 뿐입니다. 저들 관료가 위로 황실을 존숭한다고는 하지만, 그럼에도 불구하고 황실은 점차 그 존엄과 영광을 잃어가고 있습니다. 또한 관료가 아래로 인민을 보호한다고는 하지만, 그럼에도 불구하고 정부의 명령은 백 갈래로 나뉘어 조령모개朝出暮改의 상태이며, 정치는 사사로운 정에 끌려 이루어지고, 상벌賞罰은 애증愛憎에 의해 내려집니다. 그런데 언로言路는 막혀 있고, 어려움을 아뢸 방법은 없으니, 이러한 상황에서 천하가 평안하게 다스려지기를 바라는 것이 불가능하다는 것은 삼척동자라도 또한 알고 있습니다. 현 상황을 바꾸지 않는다면 아마도 나라는 무너져 내리게 될 것입니다.

있던 유수留守 정부 세력이었다.

4.1 민선의원설립건백서

신들은 나라를 사랑하는 마음을 멈출 수 없어서, 나라를 건질 방법을 찾다 보니, 오직 천하의 공의公議를 신장시키는 일뿐이었습니다. 그런데 천하의 공의를 신장시키려면 민선의원을 세울 수밖에 없습니다. 즉, 관료의 권한을 제한하면 위아래가 함께 안전과 행복을 얻게 될 것입니다. 여기에 대해 설명을 올리겠습니다.

인민은 정부에 대해 조세를 바칠 의무가 있는 자이므로, 정부의 일에 관여해서 가부可否를 논할 권리가 있습니다. 이는 천하에 통용되는 논의로, 신들이 되풀이해서 떠들어 쓸데없는 말을 더할 필요도 없는 것이므로, 신들은 정부의 관료들도 이 커다란 이치에 저항하지 않기를 가만히 바라고 있습니다. 지금 민선의원을 세우는 일을 거부하는 사람은, "우리 인민은 배우지 못하고 무지하여 아직 개명開明의 영역으로 나아가지 못했기 때문에, 오늘날 민선의원을 세우는 일은 아직 이르다고 할 수 있다."라고 말합니다. 신들이 생각하기에는, 과연 정말로 그들 말처럼 시기상조인지 의문입니다. 지금 인민의 학문과 지식수준을 빠르게 개명의 영역으로 나아가도록 할 수 있는 길은, 바로 민선의원을 세우는 데에 있습니다. 왜냐하면 오늘날 우리 인민의 학문과 지식을 개명의 영역으로 나아가도록 하려면, 우선 통의通義와 권리權理를 지킬 줄 알고, 이것으로 자신을 높이고 또 중히 여길 줄 알며, 기쁨과 슬픔을 세상과 함께 하는 기상을 일으킬 줄 알게 만들어야하기 때문입니다. 자신을 높이고 또 중히 여기며, 기쁨과 슬픔을 세상과 함께 하는 기상을 일으킬 줄 알게 되도록 하려는 것은, 인민으로 하여금 세상일에 참여하도록 만들고자 함입니다.

이렇게 했는데도 인민이 그 고루함에 안주하며, 배우지 못하고 무지한 자신을 괜찮다고 여기는 자는 지금까지 없었습니다. 그러므로 스스로 배우고 지식을 넓혀 스스로 개명의 영역에 들어가길 기다리지만, 이는 황하黃河가 맑아지길 백 년 동안 기다리는 것과 별로 다를 것이 없습니다. 더 심한 경우에는, 지금 갑자기 의원을 설립하는 것은 세상의 어리석은 자들을 모아두는 것에 불과하다고 말합니다. 아아, 어찌 저렇게 거만한 태도로 인민을 멸시할 수 있겠습니까. 관료 중에는 지교智巧가 다른 사람들보다 뛰어난 사람이 있겠지만, 어떻게 학문을 하는 식자 중에 세상의 뭇 사람들보다 뛰어난 사람이 없겠습니까. 생각건대, 세상 사람들을 이처럼 멸시해서는 안 됩니다. 만약 멸시해야 할 사람이 있다고 한다면, 관료들 또한 그 가운데 하나가 아니겠습니까. 그렇다면 그들도 똑같이 배우지 못한 무식한 자들입니다. 겨우 몇 사람의 관료의 전횡과 인민의 여론공의輿論公議가 맞선다면, 과연 어느 쪽이 현명하고 어느 쪽이 어리석겠습니까. 신들이 생각하기에는 관료의 지식도 역시 유신 이전과 비교해보면 반드시 진보한 부분이 있습니다. 왜냐하면 인간의 지식이라고 하는 것은 반드시 이를 쓰면 쓸수록 진보하는 것이기 때문입니다. 그러므로 민선의원을 세우는 것은 곧 인민으로 하여금 배우고 지식을 넓혀 신속하게 개명의 영역으로 나아가게 하는 길입니다.

또한 대저 정부가 직무로 잘 떠받들고 목적으로 삼아야 하는 바는, 인민으로 하여금 진보할 수 있게끔 하는 것입니다. 그러므로 미개한 세상과 야만스러운 습속의 인민은 용맹스럽고 사나우니, 무엇을 따라야 할지도 모릅니다. 이러한 때에 정부의 직무는 인민에게 따라야 할 바를 알려주는 역할을 하는 것입니다. 지금 우리나라는 이미 몽매한 상태에 있지 않으며, 우리 인민은 이제 매우 말을 잘 따르게 되었습니다. 그렇다면 오늘날 우리 정부가 마땅히 목적으로 삼아야 할 바는, 민선의원을 설립하여 우리 인민으로 하여금 무엇이든 해내고자 하는 기운을 일으켜 세상일을 분담해야 한다는 의무를 숙지시키고, 세상일에 참여할 수 있도록 만드는 일이니, 온 나라 사람은 같은 마음일 것입니다.

대저 정부의 강력한 힘은 무엇으로 얻을 수 있겠습니까. 나라의 인민이 모두 같은 마음을 갖는 것입니다. 신들은 먼 옛날 일을 끌어와 이를 증명하지 않고, 작년 10월에 있었던 정부의 변혁을 통해 이를 검증해보겠습니다.[4] 얼마나 위태로웠습니까. 우리 정부가 고립된 이유는 무엇입니까. 작년 10월에 있었던 정부의 변혁을 보고 나라의 인민 중에 기뻐한 사람이 얼마나 됩니까. 단지 이 사건으로 기뻐하지 않았을 뿐 아니라, 인민의 열에 아홉은 여기에 대해서 알지조차 못한 채, 다만 군대가 해산한 일에 놀랐을 뿐입니다.[5] 지금 민선의원을 세우게 된다면, 정부와 인민 사이에 실제 사실을 알게 되고, 따라서 서로 함께 하나가 됨으로써 나라는 비로소 강해질 것이고 정부도 이로써 강해질 것입니다.

신들이 이미 천하의 큰 도리를 궁구하고, 오늘날 우리나라 정세의 실정을 파악하고, 정부의 직무에 대해서 논하며, 작년 10월 정부의 변혁을 검증했습니다. 그리하여 신들은 스스로의 주장에 대한 믿음이 더욱 두터워져서, 오늘날 천하를 유지하며 떨치고 일어나기 위한 길은, 오직 민선의원을 세워서 천하의 공의를 신장시키는 데에 있을 뿐이라는 점을 간절하게 말씀드리는 바입니다. 그 방법에 대해서는

---

[4] 메이지 6년(1873) 10월에 일어난 일명 '메이지 6년의 정변', 또는 정변의 원인을 붙여서 '정한론 정변'이라고 불리는 정변을 가리킨다. 메이지 유신 삼걸三傑 중 한 명으로 꼽히며 당시 메이지 정부의 수뇌부에 해당하는 참의參議직이었던 사이고 다카모리西鄕隆盛가 10월 23일에 사표를 제출했고, 이튿날 도사번 출신 참의 네 명, 이타가키 다이스케, 고토 쇼지로, 에토 신페이, 소에지마 타네오미가 연이어 사표를 제출하고 정부를 떠났다. 이들은 조선의 서계 수리 문제와 관련해 정한론, 즉 조선 파병을 지지하던 인물들이다. 메이지 정부는 이들 정한파의 대거 이탈로 인해 분열되었고, 남아있던 태정대신太政大臣 산조 사네토미, 우대신右大臣 이와쿠라 도모미, 참의였던 오쿠보 도시미치, 오쿠마 시게노부, 오오키 다카토大木喬任, 기도 다카요시를 주축으로 정부를 재편성해야했다. 사쓰마 출신의 사이고를 제외한 이타가키 등의 구참의 세력은 '민선의원설립건백서'를 통해 남아있는 메이지 정부 중추세력을 향해 '유사전제有司專制'라고 비판하며, 의회 설립을 통해 정부의 전횡을 막아야 한다는 논지를 펼쳤다. 이처럼 본 건백서의 집필 배경에는 권력 다툼이라는 맥락이 깔려있지만, 당시 전국적으로 대대적인 반향을 일으켰으며, 일본에서의 의회제 설립에 관한 이른바 '자유민권운동'의 불을 지폈다고 평가되는 문서이기 때문에 권력투쟁의 일환을 넘어선 중요한 의의가 있다고 평가된다.

[5] 당시 참의이자 근위도독近衛都督직을 맡고 있던 사이고를 따라 사쓰마 출신의 근위병近衛兵 장병들이 대거 그만두게 되어 사실상 해체에 이른 일을 가리킨다.

제4장 민선의원 설립 논쟁

신들이 여기서 반드시 말하지는 않을 것입니다. 열 몇 장의 종이에 전부 다 적을 수 없는 내용이기 때문입니다. 다만 가만히 들어보니, 오늘날 정부 관료들이 신중하게 해야 한다는 것을 빙자하여, 일을 할 때에 낡은 인습을 버리지 않고 지키고, 개혁해야 한다는 주장을 하는 사람을 보고서는 경솔한 진보를 주장한다고 말하며, 개혁을 거부하는 이유로는 '너무 이르다.'는 두 단어를 쓴다고 합니다. 청컨대, 신들이 여기에 대해 답하겠습니다.

'경솔한 진보'라고 말하는 것은, 처음부터 신들이 이해하지 못하는 바입니다. 정말로 급작스럽게 등장한 것이라는 의미로 '경솔한 진보'라고 한다면, 민선의원이라는 기관은 점잖고 신중하게 일하는 곳임을 호소하고 싶습니다. 각 성省이 서로 뜻이 맞지 않아서 결정을 바꾸게 될 때, 일의 본말本末과 완급緩急이 차례대로 이루어지지 않아 무엇을 해놓았는지 서로 볼 수 없는 일 등을 가리켜 '경솔한 진보'라고 하는 것이라면, 이렇게 된 이유는 이 나라에 규율은 없고 정부 관료들이 자기 마음대로 일을 처리했기 때문입니다. 이 두 문제야말로 바로 민선의원을 세우지 않으면 안 되는 이유를 증명하는 증거일 뿐입니다. 대저 진보는 세상에서 지극히 훌륭한 것이고, 모든 사물은 진보하지 않으면 안 됩니다. 그렇다면 정부 관료가 꼭 진보라는 두 글자가 잘못되었다고 비난할 수는 없으며, 죄가 되는 바는 '경솔한輕輕'이 되어야 합니다. 그런데 '경솔한'이라는 말과 민선의원 사이에는 아무런 관계가 없습니다.

민선의원 설립 문제에 있어서 시기상조라는 글자가 왜 등장하는지 신들은 전혀 이해하지 못할 뿐만 아니라, 시기상조와는 완전히 반대되는 의견을 갖고 있습니다. 왜냐하면 오늘날 민선의원을 세우고자 하더라도 아마 오랜 시간을 기다린 후에야 비로소 충분히 완비를 할 수 있을 것입니다. 그러므로 신들은 설립에 착수하는 일이 하루라도 늦어지는 것을 두려워합니다. 그러므로 신들은 시기상조라는 말의

4.1 민선의원설립건백서

반대편을 보고 있을 따름입니다.

정부 관료가 주장하기를, "오늘날 구미 각국에 있는 의원議院은 하루아침에 세워진 것이 아니며, 점진적인 진보를 통해 가능했다. 그러므로 우리가 오늘 갑자기 이를 모방하여 만들 수 있는 것이 아니다."라고 말합니다. 무릇 점진적인 진보를 통해 이룩한 것이 어찌 오직 의원뿐이겠습니까. 여러 학문, 기술, 기계들 모두 그러합니다. 그러니 저들이 수백 년의 시간을 축적해서 이루어낸 바는, 생각건대, 성규成規 없이 자연스럽게 경험하며 발견해냈기 때문입니다. 지금 우리가 저들의 성규를 골라서 취한다면, 어찌 꾀하여 이루지 못하겠습니까. 만일 내가 스스로 증기의 원리를 발견하기를 기다려, 그 후에야 비로소 증기 기관을 쓸 수 있고, 전기의 원리를 발견하기를 기다려, 그 후에야 비로소 전신電信 선을 가설할 수 있다면, 정부가 직접 할 일은 정말로 없을 것입니다.

신 등이 오늘날 우리나라에 민선의원을 세워야만 하는 이유, 그리고 오늘날 우리나라 인민의 진보 정도가 능히 민선의원을 세울 만하다고 말하는 것은, 이를 거부하는 관료가 변명할 수 없도록 하기 위해서가 아닙니다. 민선의원을 설립하는 일은 천하의 공론을 신장하고, 인민의 통의通義와 권리를 세워 천하의 원기를 고무함으로써, 위아래가 서로 가까이하고, 군신君臣은 서로 아끼며, 우리나라를 유지하고 떨쳐 일으켜 행복과 안전을 유지할 수 있길 바라기 때문입니다. 부디 이 건백서를 채택해주시기 바랍니다.

4.2 민선의원설립 건언서의 평

모리 아리노리, 제3호

인민이 널리 국정을 논의하게 된 것은, 나라의 독립을 충실하게 하고, 인민이 번영으로 나아가는 조짐이라는 점은 말할 필요도 없다. 지난 18일(1874년 1월 18일) 자 『일신진사지日新眞事誌』에는 좌원左院 앞으로 보낸 소에지마씨 외 8명의 건언서가 게재되었다. 이를 보니 '민선의원'을 세우자는 얘기였다. 그 논지는 모두 국정과 관련되지 않은 것이 없었다. 즉 이 나라의 독립과 인민의 번영을 목적으로 하는 것이다. 그렇지만 그 뜻이 아직 분명하지 않고, 또한 글의 뜻이 온당치 못하다고 여겨지기도 한다. 지금 여기에 한두 가지를 적어 평하겠다.

1. "작금의 민심이 흉흉하여 위아래가 서로 의심하고, 자칫 토붕와해土崩瓦解할 형세에 다다른 것은 필경 천하의 여론공의輿論公議가 옹색해졌기 때문이다."라고 적었다. 지금 사실 여부는 잠시 제쳐두고 논하지 않겠다. 일단 만일 이것을 사실로 인정한다면, 이러한 형세를 만들어낸 책임은 누구에게 돌아가야 하는가. 이를 단순히 현재 관직에 있는 사람들에게 돌려도 되는 것일까. 애초에 건언을 한 사람들이 관직에 있던 때와 지금은 과연 얼마나 다른 것일까. 가만히 생각해보면, 예전에 조선을 쳐야한다는 논의를 주장한 사람 중 다수는 이들이었다. 이 논의가 만약 실행되었다면 지금 공의여론이 옹색하게 된 폐해가 없었을 것이라고 하지만, 일괄적으로 그랬을 것이라고 믿을 수는 없다. 작년 10월에 나온 포고에 신문 발행 관련 조목 중,[6] "국체國體의 비방, 국률國律의 논의, 그리고 외국의 법을

---

[6] 1873년 10월 19일 발표된 태정관포고 제352호의 '신문지발행조목' 중 제10, 11, 12조의 내용이다.

주장하고 선전하여 나라에 폐해를 끼치는 일을 금한다", "정사나 법률 등을 기재하는 경우에 이에 관해 함부로 비평하는 일을 금한다", "멋대로 종교 얘기를 써서 정사와 법률에 방해가 되게 하는 일을 금한다" 등이 있다. 이들 포고령은 건언서를 쓴 사람들이 관직에 있던 시절에 만든 것이다. 건언서 첫머리에, "별지에 건언을 올린 바는 평소의 지론으로, 저희들이 재관在官 시절에 때때로 건언한 내용도 있습니다."라고 적힌 것을 보면, 저 신문 발행 조목 규정을 만들어 놓고서는 만족스럽지 못하지만 동의하여 발표했을 것이다. 그렇다면 건언서에 있는 "민심이 흉흉하여 위아래가 서로 의심", "토붕와해할 형세", "여론공의 옹색" 등도 앞에서 본 신문 조목과 같이 본심은 아니었지만, 역시 건언한 사람들이 만들어낸 것이라고 보아도 무방할 것이다. 생각건대, 오늘날의 형세는 현재 관직에 있는 사람들이 갑자기 만들어낸 것이 아니다.

   2. 건언서 별지에서, "조출모개朝出暮改의 정세가 되어 애증을 기준으로 싱빌을 준나. 운운"이라고 했다. 이 문장은 아마도 잘못 들어간 것일 것이다. 건언서를 쓴 사람들처럼 유명한 식자들이 한 발언이라고는 도저히 생각할 수 없다.

   3. 소위 '민선의원'이라는 것은 도대체 어떤 제도인가. 정부가 인민에게 이것을 설립하라고 명령하는 것인가, 아니면 이것을 정부에 신고함으로써 인민의 뜻에 따라 회의를 일으키는 것인가. 혹은 정부의 허가를 얻어서 이를 설립하는 것인가. 건언서에 "이 부분은 마땅히 평의評議를 거쳐야만 한다"라는 것을 통해 짐작해보자면, 정부는 인민을 위해서 의원議院을 설립해야 한다는 의미가 된다. 만일 결국 그렇게 된다면, 이는 곧 인민의 의원이 아니라 완전히 정부의 의원이 된다. 생각건대, '민선'이라는 글자의 뜻도 민간의 인물을 정부가 선발해서 만드는 의원議員을 가리키는 말이 될 것이다. 정부가 원하는 바에 따라 마련된 의원議員들이기 때문에, 만일 마음에

들지 않으면 이미 설립된 의원議院이라고 해도 이를 폐지시키는 일 역시 정부의 뜻대로 될 것이다. 만일 그렇게 된다면, 의원議員들이 기탄없이 정사를 논의할 수 없게 될 뿐만 아니라, 또한 정부에 대해 유순해지지 않을 수 없음은 자연스러운 흐름이자 당연한 이치이기에 말하지 않아도 분명하다. 이미 유순해지면, 논의하는 내용도 따라서 정부가 하는 일을 칭송하기만 하고, 끝에 가서는 세상으로부터 정부의 아첨꾼이라는 비판을 받게 될 것이다.

4.3 블룬츨리『국법범론』발췌역:민선의원 불가립의 론

가토 히로유키, 제4호

구 참의 등이 민선의원설립의 논의를 앞장서서 주장하면서부터 세상의 개혁 무리들이 계속 여기에 편들어, 시세를 보지 않고, 인정人情을 살피지 않은 채 함부로 공의여론公議輿論이 옳다고만 주장하며, 국가를 평안하게 만드는 기술로는 특히 공의여론을 앞세우는 것보다 좋은 방법이 없다고 한다. 그러므로 요점을 뽑아 번역한 다음 글로 지금 유럽이 개명開明하다고는 해도 여전히 공의여론과 어긋나는 지점들이 없을 수 없는 까닭을 보여주겠다.

블룬츨리가 쓴『국법범론』에서 말하기를,

> 수상大臣이 만일 상하원 다수의 기대를 잃었을 때에는 나라에 심히 해를 끼치게 된다. 왜냐하면 형세가 그 지경에 이르렀을 때에는, 수상이 내린 결정에 대해, 그 방법을 비준하고자 하지 않으려고 하기 때문이다. 설령 그 방법 중에 일반 사람들公衆을 위한 좋은仁善 일이 있다 하더라도 혹 방해를 받아 결국 행하지 못하게 되기 때문이다. 그러므로 수상이 양원으로부터 크게 미움을 받았으나 끝내 사임하지 않으면, 어쩔 수 없이 그 직위에서 파면하는 수

4.3 블룬츨리『국법범론』발췌역: 민선의원 불가립의 론

밖에 다른 방법이 없다. 그렇지만 이는 결코 국법의 규율로 정해진 바는 아니다. 이미 각국에서 양원의 소수만이 지지하는 대신이, 다수로부터의 미움을 마음에 두지 않고 여전히 여러 해 동안 흔들리지 않고 그 자리에 머무르는 예가 적지 않다.

영국에서는 예전부터 팔러먼트^{巴力門} 정령^{政令} 영국에서는 팔러먼트의 권위가 왕성해서 한결 같이 정령의 실권을 쥐고 있다이라는 법(Act of Parliament)이 실행되어 팔러먼트의 권위가 강하고 왕성한 바가 실로 놀랄 만하다. 만일 다른 입헌 각국에서 팔러먼트의 권위가 이처럼 너무 강성한 경우, 대부분 치안을 해치는 일이 반드시 있기 마련이지만, 영국에서는 이 법이 오히려 치안에 도움이 된다. 그렇기 때문에 만일 수상이 팔러먼트에서 패배하게 되면 자칫 잘못하다 수상직을 사임하기에 이르는 것이 종래의 풍습이엇다. 하지만 이런 영국에서조차 오래 전부터 두 세명의 수상이 크게 하원의 미움을 받으면서도 여러 해 동안 정권을 잡고 있을 수 있었다. 예를 들어, 현상^{賢相} 피트(Pitt) 1750년 생, 1806년 사망의 경우가 바로 그렇다.⁷⁾

생각건대 만일 유럽 대륙의 각국에서 수상이 한 번 패할 때마다 수상직을 그만두는 풍습이 있다면 나라를 위해서 몹시 불리할 것이라고 말할 수 있지만, 영국에서는 오히려 이로울 수 있음은 왜 그런가. 영국에는 군주 및 양원의 신뢰를 얻을 수 있는 뛰어난 인재가 적지 않기 때문이다. 또한 나라의 초석이 되는 강성한 권위를 갖춘 자로 귀족과 부자 및 식자^{識者}가 있는데, 귀족은 부친과 조부의 품행을 떨어뜨릴까 두려워하고, 부자는 자신의 이익을 잃을까 두려워하며, 식자는 도^道에 어긋나지 않을까 두려워하기 때문에 경거망동을 해서 굳이 정부에 항거하려는 뜻이

---

7) William Pitt the Younger (1759~1806). 영국 토리당의 당수로 1783년 최연소 수상이 되었던 인물. 1750년생이라는 것은 원문의 오류이다.

제4장 민선의원 설립 논쟁

없기 때문이다.

그렇지만 유럽 대륙의 각국의 경우, 아직 영국과 같이 진정한 안정을 얻지 못했으면서 특히 평민의 권權이 지나치게 강대하기 때문에, 설령 수상이 당장 양원의 다수로부터 미움을 받는 일이 있더라도 구태여 이를 마음에 두지 않고 침착하게 그 자리에 머무를 필요가 있다. 예를 들어 그라프 비스마르크의 경우에도 첫 몇 년간은 양원으로부터 크게 미움을 받았지만 여기에 굴하지 않고, 태연하게 그 지위에 머물렀기 때문에 끝내 프러시아가 작금의 강대함에 이르렀으며 아울러 독일국의 세력을 부흥시키기에 이르렀다.[8] 다만 수상이 만일 처음부터 끝까지 다수의 미움을 받게 된다면 필연적으로 그 직위에 있을 수 없게 된다. 일찍이 내가 번역한 『국법범론』 하질下帙 제4책에 이 문장이 있지만 지금 번역한 바와 약간의 분량 차이가 있다. 왜냐하면 먼저 번역한 것은 1864년에 간행된 제3판을 썼고, 지금 번역한 것은 1868년에 간행된 제4판을 썼기 때문이다.

지금 이 글을 번역함이 결코 공의여론公議與論을 옳지 않다고 여기기 때문은 아니다. 다만 시세를 보지 않고, 인정人情을 살피지 않으며 쓸데없이 공의여론을 내세우려는 일이 잘못되었음을 말하고자 함일 뿐이다. 청컨대 독자들은 기이하게 여기지 말지어다.

---

[8] Otto Eduard Leopold von Bismarck-Schönhausen (1815~1898). 비스마르크는 1865년부터 1871년 3월에 후작(Fürst) 작위를 받을 때까지 백작, 즉 Graf였다.

4.4 정론 3

쓰다 마미치, 제12호

전 참의參議 소에지마씨 등이 민선의원 건백서를 제출한 이래, 서로 수단을 다해 변박辨駁하고, 힘을 다해 공방을 벌여 신문지상은 흡사 일종의 전장 같았다. 이어서 지방관地方官회의를 열라는 특별 조칙詔敕이 있었고,9) 또 화족華族회의를 만든다는 설이 있다.10)

어떤 사람이 말하기를, "각종 의원議員이 국시國是를 토론하여, 이를 갖고 정부가 마음대로 결정하는 것을 방지한다. 이것이 구미 각국이 부강한 이유이다. 이제 우리 대일본제국에서도 또한 이것을 본떠서, 세 종류의 의원을 일으켜야 한다. 어찌 국가 최대의 훌륭한 일이 아니며, 인민의 커다란 행복이 아니겠는가. 이것이야말로 선생이 말씀하시는 시세時世가 그렇게 될 수 밖에 없고, 사정이 어쩔 수 없다는 것 아니겠는가."라고 했다.11) 내가 말하기를, "나의 얕은

---

9) 본 논설이 발표되기 직전인 1874년 5월 2일에 태정관의 계획으로 발표된 조칙으로, 지방행정을 원활하게 행하기 위해 지방관회의를 매년 1회 개최하기로 결정했다는 내용이다.(「太政官達第58號」) 다만 바로 열리지는 않았고, 1875년 1월에서 2월에 걸쳐 메이지 정부의 수뇌부였던 오쿠보 도시미치와 하야한 기도 다카요시, 이타가키 다이스케 사이에 입헌제 도입에 관한 합의가 이루어지고, 같은 해 4월에 점진적인 입헌정체수립漸次立憲政體樹立의 조칙에서 원로원·대심원大審院의 창설과 더불어 지방관회의의 개최를 공약하면서 그로부터 두 달 후 실제로 개최되었다.

10) 서양에 다녀온 화족 출신 카와바타 사네후미河鰭實文와 아키즈키 타네타츠秋月種樹가 영국 정치에서의 귀족 역할에 주목했다. 이들은 의회개설에 대비하여 유지들을 모집하여 통관사通款社를 만들었고, 쟈코노마시코麝香間祗候 회의와 합동으로 1874년 6월 화족회관華族會館을 발족시켰다. 여기서 쓰다가 염두에 두고 있는 것은 이들 단체의 움직임이다.

11) 『메이로쿠 잡지』 제11호에 실린 쓰다의 「정론 2」에 나오는 내용이다. 그는 "국법·민법이란 사람이 제정하는 것이라고는 하지만, 나라의 명운이 나아갔는지 아닌지, 인문人文이 열렸는지 아닌지에 따라서 시세時勢가 그렇게 될 수밖에 없고 사정이 어쩔 수 없음에서 비롯되는 것"이라고 말했다. 이러한 특징은 "천률天律이 만고의 시간동안 그럴 수밖에 없고, 어찌할 수 없는" 성질을 갖고 있다는 점에서 거의 동일하지만, "사람이 만든 규율人律은 예전에는 맞았지만 지금은 틀리거나, 저기에는 좋지만 여기에는 나빠서, 시세와 지역에 따라 적절한지 여부

제4장 민선의원 설립 논쟁

소견으로는 이와 약간 다른 점이 있다. 청컨대, 시험 삼아 이것을 논해보겠다."고 하고 다음과 같이 말했다.

진신搢紳과 화족華族[12])이 서로 모여 상의하고 영국의 상원上院의 모양을 본떠서 황상皇上을 돕고 나라의 행복을 크게 넓히고자 한다. 그 생각은 훌륭하고, 뜻은 곧 가상嘉尙하다. 그러나 나는 아직 그 일이 가능할지 모르겠다. 생각건대, 의원議員이 국가에 도움이 되는 이유는 전적으로 그 지식에 있다. 그런데 진신과 화족은 대개 지난날 봉건시대의 번주藩主이므로 간언諫言을 받아들이는 데에는 다른 사람보다는 뛰어난 장점이 있지만, 대체로 깊은 궁궐에서 성장하여 세상일에 어둡고, 지식 같은 것은 가장 부족한 부분이다. 그리하여 폐번廢藩 후에 제공諸公이 점차 자질구레한 일에 익숙해지고 얼마간 교활함도 겪어, 어떤 면에서는 그 장점이 없어진 면이 있다고 하더라도, 지식이 부족한 것은 여전하다. 구태의연하게 지식이 부족한 사람을 많이 모아서 논의한다면, 과연 국가에 무슨 손해나 이익이 있겠는가. 와해되지 않을 것이라고 기대하기 어려울 따름이다. 어찌 내가 말한 것과 같은 의미의 시세時世가 그렇지 않을 수 없고, 사정의 어쩔 수 없음이겠는가. 오히려 그들이 많은 돈을 내어 모아, 오직 그 힘을 화족학교를 세우고, 좋은 선생을 초빙하여 자제를 교육하며, 그 자제들이 유용한 학술에 능해지고 진정한 지식을 열어가게끔 하는

가 다르므로 지금까지 일정한 법률이란 없었다"는 점에서 다르다. 즉, "사람이 만든 규율" 역시 "시세가 그렇게 될 수밖에 없고 사정이 어쩔 수 없"기 때문에 생겨나지만, 이 역시 특정 조건이 충족되었을 때라는 제한이 있는 것이다. 이 글에서는 질문자가 "선생이 말씀하시는 시세가 그럴 수밖에 없고, 사정이 어쩔 수 없다는 것 아니겠"냐며「정론 2」의 내용을 원용해 '세 종류의 의원'(아마도 민선의원, 귀족원, 지방관회의)을 세워야 한다는 의견이 마치 쓰다의 주장인 것처럼 얘기하자, 쓰다가 자신이 주장한 바와 질문자의 이해 사이에 "약간 다른 점이 있다"며 정정하려고 하는 것이다.

12) 搢紳(진신) : 지위가 높고 점잖은 계층. 사회지도층.
  華族(화족) : 1884년 화족령華族令에 따라 공公·후侯·백伯·자子·남男의 작위를 부여받은 특권신분. 1947년 헌법개정으로 폐지.

데에 쓰는 것이 낫다.

　이렇게 되면, 진신과 화족이 상원上院을 일으키거나, 혹은 정부에 오르고 내각에 앉아 국가의 주석柱石으로 우뚝 서서, 국가를 부강하게 하고 행복을 증진시킴이 많은 영국의 유명한 재상이 귀족 중에서 나온 것처럼 될 것이다. 이것이 내가 진신 여러분을 위해서, 특히 장래에 기대하는 것이다. 과거 번주藩君들의 경우 먼저 용퇴勇退하고, 봉토封土를 봉환奉還하여 전국의 군현郡縣이 하나로 화합하는 정치가 되게끔 하였고, 그 결과 오늘날 성과가 있는 바가 적지 않다. 그러므로 다시는 세상일에 관계하지 않고, 오로지 음악과 독서를 벗 삼아 산수를 거닐더라도 마음이 상쾌해지고, 광풍제월光風霽月과 같은 군자君子다움을 잃지 않는 것이다. 하물며 그 자제를 교육하여 훗날의 큰 이익을 도모함에 있어서야.

　지방관地方官은 천황 폐하를 대신해서 해당 부현府縣의 정치를 행하는 사람이다. 바로 천황 폐하의 대관代官이다.[13] 이제는 이들을 모아 대의인代議人으로 삼는다. 그렇다면 과연 천황 폐하의 대의인인 것인가, 아니면 인민의 대의인인가. 명분과 실제가 서로 맞지 않고, 사리가 어그러진 바가 이보다 심할 수는 없다. 저 각국에 파견한 우리나라의 외교관은, 본국의 군주와 정부의 대관이다. 지금의 대의인은, 파견되었던 우리나라 외교관을 불러들여서 해당 국가 군주의 대리인으로 삼는 꼴이다. 세상에 어찌 이런 이치가 있겠는가. 공자는, "명분이 바로 서지 않으면 말이 순리를 따르지 못하고, 말이 순리를 따르지 못하게 되면 일이 이루어지지 않는다"고 했다.[14] 지방관 회의를 만들게 되면 국가에 이익이 될 것이라고 하지만, 나는 아직 이를

---

13) 도쿠가와 시대의 관직인 '대관'은, 도쿠가와 막부의 직할 영지인 천령天領 혹은 도쿠가와의 가신인 하타모토旗本의 영지에 파견되어 해당 지역을 다스리는 임무를 맡았다.
14) "名不正, 則言不順, 言不順, 則事不成",『논어』자로편

제4장 민선의원 설립 논쟁

믿을 수 없다. 이 또한 어찌 내가 말하는 시세^{時世}가 그렇지 않을 수 없고, 사정이 어쩔 수 없다는 말이겠는가.

민선의원은 인민이 선거하는 것이므로 실로 국민의 대의인이다. 우리 전국 3천만 명 가운데, 그 선거에 응할 수 있는 지식을 갖춘 자가 전혀 없다고 말할 수는 없다. 그러나 이를 뽑는 사람도 또한 상당한 지식을 필요로 한다. 뽑는 사람이 직접 국사를 논의하는 것은 아니라 할지라도, 그가 사람을 뽑는 것은 바로 나랏일에 간여하는 것이다. 그러므로 구미 각국에서는 이 의원을 뽑는 권리를 '인민의 정권^{政權}'이라고 말한다. 저들 나라의 의원 선거 법칙을 살펴보면, 여자, 어린이, 깊은 병이 있는 자, 무학의 문맹자 등 지식이 없는 사람은 모두 이 권리를 얻을 수 없는 것이 일반적인 법이다. 그러므로 선거로 뽑혀 의원이 되는 사람에게는 제한을 두지 않고 오히려 선거를 하는 사람에게 제한을 둔다. 그런데 여자, 어린이, 정신병자 등을 제외하는 것은 쉬운 일이지만, 학식이 있는지 없는지를 분별하는 일은 매우 어렵다. 그러므로 일종의 규칙을 세울 필요가 있다. 대체로 저들 나라에서는 세금을 납부하는 금액의 많고 적음을 기준으로 해서 경계를 나눈다. 이것은 어쩔 수 없는 방책일 뿐이라고 생각한다. 그러나 지금 이 방법 말고 다른 좋은 방법은 없는 것 같다. 그러므로 우리나라에서도 대략 이것을 본뜨고, 다시 우리나라의 풍습과 사정을 절충하여 그 규칙을 정해야 한다.

사족^{士族} 중에는 종래 학식이 있는 자가 얼마간 있는데, 평민은 큰 부자가 아니면 학식이 있는 자는 드물다. 그러므로 지금 대의사^{代議士}를 뽑는 사람을 정하는 데에 있어서 모두 화족과 사족으로 정하되, 이와 함께 세금을 많이 납부하는 평민을 정한다. 평민은, 도회지에서는 토지세를 200엔이나 1,000엔 이상 납부하는 자로 한정하고, 촌락에서는 50엔이나 100엔 이상의 토지세를 납부하는 자로 한정해야 한다. 여자, 어린이, 중병자^{廢疾}, 그리고 징역형 이상의 처벌을 받은 자를 제외하는 일은 말할 필요도 없다.

위에 말한 것처럼 정해진 사람을 초선자初選者라고 이름 붙이고, 초선자 100인이 상당히 감식鑑識을 갖춘 인물 한 사람을 뽑아, 이를 본선자本選者라고 부르기로 한다. 그리고 이 본선자가 한번 더 뽑은 사람을 대의사라 하고, 이들을 의원議院에 모여 전 국민을 대신하여 나랏일을 상의하는 사람으로 삼는다.[15]

진신, 화족, 사족士族, 문인文人, 군인武夫, 호농豪農, 부상富商, 가난한 자, 서생書生, 야인野人으로 나누는 것이 아니라, 모두 선출된 대의사라는 이름을 갖는다. 다만 그 식견이 나랏일의 가부를 결정하는 데 충분할 것을 목표로 할 뿐이다. 그러므로 징역 이상의 형벌에 처해진 자는 여기서 제외된다.

대의사의 수는 우리 일본 전체 인구 3천만 안에서 60명 내지 120명을 뽑아야 한다. 그러므로 25만 명 내지는 50만 명에 한 명 꼴로 뽑는 깃에 해딩한다.

대의사는 4년을 임기로 삼아 신진교대 해야 한다. 또한 대의사를 구분하여 좌우 두 반으로 하고 만 2년에 한 번씩 반을 새롭게 바꿀 필요가 있다. 예를 들어 좌반은 갑의 해에 선출하고, 우반은 병의 해에 선출한다.

위에서 열거한 것이 선거법의 대략이다. 의장을 맡기는 일부터 시작해서 상세한 조목은 유럽 각국의 선거법을 절충하고, 우리나라 지식의 정도에 맞는 적절한 정도를 찾아야 한다. 다만 이것은 특별히 사전에 몇 명의 일할 사람에게 맡겨서 법률의 초안을 작성하게하는 것이 좋다.

---

[15] 민선의원을 직접선거가 아닌 간접선거로 뽑는 것을 상정하고 논의를 진행하고 있다.

제4장 민선의원 설립 논쟁

　위에서 말한 것처럼 선출된 대의사는 진정한 우리 대일본 국민의 대의인으로서, 이름과 실제가 정당하다. 이로써 이 일의 성취를 점쳐 볼 수 있을 뿐이다. 그런데 이 대의사는 3천만 명 중에 60 내지 120명이다. 어찌 우리나라가 이 정도 수준에 해당하는 지식이 결여되어 있겠는가. 생각건대, 이것은 모든 일을 공론에 따라萬機公論 결정한다고 하는 어서문御誓文의 뜻을 새롭게 하는 까닭이다.[16]

　대의사는 또 세입과 세출 등을 시작으로 해서 국가의 큰일을 감독하는 권한을 가질 것이다. 여기에서 인민은 처음으로 정부의 전횡을 방지하고, 정부로 하여금 정령政令이 법도에 맞도록 하여 개화의 자연스러운 운행을 방해하지 않도록 해야 한다. 그 이익이 어찌 적다고 말할 수 있겠는가. 또한, 우리나라 인민은 오랫동안 압제의 정치 아래 굴복해왔고, 인간 본성의 자유로운 기상氣像이 꺾였다. 이 기상이란 것은, 나라의 원기元氣이다. 나라의 원기가 위축되어 떨치지 못하고, 국위國威를 떨치지 못하는 이유이다. 지금 이것을 떨쳐 일으켜 왕성하게 하는 방법은, 다른 것이 아니라 인민으로 하여금 나랏일에 간여하게 하는 것이다. 인민으로 하여금 나랏일에 간여하게 하려면 민선의원을 만드는 일보다 나은 방법은 없다. 그렇다면 곧 이 일은 반드시 시세時世가 그렇게 될 수 밖에 없다고 봐야하지 않을까. 또 이제는 여러 사정상 어쩔 수 없다고 말해야 할 것이다. 공의여론公議輿論이 돌아가는 곳은 과연 어디일까.

---

[16] 1868년 4월에 메이지 천황은 정부의 기본 방침을 공경公卿, 제후 등이 보는 앞에서 신에게 맹세했다. 같은 해 5월에는 관보의 성격을 가진 「태정관일지太政官日誌」를 통해 일반인에게도 공포되었다. 이것이 소위 '오개조의 어서문'이며 그 첫 번째 조항에서 "널리 회의를 일으켜 모든 일을 공론에 따라 결정할 것"이라고 명시했다.

4.5 민선의원을 세우려면 먼저 정체를 정해야 한다는 것에 대한 의문

사카타니 시로시, 제13호

민선의원의 얘기가 왕성하게 일어나 여러 논자들의 설이 따라서 많이 나오기는 하지만 그 누구도 이를 완전히 부정하는 사람은 없다. 다만 적당한 개명開明의 단계에 이르지 못한 채 이를 일으키기에는 시기상조라는 점으로 귀결된다. 내가 삼가 생각하건대, 시기 측면에 있어서는 실로 이르다. 그렇지만 이를 이르다고 하는 것은 때가 되기를 기다린다는 말이다. 기다린다는 것은, 다시 말해 기다리는 동안 하는 일이 없어서는 안 된다. 학교 같은 것이 바로 그 중 하나이나, 우선 그 근본부터 확립해야 한다. 이 근본이 확립되지 않으면 민선의원도 또한 지엽에 불과하게 된다.

근본이란 무엇인가? 내 짧은 의견으로는 정체政體라는 목적을 확립하는 것이다. 고금을 살펴보건대, 정체가 정해지는 것은 모두 그 나라 자체가 갖는 본연의 성질의 발로이다. 그렇지만 변혁이란 대체로 치란治亂에서 나온다. 치란이란 하늘이 저절로 그렇게 하도록 만든 것이다. 그러나 지나침을 억제하고 부족함을 돕는 것裁成輔相이 사람의 임무이다.[17] 치란을 하늘의 자연스러운 이치라고 하며 살얼음판 위 같은 위험한 상황에서도 느긋하게 놀고 있다면, 그것은 경박한 소인배일 뿐이다. 과거 미국이 아직 합중국이 되기 전에 워싱턴과 여러 현자들이 노심초사하며 수없이 만나 토의를 거듭했다고 할 수 있다. 이는 즉 군자의 변함없는 도리이다. 지금 민선의원 얘기가 나오는 까닭도 이러한 군자의 도리에 입각한 것이다.

---

17) "天地交泰, 后以財成天地之道, 輔相天地宣, 以左右民", 『역경』 태괘, 「상전」. 사카타니는 '裁'를 쓰고 있으나, 원문에는 '財'가 사용되었다.

제4장 민선의원 설립 논쟁

　그러나 내가 가만히 의심해보건대, 정체가 정해지지 않았는데 민선의원이 무슨 소용이 있겠는가? 그렇지만 어떤 논자는 쓸데없이 민선의원을 일으키는 얘기를 하기만 하고 한 마디도 정체에 대해서는 얘기가 미치지 않는다. 어째서인가? 대저 민선의원은 상하동치上下同治를 말한다.18) 건백서를 올려 위로부터 민선의원을 일으키길 바라면서 상하동치로 정체體를 정하지 않으니, 과연 이 일에 무슨 이로움이 있겠는가? 나는 배움이 얕다. 상하동치로 정체를 정하지 않아도 이와는 별개로 민선의원이 잘 굴러간다면, 내가 잘못 안 것이리라. 그렇게 된다면 청컨대 삼가 사과드리고 가르침을 받겠다. 만일 별개의 문제가 아니라면, 민선의원을 세우고자 할 때 마땅히 먼저 상하동치의 정체를 확립하는 일부터 논의해야 한다. 그 뜻이 상하동치에 있으나 황실 눈치를 보느라 일단 말만 민선의원에 의탁한 것이라면, 이는 부녀자가 무슨 일이 있으면 그게 길조인지 흉조인지 신경 쓰느라 조심하는 것과 같은 불순한 공경심이므로, 오히려 황실을 기만하는 일이다. 즉 불경함이 매우 심한 것이다. 사나이로서 정정당당한 공경심을 발휘해야 할 것이다.

　또한 내가 평소에 생각한 바로는, 황국皇國을 부강하고 개명開明하게 하여 황통을 보호하는 정성을 다하기 위해서도 지금 상하동치로 정체를 정하는 얘기를 진행시켜야 한다. 대저 우리나라는 국체가 시작된 이래 하나의 성씨가 다스려왔기 때문에, 인심人心을 굳게 단결시킨 바가 다른 나라들과 다르다. 조금이라도 지각이 있는 사람이라면 모두 이를 알고 있다. 시험 삼아 미국과 스웨덴의 공명정대한 여러 현철賢哲을 우리나라에서 태어나 성장하게 한다면, 인민을 보호하기 위해 원래의 고유한 국체國體와 배치되는 합중이나 연방을 내세우지 않을 것임은 명명백백하여 의심할 여지가 없다. 지금 민선의원을 일

---

18) 上下同治 (상하동치) : constitutional monarchy. 입헌군주제.

4.5 민선의원을 세우려면 먼저 정체를 정해야 한다는 것에 대한 의문

으키길 바라면서 시기상조라고만 하지 완전히 부정하지 않는 사람도, 그 의중은 반드시 이로써 황국을 부강하게 하고 황통을 보호하고자 할 뿐이다. 군주를 골라서 뽑는다거나選君 바꿔버릴 수 있는 경우易姓의 폐해는 그러한 구습을 가진 나라에 태어난 현철들이 이미 그 잘못에 대해서 논했으니 더 말하지 않아도 된다.

그렇지만 황통은 바뀌지 않은 채 세상은 바뀌었다. 군덕君德을 계승하여 밝히기 위한 방법에 관해서는 물론 신중을 기해왔지만, 오랫동안 덕의 성쇠가 있던 것 또한 어쩔 수 없는 자연스러운 일이다. 옛날에 후지와라藤原씨의 발호跋扈나 무신이 교대로 패권을 장악한 변變은, 이 때문에 생긴 일일 것이다.19) 또 폭군이나 암주暗主가 나타나기 전에는 명군明主의 법제가 한꺼번에 무너져 내린다. 명군이 다시 일어나더라도 회복하는 데에 힘을 쓰느라 겨우 뭔가를 하려다가도 이미 나이 들어 세상을 뜨게 된다. 그런데 계승자가 똑똑치 못하여 흐리멍덩한 군주가 잇게 되면 다시 산산이 무너져 그 뒤를 잇는 명군이 고생할 뿐이다. 일성일쇠一盛一衰하며 낡은 인습을 지키는 일이 반복되면, 무엇으로 나라를 부강하게 하고 무엇으로 다스림에 개명을 얻겠는가. 우리나라와 중국支那은 종종 치란을 거치느라 개명이 늦어지는데, 이를 거울삼아 알아야 한다. 만일 상하동치를 하여 군통君統을 보호한다면 암군暗君이 나오더라도 전대의 개명의 기세가 약간 주춤할 뿐 뒤로 물러나는 일은 없을 것이다. 그리하여 명군과 현명한 재상이 나오면 시간을 쓸데없이 회복에 낭비하지 않고 반드시 개명의 정도를 몇 단계 진전시킬 수 있을 것이다. 근래 프로시아의 경우가 바로 그렇다. 이는 자연스러운 추세이다. 더구나 시대는 과거와 달리 탐욕스럽고 사악한 이웃이 늘어서있는 형국이며, 강자와 친하고 약자를 억누르는 것이 각국의 일반적인 사정이다. 언젠가 우리가

---

19) 헤이안平安 시대에 후지와라 가문이 섭정攝政·관백關白의 자리를 번갈아 가며 차지해 권력을 독차지하여 천황의 권력을 약화시킨 일을 가리킨다.

제4장 민선의원 설립 논쟁

쇠약해진 틈을 타서 다이라노 마사카도^{平將門}나 아시카가 다카우지^{足利尊氏} 같은 무리가 외국에서 나타날 것이다.[20] 그렇게 되면 무슨 명분으로 이를 거부하고 무슨 계책으로 이를 막겠는가. 이는 실로 두려워해야할 큰 일이다.

지금은 성왕께서 위에 계시고, 현명한 사람들이 제 자리를 채우고 있으니 전에 없던 변혁이 즉각적으로 결정되었다. 이때에 이르러 정체政體의 목적을 확립하지 않고 무슨 때를 기다리는가. 오늘날 개명開明한 세상이라지만 민심民心에 주인이 없어 윗사람을 원망스럽게 흘겨보며 믿지 않고, 윗사람도 또한 논의가 숙성되지 않아 대처방법이 잘 정해지지 않은 것은, 모두 목적이 확립되지 않아서 생기는 일일 것이다. 그럼에도 불구하고 민선의원을 세우자고 말한다. 이는 과녁 없이 총을 쏘는 것이나 마찬가지다. 만일 그렇게 된다면, 때가 되어 생겨난 민선의원도 완전히 일전의 집의원集議院처럼 무용지물의 낭비만 될 뿐 아니라 아마도 와르르 무너질 우려도 생길 것이다.[21] 특히 민선의원의 폐해가 그럴 뿐 아니라, 학교 등과 같이 개명으로 이끄는 모든 일이 인지人智를 키워서 교활함을 진전시키고 대란을 불러일으켜 황통을 위험에 빠뜨리는 일이 될 것이다.

각국은 과거에 백성을 억눌러서 무너져내렸다. 영국이 미국에서 했던 일 같은 것이 바로 그 명백한 사례다. 그렇게 큰 혼란이 있은 뒤에 좋은 통치를 펼쳤다는 사실은 후세의 관점에서 볼 때 대단히 묘한 일이다. 그런데 오늘날 방관한 채로 자연스러운 흐름에 맡겨야

---

20) 다이라노 마사카도(?~940)는 헤이안 시대 중기의 호족으로, 천황에게 맞서 독자적으로 천황에 즉위해 '신황新皇'이라 자칭했으나 토벌 당했다.
아시카가 다카우지(1305~1358)는 가마쿠라 시대 말기에서 남북조 시대의 무장으로, 고다이고後醍醐 천황을 지지했다가 나중에 배신하고 요시노吉野로 몰아낸 후 무로마치室町 정권을 세운 인물이다. 두 사람은 천황을 배신한 역사적 인물의 대명사로, 특히 사카타니가 반복적으로 비난하는 대상이다.
21) 集議院(집의원) : 공의소公議所의 후신으로 1869년 설치되어 1873년 폐지되었다. 메이지 초기에 입법부를 지향한 기관이지만 제대로 작동하지 않았다.

4.5 민선의원을 세우려면 먼저 정체를 정해야 한다는 것에 대한 의문

할까. 또 난亂은 나라의 커다란 해악이니 이를 누가 좋아하겠는가. 어지럽히지 않고 개명 진보하는 것은 천하의 훌륭한 일이자 사람으로서의 큰 의무이다. 우리나라가 뛰어나게 아름다운 나라이긴 하지만, 바다 가운데에 있는 한 섬일 뿐이다. 만일 분발하여 진력하지 않고 사사로운 뜻에만 맡겨 만일의 경우를 기다리고만 있다면, 백성은 명령을 기다리지 않고 제멋대로 움직여서 잔악무도한 짓을 벌이고, 정신은 피폐해지기에 이르러 외국이 기회를 틈타 몽고나 폴란드처럼 뜻하지 않은 변을 당하는 일이 반드시 없을 것이라고 말할 수 없다. 만일 그 정도에 이르면 이 나라에서 태어나 오늘을 살고 있는 자는 그 의무를 다하지 않은 죄를 만대에 걸쳐서도 속죄할 수 없을 것이다.

그렇다면 오늘날, 정체의 목적을 어떻게 정할 것인가. 답하기를, 우리의 옛 정체에다 러시아의 장점을 취하는 것이 원래 내가 바라는 바이다. 그러나 시대가 다르고 나라가 다르고 일과 추세도 또한 다르니 이를 행할 수는 없다. 다만 이 네 가지 다른 것과는 관계없이 실행할 것으로는 영국의 상하동치의 장점을 취할 뿐이다. 그렇지만 영국은 영국이고 우리는 우리다. 나라가 다르면 나라의 자주권, 일 처리의 세부 방안은 원래 하나하나 비슷할 수가 없다. 오로지 그 장점이 갖는 선善과 미美를 내걸어 이로써 위아래의 대목적으로 삼아야 한다. 그러나 그것은 이미 유신의 시작과 함께 확립되었다. "널리 회의會議를 일으켜 모든 일을 공론으로 결정할 것"이라는 말이다.[22] 그렇지만 그 말을 헛되이 내걸어 그 실제는 점차 미미해지고, 그리하여 모든 일이 흔들려 사람들 모두 마음의 주인을 잃었다. 여기에서 민선의원의 얘기가 오늘날 일어난 것일까. 일전의 밝은 조서詔書와 오늘 민선의원의 설은 뜻하지 않게 하나로 귀결된다.[23] 오로지 상하동치 하나로 모이는 것이다. 자연스러운 일의 진행 정도는 이와

---

22) '오개조의 어서문' 중 첫 번째 항목이다. (▷p96)
23) 1874년 5월 2일 발표된 지방관회의 개최의 조칙을 가리킨다. (▷p107)

제4장 민선의원 설립 논쟁

같은데, 여전히 "나라에서 금하는 것을 피해야 한다, 구습을 바꾸면 안 된다."고 말한다. 이는 지붕이 무너지고 기둥이 쓰러졌는데 그 밑에 앉아서 수리를 하지 않고 저절로 해결되길 기다리는 것과 같다. 위험하도다!

누군가 묻기를, "상하동치의 일을 민선의원에서 시작할 것이 아니라면 무엇으로부터 시작해야 하는가."라고 했다. 나는, "집을 지으려면 먼저 기초를 견고하게 한다. 민선의원은 기둥이고, 대들보이다. 기초를 다지지 않고 기둥과 대들보를 어디다 쓰겠는가."라고 대답했다.

"그렇다면 기초인 상하동치의 정체는 어디서부터 손을 대는 것으로 시작해야 하는가."라고 물어서, 나는 다음과 같이 대답했다. 이랬다저랬다 하지 말고 목적을 분명하게 세워 과녁을 겨누어 오직 일진일퇴 하다보면, 백발백중의 결과가 나타나게 된다. 적어도 목적을 명확히 정하면, 그 처치 방안, 좋은 제도가 저절로 중론에서 나오게 될 것이다.

잠시 한두 가지를 들자면, 먼저 대신이 합론合論하여 협화協和하는 법을 엄하게 하여, 하나의 결론에 합의하지 못했다고 해서 사표를 내거나 면직을 신청하거나 구구하게 치졸한 모습을 보이지 말고, 토론을 거듭하여 가장 마땅한 결론으로 귀결되면 그 후에 실행을 함으로써 상하동치의 목적을 바로 한다. 여러 성省이나 각 성省이 자기의 주장만 밀어붙이려고 하지 말고, 하나의 성 내에서 각자의 몫만큼 힘을 써서, 공리公理를 저버리지 않고 반드시 반복토론을 통해서 지당한 결론으로 귀착된 후에 이를 실행하여 이로써 상하동치의 목적을 바로 한다. 대저 한 성은 한 성 내에서 상하가 함께 논의하고, 여러 성은 여러 성에서 상하가 함께 논의하고, 각각 의사과議事課를 만들어서, 의논하지 않은 것은 실행하지 말고, 실행하려면 반드시 논의를 한다.

4.5 민선의원을 세우려면 먼저 정체를 정해야 한다는 것에 대한 의문

논의는 됐는데 실행하기 어렵다면 실행하기 어려운 데에 책임을 묻게 하여, 반드시 깊이 생각하여 논의를 거듭해 결정하는 것으로써 상하동치의 목적을 바로 한다.

무릇 여러 관원이 분발하여 격려하지 않고, 나태하고 방만하다거나 알랑거리고 아첨諂諛하며 다른 사람을 질시하고, 제각기 오직 월급에만 신경 쓰는 데에는 원인이 있다. 모든 일을 공론으로 결정하는 일의 실질을 밝히지 않고 번거로움을 싫어하며, 배우지 않음을 가벼이 여기고, 널리 의논하여 낮은 관리에게까지 미치게 하여 진행되어 가는 사정을 알게 하며, 고심하여 배우고 익혀 그 지혜를 키우도록 하지 않기 때문이다. 지금 낮은 관리는 상관의 모욕에 분개하고, 그 일처리가 종종 바뀌고 불공평함을 보고 듣고는, 뒤에서 장관의 어리석음을 비웃으며, "관직이 점점 높아질수록 사람은 점점 더 어리석어진다. 어리석은 상관 밑에 있으면서 나는 이제껏 그들이 하는 논의에 관여하지 않았고, 무슨 일이 거론되든 안 되든 내 알 바가 아니다. 나는 오로지 월급만 많이 받아서 입에 풀칠만 할 수 있으면 족하다."라고 말한다. 심한 사람은 원한을 품는다거나 화를 내어 불평을 좋지 않은 곳에다가 흘리기도 한다. 그렇지만 우두머리라는 자는 "그 사람은 불평분자다, 이 사람은 잔혹하고 도리에 어긋난 사람이다."라고 말한다. 위아래 사람들의 마음에 주인이 없기 때문에, 눈에는 정견定見이 없고 뿔뿔이 흩어져서 도리에 어긋나 각자 다른 방향을 향하는 것이다.

관官이 이럴진대, 아래에 있는 인민 다수가 그보다 심하다는 것을 알아야 한다. 그렇다면 무엇으로 개명의 풍습을 일으키겠는가. 또 무엇으로 민선의원의 실질을 세울 것인가. 폐단이 여기에 이른 것은 만사를 공론으로 결정하는 실질이 확립되지 않고, 상하동치의 목적이 명확해지지 않았기 때문이다. 그러므로 그 폐단을 없애고 이로움을 일으켜 그 목적을 확립시켜야 할뿐이다. 목적을 확립시키는 실질이

제4장 민선의원 설립 논쟁

엄숙하게 이뤄지면, 학교에서의 가르침은 더욱 성할 것이고, 개명의 정치는 더욱 행해지기 쉬울 것이며, 이에 더해 모든 도道와 현縣의 유명하고 유망한 사족과 평민士民이 공론에 의해서 매해 관선官選 의원의 반열에 오를 것이다. 그리고 마침내 민선의 법을 시행하면 3년 안에 효력이 발생하고, 7년이면 작은 성공을 거두며, 10년이 되면 소위 민선의원이 처음으로 큰 성공을 거두어, 인민 보호의 길이 명백해지고 개명부강의 실질이 확립되어, 황통이 억만년의 안정을 얻을 것임은 말할 필요도 없다고 나는 생각한다.

논의를 함에 있어 정부에 대해 삼가야할 바가 있기는 하나, 거리낌忌諱없이 논해야 한다는 명령도 있었다. 의심했는데도 바로 잡히지 않는다면 언제 이 마음이 안정될 것인가. 또 어리석은 나 같은 사람의 목적은 어느 날에나 확립될 것인가. 여러분께서 가엾게 여겨 저에게 가르침을 주시길 바란다.

4.6 민선의원의 때가 아직 도래하지 않았다는 논의[24]

간다 다카히라, 제19호

민선의원이 어찌 쉽게 일어나겠는가. 때가 오지 않으면 결코 일어나지 않는다. 또한 때가 도래했다고 하더라도 그 때란 결코 기뻐해야 할 때는 아닐 것이다.

원래 민선의원을 설립할 시점이란, 국체가 바뀌어 군주 전권專權에서 군민君民 분권分權으로 옮겨가는 시기이다. 이 시기에는 인민이 권리를 얻기 때문에 인민이 납득하지 못한 일은 일어날 수 없으나, 아직 그것조차 확실하다고 말하기는 어려운 시점이다. 정부朝廷에서 자신의 권리 중 반을 양보하는 것이기 때문에 흔쾌히 허가한 것인지 여부는 아직 알 수 없다. 만일 흔쾌히 허가한다면 일이 잘 진행되겠지만, 그렇게 되리라고는 생각되지 않는다. 일시적으로 인심을 위무慰撫하려고 만들어주는 것 같은 상황이라면, 훗날 다시 빼앗아갈 수도 있으니 어쨌든 아직 확정되었다고 하기는 어렵다. 하물며 흔쾌히 허가해주지 않았을 때에는 인민이 아무리 간절히 바란다 하더라도

---

24) 간다는 『메이로쿠 잡지』 제17호에 「재정변혁의 설」을 발표했다.(▷p280) 「재정변혁의 설」에서 그는 재정 기반을 안정적으로 다지기 위해서 필요한 제도개혁과 민선의원 설립을 표리일체의 문제로 설명한다. 특히 '인민'과 '정부'의 관계에 관해 간다는 다음과 같이 말했다. "무릇 인민은 급여와 비용을 내어 정부를 고용하여, 정사를 돌보게 하는 것이고, 정부는 인민에게 고용되어 급여와 비용을 받아 정사를 돌보는 것이다. 그리고 민선의원 회의는, 인민이 정부에게 이듬해의 정사를 주문하고, 정부로부터 인민에게 지난해의 정사에 대한 결산을 행하는 것이다." 이를 통해 "인민의 풍습이 기꺼이 국사를 논하는 데에 이르게 되면, 지식도 차츰 열려서 점차로 만국의 사정에 통하고, 점차로 긴급한 사무를 깨달아서, 차차 나라를 경영할 인재를 낳고, 국운이 점차로 융성할 것"이며, 이것이 바로 '문명' 국가의 모습이라는 것이 간다의 주장이었다. 그러나 약 한 달여 만에 발표된 이 글에서 그는 민선의원 설립을 위해 필요한 조건이 아직 갖춰져 있다는 취지의 주장을 펼치고 있다. 이러한 배경에는 그가 그 사이 효고兵庫현 현령縣令의 자격으로 참가하려던 예정의 지방관회의가 대만 출병 문제로 연기된 상황이 작용했으리라고 추측해 볼 수 있다. 다른 해석으로는 이 글이 반어적 표현을 사용한 민선의원 개설 조건의 기술이라고 보는 관점도 있다.

제4장 민선의원 설립 논쟁

어쩔 도리가 없을 것이다.

우리나라 인민의 순량淳良함을 보면, 외국 사람들처럼 군사를 일으켜서 정부을 압박하여 싸워서 이기고 약조를 맺게 되는 정도에 이르기는 어려울 것이다. 그러므로 적절한 시기가 도래하지 않는다면 일어나지 않을 것이다. 그런데 지금은 아직 그때가 도래하지 않았다.

이를 종합해서 말하자면, 성현이 재위하고 있는 동안은 민선의원은 일어나지 않고, 적국으로부터의 외환外患이 닥쳐오지 않는 동안은 민선의원이 일어나지 않는다. 외국인이 돈을 빌려준 동안에는 민선의원은 일어나지 않고, 화폐가 유통되는 동안에도 민선의원은 일어나지 않는다. 인민이 증세를 감수하는 동안도 민선의원은 일어나지 않는다. 그렇지만 세계는 살아있는 것活物이기 때문에 언제까지나 성현이 재위한 상태일 수 없고, 적국의 외환이 없을 것이라고 단정할 수 없다. 언제까지나 외국인이 돈을 빌려줄 것이고, 화폐가 유통되고, 또 인민이 증세를 감수할 것이라고도 단정 지을 수 없다. 앞으로 인민이 증세를 감수하지 않고, 화폐 유통이 멈춰버리고, 외국인이 돈을 빌려주지 않고, 적국의 외환이 앞다투어 일어나고, 성현이 우연히 재위하지 않는 일이 일어나는 때가 있을 것이다. 만일 이러한 일이 일어난다면, 그때는 어떻게 해야 할 것인가. 민선의원이 일어나지 않으면 반드시 나라는 망할 것이다. 나라가 망하지 않는다면 반드시 민선의원이 일어날 것이다. 이것이 내가 말하는 때가 도래했다는 말의 의미이다. 그렇지만 이는 좀처럼 이루어지길 바라서는 안 되는 것이다. 그렇기 때문에 때가 도래했다 하더라도, 그 때는 결코 기뻐할 때가 아니다.

4.7 망라의원의 설

니시 아마네, 제29호

민선의원의 논의가 일단 세상에 나오게 되면서부터 오늘에 이르기까지 여전히 멈출 줄 모른다. 이를 통해 여론의 귀결점을 볼 수 있다. 결국 민선의원은 유럽의 최근 정치학에서 경륜經綸의 대근본이자 통치술의 근원이니, 우리나라에서 이것을 세우고자 함에 열심히 이를 바라지 않는 자가 누가 있겠는가. 이는 물론 말할 필요도 없는 문제이다. 더군다나 서양 학문에 종사하는 자라면 당연한 일로, 굳이 이를 거부하는 자란 없다는 것을 알아야 한다. 내가 일찍이 「구참의舊相公를 논박하다」를 『메이로쿠 잡지』제3호에 실었다. 해당 논설 후반부에서, 의원이 생겨서 정부의 권력을 나누는 일도 말이 안 되는 것은 아니라고 한 이유도 이 때문이다. 다만 진정한 민선의원이라는 것은 이 반개화半開化의 나라에서 갑자기 실행할 수 없기 때문에 사람들의 주장이 자칫하면 서로 다투게 될 뿐이다. 그리하여 일단 민선의원론이 등장하면서부터 어지러운 의견들이 여럿 나왔다고는 하지만, 요컨대 이를 세우는 방법은 대동소이하다.

그 대강大綱에는 네가지가 있다. 하나는 현령과 참사今參의 의회이다. 이는 지난 가을 정부가 일찍이 명령한 바로, 중간에 다양한 사정을 직면하게 되어 꺾여버린 것이다.[25] 둘째로 관선의원이 있다. 혹은 칙선敕選이라고도 한다. 이는 신문 상에서 떠들어대지는 않았지만 일찍이 이러한 주장을 하는 사람이 있었다. 셋째로 부현府縣 의회가 있다. 이는 이미 피차 있는 것으로, 착수한 사람이 있다고 들었다. 넷째로, 대소구大小區의 의회가 있다.[26] 이는 오히려 작은 부분에서

---

25) 부府와 현縣의 장관인 부지사府知事와 현령, 그리고 차관에 해당하는 참사參事들로 구성된 지방관회의를 가리킨다. 1874년 4월에 입헌정체의 점진적인 도입을 발표한 조서詔書에서 원로원과 대심원大審院의 창설과 함께 지방관회의의 개최가 언급되었으나, 같은 해 가을에 대만 출병 문제로 인해 연기되었고, 이 글이 쓰여진 1875년 초에는 아직 열리지 않았다. 결국 제1회 지방관회의는 1875년 6월에 개최되었다.
26) 1871년에 제정된 호적법戶籍法에 의해 성립한 말단 자치 단위인 대구와 소구의 의회를 가리킨다.

제4장 민선의원 설립 논쟁

시작하고자 하는 것이다. 이들 모두 진정한 민선의원에 이르기 위한 길이자 장대한 목표를 달성하고자 하는 움직임이다. 지금 망라의원이라고 하는 것은, 이런 수를 망라해서 모조리 이를 실행하고, 그를 통해 진정한 민선의원을 실제로 건립하고자 하는 주장이다.

그 주장이란 무엇인가? 정부가 일찍이 착수한 현령과 참사로 구성된 의회를 근본으로 삼는다. 생각건대 현령과 참사로 의원을 삼고 민의를 대변하게 함은, 군민君民을 일체화해서 대리하게 만든다는 혐의가 있다고 하지만, 각 현하縣下의 민심에 정통하는 것으로는 현령과 참사를 능가할 자가 없을 것이다. 그러므로 이를 의원의 본체로 삼고, 의원을 운영함에 있어서는 관선의원을 쓰면 되는 것이다. 아마 현령과 참사는 관할 지역 민심에 정통할 수 있다고 하지만, 천하의 대계나 외교에 관한 일 등에 이르러서는 혹 어두운 부분이 있을 수 있다. 그러므로 정부는 마땅히 학식과 덕망이 있는 자를 골라 그 사이에 두어 운영해야 한다. 그래서 그 안은 또 두 부분으로 나뉘어, 한쪽은 오로지 학식과 덕망을 기준으로 사람을 취하고, 다른 한쪽은 각 성省 안에서 성 업무의 대체에 밝은 사람을 뽑아서 각 성의 이해관계를 대표하여 논의하게 만들어야 한다. 덕망과 학식을 갖춘 선비士는 널리 천하의 일에 정통하다고 하지만, 학술 면에서는 약간 치우친 바가 있으니, 편향의 병폐가 생기지 않을 수 없다. 게다가 각 성의 사무 세목 등에 이르러서는, 이를 전부 고려의 대상에서 제외하는 폐해를 면하게끔 하기 위해서이다. 모두 이런 수의 것들을 모아서 하나의 의원으로 삼고, 그리고 지금의 좌원左院으로 상원의 모양을 갖추게 하여 앞에서 말한 관선의원 중에서 일부는 여기다 두어야 할까. 이 두 개를 잠시 팔러먼트巴理滿 아문衙門의 형식을 따라 의정議政 관청다울 수 있게 해야 한다.[27] 그리고 부현에 부현회의를 열어서 대구大區에

---

[27] 좌원은 1871년에 태정관 안에 설치된 입법·자문 기관으로, 「민선의원설립 건백서」를 비롯한 건백서의 수리기관이었다.

4.7 망라의원의 설

는 대구회의, 소구小區에는 소구회의를 열어서 각자가 그 구만의 일을 논의하게 하고, 여기에서 사람을 뽑는 법을 만들어야 한다.

그 법이란 어떤 것인가? 소구 회의에서 의론에 명망이 있는 사람을 대구에 천거하고, 대구는 부현에 올리고, 부현은 의원에 천거하여 현령과 참사와 교대시켜야 한다. 이는 대략 그 선출 방법·임기·연령·년월 등의 항목을 정해서 행해야 하는 것이다. 이를 망라의원이라고 한다.

그렇다면 황상皇上 전제의 권權을 망라의원에 나누어 준다는 말인가? 결코 나누어 주는 것이 아니다. 왜냐하면 지금 세우고자 하는 것은 수단이지, 목표가 아니다. 그러므로 이를 해체시키거나 폐지시키는 권한은 온전히 천황의 재가에 있을 뿐만 아니라, 의원에서 통과시킨 안건이라도 정부가 만일 불가하다고 여기면 결코 채용하지 않을 권을 정부가 가져야 한다.

그렇다면 의원이 있다한들 무슨 이익이 있는 것인가? 여기서 말하는 의원의 이익이란, 의원으로부터 직접 이익을 취한다는 말이 아니다. 이를 매개로 다른 효과를 구해야 한다는 것이다. 그렇지만 이처럼 의원을 설립해두면, 직접적인 이익도 또한 적지 않을 것이다.

직접적인 이익이란 무엇인가? 이처럼 의원이라고는 하지만, 정부에서 고려할 거리가 없다고 말할 수는 없다. 그렇지만 정부가 어떤 사안에 관해 널리 여론을 알고자 한다면, 곧바로 이를 알아낼 수 있을 것이다. 이러한 이익은 이미 적지 않다고 생각한다. 민권이 다소 신장하지 않았다고 말할 수 없다. 대저 정부란, 인민이 보호를 청하는 대상이지 인민의 적이 아니다. 다시 말해 관원이라거나 의원이란 똑같이 한 배를 탄 사람일 뿐이다. 적어도 논의가 정말로 급소를 찔렀다면, 어떤 정부가 채택하지 않고자 하겠는가. 하물며 지금처럼 현명한 군주와 충량한 신하가 서로 관계를 맺고, 재상이 모두 충현忠賢이며,

제4장 민선의원 설립 논쟁

정부는 곧 훌륭한 인물과 문물이 모이는 중심일 때에야! 실로 여론이 있는 곳이라면 어찌 취하지 않을 이유가 있겠는가.

그래서 매개하여 구하는 응당의 효과는 어떻게 되는 것인가? 이렇게 되면, 사람들이 자연히 떨쳐 일어날 것이다. 인간의 자부심 앰비션 ambition이 스스로 두뇌를 자극하고, 정부와 거리감을 느끼던 마음도 고무 받게 되는 것이 그 하나이다. 이리하여 천하의 일에 있어서 거의 여론의 방향을 대변할 수 있게 될 것이 그 둘이다. 그래서 의사議事의 방법이 점차 정해지고, 의론의 체재가 저절로 갖춰져서 장차 진정한 민선의원의 지반을 이루게 되는 것이 그 셋이다. 이렇게 되어 천하의 지식과 학문을 갖춘 사람이 하나의 당상堂上에 모여서 서로의 얼굴을 알고, 마음을 서로 터놓아 그 지식이 저절로 녹아 섞여서 하나가 되기에 이르는 것이 그 넷이다. 그리하여 천하의 만민이 삼가 본받아야 할 바를 알게 되는 것이 그 다섯이다. 이것이 매개하여 얻는 효과이다. 이런 식으로 3년여를 진행하고 난 뒤에 민선의원을 세운다면, 진정한 의원의 체제를 모조리 망라해버린 것이라 할 수 있다. 이를 망라의원의 설이라고 한다.

> 논설의 취지는, 아마도 당분간 관선의원을 설립하여 이를 통해 진정한 민선으로 나아간다는 데에 있으리라. 그렇지만 관선과 망라의 구별이 대단히 명료하지 못한 듯하다. 어떠한가.
>
> 모리 아리노리

제 5 장

남녀관계와 여성의 역할[1]

5.1 처첩론 1

모리 아리노리, 제8호

부부의 교제는 인륜의 대본大本이므로, 그 근본이 확립된 후에 도리가 행해지며, 도리가 행해져야 비로소 나라가 확실하게 선다. 사람이 결혼을 하면 곧 권리와 의무가 그 사이에 생기는데, 서로 침해해서는 안 된다. 무엇을 권리라 하고, 무엇을 의무라 하는가? 서로 돕고, 서로 보호하는 도리를 뜻한다. 즉 남편은 아내에게 도움扶助을 요구할 권리를 갖고, 또 아내를 보호하는 의무를 진다. 그리고 아내는 남편에게 보호를 요구할 권리를 갖고, 또 남편을 도울 의무를 진다. 만일 이 원리에 의거한 결혼이 아니라면, 아직 인간의 결혼이라고 볼 수 없을 것이다. 지금 우리나라의 결혼의 습속을 보니, 남편은 멋대로 아내를 부려먹고, 마음에 들지 않을 경우 마음대로 이를 떠난다 하더라도 나라 법이 일찍이 이를 규제하지 않았다. 이 때문에 부부 사이의 권리와 의무가 이뤄질 수 없다. 명목은 부부라고 하지만, 실제로는

---

[1] 상세한 설명은 해제「메이지 일본의 '양처현모'론 탄생의 맥락」(▷p431)을 참고.

거리가 매우 멀리 떨어져 있다. 그러므로 나는 "우리나라는 인륜의 대본이 아직 서지 못했다"라고 감히 말한다.

종래에 결혼의 방법에는 몇 종류가 있었다. 중매인을 써서 결혼하는 것을 부부라고 부르고, 그 부인을 처妻라고 한다. 중매자를 쓰지 않고 결혼하면 첩妾이라고 이름 붙인다. 혹은 처 이외에 한 명의 첩, 혹은 여러 명의 첩과 결혼하는 경우도 있다. 혹은 첩이 처로 바뀌는 경우도 있다. 처첩이 같이 사는 경우도 있다. 또 이런 경우들과 달리 처를 멀리하고 첩을 가까이하는 자도 있다. 그렇지만 부처夫妻의 혼인은 각각 그 부모가 협의한 바에 의해 성립되며, 혹은 다만 그 허락을 요하는 경우가 있다. 부첩夫妾의 혼인은 오로지 남편의 결정과 첩 쪽 집안의 승낙으로 성사된다. 혹은 약간의 돈을 첩 집안에 주고 이를 얻는 경우도 있다. 이를 우케다시講出라고 한다. 즉 약간의 돈을 주고 이를 사온다는 뜻이다. 첩이란 대개 예기藝妓나 유녀遊女의 부류이며, 이를 취하는 자는 모두 귀족이나 부자와 관계가 있으므로, 귀족이나 부자 집안의 가계家系는 돈으로 산 여성에 의해 존속하는 경우가 많다. 처첩이 같이 살 경우, 그 사이가 주종관계 같기도 하지만, 남자가 첩을 편애하기 때문에 처첩은 서로 질투하고 항상 적대시하기에 이른다. 그러므로 처첩 혹은 여러 첩이 있는 자는, 이들을 분산시켜 다른 곳에 두고, 자신이 익애溺愛하는 사람과 함께 있고, 그 추행을 마음대로 펼치는 일이 많다. 심할 경우에는 첩을 두는 것을 영화로 생각하고 이를 하지 않는 자를 욕보이는 분위기가 있다. 국법은 처첩을 동일시하고 또 그 자식의 권리權利를 동등하게 한다.[2]

---

[2] 1871년 초에 분포된 형법전인 『신율강령新律綱領』의 「오등친도五等親圖」에 의하면, 남편에게 있어서 처와 첩은 같은 '2등친'에 속하여 법적 위치가 동등했다. '등친'은 '존비尊卑'와 '친소親疏'의 정도를 표현하는 것이다. 이러한 규정은 1873년 6월에 발포된 『개정율례改定律例』에서도 그대로 답습이 되었다. 처와 첩이 동등한 법적 권리를 갖는다는 의미는 아니었지만, 첩의 자식도 남자의 호적에 이름을 올리게 되어 사생아 취급을 받지 않았다.

그러므로 나는 지금 여기에서 우리나라가 아직 인륜의 대본이 서지 않았음을 설명하고, 그 풍속을 해하고 개명을 방해하는 모양에 대해 후일 이를 다시 논하고자 한다.

5.2 처첩론 2

모리 아리노리, 제11호

구미 여러 나라들의 일반적인 관습에서는, 윤리는 혈통을 바로 하는 것에 기초하여 확립된다. 아시아 여러 나라들에서는 그렇지 않다. 특히 우리나라의 경우, 혈통 문제를 경시하는 경향이 가장 심하다. 이로 인해 결혼한 부부 사이의 도덕이 잘 행해지지 않고, 윤리가 무엇인지도 이해하지 못하기에 이르렀다. 그래서 나는 여기서 혈통을 가볍게 여기는 부분을 들어 그 폐해에 대해 말하려고 한다.

종래 우리나라의 습속은 가계家系를 일종의 주식株式으로 간주하여, 만약 이를 물려받을 자손이 없으면, 다른 가계 사람이라 하더라도 맞아들여 가계를 잇게 했다. 여기에 이름을 붙이자면 양자養子제도이다. 또 만약 딸이 있다면, 남자를 배우자로 맞아들여 그 가계를 잇도록 했다. 이를 서양자婿養子제도라고 한다. 서양자와 장인장모의 관계를 국법에서는 친자親子로 인정한다. 그러므로 서양자가 장인장모를 대하는 태도는 마치 친부모를 대하듯 하고, 장인장모가 그를 대하는 것도 또한 친자식을 대하는 것과 다르면 안 된다고 여겼다. 이렇게 될 경우, 부부는 말하자면 남매 관계가 되어버린다. 대저 남매에게 결혼을 허락하는 국법은 윤리를 고려해서 세워진 법이라 말할 수 없다. 만약 여자의 혈통을 인정하고 여자가 가계를 잇는 것이 가능하다면 서양자제도도 어쩌면 꺼릴 것이 없다. 그러나 국법이 이를 인정하지 않기 때문에 양자제도와 함께 가계를 단절시키는 일인 것이다.

제5장 남녀관계와 여성의 역할

　혈통을 중시하지 않음으로 인해 윤리가 밝혀지지 않은 일례를 또 제시하고자 한다. 예를 들어 오늘날, 처에게 아이가 없고 첩에게서 자식이 생겼을 때, 첩이 낳은 아이로 가계를 잇게 하는 것이 통상적이다. 그렇지만 처는 여전히 그 본래 자리에 있고, 첩도 또한 기꺼이 첩의 자리에 있다. 그리하여 대를 이을 자식은 혈연상 관계가 없는 아버지의 처를 어머니로 섬기고, 친모를 대할 때에는 오히려 유모를 대하듯 한다. 어머니로 인정한 아버지의 처는 양어머니와 비슷하다고 하지만, 실제로는 전혀 다른 것이다. 이런 상황이기 때문에 안으로는 부모와 자식 간에 사랑과 공경의 정의情義가 통하지 않고, 밖으로는 사람들과의 교류가 주는 진정한 즐거움을 모르며, 또한 인간의 행복이 무엇인지 알지 못하기에 이른다. 다른 집에서 데려온 아이를 양자로 삼는 일은 부끄러운 일이라고 생각되지는 않지만, 남편의 첩이 낳은 자식을 무리하게 자식으로 인정해야 함은 실로 무정하고 도의에 어긋난 일이라고 할 수 있다. 부부 사이에 혈맥血脈으로 이어진 인연이 없으니, 첩이 낳은 자식이 아버지의 처와 아무런 인연이 없음은 당연한 일이다. 처의 입장에서 아무 인연이 없는 사람을 자식으로 인정하는 일이 마음속으로부터 우러나온 결정이 아님은 말할 필요도 없다. 하물며 자신이 부리는 하녀의 배에서 낳은 아이를 억지로 자기 자식으로 받아들이게 함에 있어서야 어떻겠는가.

　첩의 자식으로 하여금 가계를 이을 수 있게 했을 때, 하녀의 자식이나 그 외에 불륜관계로 낳은 자식을 잘못하여 자기 자식으로 인정하고 가계를 잇게 하더라도 국법이 이를 막을 수 없다. 내가 지난 번 글에서 부부 사이에서 권리와 의무가 지켜지지 않으면 부부의 결혼은 유명무실해진다는 점을 말했다. 그런데 이제 처, 첩, 하녀 혹은 불륜으로 낳게 된 아이들이 모두 동일하게 가계를 이을 수 있게 된다면, 부부의 명의名義는 존재할 수 없게 된다. 그렇다면 우리나라의 부부 사이의 도의에는 단지 그 실實이 없을 뿐만 아니라 그 명名 또한 없는 것이다. 부부에게 명과 실이 없다면, 부모와 자식, 형제, 자매, 친척 사이의 의리 또한 어찌 있을 수 있겠는가.

5.3 처첩론 3

모리 아리노리, 제15호

도^道가 아직 밝혀지지 않았을 때에는, 강한 자는 약한 자를 억압하고, 똑똑한 자는 어리석은 자를 기만하여, 심할 경우에는 이를 업으로 삼아 기뻐하고 즐거워하는 사람이 나오기에 이르렀다. 이는 곧 야만의 습속에서 항상 나타나는 일로, 그 중 특히 차마 보기에 힘든 것은 남편이라는 자가 자신의 처를 학대하고 부리는 모습이다.

    우리나라 풍속은 부부 사이의 의리가 행해지지 않아서, 실제로 남편이라는 자는 거의 노예를 거느린 주인이고, 부인은 마치 몸을 판 노예와 다를 바 없이 남편이 명령하는 일에 대해 감히 시비를 따질 수 없고 오로지 명령에 복종하는 것을 자신의 직분으로 여긴다. 그리하여 부인은 밤낮으로 분주히 일을 하고, 몸과 마음 모두 남편이 시키는 일에 이바지하여 거의 영혼이 없는 사람 같다. 그런데 만일 남편의 뜻에 미치지 못할 경우에 남편은 바로 큰 소리로 혼내고 때리며, 업신여기고 비난하며 발로 차는 등 그 하는 짓은 차마 말로 다할 수 없을 정도인 경우가 많다. 여자의 본성은 원래 인내이므로, 이처럼 인륜에 어긋나는 짓에 대해서도 깊은 원한을 갖지는 않는다. 그렇다고 하더라도, 이미 몸을 허락하고 아내가 되어 목숨을 다해 정절을 지키려는 태도를 남편이라는 자는 전혀 신경 쓰지 않고, 더군다나 첩을 만들고, 하녀를 두어 자신의 정욕을 마음껏 풀고자 함에 이르러서는 그 부인된 사람의 분노를 어찌 이루 다 말할 수 있겠는가. 참으로 무정하고 도의에 어긋나는 일의 극치라고 할 수 있다. 자연법으로 이를 다스린다면 고의로 사람을 죽이는 중죄에 준한다고

제5장 남녀관계와 여성의 역할

할 수 있겠는데, 지나치게 무거운 벌이라고 할 수는 없을 것이다. 여자를 인간으로서는 한 단계 하등한 동물이라고 간주하고, 남자의 뜻에 따라 자유롭게 이를 부릴 수 있는 존재로 본다는 관점이 있을 수도 있겠으나, 이는 야만적인 일로 여기서 지금 논할 거리가 되지 않는다.

대저 부부가 결혼을 약속하여 의를 맺으면, 서로에게 전념하여 사랑하고 지켜주며, 혹시라도 다른 사람에게 정이 옮겨가지 않을 것을 기약한다. 그런데 남편이라는 자가 제멋대로 이를 어기고 첩이나 하녀를 두고 극도로 방일放逸하게 굴며 바깥으로 돌고, 정욕을 마음껏 발산하게 되면, 그 처 또한 절개를 지키지 않아도 결코 결혼할 때 맺은 의를 잃었다고 할 수 없다.

만일 남자는 절개를 지키지 않더라도 여자는 반드시 지키지 않으면 안 된다면, 여자는 반드시 남편에게만 몸을 깊이 허락하고 더 이상 다른 마음은 들지 않을 것이다. 그렇지만 남자는 이와 반대로 개, 돼지, 소, 말처럼 자기 마음대로自由自在 여러 여자와 혼인한다면, 자신에게만 전념하며 깊은 사랑을 주는 여러 부인들에게 과연 어떻게 보답할 것인가? 그가 여기에 보답하는 길은, 설사 공평하고 치우치지 않는 방법을 쓴다 하더라도, 상대에게 전념하고 깊은 사랑으로 대하는 것이 불가능하기 때문에, 반드시 분산된 마음과 박정함으로 대할 수밖에 없다. 그렇다면 전념하여 깊이 사랑해주는 사람의 정의情義에 대한 보답이 분산된 마음과 박정함으로 나타나게 되니, 남자의 불의不義라는 점은 말할 필요도 없다. 불의라도 괜찮다는 논리라면, 여자가 절개를 지키지 않더라도 남자가 굳이 시비를 따질 수 없는 일이다. 그렇다면 남자의 의리나 여자의 정조 모두 물을 필요가 없다는 결론이 되어버린다.

또한 만일 부부라는 이름이 능히 그 실을 얻게 하고자 한다면,

5.3 처첩론 3

먼저 널리 교화^{敎化}가 행해지고, 여자가 분발하여 지조를 세우는 때를 기다리는 것만한 길이 없다고 한다면, 마땅히 그러한 흐름이 오도록 분발하고 노력해야 한다. 쓸데없이 이를 주장하기만 하고 실제 효과를 내지 못한다면, 그 말은 단지 무용한 것일 뿐만 아니라 항상 개명의 도^道를 방해하는, 실로 맹렬하게 비난해야 하는 바이다.

어떤 사람이 말하기를, "혼례를 바로 잡음으로써 문명으로 나아가게 하고자 한다면, 마땅히 우선 참되고 바른 종교^{宗敎}를 골라서 널리 이를 민간에 보급시켜, 여기서부터 자연스럽게 도모해야 한다. 혹은 인민에게 권유하여 외국인 중 올바른 사람과 결혼하게 함으로써 부부의 관계란 어떠해야 하는지 정도^{正道}의 실제 사례를 보여주는 것보다 나은 방법은 없다."라고 했다. 이런 모든 설은 원래 망상에서 나온 것이기에 깊이 생각할 필요가 없는 것이기는 하지만, 그런 말이 나오게 된 것도 우리나라의 혼인법이 아직 정립되지 않았고, 또한 장래에도 결국 확립되기 어려울 것이 아닌지 걱정하기 때문이라 생각한다. 만약 정말로 이 말대로 해야한다면, 이는 우리나라에 독립의 정기^{正氣}가 없음을 보여주는 것이다. 정기가 없는 인종에게 근면하게 노력하고 스스로 닦아서 문명을 이루기를 기대하기보다는, 차라리 모든 일을 외국인의 힘을 빌려 이를 통해 문명을 만들어 가는 것이 낫다고 하는 것에 가깝다. 황국^{皇國} 혹은 신주^{神州}라고 자칭하고, 정기와 의용^{義勇}을 자부하는 우리나라 백성이 만일 이 얘기를 듣는다면, 어찌 분노를 금할 수 있겠는가.

5.4 처첩론 4

모리 아리노리, 제20호

여자가 누군가의 처가 되어 집안을 다스리는 책임이란 가볍지 않다. 또한 누군가의 어머니가 되어 아이를 가르치는 책임이란 실로 어렵고 무겁다고 할 수 있다. 대저 누군가의 어머니인 사람은 신체를 건강하게 유지하지 않으면 안 된다. 신체가 건강하지 않으면, 어머니에게 의지해야 하는 어린아이를 능히 보살피고 키워낼 수 없기 때문이다. 또한 그 성정이 공평하고 기질이 청순淸純하지 않으면 안 된다. 만일 성정이 공평하지 않다면, 아이를 보살피는 데 있어서 마음으로부터 공경하여 따르게 할 수 없다. 어머니에게 있어 아이는 마치 사진기가 사물에 응하는 것과 같다. 만일 어머니의 기질이 맑고 깨끗하지 않다면 이를 반영하는 아이도 따라서 맑고 깨끗할 수 없다. 그러므로 아이의 성질이 좋길 바란다면, 그 어머니도 마땅히 온전히 그래야만 한다. 정직은 믿음의 근본이다. 아이는 진실하고 꾸밈없는 존재이므로 어머니를 믿고 하나라도 의지하지 않는 바가 없다. 만일 어머니가 정직하지 않다면 그 자식이 어찌 능히 믿음을 지킬 수 있겠는가. 종국에는 모자가 서로 거짓을 키우게 되어 다른 사람을 속이고 세상을 해치기에 이른다. 이것이 가장 깊이 신경을 써야하는 부분이다.

　어머니라는 사람은 또한 항상 마음속 생각을 고상하게 가져야 한다. 마음속 생각이 고상하지 않다면 어떻게 자식으로 하여금 정대正大한 사업을 이루게 하고, 이로써 문명을 진전시키는 큰 공을 세우게 할 수 있겠는가? 여자는 원래 정이 많고 사랑이 깊다. 그렇지만 어려서 배운 것이 없는 채로 어머니가 되어 자식을 키우게 되면, 그 사랑의 힘을 이용하는 방법을 몰라서 종종 자식을 애정의 늪에 빠지게 만들기도 한다. 그러므로 여자는 우선 학문과 기예 그리고 사물의 이치를 대체로 습득하고 지식의 폭을 넓혀, 가지고 있는 사랑이라는 재산의 사용법을 두루 알아야 한다. 그리하면 심연深淵의 사랑이 점점 더 늘어나서, 그녀를 따르게 되면 점점 더 큰 덕과 혜택을 얻을 수 있을 것이다.

원래 여자의 직분이란 이처럼 어렵고, 그래서 책임 또한 이처럼 중한 것이다. 그렇지만 세상 풍속은 여자를 남자의 놀이도구처럼 여기고, 술에, 색에, 악기에, 노래에 빠져 방탕하게 놀며 돌아보지 않는 것을 쾌락으로 여겨, 만일 이것을 같이 하지 않으면 함께 할 수 있는 상대로 보지 않는 분위기가 있다. 외국인이 우리나라를 보고 지구상에 존재하는 거대한 음란국淫亂國이라고 한다고 해도 이것이 헛된 비방은 아니다.

5.5 처첩론 5

모리 아리노리, 제27호

종래 우리나라에서 처나 첩이라고 하여 호칭을 달리하는 것은, 처음에 시집갈 때에 정식으로 중매 선 사람이 있었는지 없었는지에 달려 있다고는 하지만, 법률은 양쪽을 똑같이 인정한다는 점에서 생각해 볼 때 양자 사이에 차이는 없는 것이나 마찬가지다. 그러니 호칭의 같고 다름을 가지고 이렇다 저렇다 논할 필요는 없다. 애초에 내가 이 주제에 관해 하찮은 의견을 얘기하고, 여러 번 메이로쿠샤 동인들의 의견을 구하게 된 것은, 특히 혼례婚禮의 좋지 못한 부분은 크게 개정해야 한다고 느꼈기 때문이었다. 이제 여기에 우리나라에서 법률을 만드는 단계에 되었을 때 제공하고자 하는 마음에서, 외국의 혼인법婚姻法을 대략 참고하여 만든 나의 제안을 조항별로 나열하여 공손히 여러분의 고견高見을 청한다.

제5장 남녀관계와 여성의 역할

혼인률婚姻律 안案 제1장 혼인계약3)

- 제1조 혼인은 이를 하기에 적합한 사람 쌍방이 함께 동의하고 승낙할 필요가 있다. 그리고 이를 위해서는 상당한 예식을 행하지 않으면 안 된다. 또한 쌍방이 서로 부부로서의 권리와 의무를 미리 의논해두지 않으면 안 된다.
- 제2조 부부 사이에 있는 권리·의무는 대개 종래의 관습에 근본을 두어야 한다고 하지만, 혼인을 할 때 쌍방이 의논한 바가 있어 서면으로 약속한 경우에는 오로지 그 서약서의 뜻에 따라야 한다.
- 제3조 25세 이상의 남자, 20세 이상의 여자로, 나라의 법률에 저촉되는 것이 아닌 한에는, 각자의 뜻에 따라 혼인의 약속을 하고 이를 실행할 수 있어야 한다.
- 제4조 혼인을 하게 될 두 사람 중 어느 한 쪽이라도 연령 미달이라거나, 몸이 아프다거나, 혹은 사기 또는 위력에 의해 약속한 혼인이라면 모두 그만두어야 한다.
- 제5조 조부모·부모의 자손 사이, 형제와 자매 사이, 백숙伯叔부모와 조카 사이의 혼인은 모두 윤리에 어긋나므로, 이들 사이에는 처음부터 혼인을 약속하거나 행할 수 없다.
- 제6조 쌍방이 아직 살아있는 동안에 부부 중 어느 한 쪽이라도 다른 사람과 재혼인을 약속하는 일은, 다음 항목들에 해당하지 않는 한, 윤리를 어지럽히는 일이기 때문에 처음부터 이를 실행할 수 없다.
    1. 이전의 혼인관계가 이미 끝난 상태인 경우.
    2. 전 남편 혹은 전 부인이 5년간 계속 부재한 상태이고, 생존여부가 분명하지 않은 경우.

---

3) 모리 아리노리의 「처첩론」은 더 이상 게재하지 않았으므로, 제1장만 있다.

- 제7조 혼인을 할 쌍방 중 어느 한 쪽이라도 상대의 불량한 신행身行을 모르는 채로 한 혼인 약속은 반드시 지켜야한다고 강제할 수 없다. 또한 이미 혼인했음에도 만일 쌍방 중 어느 한 쪽이라도 다른 사람과 친밀한 관계가 되어 정을 통하거나, 혹은 견디기 힘든 정도의 무례한 취급을 받았을 때에는 관청官에 고하여 판결을 받아 적정 보상금을 받고 혼인 관계를 끊어낼 수 있다. 그 보상액은 상대방이 소유한 재산 총액의 3분의 2를 넘지 않아야 한다.
- 제8조 혼인을 하려면 반드시 증인을 세워 관청의 공인을 받아야 한다. 그리고 그 허가서를 얻으려면 서면으로 다음 조항들을 신청해야 한다.
    1. 혼인하게 될 쌍방의 바람이 공통의 욕구에서 나온 것으로 서로 승낙했음이 틀림없을 것.
    2. 쌍방의 속족屬族, 성명 및 주소.
    3. 쌍방의 연령이 혼인하기에 적합할 것. 단 남자 25세 미만, 여자 20세 미만일 때에는 그 부모 혹은 후견인의 서면 허락이 있어야 한다.
- 제9조 공인장公認狀 신청서는 어디에서라도 혼인을 하고 싶은 곳에서 해당 지방의 공청公廳 혼인 사무과의 관리 구장區長은 이를 겸한다.에게 제출하면 된다.
- 제10조 공인장을 건넬 때에는, 혼인 사무관이 자신의 눈앞에서 신청자 쌍방 및 그 증인으로 하여금 선서하게 하고, 그 사실을 공식 허가서 안에 적어서 혼인 사무관이 해당 관직과 성명을 여기에 부기해야 한다. 그 공인장은 세 통을 만들어서 관청에 한 통, 쌍방에 한 통씩 건네주어야 한다.

5.6 남녀동수론

후쿠자와 유키치, 제31호

근자에 남녀동권의 논의가 대단히 시끄러운데, 어느 쪽이 옳은 것인지는 모르겠다. 모든 사물에 관한 논의란, 우선 그 사물의 본질이 무엇인지 음미하지 않으면 성취될 수 없다. 그러므로 동권론에 관해서도 우선 '남녀'란 무엇인지 살펴보고, '권權'이란 무엇인지 자세히 밝힌 다음에 그 시비와 득실에 대한 논의를 시작해야 한다. 만일 그렇게 하지 않고, 각자의 소견에 따라 남녀의 성질을 억측하고, 권이라는 글자를 추측해서 각자의 생각대로 의견을 말하게 되면 그 끝이 있을 수 없어 결말이 나지 않는 논쟁이 된다.

예를 들어 남녀가 동석하게 되는 경우, 부인을 상석에 앉도록 하는 행위는 존경이라고 하면 존경이고, 도움扶助이라고 한다면 도움이다. 도움이라고 생각하면 화가 나지 않는다고 하지만, 열심히 부인을 우러러보고 모신다고 인정해버리면 격하게 화를 내며 분하다고 여기는 일도 있을 수 있다. 대체로 세상의 논의들이란 이런 정도이기 때문에, 내가 생각하기에 이 일에 관해서는 시끄럽게 시비를 따지지 말고 지극히 간단하고 알기 쉬운 곳에서부터 일단一端을 내걸어 누구나 납득할 수 있는 방법을 궁리하는 일이 제일이라고 본다. 즉 그 일단이란, 종교도 아니요, 이론도 아닌, 계산해보는 이야기로 누구에게나 이해하기 쉬운 남녀동수론이다.

우선 세상의 남녀 숫자는 대체로 같으므로, 남자 한 명과 여자 한 명이 서로 짝을 이루어 부부가 되어야 한다는 계산이다. 만일 그렇지 않고, 이쪽에 여분의 여자를 데리고 오려면 저쪽에 부족해지지 않을 수 없다. 이로하 카루타ｲﾛﾊｶﾙﾀ에4) 나오는 "딸 하나에 사위가 여

---

4) 카드놀이의 일종. 각 카드에 '이ぃ 로ろ 하は' 순의 가나 47자를 이용해서 지은

娚娘ヒトリ二婿八人"5)과 같은 상황이 도리에 맞지 않듯이, 한 남자에게 첩이 여덟 명인 것도 또한 도리에 맞지 않으리라. 현 시점에서는 동권과 같은 어려운 얘기는 그만두고, 남자 한 사람 당 여자 여러 명의 교제는 주판을 놓아보면 계산이 안 맞으니 바람직하지 않다고만 말하고, 이것을 동권 논의의 첫 단계로 삼은 뒤 나머지는 학문이 향상될 때까지 연기하기로 결정해야 한다.

혹은 이 얘기도 아직 이르다고 하는 주장이 있다면, 첩을 두는 일도 게이샤藝者를 사는 일도 조용히 허락하자. 다만 이를 비밀로 하여 다른 사람에게는 숨겨야 한다. 다른 사람에게 숨긴다는 것은 부끄러움을 아는 첫 단계이다. 다른 사람에게 알려지기를 부끄러워한다는 것은 스스로 꺼리는 첫길이다. 이로써 동권의 첫 단계가 세상에서 행해지고, 몇 년 후에는 지금의 결말이 나지 않는 논의도 어떻게든지 낙착될 것이다.

5.7 부부동권의 유폐론 1

가토 히로유키, 제31호

모리, 후쿠자와 두 선생의 부부동권론이 나온 후로 부부의 진리가 드디어 세상에 밝혀지게 되었으니, 이에 따라 남편이 아내를 멸시하는 종래의 나쁜 풍습과 마구잡이로 축첩을 하는 추한 풍속이 점차 사라져서 결과적으로 부부의 동권이 진정 실제로 행해질 수 있게 될 것이다. 두 사람의 공적이 어찌 위대하지 않다고 할 수 있겠는가!

그렇지만 내가 보기에, 현재 유럽의 부부의 권리는, 그 제도상으로는 거의 똑같으며 상당히 천리天理에 합치한다고 하겠지만, 오늘날

시가 한 수씩 적혀 있다.
5) 한 사람의 여성을 향해 구혼하는 남성이 8명인 상황을 말한다. 물건의 숫자는 정해져 있는데, 갖고 싶어 하는 사람이 많은 경우에 쓰는 속담이다.

제 5 장 남녀관계와 여성의 역할

교제상으로는 아내의 권리가 오히려 남편의 권리를 넘어서는 듯하다. 이는 생각건대, 부부동권을 오인하여 생겨난 폐해이다. 지금 그 한 두 가지 예를 들어보면, 부부가 함께 문을 드나들 때에 아내를 우선하고 남편이 뒤따르는 것, 자리에 앉을 때 아내를 윗자리에 앉히고 남편이 아랫자리에 앉으며, 다른 부부의 집을 방문할 때는 먼저 부인에게 인사를 하고 그 연후에 남편에게 인사를 하며, 부부의 이름을 부를 때는 부인의 이름을 먼저하고 남편 이름을 뒤에 부른다. 그 외에도 부인과 함께 하는 자리에서는 각별히 말을 조심하고, 또 그 허가를 받지 않으면 담배를 피우지 않는 등 그 종류는 일일이 꼽을 수 없을 정도로 많다. 부인의 권리가 큰 것은 진정으로 놀랄 만하다. 서양인은 종래 이 풍습에 젖어 있어서 그 부조리함을 별로 깨닫지 못하는 듯하지만, 나 같은 동방 사람이 이를 보기에는 실로 기이하다고 느낄 만한 풍습이라고 말하지 않을 수 없다. 어찌 이를 부부동권이라 말하겠는가.

내가 근래에 어느 집에서 많은 여성과 자리를 함께 했을 때, 내가 마음대로 담배를 피우자, 서양인 손님 한 사람이 나를 향해 "동석한 여러 귀부인들이 담배를 좋아하지 않으니, 담배를 피우지 말기를 부탁합니다."라고 말했다. 나도 또한 원래 서양 부인들의 옆에서 담배를 금하는 풍습이 있다는 건 알고는 있었지만, 원래 부조리한 일이기 때문에 굳이 이를 따르지 않았다. 그런데 여기에 대해서 공평하게 논의해보자면 실로 엄청난 실례라고 하지 않을 수 없다. 부인들 옆에서는 담배를 피우지 못하게 한다는 것은 원래 부인이 담배를 좋아하지 않기 때문이라고 하지만, 나는 담배를 좋아하므로 내 자유의 권리로써 담배를 피운다. 부인이 이를 좋아하지 않는다면 스스로 그 자리를 피하면 된다. 자기가 좋아하지 않는다는 이유로 남의 자유를 방해하는 논리란 결코 있을 수 없다. 또한 담배를 좋아하지 않는 것이 어찌 오직 부인에게만 해당하겠는가. 남자도 또한 이를 좋아하지 않는 사람이 있다. 그렇지만 남자 쪽에서는 그 좋아하고 싫어하고를 상관하지 않고 이를 피우면서, 오로지 부인 옆에서만 금지하는 것은 무엇인가. 실로 이해할 수 없는 일이라고 할 수 있다. 또한 흡연이 만일 인도人道에 배치된다거나 혹은 타인의 건강을 해한다면 나 역시 두말없이 이를 하지 않을 것이다. 만일 인도에 어긋나는 것도 아니고 다른 사람의 건강을 해치는 일도 아니라면, 어찌 남녀의 차이로 그 행동거지를 정하는 이치가 있을 수 있는가.

　이러한 일들은 원래 작은 일인 것 같아 보이지만, 원래 부부동권의 원리를 오해하여 남편이 아내에게 아양을 떨어 환심을 사려고 하는, 치정癡情에 의해 생긴 악폐인 것은 명백하다. 과연 그러하다. 귀부인의 명성을 얻은 유럽의 부인 중에는 왕왕 간통이라는 추행으로 듣기조차 거북한 일이 생기기에 이르렀으니, 어찌 두려워하지 않을 수 있으랴. 지금 우리나라의 부부동권이 드디어 실제로 행해지려는 이때에, 지식인이 능히 이 이치를 알아서 미리 이를 막아두지 않으면 장래 부권婦權이 강해지는 폐해를 끝내 억제하지 못하게 될 것이다. 그대들은 이를 어찌하겠는가!

5.8　부부동권의 유폐론 2

가토 히로유키, 제31호

어떤 사람이, "당신이 쓴 부부동권의 유폐론을 읽어보니, 그 내용이 심히 틀렸다. 당신은 서양인의 부부동권의 원리를 오해하여 부인을 존경하고 결국에는 부권婦權을 매우 강대하게 만들게 된다고 말한다. 그렇지만 당신이 서양인은 부인을 존경한다고 하는 것은, 결코 존경하는 것이 아니라 부인을 옆에서 돕는 것을 말한다. 대저 여자는 체질이 나약하고, 이에 더해서 천성이 겸손하기 때문에 만일 남자가 이를 돕지 않는다면 결코 안전할 수 없을 것이기 때문이다. 그렇지만

제5장 남녀관계와 여성의 역할

당신이 이 원리를 모르고, 마구 서양의 풍습을 비난하는 따위의 일을 하는 것은 가장 옳지 못한 일이다. 청컨대 잘 생각해보라"고 말했다.

나는 이를 듣고 여기에 답하여 "내가 보기에 현명한 당신 같은 사람이라도 서양 풍습에 물든지 오래되어 결국 그 유폐까지도 모두 좋다고 하며 그 잘못을 깨닫지 못하는군요."라고 말했다. 시험삼아 논의해보기를 청한다.

당신의 논의에 따르자면, 남편이 아내를 존경하는 것처럼 보이는 것은 아내를 존경하는 것이 아니라 돕는 것이라는 얘기다. 생각건대, 존경과 도움의 차이는 원래 확실하지 않다. 그렇지만 예를 들어, 부인 옆에서 담배 피우는 것을 금지하고, 부인의 이름을 먼저 부르고 남편 이름을 나중에 부르거나, 혹은 인사를 할 경우 부인에게 먼저하고 남편에게 나중에 하거나, 부인을 윗자리에 앉히고 남편이 밑의 자리에 앉게 하는 것과 같은 일이 어떻게 돕는다는 기능을 한단 말인가? 이로써 부인을 돕는 것은 실로 이해할 수 없는 문제가 아닐 수 없다. 다만 만일 당신의 뜻이 남자가 부인을 도울 경우에 어쩔 수 없이 이상 몇 건의 경우처럼 거의 존경과 유사한 일을 하지 않으면 안 된다고 한다면, 나 또한 할 말이 있다.

무릇 약자를 돕는 것이 어찌 오직 남자가 부인에게 하는 일에만 해당되는 일이겠는가? 정부가 인민에게, 부모가 자녀에게 도움을 주는 것 또한 모두 약하기 때문이다. '정부가 인민에게'와 '부모가 자녀에게' 라는 것은 그 원리가 원래 다른 것이라고는 하지만, 그럼에도 인민 각자가 스스로 보호할 수 없기 때문에 정부가 어쩔 수 없이 그 보호의 임무를 맡는 이치는 부모가 자녀를 보호하는 이치와 큰 차이가 없다. 만일 약한 자를 돕기 위해서는 어쩔 수 없이 존경과 유사한 일을 하지 않으면 안 된다면, 정부는 인민에게 높은 위치를 부여하고 스스로 하찮은 위치를 취하며, 부모는 자녀를 윗자리에 앉히고 자기는 아랫자리에 앉지 않으면 안 된다. 그렇지만 서양이라고 하더라도 결코 이러한 일은 없으며 인민은 주인이며 정부는 인민을 위해서 존재하는 것이기 때문에 본래의 원리에 있어서는 인민이 위에 있고 정부가 밑에 있는 것과 같겠지만, 정부는 인민을 보호하는 대권大權을 장악하지 않으면 안 되기에 반드시 인민의 위에 위치하는 것이다., 오직 부부·남녀 사이에 이러한 악습이 있는 것은 왜인가? 이것이 내가 결코 당신의 주장에 따르지 않는 이유이다. 이 어찌 남자가 부인에게 아양을 떨고 그 환심을 얻으려는 치정에서 생긴 유폐라고 아니할 수 있겠는가. 그대는 이를 어떻게 하겠는가.

5.9 부부동권변

쓰다 마미치, 제35호

부부동권이라는 말이 요즘 유행하는 것으로 보이는데, 각 신문지상에 여기저기에서 보인다. 때때로 학식이 넓고 성품이 단아한 군자도 잘못하다가 이 말을 내뱉는 것은 무슨 일인가. 애초에 남녀동권이라고 하는 일은 종래 구미 각국에서 사람들이 상당히 많이 주장하는 말인데, 민권民權상으로는 저들 나라에서 남녀의 권리는 실제로 같다. 예를 들어 민법의 규칙에서 인권이나 물권 계약의 권리에 관한 내용이 담긴 조항을 보면, 남녀의 권한이 달라서 차등을 두는 일은 전혀 없다. 그렇지만 국가의 정사政事에 관한 공권公權에 있어서는 남녀는 자연히 구별된다. 생각건대, 이 공권이란 종래에는 오로지 남자가 마음대로 하는 것이어서 여자는 여기에 관여할 수 없었다. 그 이유는 입법·사법·행정의 삼권三權에는, 아직 여자가 여기에 간여하지 않기 때문이다. 그렇지만 이 공권에 부인도 관여해야한다는 주장이 때때로 있다고 하는데, 아직 실제로 시행되기에 이르지는 않았다.

이에 반해 부부동권이라는 것은 민법상에도 전혀 없는 일이다. 그 이유는 일가의 주인으로 가사家事를 관장하는 사람은 남편이기 때

제5장 남녀관계와 여성의 역할

문이다. 남편이 있는 여자가, 남편이 아닌 자신이 집안일을 관장하는 일은 예외적인 상황이 아니라면 민법상 허용되지 않는 바이다. 단지 거기에 그치는 것이 아니라, 부인은 자신의 사재私財라고 하더라도 관리할 권한이 없다. 남편이 있는 여자는 자신의 이름으로 민사소송을 할 수 없는 것과 같다. 이는 구미 민법의 규칙에 있어서도 부부의 권한을 구별하는 대목이다. 이러한 일은 구미 각국의 민법서를 한 번 읽어본 사람이라면 누구나 알 수 있는 것이다. 그런데도 부부동권이라는 말이 종종 눈에 띄는 이유를 나는 이해할 수 없다.

　법률상으로 부부의 권한은 동일하지 않다고 하더라도 풍속이나 관습에서는 부부의 교제에 있어서 부부는 원래 동등하여 존비 개념도 없는 법이다. 생각건대, 이는 우리 동방 아시아의 고풍이긴 하지만, 부부 사이에는 대등한 예禮를 적용한다는 점은 누구도 의심하지 않는 바이다. 다만, 아시아 사람은 여성을 굴복시키고, 민법상에서도 남녀동권이라는 개념이 없다. 특히 중국支那인의 폐단인 여성을 깊은 방안에 유폐시켜 두어 외부인과 전혀 접촉을 하지 못하게 하는 풍속은, 마치 죄수를 다루는 듯한 극악한 것이다. 세상의 군자들은 이를 깨닫지 못하고, 쓸데없이 서양 풍속이 여성의 약함을 보호한다는 작은 폐단만을 논한다. 나는 그 이유 역시 모르겠다. 어찌 구미 국가들보다 문명개화 수준이 훨씬 높길 바라는 것인가. 아마 그런 것은 아니리라. 경솔하고 조급하게 나아가다보니 폐해가 여기에 이른 것이다.

　시험 삼아 민선의원을 개설하게 하면, 그 꼴이 과연 어떻게 되겠는가. 생각건대, 배우지 못하고 아무런 재주도 없는 자들이 그저 사람들을 불러 모아 무리지어 의논만 하면서 구미각국에서도 아직 이뤄지지 않은 일을 하고자 하는 것인지, 반드시 의심할 수밖에 없다. 어찌 이를 국가 인민의 복지를 위한 것이라 할 수 있겠는가. 속담에 있듯이, "어설픈 검술은 큰 부상의 원인이다."[6] 나는 이렇게 말하겠다. "어설픈 개화는 변란의 근본"이라고. 신중하지 않으면 안되리라. 부부동권의 잘못을 설명하다가, 쓸데없는 말이 드디어 여기까지 이른 줄은 생각하지 못했다. 여러분의 용서를 바란다.

5.10 첩설에 관한 의문(1875년 3월 1일 연설)

사카타니 시로시, 제32호

지난 2월 1일에 내가 한 연설은 적당한 사람이 없어 시간을 때우려고 했던 것으로,[7] 연설문 초안도 없이 그저 다른 사람들의 부탁으로 질문만을 얘기한 임시방편이었던지라 말뜻이 분명하지 않고 예를 갖추지 못했다. 그래서 다시 지난 번 이야기에 이어서 내 좁은 의견을 밝힌다.

대저 부부는 인륜의 대본大本이자 예의의 대원大源이며, 인민이 품행을 바로 세우고, 나라의 상황을 드러내는 근본임은 일본이나 중국 그리고 서양의 여러 현자들의 논의가 부절符節을 맞춘 듯하다.[8] 그런데 이를 어지럽히는 원인은 정교政敎에 있다고도 하지만, 첩을 두는 풍습이 끼치는 해악이 매우 크다. 내가 별 생각없이 인정을 뒷전으로 하고 논리만 따지는 사람은 아니라도, 이 문제에 대해 말을 꺼내면 첩을 가진 사람은 화를 내는게 아니라 내가 우활迂闊하고 개화하지 못했다고 웃어버린다. 첩을 가진 사람 중 심한 경우, 첩과 어깨를 나란히 하여 손을 잡고 마차나 인력거를 같이 타거나 함께 걷고, 대낮

---

6) 원문은 "生兵法大創の本"으로, 어설픈 지식이나 기술을 휘두르면 실패한다는 의미의 훈계가 들어있는 속담이다.

7) 1875년 2월 1일자『유빈호치郵便報知신문』상의「府下雜報欄」기사에 의하면 사카타니는「妻妾論疑」라는 제목의 연설을 했다.

8) 꼭 들어맞는 경우를 말한다. 부절은 신표로 삼던 물건인데, 이를 둘로 갈라서 하나씩 갖고 있다가 필요할 때 서로 맞춰서 신분을 확인하였다.

에 큰길을 돌아다니며 의기양양하게 "이것이 서양풍西洋風이다"라고 말한다. 아아, 서양에 어찌 첩이 있겠는가. 이와 같은 추태, 야만적인 행동을 가지고 서양을 배운다고 하면 서양에 죄를 덮어씌우는 꼴이 된다.

그런데 다행히 개혁가의 설이 명망 높은 양학자로부터 나왔다. 정대하고 명백한 모리 선생의 「처첩설妻妾說」이나, 후쿠자와 선생의 "높고 화려한 집과 짐승 우리" 같은 속 시원한 이야기 등이 세상의 큰 가르침이 되어, 눈과 귀를 싹 씻어내고, 완고한 개화가의 입을 다물게 했다.9) 그렇지만 나쁜 풍습이란 바꾸기 어려우니, 다시 수구적인 주장이 나와 중국支那의 고루한 설과 맞물리고, 말은 우리 천자天子를 빌려 권위를 세움으로써 사람들을 억누르고자 한다. 지금 화간和姦의 악습, 즉 축첩의 풍습이 묵인되고 있다. 사람의 도리가 사라진 듯한 이때에, 첩을 두는 일을 옹호하는 주장이 퍼지게 놔두는 일은 실로 깊이 한탄해야 할 바이다.

수구 세력이 하는 주장 중에서, 패션(passion)에서 출발해 야만으로 빠지는 종류의 저급한 이야기는 애초에 논할 필요도 없는 것이지만, 사람들의 평균적인 욕정에 관해 말하는 것은 일리가 없지 않다. 사람의 타고 태어난 자질이 지혜롭거나 우매할 수 있듯이, 욕정도 강하거나 약할 수 있다. 약한 사람은 일부일처를 하더라도 괴로움이

---

9) 후쿠자와는 『학문의 권장』 제8편 「나의 생각으로 남의 몸을 제어하지 말아야 한다」에서 축첩 문화에 대해 맹렬히 비판하면서 다음과 같이 말했다. "서양인이 확인한 바에 따르면, 남자의 출생률은 여자보다 높아서 남자 22명에 여자는 20명의 비율이라고 한다. 그렇다면 남편 한 사람에 두 세 명의 부인을 맞이하는 일은 말할 필요도 없이 천리天理에 어긋나는 것이 분명하다. 이를 금수라고 불러도 무방하다. 같은 아버지와 어머니를 둔 사이를 형제라고 부르고, 부모형제가 함께 주거하는 곳을 집이라고 한다. 그렇지만 형제가 아버지는 같지만 어머니가 달라, 아버지 한 명에 여러 어머니가 무리를 이루었다면, 이를 두고 사람의 집이라고 말할 수 있을까. 집家이라는 글자의 뜻을 이루지 않는다. 설령 그 누각은 높이 솟아오르고, 그 궁실은 미려하더라도, 내 눈에는 사람의 집이 아니라 짐승 우리로 보인다고 말하지 않을 수 없다." 『福澤諭吉全集 第三卷』, 岩波書店, 1969, p82

생기지만, 강한 사람은 상대가 여럿이라도 성에 차지 않는 법이다. 대개 팔구십 세까지 산 사람들은 대부분 음욕이 지나치게 왕성하므로 이른바 "호걸은 색을 좋아 한다."고 하지만, 이 또한 그 정신이 강건하기 때문이다. 신발의 크기에 따라 그 값이 달라지듯이, 사람에 따라 욕정의 정도가 균일하지 않은 것도 또한 자연스러운 일이다.

하지만 일부일처제가 반드시 이루어져야 하는 상황에서는, 그러한 자연적인 차이를 용인하기 어려운 것도 또한 마땅한 일일 것이다. 구미 각국의 수준이 낮은 사람들도 여전히 화간和姦을 묵인하는 야만 상태에 놓여 있다. 미혼인 여자라면, 시집을 가지 못할까봐 두려워하고 삼가는 것이 원래 아름다운 풍습이었고, 일본이나 중국에서도 몸을 삼가는 것을 칭송하고 삼가지 않는 것을 추악하다 여기니, 무엇이 옳은지는 하나로 정해져 있다. 하나의 바른 기준이 있을 뿐이라는 마음을 갖고 그 풍습에 따라 첩을 두거나 두지 않음은 각자의 자주자유自主自由에 맡기고, 음란하고 방탕한 악습에는 엄격하게 법률을 적용시키며, 특히 관직에 있는 사에게는 결코 허용해서는 안 된다. 이렇게 해서 점차 교화教化를 왕성하게 진행시켜, 결국에는 일부일처의 바른길로 귀결되도록 해야 할 것이다. 저 모르몬교(Mormones)나 자주애연당自主愛戀黨과 같은 거대한 야만은 제외하고 논하지 않겠다.10)

부부동권의 논리를 관철시키려면, 첩이 있는 남편의 아내는 그에 상응하여 자기 자신도 남편 외에 다른 남자를 두어야 한다. 부인도 또한 남자와 같은 사람으로 성질에 강약이 있다. 평생 남편이 없어도 괜찮은 사람이 있지만, 남자를 여럿 두어도 충분하지 않은 사람도 있을 수 있다. 이 모든 것을 허용해서 남녀가 함께 음란과 방일放逸에 이르게 되면, 금수와 다를 바가 없어지고 사람의 도리가 절멸할

---

10) 자유연애(Free Love) 운동을 말하는 것으로 보인다.

제 5 장 남녀관계와 여성의 역할

것이다. 그러므로 '동권'이라고 부르는 것은, 그 '권'으로써 서로를 억제하고 도리를 세우도록 하는 일이어야 한다.

그러나 남자가 여자의 위에 존재하고, 남편이 아내보다 상위에 있으며, 아내는 약하고 남편은 강하고, 남편은 바깥을 다스리고 부인은 안을 다스린다. 이와 다른 영국여왕과 같은 사례가 간혹 있지만, 대개 오대주五大州 중에 남자를 위에 두고, 여자를 아래에 두는 풍속이 아닌 곳이 없다. 그리하여 남녀동권의 논리가 진정으로 작동할 수 있는 곳은 오로지 이불 속에서 서로 억제하고 음란해지지 않게 하려는 때에만 해당되는 것 같다. 최근에 신문에 실렸던 이야기들 중에, 타타르韃靼에서는 남편이 여러 부인을 거느린 것을 자랑스럽게 여긴다거나, 러시아의 벽지에서는 여성이 시집갈 때 채찍을 남편에게 선물하여 죽음으로써 부권夫權을 받든다는 이야기, 그리고 이탈리아에서는 이혼을 가볍게 여긴다는 등의 이야기들은 애초에 지나친 바르바리[11])라서 논의할 필요도 없지만, 참고하지 않을 수는 없다.

우리나라는 중국支那과 동일하게 남권男權을 귀하게 여긴다. 그렇지만 거칠고 강한 여자가 남편을 노예시하는 경우는 예로부터 종종 있었다. 도쿄에서 서민들의 주택이 몰려있는 뒷골목에 가면 부인이 남편을 꽉 잡고 혼내고 있는 것이 일반적인 풍경이다. 생각건대, 그 남편은 야만적인 풍습에 따라 부인의 옷이나 머리 장신구를 전당포에 맡겨버렸고, 이 때문에 화가 난 부인이 스피릿(spirit)을 내어 무섭게 질타하고 남편을 부리게 됨으로써 부부 사이에 균형을 이루게 된 모습이리라.[12]) 이는 여권女權이 왕성하여 생기는 일이다. 부권夫權이 왕성해서 아내를 학대하는 일은 원래 나쁜 것이지만, 부권婦權이 왕

---

11) '야만'이라는 뜻으로 사용된 어휘이지만, 정확한 원어는 파악할 수 없다. 가장 유사한 발음으로는 프랑스어의 barbarie를 꼽을 수 있다.
12) 후쿠자와는 '기풍'이라는 의미로 사용한 영어 spirit을 사카타니는 '성질'이라는 의미로 사용한 것으로 보인다.

성하여 남편을 학대하는 일은 비천한 일로, 일시적인 이로움이 있을지는 모르나 그 폐해는 더욱 크다.

남권과 여권이 균형을 이루어 서로 친밀하게 보살피는 구미 개화론의 내용은 중요하게 여겨야한다. 하지만 구미의 풍습은 강건한 남성이 유약한 여성을 아이처럼 보호한다는 의미에서는 괜찮지만, 그 폐해로 남편이 모두 아내의 노예처럼 되어버리는 추악한 상태가 되어버렸다고 하지 않을 수 없다. 이는 마치 중국과 일본에서 부권夫權으로 아내를 학대하는 추태와 마찬가지인 일이다. 이 문제에 관해 이치를 따져서 판단해보자면, 남자는 강건하여 원래 여성을 보호해야 하는 의무가 있지만, 여성에게도 또한 유순하게 남성이 시키는 바를 따라야 할 의무가 있다. 이러한 경우에는 동권同權이라는 말이 침소에서 성립될 수 있으나, 그 외의 평상시에는 성립할 수 없다. 이를 평소 일상에서 성립시키려 한다면, 우리나라의 현재 관습으로는 남자는 여자를 학대하고, 여자는 남자를 학대하는 형식으로밖에 가능하지 않을 것이다. 미국에서 여성들이 무리를 이루어 남성의 음주를 금지시키는 권한을 확립하려 한다는 운동은, 뜻은 좋지만 실제 그 행위를 어찌 아름답다고 할 수 있으랴. 이는 아마도 도쿄의 주택가 골목길에서 보게 되는 부인네들과 유사한 것이리라.

요컨대 '권權'이라는 글자가 문제이다. '권'이라고 말하면, 자연스럽게 저항감이 생기기 마련이다. 이것은 꼭 구미 제현이 뜻한 바는 아니다. 번역어가 적당하지 않은 것이다. "남녀가 분수를 지킨다男女守分"거나 '부부동체夫婦同體'라고 불러야 마땅할 것이다. 그래도 권한의 의미에서는, 형제 사이에 순서가 있는 것처럼 남녀 사이에도 차등을 두어 남자가 여자보다 조금 상위에 있게 되어야 한다. 만일 어쩔 수 없이 여제女帝나 여왕을 세워서 그 부권夫權이 여자보다 아래에 있는 영국의 경우는 애초에 일반적인 상태라고 볼 수 없고, 또한 정상적인 체제로 삼을 수도 없다.

제 5 장 남녀관계와 여성의 역할

　나는 일찍이 첩을 두는 일은 금지해야한다고 생각했다. 그렇지만 갑자기 바꿀 수는 없다. 바꿀 수 있는 이치는 원래 우리나라의 풍습과 인심人心상에 있는 법이다. 만일 여기에 착안하여 법률이나 교화에 주의를 기울인다면 이를 바꾸는 일은 어렵지 않다. 만일 외면적인 부분에 대해 비난한다면, 첩을 둔 상대도 또한 일리 있는 대꾸로 저항할 것이다. 하물며 무턱대고 외국 풍습을 행하고자 한다면 어떻겠는가. 바꿔야 할 것은 풍습과 인심에 있다고 할 것이다. 상고上古시대는 잠시 생각하지 말도록 하자. 중세에는 왕실이 쇠퇴하여 교토 궁중이 대개 화족華族의 저급한 유곽 같았다. 이러한 분위기를 문장으로 써서 칙선敕選 가집歌集으로 간행하면서, 버젓이 부끄러워하지 않기에 이르렀다. 그렇지만 일찍이 맑은 논의 중에서는 이를 바람직하다고 본 사람이 없다. 가까운 도쿠가와 시대에는 천황, 쇼군, 다이묘가 둔 첩의 숫자에 제한이 없었는데, 이는 본래 야만적인 일이었다. 하지만 다이묘 아래의 사람은, 직위나 봉급이 많거나 부자 상인이거나 간에 첩을 두면 사람들이 모두 바람직하지 않다고 여기며 뒤에서 이를 욕했고, 또한 당사자도 본심에 있어서는 바람직하다고 여기는 이가 없었으므로 때때로 사람들 모르게 숨어서 다니기에 이르렀다. 모두 스스로 부끄러이 여겼기 때문이다.

　근자에 옛 번藩의 가신들이 에도에 와서 근무하던 때의 방탕한 풍습이나 일 없는 서생書生들의 건달 짓 같은 행위가, 메츠케目付나 몬반門番의 구속이 없어짐에 따라 크게 자유로워져서,[13] 위엄 있는 화족華族이나 관리가 창기娼妓를 어여삐 여겨 첩으로 삼거나 부인으로 맞이하고, 방일放逸함이 극에 달하여 고향에서 고생하는 옛 처를 버리기에 이르렀다. 참으로 염치라고는 찾아볼 수 없다. 그런데다 공공연하게 말하기를, "서양개화의 풍습의 자유로움이란 이와 같은

---

13) 메츠케目付와 몬반門番은 에도시대 감찰을 담당하던 직책이다.

것이다."라고 한다. 그렇지만 윗사람만 홀로 비난받을 일은 아니다. 그 사람의 본심도 자기 자식이 저렇게 되기를 바라지는 않는다. 외국인에 이르러서는 여러 선생님들의 비판을 기다릴 것도 없이, 자신도 첩을 두고 있더라도 다른 사람의 일이라면 마구 비웃는다. 거의 모든 사람이 같은 의견으로, 첩을 두는 일을 옳다고 여기는 사람은 없기 때문에 모리 선생님의 「처첩설」을 듣고 기뻐하며, 후쿠자와 선생님의 '짐승 우리'의 비유를 듣고 즐거워하는 것이다.

이처럼 풍습이 파괴된 바가 오늘날과 같다. 그리고 사람들이 이를 옳다고 여기지 않으며, 축첩을 비난하고 조소하고, 축첩은 잘못이라는 주장이 있으면 모두 앞 다투어 전하고자 한다. 이른바 변화의 계기는 풍습과 인심으로 알 수 있는 것이지, 머릿속에 고착된 바로 알 수 있는 것은 아니다. 풍습과 인심의 아름다움이 이와 같으니, 어찌 이를 금지하여 바꾸지 못할 이치가 있겠는가. 그런데 내가 급작스럽게 바꾸어서는 안 된다고 하는 이유는 무엇인가. 도적도 스스로 도적질을 옳다고 여기는 자는 없다. 그렇지만 세상 어디에나 도적은 많다. 여색을 탐하는 욕망은 재물과 이익을 탐하는 욕망과 같다. 이를 바꾸려고 할 때, 오로지 정교政敎가 이를 이끌어 자연스럽게 미풍양속이 이루어지게 하는 수밖에 없다. 갑자기 쉽고 신속하게 결과가 나오기를 바라서는 안 된다. 애초에 신속함을 구하기보다는 축첩을 조장하는 오늘날의 야만적인 풍습들을 빨리 바꿔야 한다.

인민의 마음을 하나로 모아 악습을 없애는 방법은 종교敎法에 있다. 하지만 오늘날 우리나라 종교의 폐해는 극치에 달했다. 처첩에 이르러서는 매우 심각하여 조금도 의지할 바가 되지 못한다. 유럽의 종교에는 좋은 것들이 많다. 그렇지만 우리나라 사람들이 갑자기 믿을 수는 없다. 믿는다고 해도 풍습을 바꾼다고 하는 것은 급하게 될 일이 아니며, 게다가 새로운 폐해를 낳게 될 것이다. 또한 저들 나라에서도 간음이나 도적질이 단절되지 않는 것을 보면, 우리나라

제 5 장 남녀관계와 여성의 역할

에서 그들의 종교에만 의지한다고 될 문제는 아니다.

그렇다면 이를 어떻게 해야 할까. 대저 종교는 사람의 마음을 바르게 한다. 첩에 관해서 지금 우리나라 사람들의 마음은 앞서 논한 바와 같기 때문에, 바로 잡을 것은 그 품행과 행동에 있다. 일을 바르게 행하는지 그렇지 않는지는 정교에 달려있다. 정교가 제대로 이뤄지기 위한 조건은 정교를 행하는 사람의 행동에 있다. 그렇다면 오늘날의 폐습은 윗자리에 앉아 있는 사람들이 책임져야 한다. 윗사람의 행동거지는 바람이고 서민은 풀이다. 풀 위로 바람이 불면 반드시 눕는다.[14] 독재정치 체제에 있어서 가장 심하다면, 대신이나 화족 이하에게는 엄격하게 법을 세워 망령되게 첩을 두지 못하게 하고, 첩을 둔다 하더라도 반드시 한 명을 넘지 않도록 한다. 하녀와 간통하는 자는 그 부인으로 하여금 고소할 수 있는 자유를 갖게 하여 처권妻權을 무겁게 하는 법을 현행법에 더하고, 첩에게는 반드시 무거운 세금을 부과한다. 화족이나 관리 중에서 추태나 오행汚行이 있는 자는 법률을 제정하여 보통 사람보다 무겁게 벌해야 한다. 그런 후에 고금을 살펴보아 중국이나 구미의 장점을 취하고, 일정한 혼례의 방식을 공의公議를 통해 확립한다. 이는 내 생각에 불과하지만, 어쩌면 가능하지도 않을까.

또한 천자天子을 빼어놓고 첩 문제의 중대함을 논하는 것은 나의 본심에서 나온 것이 아니다. 설사 잘못을 분식시키려는 것뿐이라 하더라도, 일의 본질을 너무 모르는 것이다. 우리나라는 황통의 무게가 세상 어디보다도 무거운 나라이다. 첩의 숫자를 엄격하게 정해두어 옥체를 손상시켜서는 안된다고 하더라도, 첩을 두어 황족을 융성하게 해야만 하니 일반적인 기준을 적용하여 논해서는 안 된다. 고대

---

14) 『논어』안연편의 "君子之德風、小人之德草. 草上之風必偃"을 원용한 말이다.

● 5.10 첩설에 관한 의문

중국에는 부인 셋, 빈 아홉, 후처 여든하나라는 말이 있었다.[15] 이는 모르몬교 관습의 확대판과 같은 것이니 말할 거리도 안 된다고는 하지만, 유럽에서 제왕의 혼례는, 보통 남녀 사이처럼 서로 사랑하고, 서로 친밀해진 이후에 이루어지는 것은 아니다. 제왕이란 원래 일반 사람들과는 다르다. 또한 구미에서는 여성이 호주戶主가 될 수 있지만, 만일 남편을 갖게 되면 남편이 호주가 된다. 남자의 권한이 여자보다 위에 있는 것은 보통의 일이다. 오직 제왕의 자리에 한해서는 여왕에게 남편이 있다고 해도 그 남편을 호주나 제왕으로 삼지 않는다. 이는 제왕이 보통 사람과 다른 존재임을 가장 잘 보여주는 것이다.

그렇기 때문에 훗날 나라 안에 한 사람도 첩을 가진 사람이 없는 아름다운 풍속이 이뤄진다고 해도, 천자天子는 논의의 대상이 되어서는 안 된다. 하물며 오늘날에 있어서야! 이런 얘기를 한다는 것은 크나큰 불경不敬인데, 다만 어리석은 사람이 사태를 알지 못하기 때문이니 용서를 바랄 뿐이다. 요즈음 내가 일이 많아서 자세히 생각해 볼 겨를이 없었다. 여러 선생님들께서는 이 글의 의미를 파악할 때, 조잡한 말은 빼버리고 읽기를 바란다.

---

15) 『예기』「혼의편」에 "古者天子后立六宮、三夫人、九嬪、二十七世婦、八十一御妻、以聽天下之內治、以明章婦順、故天下內和而家理."라는 문장을 인용한 말이다. "후처 여든 하나"로 번역한 부분은, 『메이로쿠 잡지』 원문에 "御妻ハ十一"로 표기되어 있으나, 여기서 '御妻' 뒤의 가타카나 'ハ'는 한자 '八'의 오식으로 보는 것이 타당하다고 판단해 이처럼 번역하였다. 아마도 이는 식자植字 과정에서의 실수일 확률이 높을 것이다. 참고로 이와나미판 『明六雜誌』 하권 119쪽에서는 원문을 그대로 옮겨두고 따로 오식의 가능성을 지적하지는 않았다.

제5장 남녀관계와 여성의 역할

가토 군 등의 말에 따르면, 부부동권의 논의는 내가 제일 먼저 주장한 것으로 알려져 있다. 하지만 내가 일전에 「처첩론」을 쓰면서 부부 사이란 동등하며 존비尊卑의 차이가 없다고 말했을 뿐, 동권同權에 관해서는 전혀 논한 바가 없다. 세상 사람들이

> 내가 동등함에 관해 말한 것을 갖고 동권이라고 여기게 될 것이 두려워 여기에 약간의 변명을 덧붙이는 바이다.
>
> 모리 아리노리

제 5 장 남녀관계와 여성의 역할

5.11 교육담

미쓰쿠리 슈헤이, 제8호

사람은 어릴 적에 각별히 신경을 써서 이를 보호하지 않으면, 반드시 병이 들거나 죽는다. 또 마음을 써서 이를 교육하지 않으면, 자라면서 반드시 완고하고 어리석게 되어 야만인들 사이에도 같이 서 있을 수 없는 지경에 이른다. 이는 누구나 알 수 있는 쉬운 이치이다. 그리고 아이를 보호하는 일은, 자연스러운 지극한 정이 있기 때문에 지우빈부知愚貧富의 구별 없이 모두 각별히 신경 쓰지 않는 자가 없는데, 아이를 교육하는 일에 이르러서는 이를 도외시하고 돌아보지 않는 자가 적지 않다. 실로 기이하고 한탄할 만한 일이 아닌가.

아이가 태어나 2~3세부터 6~7세에 이르기까지는, 그 바탕에 다른 것이 섞이지 않은 것이 티 없는 백옥 같고 그 머릿속도 깨끗하여 작은 오점도 없다. 그러므로 그 이목이 닿는 것은 선善이든 악惡이든 깊이 뇌리에 박혀서 평생 사라지지 않는 법이다. 그래서 성정을 훈도하고 품행을 양성하는 데에 최상의 시기가 이 때이다. 그 교도하는 방법이 마땅하면 선하고 지혜롭게 되지만, 그 방법이 틀리면 둔하고 완고하고 어리석어진다. 이렇게 예민한 감각을 가진 시기에 생긴 습관은 커서 이를 고치려고 해도 고칠 수 없는 법이다. 마치 나무가 어리고 부드러울 때에 이를 구부려놓으면, 자라서도 끝내 이를 곧게 만들 수 없는 것과 같다. 평생의 선과 악, 지혜로움과 어리석음이 나뉘는 지점이 여기에 있다. 어찌 유의하지 않을 수 있겠는가.

구미의 여러 나라들의 경우, 인민을 교육하는 여러 학교를 설치하여 여러 가지 방법을 세우는데, 처음부터 주도면밀하여 갖춰지지 않은 바가 없다. 그러나 최근에 교화敎化가 더욱 진보함에 따라 자택에서 자녀를 교육하는 것이 학교 교육보다 훨씬 낫다는 설이 더욱 성행하고 있다. 이 설에 따르면 "일가一家는 마치 한 나라와 같다. 자녀를 교육하는 것은 천도인리天道人理에 따르더라도 원래 부모의 임무라는 것이 명백하다. 부모는 아이의 감득感得할 수 있는 힘이 가장 왕성한 어린 시절에는 아무리 바쁘더라도 반드시 이렇게 해야 하고, 아무리 위급한 상황이라도 반드시 이렇게 해야 한다. 이리하면 또한 가르치고자 하는 바를 가르치고 전하고자 하는 바를 전하며, 아버지의 엄격함과 어머니의 자애로움이 나란히 행해져 타인이 이를 어지럽히고 유혹할 여지가 없다. 집을 떠나면, 그 교칙敎則이나 풍습이 좋은 지역이라 해도 흐트러지고 유혹을 받는 폐해가 없을 수 없다. 또한 아무리 좋은 선생이나 친구라 하더라도 그 정情에는 자연히 부모의 훈육과 큰 차이가 있기 마련이다. 그러므로 어린 아이의 교육은 자택을 가장 좋은 학교로 삼고, 부모를 제일 좋은 교사로 삼아야 한다."고 한다.

그렇지만 이것은 중인中人 이상, 집안이 어느 정도 넉넉한 사람에게 해당하는 이치이다. 왜냐하면 분명국가라 하더라도 부모가 집에서 충분히 자녀를 잘 훈육訓育하는 경우란 드물기 때문이다. 하물며 문명국가가 아닌 나라에서야. 가끔 그런 가정이 있더라도 자기 집안일에 쫓기고 직무 때문에 방해를 받을 것이다. 그러므로 아이의 훈육을 타인에게 맡기는 것은 본래 어쩔 수 없는 사정에 의한 것이다. 그렇지만 지금 세간의 정세를 살펴보니, 부모인 자가 그 아이를 타인에게 맡기는 일을 당연한 것으로 여기고, 어린아이를 교육하는 것이 그 부모 된 자의 본분임을 모르는 듯하다. 그러므로 아이가 집에 있어도 부모가 특별히 훈육하는 일은 없고, 부잣집에서는 오로지 무지몽매한 하인을 접하여 오만방자한 분위기에 익숙해진다. 가난한 집에서는 완고한 아이와 교활한 아이들과 교류하여 졸렬하고 비열한 행동을 배워 온종일 하는 일이라고는 하나같이 백해무익한 일뿐이다. 어찌 둔하고 어리석으며 무지해지지 않을 수 있겠는가. 그렇지만 그

제5장 남녀관계와 여성의 역할

부모라는 자가 자신의 직분을 다하여 아이를 가르치지 못해서 아이가 성장함에 따라 불량하고 무지해지게 되면, 그 죄가 오히려 자신에게 있음을 모르고 함부로 아이를 나무란다. 심할 경우 자식의 스승과 친구를 원망하는 무리가 적지 않으니, 미혹됨이 심하지 아니한가.

그렇지만 여기에도 또한 깊이 책망하지 못할 이유가 있으니, 지금의 부모된 자 또한 자신의 부모로부터 교육을 받은 적이 없으므로, 그 아이를 교육한다는 것이 무엇인지 모른다는 것이다. 그렇다면 어떻게 해야 되겠는가.

이 병의 뿌리는 이미 골수에 깊이 침투하여 이를 제거하고자 해도, 하루아침에 능히 없앨 수 있는 것이 아님은 물론 말할 필요도 없다. 그러므로 나는 결코 지금 갑자기 부모에게 아이를 잘 교육시키라고 재촉하려는 것이 아니다. 다만 부모가 자신의 아이를 교육하는 일이 자신의 직분임을 알고 마음을 써서 힘닿는 데까지 노력한다면, 그 아이 또한 자신의 아이를 교육하는 것이 자기의 직분임을 알게 되고, 결국에는 그것이 한 집의 기풍을 이루고 한 마을의 풍속을 이루게 되길 바라는 것이다. 또한 한층 더 깊이 바라는 바는, 지금부터 왕성하게 여자학교를 세워 힘을 다해서 여자를 교육하고, 그들이 어머니가 되었을 때 그 아이를 교육하는 일이 긴요함을 알게 하는 것뿐이다.

나폴레옹 1세는 어느 날 유명한 여선생인 캄팬(Campan)에게 말하기를, "종래의 교육법은 거의 높이 살만한 바가 없는 것 같다.[16] 그렇다면 인민을 잘 훈도하기 위해서 빠진 것은 무엇일까"라고 물었다. 캄팬이 대답하기를, "어머니입니다.'라고 했다. 나폴레옹은 크게

---

16) 마담 캉팡(Jeanne-Louise-Henriette Campan, 1752~1822)은 마리 앙트와네트의 시녀였으나, 혁명 이후 여성 교육자로서의 명성이 높았다. 나폴레옹이 1806년에 설립한 레지옹 도뇌르 멤버들의 딸들을 위한 교육기관의 장을 맡았다. 기존의 여성 교육 커리큘럼에는 포함되지 않았던 과학, 역사, 지리, 수학을 커리큘럼에 넣는 등 여성 교육 혁신에 힘썼다.

놀라서, "아아 실로 그렇다. 이 한 마디로써 교육의 법칙을 삼기에 충분하다."라고 말했다. 의미심장한 말이로다.

여자학교가 반드시 필요하다는 설은 다음 호에 게재할 것이다.

제 5 장 남녀관계와 여성의 역할

5.12 좋은 어머니를 만드는 설(1875년 3월 16일 연설)

나카무라 마사나오, 제33호

내가 일전에 인민의 성질性質을 개조하는 설을 말하면서, 모럴 릴리져스 에듀케이션(moral religious education) 수신修身 및 경신敬神 교육, 아트 사이언스(art science) 기예 및 학술 교육, 이 두 가지 교육에 의하지 않으면 인민의 마음을 새롭게 하고 높은 수준으로 나아가게 할 수 없다는 바를 설명했다.

이 두 가지 교육은 모두 간요肝要하지만, 전자는 본원本源이고 후자는 말류末流에 속한다. 기예 교육은 아이가 대여섯 살이 되어 머리가 겨우 깨이기 시작할 때부터 이를 시작한다고 해도 늦었다고 말할 수 없다. 수신修身과 경신敬神의 교육에 이르러서는 태교가 가장 중요하다. 태어났을 때부터 그 눈과 귀에 젖어들고, 신체를 둘러싼 것이 좋은 말과 선행이 아닌 바 없으며, 가장 좋은 본보기가 아닌 것이 없는 이러한 상황이라면, 아이의 머리가 막 깨이기 전부터 모르는 사이에 모럴 및 릴리져스 수신의 가르침 및 천도天道의 가르침가 먼저 머리에 입력되어 주主를 이루게 된다. 신체의 강약으로써 이를 비유해보자면, 모태에 있는 동안 그 어머니가 강건하다면 그 아이가 태어난 후에 마땅한 양육을 받기만 한다면, 반드시 강건한 사람이 된다. 만일 선천적으로 자양이 부족하다면, 태어난 후 어느 정도 섭생養生을 하고 좋은 의사의 치료를 받는다고 해도 그 선천적인 요인이 나타나게 되는 것뿐이므로 달리 어찌할 도리가 없는 것이다. 몸으로 이 원리를 경험하면 확실하여 의심할 수가 없어지고, 이것을 정신과 마음으로 경험하면 더욱 놀랄만한 감화와 효험이 드러난다.

생각건대, 아이의 정신과 마음의 선악은 대저 그 어머니를 닮는 것이다. 아이가 커서 갖는 기호나 버릇에 이르기까지 그 어머니를

● 5.12 좋은 어머니를 만드는 설

닮는 것이 많다. 그렇다면 인민으로 하여금 좋은 정태情態와 풍속을 갖도록 변화시켜 개명開明의 영역으로 나아가게 하려면 좋은 어머니를 얻지 않으면 안 된다. 훌륭한 어머니를 얻으면 훌륭한 아이를 얻을 수 있고, 장차 우리의 먼 후손에 이르러서는 일본은 훌륭한 나라가 될 것이며, 수신과 경신의 가르침도 받는 인민이 되었을 것이고, 기예와 학술의 가르침을 받는 인민이 되어있을 것이며, 지식은 향상되고 나아가며, 마음은 선량하고, 품행은 고상한 인민이 될 것이다. 우리는 선천적인 교육의 자양이 부족했고, 중년이 되어 보잘 것 없는 학업조차 이루기 어려워 빈궁함을 개탄하며 구미의 개명을 부러워할 뿐이다. 우리 후손은 아무쪼록 좋은 어머니의 교육을 받게 하고자 하는 나의 절실한 바람의 그 지극함은, 견딜 수 없는 정도이다.

좋은 어머니를 만들기 위해서는 여자를 가르치는 것보다 좋은 방법은 없다. 여자로 하여금 모럴 앤드 릴리져스 에듀케이션 수신 및 경신의 가르침을 받게 하면, 남자에게 시집을 가서 아이를 낳기 위해서는 아이를 임신하기 이전부터 선상한 도리道理와 왕성한 정신이 충만하고, 선덕善德의 공기를 마시며 천도天道의 일광에 목욕하는 것부터, 눈으로 지식을 맞이하는 문이 되게 하고 마음으로 무형의 묘체妙體에 이르게 하여, 훗날 굳셈과 용기 그리고 근면함과 인내심 등 아이의 여러 가지 덕德의 기본이 이미 요람에서 놀며 젖을 먹는 사이에 갖춰지게 된다고 해도 과장은 아닐 것이다. 남녀동권의 폐해를 신경 쓰는 것은 교육을 받지 못한 부인이 남편을 멋대로 휘두를 일을 우려하는 것에 지나지 않는다. 천도를 두려워하고, 진신眞神을 공경하며, 기예를 좋아하고, 공부를 즐기며 남편의 보조자가 되어 서로 사랑하고 공경하게 된다면 이러한 우려는 없을 것이다.

권리가 같은가 다른가는 차치且置하고, 남녀의 교육은 동등해져야 한다. 둘이 달라서는 안 된다. 만일 인류 전체로 하여금 지극히 높고 지극히 맑은 위치를 지키게 하고 싶다면, 마땅히 남자나 여자 모두가

제 5 장 남녀관계와 여성의 역할

같은 교육을 받게 하여 그로써 동등하게 진보하게 해야 한다. 순청純靑한 여자는 순청한 남자와 짝이 되어야 한다. 생각건대, 선덕의 율법은 남자나 여자의 구별 없이 함께 준용해야 하는 것은 물론이다. 수많은 선덕 중 가장 주요한 것은 사랑의 덕이다. 시인 브라우닝(Robert Browning, 1812~1889)을 인용해 말하자면, "진정한 사랑은 지식을 준다."고 한다. 시험 삼아 세상 사람들을 보라. 천부적 재지才智가 가장 많은 사람은 진실한 애정도 가장 깊은 사람이다. 사랑이 깊은 사람은 지혜도 깊은 사람이라고 말할 수도 있다. 깊은 사랑의 정이 있는 부인은 남편으로 하여금 행복과 안락을 향유하게 하고, 나라를 위해서 유용한 사업을 이룰 수 있게 한다. 이 일은 서양뿐만 아니라 중국漢土에서도 고대의 성현이 착안했던 바로, 『역경』에서는 건곤乾坤을 시작으로 삼고 있고, 『시경』에서는 관저關雎를 으뜸으로 삼았다. 남녀의 올바른 위치란 천지天地의 대의大義라고도 할 수 있다. 문왕文王의 경우, 어머니 태임太任의 뱃속에서 가르침을 받았고,[17] 왕비에게는 현명함이 있어 내조의 이로움을 받았다. 그렇지만 중국支那 학자는 이 일을 깊이 미루어 확장시키지 않고 오로지 남권男權을 중히 여기기만 했다. 그것이 얼마나 큰 미혹이었는지 나는 최근에 알게 되었다.

요즘 사람들 중에는 여성에게 책을 읽히면 거만한 마음을 갖게 된다는 둥의 말을 하는 사람도 있다. 대저 거만해지고 거만해지지 않고는 교육과 관계된 것이다. 오로지 물질적인 면이나 기예의 측면에만 착안한다면 내가 알지 못하는 바이지만, 수신修身 및 경신敬神의 가르침을 받고도 거만한 마음에 이르는 일이 있겠는가. 그 부분에 대해서는 서양에서도 부덕婦德을 중요시하고, 재능과 기예를 다음으로 하는 흥미로운 얘기가 있다. 여기서 잠시 인용해보겠다. 영국의 시인

---

[17] 태임은 문왕을 임신하였을 때 반듯하고 정성스런 몸가짐으로 태교를 해 문왕이 성인이 되었다고 알려져있다.

5.12 좋은 어머니를 만드는 설

번즈(Robert Burns, 1759~1796)는 일찍이 양처良妻에 대해 논하며 그 성질을 열 가지로 분류하였다. "좋은 성정 즉 친애親愛가 4할, 좋은 생각이 2할, 꾀와 지혜巧智가 1할, 미려美麗 얼굴색, 생김새, 용모의 우아함 등 1할, 이상이 10분의 8이다. 남은 것은 10분의 2다. 그 중에는 아내의 재산産業, 교유 관계 및 보통보다 좋은 교육, 재예才藝 등이 있다. 이는 사람들이 각각의 생각에 따라 나눌 것이다. 다만 여기서 주의해야할 점이 있다. 이 모든 작은 부분들은 영수零數로 나눠 가져야한다. 이 중 어느 것 하나라도 전수全數가 될 만한 것은 없다."[18] 참으로 이 말처럼 부인은 첫째 좋은 성정이 중요하다. 그러나 갖가지 좋은 성정도 사랑愛 하나에 기초하여 생겨난다. 소위 "깊은 사랑이 있는 자에게는 반드시 온화함이 있다. 온화함이 있는 자는 반드시 즐거운 낯빛을 띤다. 즐거운 낯빛이 있는 자에게는 반드시 정숙한 아름다움이 있다."는 것처럼, 많은 선善이 따라서 생겨나고 이로부터 재지才智도 생기며, 큰일도 이룰 수 있는 것이다. 이 좋은 성정을 가진 어머니를 얻어서 더없이 훌륭한 아이를 만드는 것이 내가 일전에 얘기한 지금의 인민의 성질을 개조하는 것보다 용이한 일일 것이다. 어떻게 하면 태교를 잘하는 어머니를 얻을 수 있을까. 즉 내가 거의 그 단서를 이 하나의 짧은 얘기에 드러낸 바이다. 독자는 깊이 생각해보기를 바란다.

---

18) '영수'는 1할이 안되는 것, '전수'는 1할 이상을 채운 것이라는 의미이다.

제6장

종교를 이해하는 방식[1]

6.1 교문론 1

니시 아마네, 제4호

교문敎門은 믿음에 의해 확립되는 것이고, 믿음이란 지력이 미치지 못하는 곳에 뿌리내리는 것이다.[2] 이를 알고 있으면 그 원리는 내 것이 된다. 그렇지만 알 수 없을 때에는 다만 아는 것을 가지고 미루어 짐작함으로써 알지 못하는 바를 믿을 뿐이다. 그러므로 그 원리 역시 나의 것이 아니다. 그렇다면 평범한 사람들이 나무나 돌, 벌레나 짐승을 신神이라고 믿는 것이나, 고명하고 박식한 사람이 천天을 믿고, 리理를 믿고, 상제上帝를 믿는 것도 모두 알지 못하면서 믿는 것이다. 여기에 차등이 있다고는 하지만, 믿는다는 점에서는 같다.

  소위 믿음이라는 것은 사람들의 마음속에 존재하는 것이다. 그

---

1) 상세한 설명은 해제「메이로쿠샤 지식인의 religion 이해의 맥락」(▷p407)을 참고.
2) '교문'은 메이지 초기에 사용된 religion의 다양한 번역어 중 하나이다. 니시의 원문에서 강조하고 있는 가르침으로서의 religion의 기능을 여과없이 전달하기 위해 '종교'가 아닌 '교문'을 그대로 사용하였다.

제6장 종교를 이해하는 방식

러므로 아무리 용맹한 자라도 힘으로 타인의 믿음을 빼앗을 수는 없고, 아무리 지혜로운 사람이라도 말로 타인에게 믿음을 강요할 수 없다. 그러므로 교문에 관해 정부는 사람들이 각자 믿고자 하는 바에 맡겨야지, 사람들로 하여금 반드시 특정 교문을 믿게 하고, 다른 특정 교문을 반드시 믿지 못하게 하는 일은 불가능하다. 왜냐하면 소위 정부란 것 역시 사람들로 구성되었기 때문이다. 정부 구성원도 사람이므로, 보통사람들보다 뛰어난 고명박식高明博識한 사람이 많다 하더라도 그들 또한 알지 못하는 바를 믿는 자들이기 때문이다. 본인이 무엇을 알고 있는지 모르면서 다른 사람으로 하여금 자신이 믿는 바를 믿도록 한다는 것은 이치에 맞지 않음이 명백하다. 그 이치가 없다면 그 권한도 없음 또한 명백하다.

어떤 사람이, "당신의 말이 맞다. 그렇지만 나의 신神을 버리고 다른 신을 믿는 것은 본말本末을 잃는 것 아닌가?"라고 물었다. 나는, "믿음에 본말은 없다. 단지 참眞이라고 여기는 바를 믿어야 한다. 일반적으로 사람들이 목석木石이나 벌레, 짐승을 믿을 때에도 그들은 그것이 참이라고 믿기 때문에 믿는다. 만일 그것이 거짓이라는 것을 알게 되면 곧 거기에서 믿기를 그만두게 된다. 그러므로 믿음에 본말이란 없으며, 정正·변變도 없다. 단지 그 참이라고 여기는 바를 믿을 뿐이다. 어찌 본말이나 정·변의 기준을 세우고 다른 사람의 믿음을 빼앗을 수 있겠는가."라고 말했다.

그러자 그 사람이, "당신의 말은 맞다. 그렇지만 일본의 국체國體3)와 상관이 있는 부분은 어떻게 할 것인가. 당신이 말하는 것처럼, 정부가 교문에 대해 시비를 가릴 수 있는 권한은 없지만, 그렇다고 해서 인민이 좋아하는 바에 맡긴다면 그로 인해 일본의 국체를 해치

---

3) 여기서 말하는 '국체'는 "천황을 정점으로 하는 메이지 일본의 국가 체제" 정도의 의미이다.

기에 이를 것이다."라고 말했다.

　나는 다음과 같이 말했다. 대저 정치권력은 교문의 도道와는 원래 그 근본을 달리 한다. 그렇기 때문에 인민이 정부의 법에 따르는 것은 태어난 날부터 시작되어 죽는 날에야 끝나며, 마음으로부터 우러나와 법을 따르는지의 여부는 따지지 않고, 오직 그 법에 따르고 있는지 여부만을 물을 뿐이다. 정치의 주된 역할은 인민을 모으고, 나라를 만들어, 옳지 못한 것不正으로 하여금 옳은 것正을 범하지 못하도록 만듦으로써 치안을 유지하는 데에 있다. 이것이 정부의 의무이자 또한 의무를 수행하기 위해 부여된 권한이다. 그 외에 또 무엇을 더 물을 것이 있겠는가?

　이에 비해 교문의 경우는 정반대이다. 교문이 관여하는 바는 현세에 한정된 것이 아니라, 과거와 미래에까지 걸쳐있다. 행동이 법에 따르고 있는지 여부를 논하는 것이 아니라, 그 마음속에 있는 바가 무엇인지를 물을 뿐이다. 그 주된 목적은 귀의하는 사람들을 모아서 마음속의 선악가부善惡可否를 묻고, 선善을 따르고 악惡을 고치게 함으로써 사후의 안락으로 인도하고자 하는 것이다. 이러한 교문의 목적을 고려해보면, 신자들이 현세의 정령政令이나 법률에서 벗어나지 않으리라는 사실을 알 수 있을 것이다. 그러므로 정치와 교문은 전혀 그 근본을 달리하며, 서로 간섭하고 충돌하지 않는다. 그러니 어떻게 교문 때문에 정치가 해를 입는 일이 있겠는가.

　그렇지만 세상에는 신교정치神敎政治(テヲカラシイ theocracy)라는 것이 있다. 고대 유대국, 고대 이집트국, 고대 인도, 지금의 티벳의 경우가 그것이다. 이런 혼란스러운 세상에 걸출한 인물들이 정치와 교문의 권력을 한 손에 잡아 이로써 인민을 가르치고 다스리려는 의도였다. 고대에는 그 기세를 어떻게 할 수 없었지만, 후세에 인지人智가 열리게 되자 인민들은 그 허망함을 믿지 않게 되었다. 그리하여 낡은

관습을 폐지하기에 이른 것 역시 자연스러운 흐름이다. 만일 정부가 교문의 힘을 이용해서 정치를 했는데, 그 인민이 티벳 사람처럼 어리석고 무지할 경우라 하더라도 오래 가지 못한다. 만일 인민 중에 그 거짓됨을 알아채는 자가 있다면 그 나라는 반드시 전복되어 멸망할 수밖에 없다.

옛날에 야만국이 하나 있었다. 그 왕은 자신만 혼자 일식과 월식을 관측할 줄 알아, 이를 대대로 왕실의 비밀로 삼게 하였다. 인민은 이를 존경하고 감복하여 왕의 명령을 대단히 잘 따랐다. 그 후 인민의 교화가 진전되어 드디어 일식과 월식을 관측하여 원리를 알 수 있게 되자 왕가는 결국 그 권력을 잃게 되었다. 이는 즉 의거해야 할 바에 의거하지 않고, 거짓이 드러나지 않기를 기대한 것이니, 어찌 멸망에 이르지 않을 수 있었겠는가. 그러므로 정부가 만에 하나라도 신교정치의 모습을 갖고 있다면, 마땅히 신속하게 그 정치와 교문의 연결고리를 끊고, 교문의 해악으로 하여금 정치의 해악을 일으키지 못하도록 해야 할 것이다.

6.2 교문론 2

니시 아마네, 제5호

정부가 교문과 서로 연결된 맥락을 끊어버리고 정치의 대권을 명확히 하고 공정한 법도를 세워 그 인민을 다스린다면, 민간에 수백의 교문이 있어, 각자가 믿는 바를 믿고 받드는 것을 받든다 하더라도 그것이 정치에 해악을 끼치는 일은 일어날 수 없다.

옛날 서양의 중세에는 각국 정부가 모두 교문과 함께 했다. 왕권은 교문에 의거해 세워졌고, 교문으로 인해 전쟁이 일어났다. 카를

대왕은 로마 교황으로부터 왕관을 받아 황제라 칭할 수 있었고,[4] 하인리히 4세는 맨발로 바닥에 엎드려 교황에게 애걸하였으나 왕위로 돌아갈 수 없었다.[5] 이처럼 파문敎門絕交の法부터 이단 심판監謗衙門の制에 이르기까지 그 폐해가 미치지 않는 바가 없었고 혼란 또한 극에 달했다고 할 수 있다.

근세에 이르러 점차 그 폐해를 깨닫고, 확실하게 정치와 교문의 연결을 끊었다. 바꾸어 말해 교황이 그 신봉국을 잃게 되더라도, 그 교문을 받들던 인민은 모두 진秦나라와 월越나라 사이보다 더했다.[6] 심지어 한 나라 안에 유대교 신자, 신교와 구교 신자가 나란히 왕을 섬기는 일이 있게 되었다. 어찌 정치가 교문 때문에 해악을 입는 일이 또 일어나겠는가.

누가 묻기를, "그렇다면 소위 정치와 교문 사이의 관계를 끊는 방법이 있는가?"라고 했다. 나는 이렇게 대답한다. 교문을 감독하는 관청으로 하여금 여러 교문을 관할하게 하여 오로지 분쟁을 막는 억힐을 하도록 하면 된다. 각 교문에서 믿는 것이 여우건, 너구리건, 여래如來건, 천인天人이건, 우리는 이것을 묻지 않는다.[7] 또 각 교문의 성쇠와 신자수의 많고 적음은 모두 각 교문에 맡기고, 정부는 관계하지 않는다. 정부는 오로지 정치에 해를 끼치는 것을 금하고,

---

4) 카롤루스 마그누스(Carolus Magnus, 740~814). '샤를마뉴'로 많이 알려져 있다. 프랑크 왕국의 2대 국왕으로, 800년에 교황 레오 3세에게 서로마 제국 황제직을 수여받았다.
5) 하인리히 4세(1050~1106)는 교황 그레고리오 7세와 서임권 투쟁을 둘러싸고 대립하였고, 가톨릭 교회로부터 파문되기에 이르렀다. 여기서 말하는 이 사건이 이른바 '카노사의 굴욕'(1077)이다. 그러나 그는 교황의 폐위 선언에도 불구하고 독일에서 권력 장악에 성공하였고, 니시가 말하는 바와 같이 왕위 복귀에 실패하지 않았다.
6) 원문의 '진월비척秦越肥瘠'은, 한유韓愈의 「쟁신론諍臣論」에 "정사의 득실을 보기를 마치 월나라 사람이 진나라 사람의 살찌고 야윔을 보듯이 한다視政之得失若越人視秦人之肥瘠"는 데서 온 말이다. 서로 관심을 두지 않는다는 의미이다.
7) 천인은 중국의 신선 사상의 영향을 받은 설화상의 존재로, 천상계天上界에 살고 있다.

제6장 종교를 이해하는 방식

경계선을 엄격하게 하여 넘어오는 자는 잡아서 벌을 주는 것이다. 조금이라도 저들의 시비를 가리는 문제에 참견하지 않고, 이렇게 할 뿐이다.

대저 정부 입법立法의 근본은 겉으로 드러나는 것에 대해서 통제하지, 마음속에 들어 있는 것의 가부를 물을 수는 없다. 만일 정치를 통해 내심에 있는 내용을 통제하려고 한다면, 집집마다 명령을 내리더라도 시간이 모자랄 것이고, 채찍으로 때리고 욕을 하여도 겉으로는 복종하는 것 같지만 내심은 따르지 않을 테니 이를 어찌 하겠는가. "강한 군대의 장수는 빼앗을 수 있지만, 필부의 뜻은 빼앗을 수 없음"은 고금에 통하는 도리이다.[8] 그러므로 종교를 담당하는 관청은 마음속으로 신봉하는 바가 무엇인지 논하지 말고, 오로지 밖으로 드러나는 바가 국가의 정치와 서로 모순되는 경우에만 금지하면 족하다.

대저 인민이 자기 나라의 정부에 복종하고, 그 일을 맡는 권한을 갖고 있는 제帝나 왕王이라고 불리는 사람을 받들고 따르는 것은 인민의 의무로, 그 나라 영토에 한 발짝이라도 내딛는 순간 시작된다. 하물며 그 나라에 태어나서 사는 자에 이르러서야 어떻겠는가. 이는 법령으로 명시하기를 기다릴 것도 없이 명명백백한 의무이다. 그러므로 만일 이 의무를 저버리는 자가 있으면 일의 경중에 따라 국외로 추방하거나 사형에 처하더라도 무엇을 두려워 할 필요가 있겠는가.

그렇다 하더라도, 정부가 그 인민으로 하여금 제나 왕이란 자를, 신 같은 것, 리理 같은 것, 또는 조물주를 믿는 것처럼 만들고자 한다면, 어찌 천하에 이를 믿는 자가 있겠는가. 제왕이 아무리 존엄하다 하더라도, 인간임을 면할 수 없다. 제왕도 같은 인간이라면, 그의 믿음 또한 자신이 모르는 곳에서 비롯되는 법이다. 그런데 자신도 모르면서 믿고 있는 바를 가지고 다른 사람에게 믿으라고 강요하려

---

8) "子曰、三軍可奪帥也、匹夫不可奪志 也.", 『논어』 자한편

한다면, 세상에 그 누가 진심으로 여기에 복종하겠는가. 하물며 저 이른바 신이라는 존재와 나란히 선다거나, 조물주가 세상을 만들던 원시로 돌아간다거나, 만물의 궁극에 도달한 자와 같은 권한을 갖고자 한다고 하면, 그런 망령된 언설을 믿을 사람이 누가 있을까.

서양 각국의 국왕은 병마兵馬를 점검하고, 학자들의 회합을 열며, 병원이나 공장을 방문하는 등 말을 타고 달려 각지를 돌며 인민과 가까이하고자 노력한다. 그래서 티베트의 생불인 달라이 라마같은 존재를 인민이 숭배하는 것과는 사정이 다르다. 지금 생선과 웅장熊掌 양쪽을 동시에 가질 수 없으면 웅장을 선택하는 것처럼,9) 왕이 된 자는 종교에는 관여하지 않고 정치를 선택해야 한다. 그러므로 종교를 관할하는 관청은 인민의 신앙을 자유롭게 풀어주고, 오직 외형으로 드러나는 것만 통제하는 것으로 족하다.

또 묻기를, "그 외형으로 드러나는 문제를 제어하는 법이란 어떤 것인가?"라고 했다. 금지령을 내걸어 이를 제어하면 된다고 답하며, 시험 삼아 한두 가지 예를 들었다. 여러 종문宗門이 서로 쟁론爭論을 펼치는 일을 금지한다. 다만 책을 써서 이치에 대한 가부를 논하는 것은 금지하지 않되, 만일 남을 헐뜯는 말이 나오는 경우에는 이를 처벌해야 한다. 교지敎旨에 관해 쟁론을 일으키는 자에 대해서는, 그 시비 여부를 따지지 않고 쟁론을 일으켰다는 사실을 죄로 여기고 처벌해야 한다는 것이다.

여러 종문의 신도들이 정해진 예법을 어그러뜨리고, 그 거동이 세간의 풍속을 어지럽힌다는 의심의 여지가 생겼을 경우에는 이를 금지해야 한다. 신자가 믿지 않게 되어 다른 종문으로 옮겨 가는 일에 관해서는 자유가 보장되어야 하며, 이를 방해하는 세력은 처벌해야

---

9) 『맹자』에 나오는 말로, 둘 중에 하나를 선택해야 한다면, 더 좋은 것을 선택한다는 뜻이다.

제6장 종교를 이해하는 방식

한다. 일반적으로 종문을 믿지 않는 자거나, 복수의 종문을 동시에 믿는 자도 모두 믿음의 자유를 보장받아야 하며, 이를 방해하는 자는 처벌해야 한다. 같은 마을에 산다는 이유로, 믿지 않는 사람을 박해하거나, 돈을 요구하는 것은 금지해야 한다.

관官의 허가를 받지 않은 사우祠宇나 회당會堂의 건립은 금지한다. 관의 허가를 받은 사우와 회당 밖에서 종교 의식을 행하는 것은 금지해야 한다. 공공연히 깃발을 내걸고 악기를 연주하거나, 종교의 법에 따라 축문을 읽는 행위 등은 오로지 관이 허락한 사당이나 회당의 경내에서만 허용하고 다른 곳에서는 엄격하게 금지해야 한다. 장례나 제사의 의식은, 각자의 종법宗法에 따르고, 분묘지墳墓地로 정해진 범위로 들어선 이후에 비로소 그 의식을 치르는 것을 허가한다. 길을 가면서는 절대로 할 수 없다. 사람들이 자신의 집안에다가 자신이 믿는 바에 따라 단감壇龕이나 붕루棚樓를 만들어 기도하고 제사를 올리는 것은 자유가 보장되어야 하지만, 집밖에는 작은 사당이라고 하더라도 이를 세워서는 안 된다.10)

일반적으로 관이 허락한 사우나 회당을 제외하고는 보통 사람의 집에서 열 명 이상의 신자가 모이는 일은 금지해야 한다. 또한 사람이 없는 산림에서 신자들이 모이는 것은 금지해야 하며, 길가에 사당이나 감실龕室 또는 불상이나 총塚 같은 것을 세우거나 혹은 신자에게 기이한 옷을 입히고, 혹은 목상木像이나 석상을 특별 공개한다고 사람들을 현혹시키는 일도 근거가 없는 것은 이를 금하도록 힘쓰고, 각 종문의 신자들이 교리를 잘 지키도록 해야 한다.

이러한 금령 중에서도 중대한 사안은 사법 부문에서 형법 안에 넣고, 가벼운 것은 풍속을 단속하는 법규에 실어 이를 관할하는 기관이 단속해야 한다. 종교를 관할하는 기관은 오로지 그러한 일들을

---

10) 단감壇龕과 붕루棚樓는 집안에 설치하는 제단과 상자 같은 것을 말한다.

점검하는 것으로 충분하다. 한편 여러 종교 내의 학덕學德의 위계 등과 같은 사안을 정부가 정하거나 부여할 권한은 없다. 해당 종교 측에서 미리 정해둔 바와 그 신도들의 선택에 따르기만 하면 된다. 미타彌陀·보살·여래라고 칭하고, 성인·상인上人·화상和尙·장로라고 부르는 것도 당사자의 학덕에 의거한 일일 뿐, 관이 관여할 바가 아니다. 이를 정부의 위계, 무관의 계급과 비교하고자 한다면, 중려重黎씨가 일찍이 단절시킨 천지 사이의 교통을 다시 일으켜, 신과 인간이 합쳐져 하나가 되길 바라는 것이다.[11] 지금 만일 정부가 그 교사를 선임하고 출척黜陟하는 권한이나 그 위계를 정하는 권한을 갖는다면, 이는 정부로 하여금 그 교문을 받들게 하는 것이다. 그렇다면 석가도, 달마도, 수도승修道僧도, 눈먼 승려도, 심지어는 여우나 큰 뱀도 모두 다 정부와 하나로 연결된 친한 사이가 되어버린다. 이 어찌 기이한 일이 아니겠는가.

6.3 교문론 3

니시 아마네, 제6호

어떤 사람이, "정부가 종교와의 관계를 끊는 것은 전술한 정도로 충분한가?"라고 물었다.

나는 그 밖에 한두 가지 방법을 더 제기할 수 있다고 다음과 같이 답했다. 하나는, 정치를 세우는 대본大本을 명확하게 함으로써 종교와의 관계를 끊는 것이다. 대저 천황의 통치가 만세에 걸쳐 계속一統萬世되었다는 점은 우리나라 제도에 있어 중요한 바이며, 만일 여기에 어긋나는 경우가 생긴다면 엄격하게 이를 제재해야 한다. 그렇지만 일신日神의 뜻이었다는 식으로 정책의 권위를 세우려는 생각을 해서

---

[11] 중려重黎씨는 중국 고대에 천문과 지리를 관장했던 관원인 중重씨와 여黎씨.

는 안 된다.[12] 이러한 발상은 태양신을 숭배한 페루의 옛 왕실과 매우 유사한 것이므로, 또한 거울로 삼아야 한다.[13] 국왕이 정치의 대권大權을 갖는 것이 천직天職이라는 점에서, 전세계 군주들의 권한과 동일하다. 지금 그들을 능가하여 우위에 서려고 한다면 억지가 되고, 외교활동에 있어서 그 명의名義가 어그러지게 된다. 그러므로 조칙詔敕이나 명령에서 정치와 종교의 관계가 없다는 뜻을 분명히 보여줘야 한다.

또 하나는, 서양의 사례를 보면, 의례를 담당하는 관청은 국왕의 궁중宮中에 속해 있으면서 예전禮典이나 연회 그리고 상찬相贊의 일을 담당한다. 대저 제사나 조묘廟祧의 의식은 왕의 집안일이다. 왕실 이외의 사람들이 자신들의 조상을 신처럼 받들어 제사 드리는 것을 그들에게 맡겨두듯이, 또한 정부가 상관할 바가 아니다. 이렇게 되면 정부는 오로지 정치만을 맡고, 이와 함께 문교文敎를 밝힘으로써 정치의 자산으로 삼는다. 그렇게 하여 인지人智가 날로 나아가고, 인민이 믿는 바가 위로부터 명령하지 않아도 자연스럽게 고상해져서, 천하고 거칠며 난잡함에 빠지는 데서 멀어지고, 맑고 간결하며 진실한 믿음에 도달하게 될 것이다. 어찌 정부의 명령으로 인민의 믿음을 어지럽힐 필요가 있겠는가.

어떤 사람이, 문교文敎와 교문敎門의 다른 점이 무엇인가를 물었는데, 나는 다음과 같이 대답했다. 모든 학술學術이란 인지人智를 개명하는 것이다. 교문은 인지가 미치지 않는 곳, 즉 믿음의 영역에서 출발하는 것이다. 그러므로 문교와 교문 사이에는 원래부터 하늘과 땅만큼 큰 차이가 있다. 하지만 문교의 정도가 점차 높아지면 믿는 바도 자연스럽게 수준이 높아진다. 예를 들어 어떤 사람이 여우를 믿거나,

---

12) 일신日神은 아마테라스 오오미카미天照大御神로 일본 건국신화의 신이자, 천황의 선조이다.
13) 잉카 문명을 말한다.

뱀을 믿거나, 텐구天狗를 믿고 있지만,[14] 그가 만약 동물학을 배우게 된다면 그것이 엉터리임이 곧 드러나게 될 것이다. 천둥, 번개, 바람, 비의 신을 믿고 있는 경우에도 전기電氣학이나 기상氣象학에 통달하게 되면 그 의문은 바로 풀릴 것이다. 혈지血池지옥이나 칼산지옥을 믿는 것도, 지질학을 알게 되면 자연스레 사라질 것이다. 태고太古의 구전口傳된 이야기를 믿는 것도, 세계의 태고사太古史(mythology)를 섭렵하고, 겸하여 고계학古界學(paleontology)를 궁구한다면 그 거짓됨이 자연스럽게 밝혀질 것이다. 대체로 이러한 부류의 일은 인지가 개명됨으로써 어설프고 조잡한 믿음을 제거할 수 있게 된다. 이렇게 하면 그 믿는 바가 자연스럽게 순수하고 간결해지며 정치와 서로 배치되는 일도 없을 것이다. 그러니 어찌 정부가 힘으로 압박하여 인민의 믿음을 강요할 필요가 있겠는가.

> 이 글은 그 뜻이 명료하고 사리가 명확해서, 비난받을 것이 하나도 없다. 생각건대, 제정일치祭政一致나 성교일도政教一途라는 잘못을 치료하기에 족하다고 말할 수 있다. 다만 글 안의 천직天職이란 중국支那에서 나온 반개半開의 문자이니, 대신정치代神政治(theocracy)에 해당한다. 아마도 지금의 문화 개명의 논의에 반하는 것이리라.
>
> 　　　　　　　　　　　　　　　　　　　　　　가토 히로유키

6.4 교문론 5[15]

　　　　　　　　　　　　　　　　　　　　니시 아마네, 제8호

---

[14] 깊은 산에 산다는 상상의 존재. 사람의 형상을 하고 있으며, 신통력이 있다고 한다.

[15] 실제는 4번째 연재지만, 잡지에는 '五'로 되어있다. 1874년 5월 31일.

제6장 종교를 이해하는 방식

어떤 사람이 묻기를, "인민에게 믿음을 강요할 수 없음은 이상의 논의를 통해 잘 알겠다. 그렇다면 정부는 인민이 좋아하는 바에 맡겨버리고 일체 관여하지 않아도 되는 것인가?"라고 했다.

나는 다음과 같이 답변했다. 정부와 인민의 관계는 부모와 자식의 관계 같은 것이다. 설령 인민에게 특정한 믿음을 강제할 수 없다고 하더라도 어찌 혹닉惑溺에서 벗어나 선교善敎를 향해 나아가기를 바라지 않겠는가. 믿음이란 사람이 알 수 없는 것에 뿌리내리고 있다고는 하지만, 아는 바의 크기나 깊이라는 것을 가벼이 여길 수는 없다. 그러므로 아는 것이 크고 깊은 자의 믿음은 따라서 높고, 아는 것이 깊은 자는 그 믿음 역시 반드시 두텁다.

길이를 재는 것으로 비유해보겠다. 세계가 얼마나 큰지 파악하기란 누구에게나 어려운 일이지만, 리里로 재는 것이 장丈으로 재는 것보다 낫기 마련이고, 척尺으로 셈하는 것이 촌寸으로 셈하는 것보다 낫다.[16] 이것이 세상의 이치이다. 생각건대, 사람의 지식도 또한 이와 같은 것이다. 그러므로 지식의 범위가 넓고 큰 사람은 그 믿음이 반드시 정확하지 않다 하더라도, 지식의 범위가 좁고 작은 사람에 비하면 그 차이가 매우 클 것이다. 백성들이 여우나 너구리 또는 뱀이나 벌레에 대한 믿음을 갖는 일이나, 현자가 상제나 주재자를 믿는 일이나, 둘 다 모르는 대상을 믿는다는 점에서는 같지만, 둘 사이에는 천지만큼의 차이가 있다.

그러므로 세상을 돕고 백성을 키우는 자는 사람들에게 신앙을 강요할 수 없다. 하지만 세상의 현철賢哲들처럼 높고도 원대한 지식을 가진 사람들이 믿는 바에 찬동하고 그들을 보조하여 그 신봉하는 바를 마음껏 믿을 수 있게 해주며, 조금도 이를 구속하고 얽매는 일이 없다

---

16) 일본에서 1리里는 약 4km, 1장丈은 약 3m, 1척尺은 약 30cm, 1촌寸은 약 3cm이다.

면, 현철들이 그 믿는 바를 분명히 하여 힘을 다해 유도하고 타일러서 보통 사람들이 혹닉되거나 정신이 나간 사람도 또한 점차 순화되어 장차 바뀌게 될 것이다. 이것이 백성의 믿음을 다루는 정부의 통치 방략이다.

어떤 사람이 묻기를, "그렇다면 세상의 현철이라는 사람은 과연 믿는 바가 있는 것인가?"라고 했다. 나는 다음과 같이 대답했다. 필부필부도 믿는 바가 있는데, 하물며 현철이 어떻게 믿음이 없을 수 있겠는가. 하늘이 높고, 일월성신이 멀리 있음은 육안으로 보아도 보이지 않는 것은 아니다. 그러나 망원경이 한번 발명되기에 이르니, 그 멀고 가까움을 분별할 수 있게 되고, 그 실체를 관찰하여 육안으로 일찍이 보지 못한 바를 또한 보게 된다. 천왕성天王星, 해왕성海王星, 은하수의 별, 성운星雲 속에서 생성 중인 별, 시리우스처럼 이미 생성된 별, 태양의 불덩어리, 달의 크레이터 같은 것을 모두 기계의 힘을 빌려서 분명하게 그 실제를 가리키고 명확하게 그 이치를 알 수 있다.

생각선대, 성리性理상의 지智에 관해서도 같은 얘기를 할 수 있다. 현철들이 만물의 존재이유를 알고자 하여 마음의 미세한 것을 궁구하다가 주재자의 존재가 그 배후에 있음을 추측하여 알게 되었다. 현철들은 이미 주재자가 존재함을 믿기 때문에, 그 명령을 어겨서는 안 된다는 점을 알고 있다. 『시경』에서 "방안의 컴컴한 구석에서도 부끄러움이 없다"라고 얘기하는 경외와 애모가 멈추지 않는 정성의 자세는 아마 고금의 현철 모두에게 있으며, 지구상 어디에서나 그렇지 않은 곳이 없다.[17] 다만 소위 교문에 이르러서는 그 문파에 의해 도덕이나 예의의 규칙이 다르고, 숭배하는 신이 같지 않다. 이 또한 사람들이 각자 선택할 뿐인 것이다.

---

17) 『시경』에 "방의 서북쪽 모퉁이에서도 부끄럽지 않게 하라. 不愧于屋漏"는 대목에서 온 말로, 혼자 있을 때에도 삼가라는 의미이다.

제6장 종교를 이해하는 방식

6.5 교문론 6

니시 아마네, 제9호

어떤 사람이 "당신도 또한 택할 종교가 있는가?"라고 물었다. 나는 "있다. 오로지 참된 것眞을 선택한다. 하지만 무엇이 참된 것인지 알 수 없기 때문에 참에 가깝다고 여겨지는 것을 선택할 수밖에 없다."고 대답했다.

그러자 "그렇다면 선택하는 방법이 있는가?"라고 했다. 나는 "있다. 오로지 참된 것을 선택한다는 말은, 즉, 습속이나 대대로 내려온 집안 전통에 구애받지 않아야 하고, 세간의 포폄襃貶에 휘둘리지 않고 다른 사람이 권장勸奬하는 것에 의거하지 않으며, 편리함과 불편함을 논하지 말아야 한다. 오직 내 마음이 참이라 여기고, 참에 가깝다고 여기는 바를 선택하면 된다."고 말했다.

그는 "내 마음이 참이라 여기고, 참에 가깝다고 여기는 것이란 무엇인가?"라고 물었다. 나는 "내가 평소에 스스로의 행동거지를 규율하는 근본 원칙을 마음에 물어보면 자연스럽게 밝혀질 것이다. 그렇지만 이는 학자로서의 본분을 생각한 결과일 뿐이다. 세상의 혹닉惑溺되거나 망령된 필부필부를 위한 말은 아니다."라고 말했다.

그 사람이 "내 마음에 묻는 방법이란 무엇인가?"라고 물었다. 내가 "당신은 일찍이 자신의 마음이 선善이라고 여기는 바를 행하고, 또 악惡이라고 여기는 바를 행한 적이 있는가?"라고 물으니, 그는 있다고 대답했다. 내가 "선한 일을 한 뒤에 그 마음은 어땠는가."라고 하자, 그는 마음으로부터 기쁨이 우러났다고 했다. 내가 "그릇된 일을 한 뒤에는 그 마음이 어땠는가?"라고 묻자, 그는 "오뇌懊惱와 회한에 사로잡혔다."고 말했다.

내가, "당신 양심獨知의 영역을 그 누가 알겠는가. 군주는 신하의 하늘이라 하지만, 당신의 군주가 이를 알 수 있을까. 아버지는 자식의 하늘이라 하지만, 당신의 아버지가 이를 알 수 있을까?"라고 물으니, 그는 알 수 없다고 말했다.

내가, "아는 사람이 없다면, 당신이 선한 일을 한 뒤에 무언가 기쁨을 느끼고, 그릇된 일을 한 뒤에 무언가 오뇌하는 것은 누구에 대해서 그런 것인가?"라고 물으니, 그는, "이는 나의 본성이다. 누구에 대한 것이 아니다."라고 말했다.

내가, "이른바 본성이란 누가 이것을 만들고, 누가 이를 이루는 것일까. 당신의 군주가 당신을 보살핀다고 하여 당신의 본성을 만들었다고 할 수 있을까. 당신의 아버지가 당신을 낳았다고 하여 당신의 본성을 완성시켰는가?"라고 물으니, 그는 "군부^{君父}가 만들 수 없는 것으로, 스스로 자연스럽게 갖는 것이다."라고 말했다.

나는 말하기를, "당신은 원래부터 자연적으로 이 본성을 갖고 있다고 말하는데, 다른 사람이 당신에 대해 불의^{不義}를 저지르는 일이 있어도 당신은 분개하지 않을 것이란 말인가."라고 하니, 그는, "나는 화를 낸다. 나에게 관계된 일이 아니고, 남이 관계된 일이라도, 거기에 대해 나는 화를 낼 것이다. 하물며 나에게 관련된 것이라면 말할 것도 없다."고 했다.

내가, "당신은 왜 분개하는가. 저 불의를 저지른 자는 원래부터 그러한 본성을 가졌다고 말한다면, 본성에 선악의 구별이 있다 하더라도 불의가 그 사람 본성 속 본연의 부분에 포함되어 당사자는 그것을 행한 것일 뿐이다. 그렇다면 당신은 왜 화를 내는 것인가. 또 사람이란 모두 각자의 본성에 따라서 살아도 된다고 말할 수 있다면, 도둑질이나 흉포한 일 그리고 살인을 저지르더라도 이것은 나의 본성이라고 말할 수 있다. 즉 내가 다른 사람이 스스로의 양심에 따라 하는 바를 알 수 있는 방법이 없다면, 본인이 하는 말에 따를 수밖에

제 6 장 종교를 이해하는 방식

없다. 그렇게 되면 이를 어떻게 구속하고 처벌할 수 있겠는가."라고 말했다.

그는 말하기를, "내가 잘못 생각했다. 나의 본성은 하늘이 준 것이고, 하늘이 준 것은 만인이 같다. 그러므로 하늘이 준 것으로 도리에 어긋나게 하면, 나는 여기에 화를 내고, 벌하려고 할 것이다. 옛 사람이 말하기를, '도道의 본원은 하늘에서 나와 바뀔 수 없으며 그 실체는 이미 자신에게 갖춰져 있어 떠날 수 없다.'라고 했다.[18] 그대 또한 이를 말한 것이리라."고 했다.

나는 이렇게 말했다. "그렇다. 당신은 이미 그대의 본성은 군부君父가 만들어 낼 수 없는 것으로, 하늘이 부여한 바라고 말했다. 이는 어느 정도 진실에 가까운 것이다. 지금 그대는 인성人性이 천부적인 것이라 군부가 사사롭게 할 수 있는 바가 아니라는 사실을 이미 알고 있다. 과연 이 육체는 부모가 낳은 것이고 군주가 보살피는 것인가. 그것은 모르겠다." 그는 "그렇다. 부모는 이를 낳았고, 군주가 이를 보살핀다."고 했다.

나는, "그렇다면 단지 본성만이 하늘이 그대에게 준 것으로 그대의 소유이고, 육체는 군부의 소유가 되는 것인가. 그리고 이미 군부의 소유라면, 부모가 당신을 만들 때 어째서 아름답고 추함을 마음대로 선택하지 못했고, 군주가 당신을 보살핌에 있어 어째서 만민의 빈부貧富를 균일하게 하지 않았을까?"라고 물었다. 그는 "육체 또한 하늘이 준 것이다."라고 말했다.

나는 말하기를, "그대의 마음과 육체가 모두 하늘로부터 받은 것이라면, 그대의 근본은 하늘이 아닌가. 그래서 군부의 무거움으로도 또한 하늘에 맞설 수 없는 법이다. 다시 말해, 하늘이 두 개일 수는

---

[18] "首明道之本原出於天而不可易, 其實體備於己而不可離", 『중용장구』 제1장

없지 않은가."라고 했다. 그가, "그렇다. 하늘이란 내가 알 수 없는 존재이지만 반드시 그보다 더 상위의 존재란 없고, 그와 대등한 존재가 있을 수 없음은 알고 있다."고 말했다.

나는, "이것이 진실에 가까운 이야기일 것이다. 이제 하늘天이란 글자의 뜻을 묻는 것으로 논의를 전환해볼 것을 청한다. 대저 하늘이란 땅地에 대비되는 이름일 뿐인가, 아니면 다만 푸르른 곳을 가리키는가. 저 파란 하늘은 기氣와 빛이 이루어낸 것인가, 아니면 해와 달과 별 등을 가리키는 것인가. 해와 달과 별日月星辰은 물物이다. 이 모든 것을 하늘이라고 말한다면 하늘에게 어찌 뜻이 있다고 말할 수 있겠는가. 만일 뜻이 없다면, 어찌 그대의 본성과 육체를 부여할 수 있는가."라고 말했다.

그가 말하기를, "하늘은 곧 리理이고, 오직 하나의 리가 흘러간다. 그러므로 만물의 형태가 흐른다. 어찌 그 외에 다른 하늘이 있겠는가?"라고 물었다. 나는, "이는 송宋나라 유학자가 만들어 놓은 미혹의 세계로, 한번 이 미혹의 세계에 빠지면 아리아드네亞利亞德尼(Ariadne)의 실도 당신을 구할 수 없을 것이다.19) 지금 리로써 하늘을 삼는다고 하면, 세상의 모든 허물과 악함 또한 리가 있으므로 발생하는 것이고, 리가 있으므로 이것을 하는 것에 다름 아니다. 즉, 리는 선악 모두에 통하는 이름이 되는 것이다. 이제 하늘을 리라고 해석해서 말한다면, 악 또한 천리天理가 되는가."라고 하고, 또 "송나라 유자들이 이미 '천리'나 '인욕人欲'이란 말을 했다. '천리'라는 글자는 '리'자 위에 '천'을 얹어 놓은 것인데, 무엇 때문인가?"라고 물었다.

그는, "단지 '리'라고 말하면, 특별히 선한 것을 가리키게 되어, 필경 천리가 된다."고 말했다. 내가, "좋다. 이제 '천'이 바로 '리'

---

19) 그리스 신화에 등장하는 크레타의 공주. 아리아드네는 다이달로스가 만든 미궁에서 테세우스가 빠져나올 수 있도록 실타래를 주고, 테세우스는 이를 이용해 미궁 속 괴물인 미노타우르스를 퇴치한 뒤 빠져나오는 데 성공한다.

라고 말한다면, 도대체 어떻게 설명할 것인가? 만약 천과 리가 같은 것이라면, '천이 곧 리이다.'라는 말은, '리는 곧 천'이라고 말하는 것과 같은 것인가?"라고 묻자, 그는 "그렇다."고 대답했다. 나는 다음과 같이 말했다. "동시에 천은 바로 리라고 말한다면, 리는 바로 리가 된다고 하는 것과 마찬가지이다. '천리'라는 글자는, 이것을 '리리理理'라고 해도 같은 것인가? 생각건대, 천은 리가 발생하는 곳을 가리키는 말이므로, 천과 리는 같은 것이 아니다. 지금 이것을 비유하자면, 하늘은 마치 국왕과 같고, 리는 마치 조칙詔敕이나 법령과 같은 것이다. 지금 조칙이나 법령을 가리켜 이를 곧 국왕이라고 말한다면 우습지 않겠는가. 지금 '천天은 곧 리理'라고 말한다면, '조칙이나 법령은 국왕이다.'라고 말하는 것과 같으므로, 또한 가리키는 바가 잘못된 것이다.

생각건대, 하늘이라 함은 그 위치를 가리키는 말로, 지극히 높아서 대적할 상대가 없다는 말일 뿐이다. 마치 국왕의 부府를 가리켜 정부政府라 일컫고, 국왕을 높여 부르기 위해 전하殿下라고 말하는 것과 같다. 그렇지만 정부가 바로 국왕은 아니다. 직접 그 체體를 가리키고, 그 주재主宰하는 바를 가리켜 '제帝'라고 부르며, 인간의 제帝와 구별하기 위해 '상제上帝'라 부르고, 그 작동하는 바의 신묘하고 헤아릴 수 없음을 강조할 때에는 '신神'이라고도 말한다. 그러므로 '천리'라 함은 '신리神理'이며, 우리의 성령性靈과 형체形體는 모두 신이 준 것이고, 그 조칙詔敕과 고명誥命은 우리의 마음속에 새겨진 바 되어, 하나의 작은 생각이라도 교훈을 보여주지 않음이 없다. 오직 조칙과 고명을 좇아서 받들기만 하면, 단지 현세뿐만 아니라 영원히 이 행복을 누릴 수 있고, 만약 조칙이나 고명을 어기면, 내세뿐만 아니라 현세에서도 이 오뇌와 벌을 받는다.

인간이 만물의 장長으로 이 지구상에 군림할 수 있는 것은, 바로 이 마음을 잘 보존하고, 이 본성을 잘 알며, 능히 이 리理를 받듦으로써 어디서부터 나온 것인지와 무엇을 의지해서 이루어졌는지를 인식하고, 하늘을 경외하며 애모愛慕하고, 매일매일 잘못을 저지르지 않기 위해 조심함으로써 그 길을 준수하고 신봉하기 때문이다. 그렇지 않다면, 아무리 크고 높은 건물, 호화롭고 웅장한 집에 산다 하더라도 어찌 산호충珊瑚蟲과 다를 바가 있겠는가."

6.6 교문론 7

니시 아마네, 제12호

어떤 사람이, "당신은 상제上帝가 있다는 것을 믿고, 높이 받들어 존경하고 공경하여 떠받든다고 했다. 그렇게 받들어 존경하면 어떤 이로움이나 공덕功德이 있는가. 사람 사는 세상에는 일정한 윤리강상倫理綱常이 변치 않고 존재한다. 만약 인간이 유가의 도斯道를 따르고 감히 어기는 일 없이 지낸다면, 상제는 과연 이를 어떻게 하겠는가. 진정 상제가 존재한다면 그 사람은 미래에 복을 누릴 것이다. 만일 상제가 존재하지 않더라도 애석해 할 바가 아니다. 이 또한 지극 간단하므로 그런데 상제의 유무조차 사람이 알 수 없는 상황에서, 여기에 대해 이것저것 떠들고 엄숙하게 떠받드는 행위는 그야말로 혹닉이자 신을 모독하는 일에 가까운 것 아닐까. 이것이 필부필부가 여우나 너구리, 나무나 돌을 숭배하는 것과 무엇이 다르다는 것인가."라고 말했다.

나는 다음과 같이 대답했다. 믿음은 모든 덕의 근원이며, 모든 행동의 근본이다. 이른바 예월輗軏이 없으면, 무엇으로 수레를 가게 하겠는가.[20] 지금 어떤 사람이 능히 인혜仁惠하다면, 어찌 아름답지

---

20) '예월'은 수레를 소나 말의 멍에에 묶어 멍에를 짓는 부품 이름이다. 니시가 쓴 문장의 출처는 『논어』 위정편의 "子曰、人而無信、不知其可也. 大車無輗、小車無軏、其何以行之哉"에 대한 주희의 주석이다. 주희에 의하면 수레에 예월이 없으면 다닐 수가 없는데, 사람에게 믿음信이 없는 상태가 바로 그와 같은 것이라고 설명한다. 즉, 여기서 예월은 신실함의 비유이다.

않겠는가. 그런데 만일 그 기초가 없다면, 부인의 어짊이나 노파의 은혜로움으로 오히려 대인大仁이나 대혜大惠를 해칠 수 있다. 충성과 믿음이 있는 사람이 있다면, 그를 선善이 틀림없다고 여길 것이다. 그러나 이 역시 기초하는 바가 없다면 노예의 충성과 정부情婦의 믿음에 지나지 않으며, 도리어 진정한 충성과 믿음을 잃게 될 것이다. 재능이 있고, 지혜가 있으며, 학술이 있는 사람이 있다면 어찌 귀중하게 여기지 않을 수 있겠는가. 그렇지만 만일 기초하는 바가 없다면 재능은 변질되어 교활한 아첨꾼이 되고, 지혜는 다른 사람을 기만하는 간사한 꾀가 될 것이며, 학문이나 기술은 간악함을 날조하고 교활함을 키우는 도구가 될 것이다.

그런데 지금 상제를 알 수 없다고 하여 이를 믿지 않는다 말한다. 설령 일정하게 변하지 않는 윤리강상倫理綱常이 있다 하더라도, 평소 자신의 행동이 반신반의半信半疑의 사이에서 나오고, 욕망 때문에 어지러워지며, 정情 때문에 흔들려 결연히 마음에 새겨놓았던 윤리강상도 지키지 못하게 될 때에는, 뛰어난 지식을 가진 사람이라도 어느 정도 순舜임금의 얼굴을 하고 있지만 걸왕桀王의 마음을 가졌다거나, 공자孔子의 모습이지만 도척盜跖의 정신을 갖고 있는 무리라고 할 수 있지 않을까?21) 시골 노인이나 촌 아가씨가 조각상이나 그림을 믿는 것은 애초에 사소한 마음과 미미한 믿음이자 매우 수준이 낮고 어긋남이 심하므로, 누구나 가엾게 여겨 한 번 웃음거리로 삼는 것이다. 그러나 이런 모든 것을 싫어하고, 작은 귀신을 멸시하며 신을 업신여기고, 주색에 빠지거나 도박만 하다가 순사巡査가 아니라면 두려워할 필요가 없다는 자에 비한다면, 누가 더 인간에 가까운 것인가. 소민의 믿음이 있는가 없는가가 이러한데, 하물며 현철賢哲의 믿음에 있어서야 어떠하겠는가.

---

21) 성인인 순舜임금에 대비되는 폭군 걸桀왕과 성인 공자에 대비되는 도적 도척을 말한다.

생각건대, 소위 현철의 믿음이란 마음을 다하고 성性을 아는 것이며, 수기치인修己治人의 도道와 온갖 덕과 모든 행동이 여기에 근원을 두지 않은 바가 없는 것이다. 아! 세상의 소민은 어리석고 보잘 것 없으니 그들에게 무엇을 기대할 수 있겠는가. 그러니 세상의 높은 관직자들이 시골 노인이나 촌 아가씨의 하찮은 믿음을 보게 된다면, 누가 비난하고 웃지 않겠는가. 그런데 돌이켜보아 그들의 평소 수양하는 바를 묻는다면 어떨까. 이익을 탐하고, 영예를 부러워하며, 좋아하는 것을 따르고, 권세를 탐한다. 맛있는 음식들이 넘쳐나고 아름다운 여성에게 둘러싸여, 밖에 나가면 화려한 마차를 타고 달리며, 안에서는 화려한 장식들이 번쩍이고, 생각이 고양되고 기가 왕성하다. 필생의 업이 여기에 있다고 하는 자가 만일 믿음도 확립되어 있지 않고 근본도 없다면, 이를 시골 노인이나 촌 아가씨에 비교했을 때 그 차이가 얼마나 나겠는가.

아아! 이들 무리에게 풍속의 변화를 열고, 문명을 일으키기를 바라는 것은 역시 어렵지 않을까. 세상의 대인이나 군자에게 이러한 폐단을 보여준다면, 어느 누가 개탄하지 않고 창연히 슬퍼하지 않겠는가. 그러나 그들에게 평소에 가지고 있는 생각을 물으면, 진충보국盡忠報國을 말하고, 문명개화를 말하며, 이로움을 일으키고 해악을 제거하는 일을 말하며, 부국강병을 말한다. 그리고 우리 군주를 표트르(比達)[피-타-]대제나 나폴레옹 같은 군주로 만든다거나, 우리 인민을 영국이나 프랑스, 미국의 인민처럼 만들겠다고 한다. 또한 공훈을 세우는 일로는 이홍장李鴻章을 압도하고 비스마르크를 쓰러뜨리겠다고 하며, 사주四州를 횡행하고 세계를 집어삼킬 것처럼 말한다.[22] 아아! 그 뜻은 충성스럽고 장하다. 하지만 그들에게 대본大本이 확립되어 있지 않고 마땅한 도리達道가 명확하지 않으니, 저 높은 자리의 선생들과

---

22) 사주는 아시아, 아프리카, 유럽, 아메리카.

제6장 종교를 이해하는 방식

비교해본다면 그 차이가 또한 얼마나 되겠는가. 아아, 이 몇몇 종류의 사람들이란, 하늘을 믿고 입신하기 위한 대본이라는 측면에서 오백리 안개 속에 있다. 다시 말해, 재지才智, 학술, 훈공勳功이 있고, 업적을 이루고 이름을 날린다 하더라도 모두 취생몽사일 뿐이다. 어느날 아침 찬바람이 불어 풀잎 위에 이슬이 사라지듯 관 뚜껑을 덮어 만사가 다 끝난 후에, 평생 노심초사하여 열심히 바쁘게 경영하고 구획지은 옛날 일을 계산해보면, 저 시골노인이나 촌 아가씨와 크게 다를 바가 없다.

그러므로 믿음은 여러 덕의 근원이자 백행의 근본이고, 나 자신을 수양하고 남을 다스리는 기초이다. 나 자신이 평강하고 안전하며, 나라가 평안하고 행복할 수 있는 것도 이 큰 믿음을 세우는 데에서 시작한다.

나라가 평안하게 다스려지기 위한 기초가 세워지지 않고, 인민의 개화도 아직 이루어지지 않았으며, 외국의 모욕이 아직 그치지 않는다. 그리고 나라의 재산은 날로 부족해지고, 사람들의 기질과 습관은 날로 더욱 박정하고 불성실해졌다. 이미 이와 같이 되어 시간이 갈수록 어려워지고 있다. 아아! 이런 식으로라면 몇 년 후에는 또 어떻게 될 것인가. 세찬 기세로 병속의 물이 한번에 쏟아지듯 가게 되면,[23] 어찌 나라의 독립을 말할 수 있으랴.

하늘과 사람의 관계란 마치 원예사와 초목의 관계와 같다. 심은 것은 흙을 덮어 이를 키우고, 기울어진 것은 바로 세우며, 썩은 가지와 말라죽은 뿌리는 보호하지 않고, 벌레 먹은 가지와 얽혀 있는 줄기도 그대로 두지 말아야 한다. 그리고 하루라도 빨리 원예사에게, "나는 이 정원이 황폐하여 풀이 우거지고 덩굴이 얽혀 있는 것을 바라

---

[23] 원문은 건병지세建瓶之勢로 병이 엎어져서 병속의 물이 쏟아지는 모양, 세찬 기세를 말한다.

지 않는다. 자네가 갈아엎어서 옛 뿌리를 잘라버리고, 이 새 종자를 심기를 바란다. 나는 장차 봄이 오면 기이한 꽃이 다투어 피고, 좋은 향기가 정원에 가득한 것을 보여주려고 한다."고 말해야 한다.

아! 나라의 흥폐와 존망을 예상하는 말이 몇 번이나 일어나는데, 제사의 장로長老는 그 말을 따르지 않고, 그 인민은 회개의 길을 모르니, 은감이 장차 저 이스라엘 사람에게 있는 것이 아닌가.[24]

---

24) 은감殷鑑은 거울삼아 경계하여야 할 전례라는 의미로, 19세기 말에 유태인이 나라 없이 전 세계에 흩어져 살았던 것처럼 일본도 독립을 잃을 수 있다는 의미이다.

6.7 교문론 의문 1

카시와바라 타카아키, 제29호

내가 요즈음 니시 선생님의 「교문론」을 읽었는데, 그 문장이 진실하고, 뜻이 깊고 오묘하여 반복해서 몇 번이나 읽어보니 새롭게 알게 된 바가 적지 않다. 하지만 가만히 생각해보니, 그 입론立論의 뜻이 과거의 설說과는 크게 다른 점이 있어 독자의 마음속에 있는 선입견을 씻어내지는 못했으니, 아무래도 그 진정한 뜻이 어디를 향한 것인지 적어봐야겠다고 생각했다. 그래서 내가 고루함을 마다하지 않고, 이해하기 어려웠던 이유를 간단히 적어서 감히 선생님께 질문 드린다. 만약 선생님께서 감사하게도 가르침을 주신다면 나로서는 큰 다행일 것이다.

대저 다스림政을 행하고 가르침敎을 편다는 것은 우선 다른 사람의 믿음을 얻는 데에서 시작한다. 다른 사람들이 믿어줘야만 명령한 바가 이루어지고 가르침이 성립한다. 신뢰 받지 못한다면 명령을 내려도 이루어지지 않고, 주의를 준다 해도 지켜지지 않는다. 믿음을 주는 방법이란 여러 가지가 있지만, 사람으로 하여금 의심하지 않도록 하는 법은 하나이다. 이미 의심하지 않게 되면 물이나 불 위도 걷게 만들 수 있고, 나무나 돌을 숭배하게 할 수도 있다. 믿는 것이 어려운 것이 아니라 믿게 만드는 것이 어려운 것이다. 덕으로 믿음을 얻는 자가 있고, 술수로 믿음을 파는 자가 있다. 사람이 무엇인가를 믿는다고 할 때, 모르면서 믿는 사람은 없다. 믿으려면 먼저 눈으로 이를 보고, 귀로 이를 듣고, 마음으로 이를 살피고 나서야 믿을 수 있다는 것을 안다. 그리고 나서야 비로소 의심하지 않게 된다.

옛날에 서양사람 중에 처음으로 인도로 항해한 사람이 있다. 그가 인도 왕에게 말하기를, "신의 나라에서는 겨울이 있는데, 물이 얼어

수정이나 거울처럼 되어, 돌처럼 딱딱해집니다."라고 했다. 왕은 그가 자신을 속인다고 여겨 그를 죽였다. 왕은 한 번도 겨울이나 얼음에 관해 보지도 듣지도 못했고 또한 여기에 대해 살펴 생각해본 적도 없으니, 왕이 그를 죽인 것은 당연하다. 그러니 스스로 성찰해서 알지 못한다면, 무엇에 의거하여 스스로 믿을 수 있겠는가. 또한 스스로 믿지 않는다면 어찌 능히 다른 사람을 믿게 하겠는가.

옛날에는 육신의 죽음으로써 믿음을 증명하는 자가 적지 않았다. 그렇지만 그 성공한 사례를 보면, 애초부터 모르면서 믿음을 갖는 경우가 있다. 이른바 "모르는 사이에 상제의 뜻을 따른다."는 것이다.25) 이를 두고 감화化라고 한다. 이미 감화되면 사람이란 어떻게 할 수가 없는 법이다. 그렇지만 믿음이 마음에 뿌리내리는 데에 있어서 그 깊이가 다르기는 하다. 믿음이 깊은 경우에는 움직이지 않고, 얕은 경우에는 흔들리기 쉽다. 만일 움직이지 않는 믿음을 흔들어 움직이면, 줄기가 꺾이고 가지는 부러져도 뿌리는 끝내 뻗어나가게 된다. 힘 있는 사람이라도 결국 이를 뽑아내지 못할 것이다. 만일 먼저 믿음의 뿌리가 얕은 것을 골라서 이를 베어버리면, 깊은 것도 반드시 홀로 설 수 없어 기세가 결국 자연스럽게 꺾일 것이다.

생각건대, 석가는 브라만波羅門를 깨부쉈고, 루터는 천주교를 새롭게 하였다. 우리나라의 불교 승려들도 역시 믿음을 높였다. 이런 점을 두고 생각해 볼 때, 믿음이 어찌 변하지 않을 수 있는 것이겠는가. 서양 국가들에는 결코 천하고 거친 교문敎門이 없다. 그렇기 때문에 사람들이 각자 좋아하는 바에 맡기더라도 괜찮은 것이다. 또한 사람들의 식견이 높고 배움이 넓으니, 어찌 돌이나 나무, 곤충과 짐승을 숭배하는 사람이 있겠는가. 하지만 우리나라는 다르다. 우부우부愚夫愚婦가 삿된 가르침에 빠져서 현혹되어 빠져버린 예가 이루 다 말할

---

25) "不識不知 順帝之則"『시경』「대아」

제6장 종교를 이해하는 방식

수 없을 정도이다. 그러니 정부가 어찌 이를 묻지 않을 수 있겠는가. 내가 듣기로는, 나라에 왕이 있음은 마치 집안에 부모가 있는 것과 마찬가지라고 한다. 사해四海 안은 모두 형제이다. 그 부모 형제 중 다스림을 행하는 사람이 믿는 바란 자연히 우부우부의 견해와 같지 않다. 그렇다면 자식이나 형제가 물에 빠져 가라앉는 모습을 보고도 팔짱을 끼고 구하지 않으면 어찌 부모 형제라고 할 수 있으며, 어찌 백성을 보호한다고 할 수 있으랴. 또한 어찌 어질고 자애롭지 못하다는 비방에서 벗어날 수 있겠는가.

선생은, "믿음에는 본말이 없다. 다만 진실하다고 여겨지는 바를 믿어야한다."라고 말했다. 이는 맹인에게 여러 색깔을 주고 고르라고 말하는 것과 같다. 만약 우부우부로 하여금 각자가 진실하다고 여기는 것을 믿게 한다면, 결국 초혜대왕草鞋大王에게 절하게 될 것이다.[26] 이는 팔짱을 끼고 사람을 버리게 되는 길이다. 또한 "필부필부가 나무나 돌, 벌레나 짐승을 믿는 것도 진실한 대상을 믿는 것이다."라고 한다. 아아, 이것은 대체 무슨 말인가. 나무나 돌, 벌레나 짐승이 진실하다면, 어찌 하늘을 두려워하고 상제上帝를 공경하겠는가. 또한 어찌 가르침을 받아들이겠는가. 삿된 것을 거부하고, 음란함을 물리치며, 거짓을 버리고 진실됨을 구함은 가르침의 커다란 근본이다.

선생이 얘기하는 "정치권력은 교문의 도道와 그 근본을 달리 한다."는 말, "그 주된 바는 인민을 모아 나라를 이루고, 옳지 못한 것이 옳은 것을 해치지 못하게 함으로써 치안을 유지한다."라는 얘기, "교문의 도와 같은 것은 바로 이와 상반 된다."는 등의 얘기는 전혀 그 근본을 달리하는 것이다. 어찌 교문과 정치가 서로에게 간섭하여 교문이 정치에 해를 끼치는 일이 있겠는가. 나는 이 부분을 읽기에 이르러 몹시 납득하기 어려웠다. 이는 선생이 말하는 교문이란 것이

---

26) 불교의 수호신인 금강역사.

6.7 교문론 의문 1

정교正敎를 가리키는 것인지, 아니면 사교邪敎를 가리키는 것인지, 그 뜻이 어디에 있는지 알 수 없었기 때문이다.

가령 예수의 가르침을 들어 여기에 대해 검토해 보자. 예수에게는 십계명이 있는데, 그 처음 세 가지 조항은 신을 공경하는 도이다. 네 번째는 부모를 섬기라. 이는 즉 제왕이나 관장官長에서 부모나 스승에 이르기까지 모두를 공경해야 함을 뜻한다. 다섯 번째는, 살인하지 말라. 무릇 원한이나 비난으로 다른 사람에게 상처를 주고 해를 입히는 일을 경계하라는 뜻이다. 여섯 번째는 간음邪婬하지 말라. 일곱 번째는, 도둑질 하지 말라. 무릇 다른 사람의 재물을 손상시켜 불공평한 일을 하는 것을 경계하라는 의미이다. 여덟 번째는, 거짓 증언을 하지 말라. 다른 사람의 명성을 훼손함과 동시에 속이는 일을 하지 말라는 의미이다. 아홉 번째는 다른 사람의 아내를 탐하지 말라. 이는 음란한 생각을 끊으라는 말이다. 열 번째는 다른 사람의 재물을 탐하지 말라. 이는 탐욕스러운 마음을 경계하는 것이다.

이상 일곱 가지 계명은, 만약 이를 어기면 반드시 모두 정부의 처벌을 받기에 족하다. 교문의 도가 다만 형법의 조항에 설치되지 않았을 뿐이다. 그런데 형법보다 더 심한 것이 있다. 선량한 사람은 천당이라는 상을 받고, 나쁜 사람은 지옥이라는 벌을 받는데 그 혹독함이 오형五刑보다 엄하다.[27] 만일 사람들이 이 계율을 지킬 수 있다면, 오형이 있다고 해도 오형이 필요 없게 되는 것 아닌가. 만일 교문의 도에 반한다면, 어찌 인민을 모아서 나라를 이루고, 부정不正이 정正을 범하지 못하게 함으로써 치안을 유지할 수 있겠는가. 이를 생각해보면, 어찌 양자의 근본을 구별 지을 수 있고, 서로 관계가 없다고 말할 수 있는가. 정부에 도道가 없다면 법률이 실행되지 않을 것이며, 인민에게 가르침敎이 없다면 다스림政에 복종하지도 않을

---

[27] 오형 : 태형笞刑, 장형杖刑, 도형徒刑, 유형流刑, 사형死刑의 다섯 가지 형벌.

것이다. 사람에게 가르침이란 하루도 없어서는 안 된다. 배불리 먹고 따뜻한 옷을 입고 편안한 집에 있으면서 가르침이 없다면 금수에 가까울 것이다. 다스림과 가르침은 같은 지점으로 귀결된다. 나는 문명국의 왕실에 대례大禮가 있을 때에는 반드시 종교 지도자敎師를 데려와서 이를 주관하게 한다고 들었다. 하늘을 공경하기 때문이고, 백성을 믿기 때문이다. 가르침이 정치에 있어서 얼마나 중요한가.

그렇지만 가르침의 도가 바르지 않다면 그 다스림도 해악이 적지 않다. 사람들을 각자 자기가 좋아하는 바에 맡겨서는 안 되는 까닭이다. 만일 가르침이 올바르고 진실하다면, 인지人智가 개명됨에 따라 그 믿음은 더욱 깊어지고, 다스림을 행하는 데 있어서도 점차 빠뜨릴 수 없는 것이 된다. 만약 가르침이 거짓되고 망령되었다면, 어찌 개명한 백성에게서 믿음을 얻을 수 있겠는가. 이른바 신교정치라는 것의 실체가 신교가 아니라 우민을 속이는 술수라면, 야만스러운 왕은 기만의 도로써 만민을 통제하려고 할 터이니, 멸망으로 치달을 것이 당연하지 않겠는가.

6.8 교문론 의문 2

카시와바라 타카아키, 제30호

사물이 가진 폐단은 사물의 본성이다. 성인이라고 하더라도 미리 여기에 대비해 둘 수는 없다. 로마가 나라를 회복한 것도 교문의 힘에 의한 것이었고, 패한 것도 역시 교문 때문이었다. 생각건대, 당시에 왕이라고 칭하던 자들은 모두 소위 인의仁義의 이름으로 패도霸道를 도모한 자들이다. 그들은 교황에게 아부하여 세상을 구하는 교문을 갖고 백성을 도탄에 빠뜨리기에 이르렀다. 교문의 폐단은 여기에 이르러 극에 달했다. 천운天運이 순환하여 루터 씨가 일어나 그 폐단으로부터 구해내어 교황의 권력은 갑자기 약해졌다. 폐단이 일어난 원인을 살펴보니, 가르침 자체에 있는 것이 아니라 사람에게 있었다. 이를 치도治道에 비유하자면, 마치 성왕聖王 뒤에 걸·주桀紂가 나타나는 것과 같다. 대저 나라의 왕을 세우는 일이란 백성을 편안하게 하기 위한 것이다. 그렇지만 걸·주는 반대였다. 사람이 가르침을 세우는 것은 세상을 구하고자 하는 까닭이다. 그러나 로마는 재난을 피하지 못했다.

그렇지만 하루라도 왕이 없어서는 안되고, 하루라도 가르침이 없어서는 안 된다. 대저 가르침이란 인심을 다스리는 도구이다. 마음이 올바르면正心 몸이 다스려지고修身, 몸이 다스려지면 집안이 바로 다스려진다齊家. 집안이 바로 다스려지지 않으면 무엇으로 자주의 권權을 확립하랴. 몸이 다스려지지 않으면 무엇에 의해 품행이 고상해지기를 바라겠는가. 마음을 올바르게 갖지 않으면 어떻게 능히 나라의 법률을 준수할 수 있겠는가.

지금 선생은 내심內心을 뒤로 하고 외형外形을 우선하였다. 이것을 사물에 비유하자면, 내심은 사물이고 외형은 그림자이다. 사물이 원형이라면 그림자도 또한 원형이고, 사물이 사각형이라면 그림자도 또한 사각형이다. 다시 말해 마음이 올바르다면 그 행동도 또한 바람직하지 않을 수 없다. 이를 두고 "마음에 진실誠이 있으면 반드시 밖으로 드러난다."[28]고 하는 것이다. 만일 마음을 다스리지 않고 공연히 외형을 따지기만 한다면, 마치 사각형인 물건을 보고 원형인 물건을 구하는 것과 같다. 대개 좌도左道에 빠진 자는 재물을 탐하고 색을 좋아하며, 요행으로 복을 얻으려 하고, 직분을 잊어버린다.[29] 겉으로는 재물을 경시하고 의로움을 중시하는 어짊仁이 없고, 안으로는 욕망을 극복하고 자기 수행을 하지 않아, 태어나서는 육신의 노

---

28) "誠於中 形於外", 『대학』
29) '좌도'는 유학의 가르침에 어긋나는 모든 삿된 가르침을 가리킨다.

제 6 장 종교를 이해하는 방식

예가 되고 죽어서는 마귀魔鬼의 희생물이 된다. 지금 세상 사람들을 내버려두어 여우나 너구리, 나무나 돌을 믿게 한다면, 사람들이 각자 마음 가는 대로 방황하다가 끝내 어디를 향해야 할지 모르게 될 것은 뻔한 일이다.

그렇다고 여기다가 형벌만을 가하게 되면 이는 가르치지 않고 죽이는 것이다.[30] 또한 그 형벌이 무겁더라도 다만 한 사람을 죽이는 것에 지나지 않는다. 한 사람을 죽인 자는 하나의 죽음, 즉 한 생명을 앗은 죄에 대해 자신이 죽음으로써 벌을 받으면 충분하지만, 만 명을 죽인 자는 만 명의 생명을 앗은 데에 대한 형벌로 어느 정도가 충분하겠는가. 가령 그를 죽이더라도 단지 한 사람의 죽음에 지나지 않을 뿐이다. 그렇다면 어찌 공평한 법이라고 부를 수 있겠는가. 이렇듯 다스림의 요점은 덕을 우선으로 하고 형벌을 나중으로 한다. 덕의 근본은 가르침으로써 인심을 하나로 통합하는 데에 있다. 훌륭한 군주는 천하의 마음이 한 가지 길로 귀결되도록 해야 한다. 그렇기 때문에 명령하면 행해지고, 금지하면 그치는 것이다. 만약 천하의 사람들이 각자 자기 마음대로 하게 된다면, 날마다 백형百刑을 가한다 해도 행해지지 않을 것이고, 또한 천하의 모두를 벌줄 수도 없는 법이다. 더구나 정부도 사람일 뿐이다. 적어도 사람이라면 그들이 믿는바 역시 인민과 같지 않을 수 있겠는가. 정부가 만일 여우나 너구리, 나무나 돌을 믿는다면, 여우나 너구리, 나무와 돌의 정부가 여우나 너구리, 나무와 돌의 인민을 통치한다는 것이 되니, 어찌 기이한 일이 아니겠는가.

---

30) 원문은 '形'인데, '刑'의 오식이므로 여기서는 '형벌'로 번역했다. 이와나미판 『明六雜誌』[27] 하권 p64에서는 별도 표기없이 '形'을 따르고 있으나, 문맥상 여기에는 '刑'이 들어가야 한다.

6.9 교문론 의문 3

카시와바라 타카아키, 제31호

상고시대의 역사를 보니 대체로 황당하고 의심스러운 것이 많다. 그렇지만 수천 년이나 후대에 살면서 이를 어떻게 할 수는 없다. 서양의 태곳적 전설도 역시 왕왕 의심스러운 것이 있다. 이른바 노아가 방주를 만들어 그의 가족 및 짐승들을 각 한 쌍씩 태워서 홍수를 피했다는 얘기 등이 바로 그것이다. 그 배의 크기나 인원의 많고 적음은 내가 알 수 없지만, 동물들의 종류는 수억 종이 넘었을 텐데 어찌 모두를 태울 수 있었겠는가. 또한 짐승 중에 잔인하고 탐욕스러운 것도 있고, 사납고 못된 것도 있다. 육식 동물을 키우려면 풀떼기를 줄 수는 없으니 한 마리를 잡아서 몇 마리를 키워야 할 텐데, 그러면 한 쌍씩 있는 동물들 중 한 쪽을 잃을 수밖에 없다. 더구나 몇 마리를 해쳐서 겨우 한 마리 굶어죽는 것을 막아야 한다면 어떻겠는가. 굶주림이 심해지면 나중에는 반드시 서로 잡아먹게 될 것이다. 상고시대의 호랑이는 지금의 고양이만 하고, 태곳적의 곰은 지금의 개만 한 크기라는 말인가. 또 만약 맹수나 독사가 한 배 안에서 싸우게 되면 사람은 어떻게 그 화에 휩쓸리지 않을 수 있겠는가. 그런데 노아의 배는 아라라트에 표착하기까지 수개월이 걸렸다고 한다.[31] 여기에 대해 어떻게 이치에 닿는 설명이 가능하겠는가.

우리나라는 황통이 오랫동안 이어져 왔고 앞으로도 영원할 것이다. 그렇지만 상고시대 역사를 읽어보면 천손강림天孫降臨이라는 것이 있는데,[32] 오늘날의 지식에 비추어 보면 대단히 의심스러운

---

[31] 「창세기」에서 노아의 방주가 대홍수 끝에 표류하다가 도착한 아라라트산을 말한다. 터키에서 가장 높은 산이다.
[32] 일본 건국신화에서 천상 세계인 타카마가하라高天原를 다스리는 아마테라스오미카미天照大御神의 손자인 니니기노미코토瓊瓊杵尊가 지상 세계인 아시하라노나

점이 있다. 하지만 상고시대 사람들이 그럼에도 이를 틀렸다고 하지 않은 데에는 당시에 확실한 증거로 삼을 만한 바가 있어서일 것이다. 근래에 이를 외국 역사와 비교해보게 되니 크게 의심을 풀 수 있었다. 페루의 고대 왕의 선조도 태양으로부터 왔다는 얘기가 바로 그것이다. 이는 필시 우리나라 상고시대에 먼 곳으로 귀양 간 황자皇子가 그곳에 표착하여 왕이 된 것일 것이다. 그 복장을 보면 가슴에 국화모양 장식이 있다. 1863년 간행된 미국인『멧텔 씨 지리서』90쪽에 나와있다.33) 그리고 그 나라 말이 바뀌어서 우리나라의 말과 매우 비슷한 점이 있다고 한다. 또한 하와이 여왕의 이마에 국화 모양을 새기는 종류의 일 네덜란드 사람 '무 이 한오헨'씨의 저술, 1855년에 간행된『지상 인민 풍속통』464쪽의 그림에 나온다.도 있다.34) 황국학皇國學을 하는 사람에게 이런 현상에 대해 설명하라고 하면, 반드시 다음과 같이 말할 것이다. 우리나라 상고시대에 외국으로 귀양 간 사람이 외국 땅에서 나라를 일으킨 것이라고. 페루 왕이 이미 스페인에 의해 멸망한 오늘날, 천손天孫의 나라로 만국과 나란히 서있는 나라는 오직 황국뿐이다. 페루의 사례를 거울삼아 그와 같은 전철을 밟지 않아야 한다. 만일 어떤 사람이 실제로 하늘에서 내려온다 한들 그 언행이 신성하지 않다면 사람들이 어떻게 상제의 자식이라고 여기겠는가. 하물며 그 자손에 대해서는 어떠할 것이며, 실제로 하늘에서 내려온 것을 보지 못한 자는 어떻게 믿겠는가. 천자에서부터 서민에 이르기까지 모두

카츠쿠니葦原中國의 통치를 위해 타카마가하라로부터 일본 휴가日向의 다카치호高天穗에 내려왔다는 이야기.

33) 여기서 카시와바라가 본 그림은 Samuel Augustus Mitchell(1792~1868)의 *Mitchell's Primary Geography: An Easy Introduction to the Study of Geography*, Philadelphia, E.H. Butler & Co. 1863, 90쪽에 실려 있다. 이 책은 당시 미국에서 널리 사용된 어린이를 위한 지리 교재이다. 후쿠자와 유키치 역시 그의 초기 작품들인『서양사정』초편(1866)과 외편(1868),『세계국진世界國盡』(1869) 등을 집필하는 과정에서 미첼의 *School Geography*나 *New School Geography*를 참조했다. 해당 그림은 최정훈 선생의 도움을 받아 확인하였다.

34) 저자, 저서명을 확인할 수 없다.

반드시 가르침이 없어서는 안 되는 까닭이 여기에 있다.

우리나라에는 고대부터 고유의 가르침이 있어서, 천연의 가르침이라고 말했다. 그 법은 사람으로 하여금 자연스럽게 본연의 성으로 돌아가게 하는 것으로, 오로지 성심誠心 하나였다. 그렇지만 시대가 점차 내려오면서 사람 사는 세상이 날로 복잡해지고 번성하게 되자 천연의 가르침으로는 삿됨邪을 바로잡기에는 충분하지 않았다. 이 때문에 유교儒敎를 널리 퍼뜨렸다. 하지만 역시 아직 어리석은 자들을 바꾸기에는 부족했다. 석가의 가르침으로 보완했지만, 그래도 벌레나 짐승, 나무나 돌과 같은 미신이 어지럽게 섞여 그 사이에서 제멋대로 나왔다. 오늘날 이러한 상황을 두고 애초에 가르침이 없는 편이 간편해서 낫다고 여기는 것은, 교법敎法이 다양하고 복잡해져서 인심을 두 셋으로 갈라놓기 때문이다. 교문의 폐해는 여기에서 극에 달했다.

이런 때에 바야흐로 새로운 가르침을 널리 퍼뜨려 오래된 폐해를 없애지 않는다면, 교정敎政에 말할 수 없는 문제들이 생겨날 것이다. 그렇지만 만약 폐해를 고치는 방법이 적절치 못하다면, 그 해악 또한 적지 않을 것이다. 어떤 사람은 세상에서 가장 좋은 가르침을 골라야 한다고 말하고, 어떤 사람은 사람들이 좋아하는 데 맡겨야 한다고 말하며, 어떤 사람은 여러 가르침을 절충해서 우리 풍속에 맞는 것을 취해야 한다고 말한다. 이는 모두 하나만 알고 둘을 모르는 얘기이다. "훌륭한 음악은 촌사람들의 귀에는 들어가지 않고",[35] 최상의 교법

---

35) "大聲不入於里耳、折楊皇荂、則嗑然而笑", 『장자』 외편

上乘은 범부凡夫를 이끌기에는 충분하지 않다.36) 군자가 믿는 바는 소인이 의심하는 바이고, 노파가 편안하게 느끼는 장소는 소년에게는 우스운 곳이다. 새로운 것을 탐하는 자는 낡은 것을 싫어하고, 오래된 것을 좋아하는 자는 기이한 것을 괴이하게 여긴다. "사람들의 마음이 같지 않음은 사람들의 얼굴이 같지 않은 것과 마찬가지이다."37) 그렇기 때문에 만일 적당한 사람을 얻지 못한다면 교법이 올바르다고 해도 행해지지 않을 것이고, 교법이 주장하는 바에 이치가 있다고 하더라도 믿기지 않을 것이다. 아아! 믿음의 어려움이란 이를 믿게 만드는 어려움에 있다고 한다. 가르침의 길이 어찌 언어·문자에 국한되는 것뿐이겠는가.

카시와바라가 본 그림 (▷p180)

---

36) 중국 당唐대 승려인 규봉종밀圭峰宗密(780~841)에 따르면, 선은 외도선外道禪·범부선凡夫禪·소승선小乘禪·대승선大乘禪·최상승선最上乘禪의 다섯 가지로 분류 가능하다. 범부선은 중생, 즉 평범한 사람들을 구제하기 위한 선이라면, 최상승선은 앞의 네 가지 선을 초월하여 가장 뛰어난 선으로, 자신의 마음이 부처와 다르지 않음을 믿고 깨닫는 것이다. 카시와바라는 이러한 구분을 염두에 두고 있는 듯하다.

37) "人心之不同也 如其面焉", 『춘추좌씨전』

6.10 개화를 진전시키는 방법을 논하다

쓰다 마미치, 제3호

지금 사람들은 입만 열면 곧 말하기를, "개화, 개화."라고 한다. 개화의 얕고 깊음의 정도는 마치 칠흑 같은 밤에서 대낮으로 바뀌는 과정처럼 점차 변해간다. 그러한 변화의 이유는 오로지 나라 안에서 행해지는 종교法敎와 학문에 있다. 생각건대, 학문을 크게 구별하면 두 종류가 있다. 고원高遠한 공리空理를 논하는 허무虛無와 적멸寂滅, 그렇지 않으면 오행성리五行性理나 혹은 양지양능良知良能의 주장 같은 허학虛學이다.[38] 이를 실물에 비추어보고, 실제 형상에 물어봐서 오로지 확실한 이치만을 말하는 오늘날 서양의 천문학, 물리학, 화학, 의학, 경제, 그리스 철학과 같은 것은 실학實學이다. 이 실학이 국내에 두루 퍼져서 각자가 도리道理에 밝게 통달하게 되는 것을 진정한 문명세계라고 부를 수 있다. 그렇지만 널리 인민의 진보가 이러한 영역에 도달하는 시기는, 구미 각국에서도 지금보다 훨씬 더 오랜 세월을 거듭하지 않으면 기대할 수 없다. 하물며 동남양東南洋의 여러 나라들은 어떻겠는가. 아아! 우리 인민은 언제쯤에나 이 영역에 도달할 수 있을 것인가. 엎드려 이를 생각해보니 우러러 망연자실할 수밖에 없다. 그렇다면 아직까지 이 영역에 도달하지 못한 국민을 두루 개화開化로 키워내기 위해 도움이 되는 것이란 무엇이 있을까. 그 답은 종교이다. 종교의 목적은 대개 개화되지 못한 인민을 이끌어 선한 길로 나아가도록 하는 데에 있다.

종교에는 몇 가지가 있다. 종래 우리나라 안에서 행해진 두 가지는 신도와 불교이다. 우리나라 밖에서 행해진 것은 그 숫자를 셀 수 없다. 그렇지만 그 중 가장 유명한 것은 몇 가지에 불과하다. 불교,

---

38) 차례대로 도교, 불교, 성리학, 양명학을 말한다.

배화교拜火教, 회교, 기독교이다. 그 중에서도 기독교가 최선이다. 기독교는 다시 세 가지로 나뉜다. 그리스 정교, 천주교, 프로테스탄트異宗이다. 프로테스탄트도 다시 여러 파로 갈린다. 루터파, 칼뱅파 등이다. 이 안에서 또 신구新舊 두 파로 나뉜다. 신파 쪽이 자유를 중시하고, 문명의 설에 가장 가깝다고 한다.

교화敎化가 인간 사이에 퍼지자, 그 중 높은 수준의 것이 항상 낮은 수준의 것을 압도하고, 새로운 것이 대체로 진부한 것을 이기는 기세가 흐르는 물과 같았다. 해외 각국의 역사를 살펴보면 그러한 예가 일일이 열거할 수 없이 많다. 잠시 이를 제쳐두고, 우리의 역사에 전해지는 것만을 가지고 시험 삼아 이를 논해보기로 하자.

고대 중국의 문자가 아직 우리나라에 들어오지 않았을 때, 소위 신인혼교神人混交, 제정일치의 신정신교神政神敎가 행해졌다. 아직기阿直岐가 『논어』와 『천자문』을 조정에 바치기에 이르자, 중국 글자, 중국학이 조정에서 매우 빠르게 유행하게 되었다. 그 후 불교가 동쪽으로 퍼지기에 이르러 나카토미노 카마코中臣鎌子, 모리야노 오오무라지守屋大連 등이 사력을 다해서 이를 배격했지만,[39] 끝내 이를 어떻게 할 수 없었다. 이후에 불교가 조야朝野에 널리 퍼지는 일 또한 매우 빠르게 이뤄졌다. 이후 선종禪宗, 정토淨土, 법화法華 등의 여러 종파가 들어오거나 흥하였다. 당시에는 이를 막으려고 한 자가 적지 않지만, 그 누구도 이를 막아낸 자는 없었다. 다만 그리 오래되지 않은 옛날, 천주교 하나만은 쇼군가의 무단武斷으로 수십만의 생명을 시마바라島原에서 일거에 다 죽이고, 간신히 이를 금지할 수 있었다.[40] 최근에는 서양 글자가 우리나라에 들어오자 처음에는 이를 억눌렀지만,

---

[39] 소위 고분古墳시대에 해당하는 6세기의 호족들로 불교 도입에 찬성한 소가蘇我씨에 반대했다. 모리야노 오오무라지는 모노노베노 모리야物部守屋를 가리킨다.

[40] 시마바라의 난島原の亂은 1637년 규슈九州의 북부 시마바라에서 일어난 대규모 민란이다. 1638년에 진압되었다.

6.10 개화를 진전시키는 방법을 논하다

미국 배가 우라가浦賀에 들어온 후 나라의 추세가 변함에 따라서 그 유행 또한 신속하게 바뀌어, 드디어 오늘날에는 입을 열면 '개화開化'를 말하는 형세에 이르렀다. 그렇지만 이렇게 입을 열면 곧 개화를 말하는 자는 겨우 관원官員, 서생書生, 신문지 편집자 등 수십 수백 명에 지나지 않는다. 도대체 이를 우리나라 인구 3천만에 비하자면 과연 몇 백천분의 일이나 되겠는가. 참으로 전국의 인민은 여전히 구습舊習의 사람들로, 대개 이들로 말하자면 지옥과 극락, 인과응보, 오행방위五行方位 등 근거 없는 설에 미혹된 우민인 것이다. 어찌 이를 반개화半開化의 인민이라고 말할 수 있겠는가.

지금 세상의 상황을 자세히 살펴보건대, 기독교가 우리나라에 침입한 것은 자연스러운 움직임이니, 마치 강의 흐름처럼 세차서 막을 수 없음이 거울에 비추어 보는듯하다. 다시 시마바라의 난과 같은 일이 있어서는 안 될 것이다.

현재 국내의 인민 모두의 개화를 돕는 데에는 기독교만한 것이 없다. 그렇지만 그 안을 보면 각기 다른 점이 있고, 이해득실이 있음을 면치 못한다. 그렇다면 그 중 가장 새롭고, 가장 좋으며, 가장 자유롭고, 가장 문명의 설에 가까운 것을 취하여 우리 개화의 진보를 도와주는 것이 우리나라의 현재 입장에서는 상책上策이라고 할 수 있다. 지금 정부의 여러 부처에서 많은 서양인을 고용하여 그 학문과 기술을 전해 받은 것처럼, 저 가장 새롭고 선한 목사牧師를 고용하여 공공연하게 우리 인민을 교도敎導하게 하면 어떻겠는가. 글을 통해 메이로쿠샤 제형의 고견을 바란다.

6.11 삼성론三聖論

쓰다 마미치, 제21호

불교의 기원은 브라만婆羅門에서 시작하여 석가에 이르러 크게 변하고 대성하였다. 야소교耶蘇敎는 유대교에서 출발하여 그리스도에 이르러 큰 변화를 겪고 대성하였다. 유자儒者의 도道는 요·순·우·탕堯舜禹湯과 문·무·주공文武周公으로부터 공자에게 전해지면서 크게 변하고 대성하였다. 이들 삼성三聖이 나오기 전에 각 계통마다 이미 수천 명의 성현이 나왔고, 삼성에 이르러 대성하였다. 삼성 이후 오늘에 이르기까지 또한 각각의 도가 이어진 지 수천 년이 되었고, 또한 그 동안 적지 않은 숫자의 성지현철聖智賢哲을 가진 사람들이 등장했다고 하지만, 한 번도 삼성으로부터 크게 달라진 것은 없었다. 어째서 도道는 대성大成하고 나면 이후에 더 이상 변혁하지 못하는 것일까.

내가 생각하기에, 삼성三聖 이후 학술이 크게 열리고 이에 따라 도리도 명확해졌다. 삼성의 말이라 하더라도 지금 관점에서 보자면 틀린 곳이나 억지가 때때로 있다. 이는 그 당시에 사물의 이치가 아직 밝지 않았기 때문이다. 그렇지만 인도人道의 대본大本이라는 차원에서 보자면, 삼성이 말하는 바는 흔들리지 않는 분명한 것으로 없어질 수 없는 것이다. 그 이유는 무엇일까. 석가는 자비慈悲를 말했고, 공자는 인仁을 말했으며, 그리스도는 사랑愛을 말하여 이를 각자의 도의 기본으로 삼았기 때문이다. 삼성 이전에도 소위 성인이나 현자들은 모두 자비, 인, 사랑이라는 미덕을 모르지 않았다. 그렇지만 미처 이것을 인도人道의 주축이 되는 근본으로 삼지는 못했다. 조물주의 덕이란 광대하고 끝이 없다고 하지만, 한마디로 그 덕의 근본이 무엇인지를 형용할 수 있는 말은 이 몇 가지뿐이다. 효제孝悌, 충신忠信, 지용智勇, 정직 등은 모두 인도에 있어서 빠트릴 수 없는 것이라고 하지만, 만약 이들을 주된 덕목으로 삼는다면 이는 잘못이다. 자비, 인, 사랑을 주된 덕목으로 삼아 조물주의 살아있는 것들을 사랑하는 마음을 가장 잘 체현한 것은 석가, 공자, 그리스도, 이 세 성인에 비할 자가 없다. 이것은 삼성이 삼성일 수 있는 이유이자, 그 도가 유구하게 전승되며 바뀌지 않는 까닭이다. 자비, 인, 사랑은 문자는 다르다고 하더라도 뜻은 하나이다. 모두 조물주의 끊임없이 사랑하고 기르는 덕을 표현한 바이다.

석가가 말하기를, '천상천하유아독존天上天下唯我獨尊'이라고 했다. 조물주의 공을 빼앗아 자신이 이를 대신하려는 작정일까. 그리스도는 스스로 신의 아들이라고 말하며, 신을 사랑하고 인간에게 어질기를 원했다. 삼성三聖의 행실은 서로 다르다. 내가 생각하기에 사람들이 모두 신의 아들, 신의 손자, 천상천하유아독존이라고 다르게 말할 뿐이다. 우리 지구상의 세계에서 태어나 살아가는 억조 인민 모두 동포이며 형제이다. 각자 그 본성을 다하고 힘을 다해 서로 사랑하고 서로 성장시켜야 한다. 만일 이처럼 하게 된다면, 곧바로 조물주의 뜻에 맞게 실제로 전당, 극락, 편안한 집을 얻을 수 있다고 한다.

6.12 인민의 성질을 개조하는 설(**1875**년 **2**월 **16**일 연설)

나카무라 마사나오, 제30호

무진戊辰 이래 어일신御一新이라고 하는 말에서,[41] '신新'이란 무슨 뜻인가. 낡은 막부의 정치를 떠나, 왕정의 새로움을 펼친다는 뜻일 것이다. 그렇다면 정체政體의 일신一新일 뿐인 것으로, 인민이 일신했음은 아니다. 정체는 물을 담는 그릇과 같고, 인민은 물과 같다. 둥근 그릇에 넣으면 둥글게 되고, 사각형 그릇에 넣으면 사각형이 된다. 그릇이 바뀌어 모양은 변하지만 물의 성질은 달라지지 않는 것이다. 무진 이후에 인민을 넣는 그릇은 옛날보다 좋은 모양이 되었다고 할 수 있지만, 인민은 역시 원래의 인민이다. 노예근성의 인민이요, 아랫사람에게는 거만하고 윗사람에게는 아양을 떠는 인민이다. 무학문맹의 인민이요, 주색酒色을 즐기는 인민이다. 독서를 좋아하지 않는 인민이요, 천리天理를 모르고 직분을 살피지 않는 인민이다. 지식은 얕고 짧으며, 도량은 편협하고 작은 인민이요, 노고勞苦를 싫어하고 간난艱難을 견디지 못하는 인민이다. 사사로운 식견을 품고 하찮은 재주를 부리는 인민이다. 힘쓰고 인내하는 성질이 없는 인민이다. 부박하고 경솔하며, 마음속에 중심이 없는 인민이다. 자립의 의지가 없으며 다른 사람에게 의지하는 것을 좋아하는 인민이다. 관찰하고 생각하는 성질이 부족한 인민이다. 돈을 쓸 줄 모르는 인민이요, 약속을 어기고 신의信義를 중히 여기지 않는 인민이다. 우애友愛의 정이 얕아 일치단결하기 어려운 인민이요, 새로운 것을 밝혀내는 일에 힘쓰지 않는 인민이다. 이상의 여러 폐단이 없는 인민이란 원래 적다고 하나, 보통은 대체로 이와 같다.

이러한 인민의 성질을 바꾸어 선량한 마음씨와 고상한 품행으로

---

[41] 1868년의 메이지 유신을 말한다.

교화시키고자 한다면, 단지 정체政體를 바꾸는 것만으로는 그 효험을 절대로 볼 수 없다. 다만 둥그런 것이 육각이 되고 팔각이 되는 것뿐으로 그 안의 물의 성질은 바뀌지 않는다. 그러므로 정체가 바뀌는 것보다는 오히려 인민의 성질이 변하여 이윽고 오래된 악습을 버리고, 날마다 새로워지고 다시 날마다 새로워지는 것이야말로 바람직하다.[42] 지금 민선의원이라는 것이 세상을 시끄럽게 하고 있는 일은 길조吉兆로 여겨 축하해야 한다. 생각건대, 이 의원議院이 흥하는 날에는, 일본이라는 나라를 인민 전체가 갖게 되고, 이를 지키고자 하는 마음가짐이 이루어질 것이며, 정부의 관료에게 의존하는 마음을 고치게 되고, 노예근성이 날로 줄어들 것이며, 사방에서 인재가 배출될 수 있을 것이고, 인재를 한 지방에서 뽑는 폐해도 점차 없어질 것이다.[43] 그렇기 때문에 민선의원이 민심을 일신하는 데에 도움이 된다는 것은 본래 말할 필요도 없는 것이다. 다만 여기서 한 가지 눈여겨보아야 할 것이 있다. 민선의원이 창립되어 인민이 설령 어느 정도의 정권을 위로부터 나누어 가질 수 있게 되더라도, 여전히 종래와 같은 인민이라면, 정사政事의 형체가 조금 변할 뿐이지 인민의 성질을 개조하는 주된 효험은 없게 된다.

그렇다면 인민의 성질을 개조한다는 것이 무엇인지 설명하자면, 크게 나눠 두 가지가 있을 뿐이다. 예술藝術과 종교敎法이다.[44] 양자는 수레의 두 바퀴, 새의 양 날개와 같아서 서로 도와 민생을 행복으로 이끈다. 학술 쪽만 높고 묘한 경지로 나아간다고 해도 그것이 오로지 물질적인 개화開化라면, 고대 이집트나 그리스 시대처럼 풍속이 무너져 악화되는 것을 구해서 바로 잡을 수가 없다. 반드시 종교가

---

42) 『대학』의 '일신우일신日新又日新'을 원용한 것이다.
43) 원문의 '일방一方'은, 아마도 유신의 중심 세력인 사쓰마薩摩와 조슈長州 등 특정 지역 출신들을 가리키는 것으로 보인다.
44) 「좋은 어머니를 만드는 설」(▷p144)에 art science는 '기예와 학술'이라고 설명되어 있다. 여기서도 기예와 학술의 의미로 이해되어야 한다.

제6장 종교를 이해하는 방식

번성하여 학술의 감화가 미치지 못하는 부분을 도와야 한다. 그렇게 해야만 인심을 일신하는 길이 갖춰진다고 할 수 있다.

이러한 사실은 누구나 아는 일이므로 뛰어난 논의나 기이한 얘기가 아니다. 그렇지만 학자 선생 중에 학술에만 주의하고 종교를 도외시하거나, 혹은 서양의 종교를 싫어하고 미워하는 사람이 있다. 그러므로 지극히 평범한 보통 얘기를 늘어놓음으로써 고명한 여러 분들에게 질정을 바란다. 만일 이 방법 외에 우리나라 인민으로 하여금 그 성질을 개조하고, 유럽과 아메리카 여러 나라들의 인민의 고등高等한 정도와 같아질 수 있는 방법이 있다면, 바라건대 기꺼이 그 가르침을 받겠다.

제 7 장

문명개화와 인민

7.1 개화 제1화

모리 아리노리, 제3호

학자들이 말하기로는, 개벽 이래 나라의 성쇠는 있어도 세상이 문명으로 나아가는 움직임이 쇠퇴한 적은 일찍이 없다고 한다. 고금의 일에 관해 생각해보니 대저 사람이 하는 일이 개선되고 나아가게 됨이 실로 그렇다. 원래 사람의 습속이란 야만스러웠던 것으로, 하는 일도 다른 짐승과 거의 비슷했다. 앞으로 나아가게 됨에 따라 수렵을 알게 되고, 계절의 순환을 기억하며, 씨를 뿌리고 거두는 법을 깨닫고, 더 나아가서는 소와 말을 부려서 수고를 더는 법을 알기에 이르렀다. 이를 개화開化 첫걸음의 일이라고 할 것이다.

일해서 얻은 것을 사유私有로 인정하고, 노고勞苦는 복을 만드는 근본이며, 일하는 것은 세상을 살기 위한 방편이고, 교제를 넓히는 것은 즐거움을 더하는 실질임을 깨닫게 되면, 풍속이 반쯤 개화한 것으로 볼 수 있다.

무릇 역사를 살펴보면, 개화는 여기에 이르러 잠시 앞으로 나아

제7장 문명개화와 인민

가기를 멈추는 일이 많았다. 생각건대, 이는 사람의 생각하는 힘과 느끼는 힘이 조화를 이루지 못하여, 어떤 사람은 믿고 어떤 사람은 미혹되며, 누군가는 용기를 내고 누군가는 겁을 먹어 끝내 그 지적 작용을 활발하게 하지 못하기 때문이다. 미혹과 두려움을 능히 억누를 수 있어서, 여러 번 넘어지더라도 굴하지 않고 점차 한 발짝씩 나아가는 사람은, 사물의 이치와 조화造化의 묘妙를 깨달아 사랑이 풍부하고 사리에 밝게 되어, 결국에는 그 재덕才德이 반짝이는 빛을 발하게 된다. 이들을 개화의 경지에 도달한 사람이라고 할 수 있다.

여기에 이르러 우리나라의 상태를 보니, 능히 기계를 만들고 건물을 지으며, 광산을 파고 배를 만들어 뱃길을 열고, 거마車馬가 많아지고 도로를 개량하여, 천만 가지 기술이 계속해서 일어난다. 이리하여 통상은 더욱 열려서 사람은 교의交義를 두텁게 하고, 기계는 점점 더 정교해지며, 공산품의 수준도 높아져서, 사람이 점차 문명의 진가를 맛보고 나라는 처음으로 그 위상을 갖추어 번성한 경지에 들어가게 되었다고 한다.

7.2 진언일칙[1]

니시무라 시게키, 제3호

내가 서양의 역사를 읽어보고 깊이 느낀 바가 있고, 또한 깊이 두려워한 바가 있었다. 과거 그리스가 흥하기 시작할 때 그 인민은 기상이 굳건하고 올바르며 나라를 사랑하는 마음이 깊었기 때문에 페르시아의 대적을 쳐부수고 위명威名을 사방에 빛낼 수 있었다. 이로 인해 나라가 부유하고 융성해졌으며, 인민의 지혜와 기술은 날로 나아갔고, 기예는 그 정교함을 다했다. 그러나 인민의 기풍은 이때부터

---

1) 진언陳言 : 진부한 말, 케케묵은 말.

무너져서 사치, 음일淫佚함, 경박함, 교활함의 풍조가 크게 횡행했고 건국 초기의 강건강의한 기운은 모조리 닳아 없어져 끝내 로마인에게 나라를 빼앗기고 말았다. 로마가 일어나기 시작했을 때, 그 인민 또한 소박하고 강직하며, 호방하고 꺾이지 않는 기운이 있었다. 그래서 동서를 정벌하고 영토를 넓혀 천하로 하여금 그 위세를 두려워하게 만들었다. 국력이 부강과 융성의 극을 이루자 그 인민 또한 슬기를 겨루고 기술을 연마함으로써 개화의 경지로 나아갔다. 그러나 이때부터 인민의 기풍은 크게 떨어지고, 소박하고 강직한 기질은 음탕함, 사치스러움, 경박함, 교활함으로 바뀌어 결국 게르만족의 인민에게 멸망당했다.

이로 미루어 보아, 소박하고 강직함은 나라를 일으키는 데에 좋은 약이고, 사치와 경박은 나라를 멸망시키는 맹독임이 분명하다. 우리나라는 예로부터 인민의 기풍이 그리스나 로마의 인민에 뒤떨어지지 않았다. 최근에 이르러 인민의 지식이 날로 개화되고, 제조기술이 그만큼 나아갔다고는 하지만, 오래된 고유의 굳세고 소박한 기풍은 점점 쇠퇴하여 오늘날에 이르러 그 나쁜 풍조의 모습이 그리스나 로마의 말세와 매우 비슷하다. 제조기술은 태평함을 장식하는 도구이지 나라를 유지하는 도구가 아니다. 나라를 유지하기 위해 필요한 것은 오로지 인민의 마음가짐과 품행뿐이다. 옛사람이 말하길, "천리와 인욕은 서로 소장消長하는 관계이다."라고 했다.[2] 사치가 조금 늘어나면 검박儉朴함이 그만큼 줄어들고, 경박輕薄함이 조금 늘어나면 성신誠信이 그만큼 줄어든다. 현재 호시탐탐 끊임없이 욕심을 추구하는 자들이 우리나라를 에워싸고 있다. 나라를 걱정하는 선비라면 이를 어찌 해야하겠는가.

---

[2] "天理人欲、相爲消長"은 주희의 표현으로,『맹자집주孟子集註』진심하盡心下편에 나오는 말이다.

제7장 문명개화와 인민

7.3 개화의 진행은 정부에 의하지 않고 인민의 중론에 의한다는 설3)

미쓰쿠리 린쇼, 제7호

논자들은 유럽 각국에서 개화의 진행이란 왕왕 정부의 지식으로 새롭게 법률을 제정하여 폐해를 없애는 것에 의한 것이라고 한다. 하지만 역사서를 읽고 여기에 대해 자세히 생각해보면, 이러한 주장은 결국 근거 없는 낭설에 속하는 것으로 믿을 만한 근거가 없다. 그 이유는 무릇 국가의 요로要路에 있으면서 권력을 잡아 정치를 맡은 사람들이 애초에 어떤 인간인가를 생각해보면, 요컨대 그들은 모두 그 나라에서 태어나, 그 나라 책을 읽고, 그 나라의 습관에 젖고, 그 나라의 편견에 익숙한, 그 나라 범위 안에 국한되어 있는 사람에 지나지 않는다. 그러니 그들이 아무리 뛰어나고 비범한 재능의 명성이 있다고 하더라도, 그들 또한 그 사회에 의해 만들어진 존재일 뿐, 사회를 만든 존재가 아니다. 그러므로 그 사람이 하는 일이라는 것도, 다만 개화의 진행에 있어서 지엽적인 부분이지 개화의 근본적인 부분이라고 말하기에는 부족함이 있다.

  여기서 그 증거를 들어본다. 대저 고금의 역사책에 실려 있는 각국의 대개혁을 보면, 지금까지 당대의 위정자들이 처음 만들어내어 주창한 것은 하나도 없다. 모든 경우에 그 나라 인민의 중론衆論에 밀려서 어쩔 수 없이 행해졌으니, 이것으로 위의 얘기가 틀리지 않았음을 알 수 있다. 여기에 입각해 더 논하자면, 무릇 나라에 폐해가 있으면 처음에는 견식이 있는 선비士가 민중에 앞서서 두려워하지도

---

3) 이 글은, Henry Thomas Buckle(1821~1862)의 *History of Civilization in England* 제1권(1857)의 제5장 *Inquiry into the Influence exercised by Religion, Literature, and Government*의 한 부분을 뽑아 번역한 것이다. 원문과 대조해보면, 원문의 상당 부분에 자신의 견해를 덧붙여서 번역했음을 알 수 있다.

7.3 개화의 진행은 정부에 의하지 않고 인민의 중론에 의한다는 설

피하지도 않은 채 폐해를 제거하고 개혁을 실행하는 일이 얼마나 급한지를 말한다. 하지만 정부는 여기에 그다지 귀를 기울이지 않고, 여전히 낡은 폐해에 안주하다가, 수십백 년의 긴 시간이 지나고 중론이 끓어올라 더 이상 어떻게 할 도리가 없을 때에 이르러서야 비로소 개혁을 단행하는데, 이는 비단 완고하고 어리석은 정부만 그런 것이 아니다. 널리 여론을 듣고 많은 사람들로부터 자문을 구하여 그 말을 받아들이는 문명국가의 정부라고 하더라도 여전히 그렇지 않은 곳이 없다.

그러므로 개혁을 단행하고 나라를 이롭게 만든다는 자부심을 가진 집권자들이라 하더라도, 그 중 다수는 태어나기 수십 년 전에 나와 있는 논의를 취해서 이를 다시 전하는 것일 뿐이며, 하는 일이라는 것도 대부분 선철들의 가르침을 받아 거기에 나와 있는 이미 완성된 가르침에 의거해 더욱 목청을 높여 시끄럽게 변명하는 것에 지나지 않는다. 그리고 나라의 개혁자임을 자처하는 자들의 경우 필경 당대의 여론과 중의衆意가 어쩔 수 없음을 알고 이것을 실행에 옮기는 것이다. 그러므로 둑이 무너져 고여 있던 물이 터져 나와 기세를 막을 수 없게 되어, 물 흐르는 대로 둥둥 떠다니는 것 같은 것이다. 그래서 개혁자를 칭찬할 수 있는 부분이라고는, 당시에 불가결한 사유로 이미 명확해진 국가의 중요한 개혁에 저항하는 자가 많더라도 위험을 무릅쓰고 기회를 보아 단호하게 중론을 받아들여 이를 실행한 경우뿐이다.

그렇다면 여기서 위와 같은 예를 생각해보자. 각 나라마다 고금의 역사에서 다 꼽을 수 없을 정도로 있겠지만, 시험 삼아 가장 잘 드러난 예를 들어 얘기해보겠다. 근래 영국에서 있었던 곡물법(Corn Law, コルン、ロウ) 곡물 가격이 자국에서 더 비싼 경우가 아니라면 외국으로부터 이를

제7장 문명개화와 인민

수입하는 일을 금지하는 법을 폐지했을 때,[4] 당시 영국 인민은 널리 이 법의 시행이 가져올 이로움을 알아 굳이 이의를 제기하지는 않았지만, 그러한 개혁을 실행할 방법에 관해서는 사람들이 여전히 이를 명확하게 이해하지 못하고 있었다. 그래서 역사서를 자세히 읽지 않은 자들은 반드시 "이 개혁은 전적으로 의회議院의 힘에 의한 것"이라거나, 혹은 안티 콘 로 리그(Anti-Corn Law League) 곡물법을 폐지하자고 주장하는 단체의 힘에 의한 것"이라고 말할 것이다.[5] 그렇지만 자세하게 이 개혁의 연유를 살펴보면, 이 개혁의 단초가 1700년대에 시작되었고, 곡물 수입을 제한하는 그 법의 폐해에 관해서는 당시의 경제학자도 이미 인정했으며, 이후에 그 경제학자의 책을 읽는 사람도 모두 그 주장이 옳다는 사실을 인정하지 않을 수 없었다. 돌이켜보면 정부, 의회, 단체 같은 것들은, 마침내 지극히 강대해져서 저항할 수 없는 국내 중론의 세력에 뒤집히고 움직여지는 기계와 같았다. 그렇기 때문에 곡물법을 폐지한 것은, 일찍이 이쪽 당黨의 편익을 위함이 아니며 또한 저쪽 당의 이익을 위함도 아니다. 국민의 지식에 의해 도달한 것이므로, 사람의 지식이 점점 나아감에 따라 이 법도 종국에는 폐지해야 했음은 원래 자연스러운 흐름이었다. 당시 반곡물법연맹이 지식을 확산시키는 데에 공이 없지 않았고, 의회가 그 지식을 받아들이고 따랐다는 공功이 없지 않았다. 그렇지만 그 공이란 것도 인민들의 지식이 진보했기 때문에 어쩔 수 없는 지점에 다다른 개혁을 겨우 한 발짝 재촉했음에 지나지 않는다.

그리고 또한 최근에 이뤄진 개혁안 리폼 빌(Reform Bill) 의원議員

---

4) Corn Law : 1815년에 제정되어 1846년에 폐지된 곡물법을 가리킨다. 대영제국이 곡물수입을 제한하기 위해 높은 관세를 매겨 지주계층을 보호하고자 제정되었다.

5) Anti-Corn Law League : 1839년에 자유무역을 주장하던 맨체스터의 방직업자 리처드 콥던과 퀘이커 교도인 존 브라이트의 주도로 결성된 반反곡물법동맹을 가리킨다.

선거 제도를 개혁하는 의안 및 그 밖의 개혁 등도 모두 전술한 바와 다르지 않다.6) 그러므로 나라의 낡은 폐해를 씻어냄으로써 개화를 진행시키는 것은 정부의 힘이 아니라 인민의 중론에 의한 것이다.

7.4 서양 개화는 서행한다는 설

쓰다 마미치, 제18호

석가모니는 인도^{天竺}에서 일어나 불법^{佛法}을 시작하였고, 불법은 동쪽으로 향하여 티벳^{吐蕃}, 몽고, 시베리아, 만주, 태국, 베트남^{安南}, 중국^{支那}, 조선을 지나 우리 일본에 들어와 멈췄다. 이를 불법의 동점^{東漸}이라고 한다. 아시아의 백성 태반이 그 교화를 입었다. 공자의 도^道는 동쪽으로 움직여 조선을 거쳐 우리나라에 왔고, 또한 베트남, 류큐^{琉球}에 미쳤다. 어찌 그 행보가 동남으로 기울어졌는가. 이슬람교는 아라비아에서 시작해, 서쪽으로는 터키부터 아프리카 북쪽 연안에 따라 해협을 건너 스페인에 들어가 야소교^{耶蘇敎}와 싸워서 패배하고 물러나 아프리카에 머물렀고, 동쪽으로는 페르시아를 거쳐 인도와 여러 섬에 흩어졌다.

서양 문화의 기원은 인도에서 발^發하였는데, 야소교는 소아시아에서 일어나 그리스·로마를 거쳐 유럽 전역에 유행했고, 서쪽의 대서양을 건너서 남북 아메리카에 걸쳐 있었으며, 더 나아가 태평양을 건너서 일본과 중국에 왔다. 왕왕 아시아 전역에 만연하려는 기세가 있었다. 생각건대, 그 본국인 고향 인도와 소아시아로 다시 돌아가, 지구를 한 바퀴 돌고 오대주^{五大洲}에 널리 그 빛을 뿌렸다. 지구는

---

6) Reform Bill : 영국의 1차 선거법 개정을 가리킨다. 이를 통해 50개 이상의 불합리한 선거구를 없애고 그 의석을 신흥공업도시에 배정하였으며, 선거 자격도 중산층 상공업자들로 확대시켰다. The Great Reform Act 혹은 Representation of the People Act 1832 등의 별칭이 있다.

제7장 문명개화와 인민

둥그니, 동쪽으로 가든 서쪽으로 가든 무엇이 다르겠는가. 그렇지만 잠시 지구 운행의 이치에 준하여 이를 설명하자면, 동점은 거꾸로 가는 것이고 서행은 바로 가는 길이다. 과연 서행의 전진이 점차 만연하고, 동점하던 것은 꾸물거리며 나아가지 못함은 당연한 일이 아니겠는가. 그런데 이슬람교는 제대로 서쪽을 향했으나 도리어 야소교에 격파되었다. 그것은 무엇 때문인가. 바로 그 도道가 야소보다 못하기 때문이다.

처음 야소교가 우리나라 중국에 들어온 것은 포르투갈에서 온 것이다. 그렇지만 우리나라에서 엄격하게 이를 금하고, 중국의 국내에서도 또한 행해지지 않았다. 근래 우리나라와 중국 모두 구미 각국과 교제를 열게 된 이래로 서양의 개화가 매우 빠른 속도로 들어오고 있다. 그리고 들어오기는 주로 미국인에 의한 것이다. 구미의 개화란 원래 하나이다. 하지만 유럽의 학술은 지극히 정밀하며 깊고, 미국의 문화는 여전히 거칠고 얕다. 성긴 것에서 촘촘한 것으로 들어가고, 가까운 것에서부터 멀리로 나아가는 것이 자연스러운 사람의 본성이다. 미국의 책은 읽기 쉽고, 미국인의 얘기는 알아듣기 쉽다. 그렇기 때문에 우리나라와 중국 사람이 양학을 배우고자 할 때에는 많은 사람들이 미국 책에 의거하고, 서양의 논의를 듣는다고 할 때, 주로 미국인에게 의지한다. 생각건대, 이는 개화의 자연스러운 흐름에 따르는 것이다.

일찍이 어떤 사람이 영국 공사의 서기관인 사토우 씨에게, 영국학英學이 일본에서 상당히 성행한다고 말했다.[7] 사토우 씨는 고개를 저으며, "아니다, 미국학米學이라 할 수 있다. 나는 항상 서양의 개화는 순리에 맞게 서행하여 끝내 전 지구에 도달할 것이라고 말했다.

---

[7] Ernest Mason Satow (1843~1929). 영국 공사관의 통역관, 주일공사, 주청공사 등을 역임했던 인물로, 영국에서 'Japanology'의 토대를 마련했다고 일컬어진다. 일본 체류 기간은 1862년부터 1900년 사이의 총 25년이다.

생각건대, 먼 훗날 세상 사람들이 비로소 내 말이 거짓이 아님을 알게 될 것이다."라고 말했다.

7.5 서양 단어 열두 개에 대한 풀이 : 문명개화 해석(1875년 4월 16일 연설)

니시무라 시게키, 제36호

근래 우리나라에서 구미의 학문이 크게 열리고, 여항의 어린 아이도 서양어를 말하기에 이르렀다. 그런데 서양말을 할 때, 때로 서양어의 본뜻을 오해한 바가 있어서 학문적으로 다소 문제를 일으키곤 한다. 그래서 서양어 중에서도 가장 흔히 민간에서 쓰이는 열두 개를 골라 주해를 달아서 세상의 서양 책을 읽지 않은 사람들에게 고한다.

○ '문명개화'의 뜻[8]

'문명개화'는 영어의 시빌리제이션(civilization / シヴィリゼーション)의 번역이다. 중국 사람은 이 말을 번역해서 "예의로 나아간다."라고 한다. 우리나라의 속된 말로 번역하자면 "사람 됨됨이가 좋아진다."라는 말이다. 시빌리제이션이란 원래 라틴어의 시비스(civis / シヴィス)라는 말에서 나온 것이라고 한다. 시비스는 도시에 사는 사람이라는 뜻이다. 왜 도시에 사는 사람이라는 뜻이 바뀌어서 사람 됨됨이가 좋아진다는 말이 되는 것인지는, 일반적으로 도시에 사는 사람이 시골에 사는 사람에 비하면

---

[8] 이 글은 *The Penny Magazine*과 *The Penny Cyclopedia* 등의 인기 잡지 및 백과사전 출판자인 영국인 Charles Knight (1791~1873)가 쓴 *Political Dictionary; Forming a Work of Universal Reference Both Constitutional and Legal*(Volume I, London: Charles Knight and Co., 1845)과 *Chambers's Encyclopedia: A Dictionary of Universal Knowledge for the People*(Vol. 3, Philadelphia: J. B. Lippincott & Co.; Edinburgh: W. & R. Chambers, 1872)중 civilization 항목에서 발췌 번역한 대목이 상당 부분 포함되어 있다. 이 연재에서 니시무라가 참고한 서양 서적의 서지정보는 최정훈 선생의 도움으로 알게 되었다.

제 7 장 문명개화와 인민

머리도 트이고 풍속도 낫고, 평소의 몸가짐도 품위가 있기에 도시 사람이란 말은 바꾸어 말하면 사람 됨됨이가 좋다는 얘기가 되는 것이라고 보인다.

이제 시빌리제이션이라는 글자를 끄집어내어 그 뜻을 생각해보건대, 우리는 인민의 위세나 역량이나 부귀에 대해서는 생각이 잘 미치지 않고, 오로지 인민의 사람 됨됨이와 인간의 상호 교제의 일에 대해서만 생각한다. 영국의 이름난 학사^{學士} 밀(J. S. Mill)의 말에, 사람에게 있어서 개인의 품행상으로나 사회의 교제상으로나 시빌리제이션은 새비지野蠻(^{サベージ}savage)의 반대라는 얘기가 있다. 또 프랑스의 학사인 기조(F. P. Guizot)의 말 중에도 시빌리제이션의 본래의 의미에는 진보 및 개발이라는 뜻이 있으므로, 개인의 품행과 사회 교제가 함께 나아가 충분한 지위에 다다르는 것을 가리켜 시빌리제이션이라고 해야 한다는 말이 있다. 개인의 품행이라는 말 안에는 지식, 예의, 어진 마음, 사랑함, 재능, 도덕의 참뜻을 개발하고 향상시키다는 뜻이 포함되어 있는 것이다. 앞의 두 학사의 말에 의하면 시빌리제이션은 두 갈래로 그 뜻을 드러내는데, 하나는 사회적 차원에서 드러나고, 하나는 일신^{一身}의 몸가짐에서 드러나는 것이다. 더욱 자세하게 그 뜻을 말해본다면, 첫째는 사회의 품위가 점점 나아가서 사회 전체가 빠짐없이 편안하고 창성하여 행복을 누리는 일이고, 둘째는 인민 각 개인의 품위가 점점 나아가서 모두 똑같이 안녕과 번창 그리고 행복을 누리는 것, 이것이다.

인민 각 개인과 사회 전체가 나란히 그 품위를 높여가지 않으면 시빌리제이션이라고 이름 붙일 수 없다. 가령 국민이 모두 부유하고 풍요로워진다 하더라도 인민의 지식이 조금도 나아가지 않았을 경우, 부유함과 풍요로움을 얻게 된 근원이 무엇인지는 명료하지 않고 또 부유함과 풍요로움이라는 것도 또한 믿을 만하지 못하다. 이렇게 시빌리제이션은 사회 전체와 인민 일신상에 나타난다고는 하지만,

7.5 서양 단어 열두 개에 대한 풀이 : 문명개화 해석

근본은 인민 일신의 품위를 높이는 데 있으며 이를 미루어 사람 사이의 교제 전체, 즉 사회 전체에 미치게 하는 것이다.

그렇다고는 하지만 어떤 방법을 통해 일신의 품위를 높일 수 있을까. 좋은 교육 외에는 가능한 방법이 없다. 교육을 통해 인민의 지식을 열고, 예의를 닦는 두 가지 본질이 결합하여 시빌리제이션을 추진하는 것이 가장 좋은 방법이다. 이 두 가지 본질의 결합이 아니라면 시빌리제이션은 곧바로 그 진행을 멈출 것이다. 가령 겉으로는 교제상의 화려함으로 표출된다 하더라도, 원천 없이 흐르는 물과 같은 것이기 때문에, 머지않아 그 화려함을 잃게 될 것이다. 무릇 교육은 인민의 사회 교제 면에서 좋은 효과를 내어, 사회의 구성원인 다른 인민을 덕의德義로 나아가게 하고, 지식을 열고, 행복을 더하도록 한다. 그러므로 교육은 처음에는 좋은 교제에서 시작해서 그 힘을 통해 인민의 개화를 나아가게 하고, 사람 사이의 교류를 더욱 완미完美함에 이르게 하는 대단히 훌륭한 방법이므로 다른 어떤 방법도 이와 효과를 겨룰 자가 없다.

사회 수준이 나아지는 것과 한 사람의 인품이 높아진다고 말하는 것의 느낌은 나라에 따라서 다르다. 유럽 국가들의 인민은 자국 사회의 모습이 가장 개화된 것이라고 여겨, 다른 나라 인민과 유럽 인민이 사회를 구성하는 근본 원리가 같지 않음을 가리켜 야만이라고 하거나 반개화半化라고 한다. 만약 편견 없는 눈으로 이를 본다면 과연 어떨까? 이를 제대로 정리하고자 한다면, 시빌리제이션의 진정한 의의를 아는 것이 중요할 것이다. 앞서 말한 시빌리제이션의 설명은, 생각건대, 그 본래의 뜻을 제대로 이해한 것이다. 이를 시빌리제이션의 본래 뜻이라고 한다면, 역시 세계에서 가장 개화한 인민은 유럽의 인민과 유럽에서 갈라져 나온 인민임에 틀림없다.

유럽의 인민과 유럽에서 갈라져 나온 인민이 개화된 근본을 따져

제7장 문명개화와 인민

보면, 생각건대, 두 가지 본질에서 비롯된 것이다. 첫째는 그리스도의 교법^{教法}이고, 둘째는 로마 전성기 사회의 모습이다. 그 후에도 주민과 영토에 관한 법제가 여러 나라에서 행해짐에 따라 사회는 한 발짝 더 나아갔고, 그 효험도 또한 크게 볼 만한 바가 있었다. 중국, 인도, 아라비아 등의 사회의 근원을 생각하면 유럽 사회와 그 근원을 전혀 달리하니, 개화의 상태도 유럽 인민과 크게 다른 모습인 것은 당연한 이치이다.

우리가 고대로부터 오늘날에 이르기까지의 인류 역사를 읽어볼 때, 시빌리제이션의 수준이 점점 올라가고 있음은 명백하다. 그렇지만 그 개화라는 것이 언제나 같은 속도로 나아가는 것은 아니다. 어떤 경우에는 한 곳에 멈춰서 조금도 나아가지 않는 일도 있고, 또는 뒤로 퇴보하는 일도 있으며, 나중에 크게 한 발짝 나아가기 위해서 일시적으로 걸음을 쉴 때도 있다. 고대의 역사를 보면, 한 시대에는 반드시 그 시대에 두드러지게 드러나는 국가가 있다 그리스, 로마, 프랑크 같은 부류. 이들 나라의 개화된 정도는 세계 개화의 진행과 크게 관계가 있다. 이러한 두드러지게 드러난 국가가 시대마다 바뀌어가며 흥해서, 한창일 때는 항상 천하에 앞서 시운^{時運}을 이끌어 전진하게 하지만, 말세에 이르러서는 그 힘이 크게 쇠락하여 점차 진보를 멈추게 된다. 그렇지만 한 나라가 진보를 멈추면, 또 다른 나라가 일어나 여러 나라를 선도하여 개화의 발걸음을 진행시킨다. 이러한 흥망의 교대는 한 지방에서 이뤄지기도 하고, 한 대륙에서 일어나기도 하고, 전 세계적인 규모로 일어나기도 한다.

한 지방, 한 대륙 안에서의 흥망의 자취는 번거로우니 여기서는 생략하고, 오로지 전 세계적 규모의 흥망의 자취를 전체적으로 훑어보면, 한 때 융성하여 세상의 개화를 나아가도록 하던 나라로는 고대에는 아프리카가 있고, 그 다음으로는 아시아가 있으며 우리나라 일은 별도로 얘기가 있는데 지금은 생략한다, 오늘날에는 거의 유럽에 있다.

앞으로의 일을 생각해보면, 다음은 미국이고, 또 그 다음은 호주일 것이다. 이는 나의 억측이 아니라 온전히 서양의 지식인이 하는 얘기에 의한 것으로 그 뜻을 부연할 뿐이다.

7.6 정부와 인민은 이해를 달리한다는 논(1875년 6월 1일 연설)

니시무라 시게키, 제39호

대개 사물에는 합명合名이 있고 분명分名이 있다. '사람'이라고 하는 것은 합명이고, '정신', '신체'라고 하는 것은 분명이다. '나라'라고 하는 것은 합명이며, '정부', '인민'이라고 하는 것은 분명이다. 합명이라는 관점에서 보면 사람도 하나의 사물이고, 나라도 하나의 사물이다. 분명이라는 관점에서 보자면 사람도 두 개의 사물이고, 나라도 두 개의 사물이다. 이미 나뉘어 두 개의 사물이 되었다면, 형세는 반드시 그 이해득실을 달리하지 않을 수 없을 것이다. 청컨대 그 상세한 내용을 말하고자 한다.

사람이 정신을 다하고, 생각을 열심히 하며, 학문을 닦고, 힘써 일하여 현인·군자가 되고 공명과 부귀를 얻는 것은 정신에 이롭다. 그렇지만 신체의 측면에서 이를 말하자면, 이로 인해 건강을 해치고 목숨을 단축시킬 가능성이 있으니, 이를 폐해라고 말하지 않을 수 없다. 몸을 움직이고 근골筋骨을 연마하면서 생각에 힘쓰지 않고 정신을 쓰지 않음으로써 건강과 장수長壽를 유지한다면 신체에는 이롭다. 그렇지만 정신의 측면에서 이를 말하자면, 지식이 열리지 않고 도리道理에 밝지 못하여, 끝내 무지몽매한 사람이 될 가능성이 있으니 이를 폐해라고 말하지 않을 수 없다. 인간의 몸과 마음은 하나이다. 합쳐서 이를 보면 본래 하나의 사물이기에 이해利害가 나뉘어야 할

제 7 장 문명개화와 인민

이유가 없다. 나누어 이를 본다면, 그 이해는 서로 같지 않기 때문에 저쪽에 이로운 것이 이쪽의 피해가 되는 것이 어찌 기이하지 않으랴.

나라의 경우도 또한 마찬가지다. 권위가 융성하여 백성이 이를 우러러보고 경외하며, 명령을 내리면 행해지고 금禁하면 멈추어, 그 하고자 하는 바에 대해 나라 안에서 감히 이를 거스르는 자가 없음은 정부에게는 이로울 것이다. 그러나 인민의 입장에서 말하자면, 이로 인해 속박당하고 압제를 받아 조금도 자신의 권리權理를 신장할 수 없기 때문에 이를 해롭다고 말하지 않을 수 없다. 자유를 신장시키고 굴레에서 벗어나, 조세租稅는 내 마음대로 증감시킬 수 있고, 관리는 내 마음대로 진퇴進退시킬 수 있는 것은 인민에게 이로운 것이다. 그렇지만 정부의 입장에서 말하자면, 정부의 권한을 줄이고 군주의 권위를 감소시켜서, 일을 함에 있어 항상 견제를 받는 모순적 상황이 될 우려가 있기에 이를 해害라고 말하지 않을 수 없다.

대저 인민은 조세를 내는 자이다. 정부는 조세를 거두는 자이다. 조세를 내는 쪽의 이익은 적은 데에 있고, 조세를 거두는 쪽의 이익은 많음에 있다. 폭정을 행하는 정부만이 조세가 많은 것을 이롭다고 여기는 것이 아니라, 좋은 정부라고 하더라도 조세가 많은 것을 결코 싫어하지 않을 것이다. 나태한 백성만이 조세가 적은 것을 이롭다고 여기는 것이 아니라, 좋은 백성이라도 조세가 적다는 것을 결코 싫어하지 않는다. 예를 들어 돈을 빌리는 자와 빌려주는 자의 경우와 같다. 돈을 빌리는 자는 이자가 낮아야 이롭고, 돈을 빌려주는 자는 이자가 높아야 이롭다. 덕이 두터운 사람이라도 돈을 빌릴 때 이자가 높기를 바라고, 돈을 빌려줄 때 이자가 낮기를 바라는 일은 이제까지 들어본 적이 없다. 또한 물건을 사고파는 경우도 그렇다. 파는 사람은 비싼 값에 팔기를 바라고, 사는 사람은 싼 값을 원한다. 군자라고 하더라도 물건을 살 때 값이 비싸기를 원하고, 물건을 팔 때 값이 싸기를 원한다는 얘기는 아직까지 들어본 적이 없다.

7.6 정부와 인민은 이해를 달리한다는 논

　이를 통해 보자면, 인정仁政을 행하고 세금을 적게 걷는 일을 정부에 바라는 것은, 마치 돈을 빌려주는 사람에게 싼 이자를 기대하고, 물건을 파는 사람에게 싼 값을 기대하는 일과 같아서, 도저히 빌려주는 사람과 파는 사람의 이익이 되지 않는 것이기에 자연히 이는 불가능한 일인 것이다. 이것이 예로부터 인정을 행하는 자는 항상 적고, 폭정을 행하는 자는 항상 많았던 이유일 것이다.

　그렇다면 정부라고 하는 것은 자연自然에 맡겨 두면 결코 인정을 행하지 않는 것인가. 인민이 만약 자신의 권리權理를 얻고자 한다면, 자신의 힘으로써 억지로 이를 뺏어야 되는 것인가. 조세가 가벼워지길 바란다면, 힘을 가지고 정부를 위협한 뒤에야 비로소 그 바람을 이룰 수 있는 것인가.

　대저 천하의 일에는 공리公利가 있고, 사리私利가 있다. 자기 일신을 이롭게 하면서 동시에 타인을 이롭게 하는 것을 공리라 하고, 자기 일신을 이롭게 하면서 타인의 불리함을 돌아보지 않는 것을 사리라고 한다. 교제交際는 사람으로서 하지 않을 수 없는 도道이다. 이미 교제를 하고 있는 경우 한 사람의 사리를 추구하여 뭇사람의 공리를 해쳐서는 안 된다. 그러므로 돈을 빌려주는 사람도 또한 빌리는 사람의 이익을 생각해야 하고, 물건을 파는 사람도 또한 사는 사람의 이익을 생각해야 한다. 만일 그렇지 않고서 자신의 사리를 영위하면서 다른 사람의 공리를 해치는 경우에는, 그 사리라는 것도 결국 나의 이익이 될 수 없는 것으로 개인에게는 오히려 손해가 될 것이다.

　대체로 나와 타인은 본래 판연히 다른 존재이기 때문에, 나에게 이로운 것이 타인에게는 그다지 이익이 되는 것은 아닌 듯하다. 그렇지만 오로지 나 자신을 이롭게 하면서 타인의 불리함을 돌아보지 않는다면, 도리어 나 자신의 불리함을 초래하게 된다. 나라의 경우에는 이와 달라서, 이를 나누면 정부와 인민의 구별이 있다고 하지만, 원래

제 7 장 문명개화와 인민

온전히 하나인 것으로 마치 정신과 신체를 합해서 하나의 사람이 되는 것과 같다. 이미 온전한 하나라는 것은, 정부의 이익은 즉 인민의 이익이고, 인민에게 불리한 것은 곧 정부에게 불리한 것이다. 예를 들어 정신쇠약은 육체에 불리함이 되고, 육체의 피로는 또한 정신에 불리한 것과 같다.

지금 말한 것과 같다면, 앞서 서술한 정부의 이익과 불이익, 인민의 이익과 불이익의 얘기는 완전히 잘못된 것인가? 잘못되지 않았다. 사리私利를 가지고 이를 논할 경우에는 앞서 서술한 대로이고, 공리公利를 가지고 이를 논할 경우에는 방금 서술한 바와 같다. 나라의 공리란 어떤 것일까. 부강富强, 치안治安, 영예榮譽 등이다. 정부도 이를 목적으로 삼지 않을 수 없고, 인민도 이를 목적으로 삼지 않을 수 없다. 권위를 제멋대로 휘둘러 세금을 무겁게 걷는 것은 정부의 이익이 되지만, 이를 행하여 부강, 치안, 영예에 해가 된다면, 정부는 마땅히 자신의 욕망을 잘 극복하여 그 사리私利를 억제하고 이를 행하는 일이 없어야 할 것이다. 민권民權을 신장하고 조세를 경감시키는 것이 인민에게 이로운 일이라고는 하지만, 이를 행하여 부강, 치안, 영예에 해가 된다면 인민은 마땅히 자신의 욕망을 극복하고, 그 사리를 억제하여 이를 행하는 일이 없어야 할 것이다. 이렇게 된다면 상하上下 모두 이익을 같이 하고, 정부가 인민을 능멸할 우려가 없으며 인민이 정부를 배반할 걱정도 없어져, 전국이 힘을 모아 부강, 치안, 영예의 경지로 나아갈 것이다.

그런데 반개화의 나라에서는 정부에는 항상 무거운 권위가 있고 인재도 많다. 인민측 상황은 이와 반대이다. 정부의 힘은 항상 8~9할의 무게가 있고, 인민의 힘은 항상 1~2할의 무게에 불과하다. 그러므로 국력의 균형을 얻으려면 정부도 다섯 걸음을 물러나고, 인민도 다섯 걸음을 물러나는 것으로는 진정한 국력의 균형을 얻을 수 없다. 반드시 정부가 두 세 걸음을 물러나고, 인민이 여덟아홉

7.6 정부와 인민은 이해를 달리한다는 논

걸음을 나아가야 비로소 균형을 얻기에 이를 것이다. 이는 뜻있는 자가 민권을 주장하고, 반복해서 논설을 그치지 않는 이유이다. 대저 민권은 인민 고유의 지극한 보물로서 정부가 부여하기를 기다려야 하는 것이 아니다. 근래의 상황을 보니, 정부는 본디 이미 나라의 공리公利를 아는 것 같다. 공리를 잘 안다면 필경 인민과 사리私利를 다투지 않을 것이다. 인민이 만일 분발하여 민권을 잡아서 국력의 균형을 조정하고자 한다면, 정부는 이를 거부할 이유가 결코 없다. 혹은 기꺼이 이를 허가할지도 알 수 없는 일이다. 만일 인민이란 자가 멍하니 정부에 의지함으로써 정부가 민권을 하사해주기를 기다린다면, 예컨대 황하가 맑아지기를 기다리는 것과 같아 끝내 이런 날을 맞이할 수 없을 것이다. 힘쓸지어다. 힘쓸지어다.

제8장

자유에 대한 이해

8.1 출판의 자유를 바라는 글

쓰다 마미치, 제6호

야만의 정치는 사람을 속박한다. 문명의 인민은 속박에서 벗어난다. 문명과 야만의 구별은 오로지 인민에게 언행의 자유가 있는가 없는가에서 볼 수 있을 뿐이다. 대저 사람의 성령性靈은 원래 자유롭다. 군자는 조용히 지내면서 하늘을 공경하며 선을 생각한다. 대악大惡 마왕이라고 해도 전혀 그의 자유를 방해할 수는 없다. 다만 말이나 행동으로 나타낼 경우에는, 권력을 가지고 이를 금하거나 법을 만들어서 이를 제재한다. 권세를 마음대로 휘둘러 이를 금하는 것은 야만의 추악한 정치로, 여기서는 이를 논외로 한다. 법을 만들어서 이를 제재하는 것은 반개半開의 나라, 전제 정치에 많다. 혹은 문명의 풍속을 가진 나라라고 하는 곳에서도 때때로 들리곤 했다. 여기에 대해 약간 논의해보고자 한다.

영국과 미국 그리고 여러 나라에서 인민은 진실로 언행의 자유를 얻었다. 다만, 자신의 자유만을 위해서 다른 사람의 자유를 방해하는

제8장 자유에 대한 이해

일은 할 수 없다. 프랑스(佛朗西)등 여러 나라에는 출판 조례가 있다. 관의 허가를 얻지 못하면 절대로 책의 출판을 허락하지 않는다. 원래 프랑스 같은 나라에서는 재야의 인사들이 마음대로 토론하며, 인민의 여론이 끓어오르는 것을 정부가 통제하기 어렵다. 그간 정부가 몇 차례 전복된 원인은 주로 여기에 있는 것 같다. 그러므로 정부가 여기에 질려서, 사람들의 입을 막고 오래도록 치안을 지키고자 했는데, 나폴레옹 3세의 교활한 지략은 일시적인 처치로써 적절했다고도 볼 수 있다. 그렇지만 마지막 계획이 실패하고 다른 방법도 없어서, 프러시아(孚)의 포로가 되어 영국에서 객사하니, 본국의 정치도 따라서 전복되었다.[1] 어찌 적절한 처치였다고 할 수 있겠는가?

내가 생각하기에 프랑스 정치가 몇 차례나 전복된 원인은, 오히려 사람들의 입을 막고 자유를 막은 데에 있다. 이제 우리나라 사람들도 글을 써서 자기주장을 펴는 자들이 늘었다고는 하지만, 아직 프랑스의 십분의 일 수준에도 미치지 못한다. 재야의 지식인들 중에 때때로 이런 논의를 하는 사람이 있다고는 하지만, 대개 정부의 뜻을 받아들이거나 재상의 뜻과 합치되는 자에 지나지 않는다. 그들의 논의란 이처럼 보잘것 없으니 정부가 고생할 필요가 무엇이 있겠는가?

설사 재야 지식인이 멋대로 펼치는 논의가 프랑스 같아진다고 하더라도, 정부의 일처리를 함에 있어서는 마땅히 표트르(彼得)대제가

---

[1] 나폴레옹 3세(1808~1873)가 국민투표를 통해 제2공화국에서 대통령으로 선출된(1848) 이후, 친위 쿠데타로 10년 임기의 확보와 더 큰 독재적 권력을 쥐었고, 결국 1852년 제2제국을 선포하면서 황제에 즉위한 과정에 관한 설명이다. 대중에게 영합하는 정책을 펼쳤다는 평을 듣는 그는, 실제로 다양한 욕망을 가진 여러 집단들에게 그들이 원하는 것을 들어줄 것이라고 약속하여 믿게 만드는 데에 능했다. 특히 농민들로부터의 압도적인 지지를 믿고 국민투표를 실시해 정적들의 반대를 돌파하는 수법을 사용했다. 1870년에 일어난 보불전쟁 중 스당 전투에서 싸우던 나폴레옹 3세는 항복하고 포로가 되었다. 이 소식을 들은 파리의 공화주의자들이 1870년 9월 제정을 폐지하고 공화정을 선포해 프랑스에서는 제3공화국의 시대가 열린다. 포로생활에서 풀려난 나폴레옹 3세는 이후 영국에서 사망했다.

8.1 출판의 자유를 바라는 글

러시아에서 했던 것처럼, 또 비스마르크가 프러시아의 재상이었을 때처럼 단호하게 해야 할 것이다. 어째서 그 사이에 지식인들이 떠들썩하게 논의하는 것을 걱정하겠는가? 게다가 정사政事를 비방하고, 죄악을 무고誣告하고, 타인을 매도하는 경우에는 정부에 정해진 법률이 있어 그에 따른 마땅한 처벌을 해도 된다. 설사 출판조례가 있다 하더라도 해마다 수십백만의 책이 출간되니, 어찌 검사하는 관리가 하나하나 이를 조사할 수 있겠는가? 실질적으로는 쓸데없는 법이 되는 것과 같다. 정부가 신속하게 공명정대하고 사소한 것에 구애받지 않는, 해와 달이 하늘에 걸린 것과 같은 정령政令을 내어, 출판 면허의 자유를 각 인민에게 주어, 우리나라 인민이 한 층 더 눈을 뜨고, 속박되지 않고 자유롭게 담략膽略을 크게 펼쳐볼 수 있기를 나는 바란다. 이것이 개명開明으로 나아가는 가장 빠른 길이다.

8.2 리버티에 대한 논설 1

미쓰쿠리 린쇼, 제9호

리버티(liberty)를 번역하여 자유自由라고 한다. 그 뜻은 인민이 타인의 속박을 받지 않고 자유롭게 자신의 권리를 행사하게 하는 데에 있다. 그래서 오늘날 구미 각국이 정치가 매우 잘 이루어지고 국력이 강성함은 필경 모두 인민에게 자유가 있음에 바탕을 둔 것이다. 만일 세부 사정을 더 알고 싶다면 나카무라 선생님이 번역해서 간행한 밀(J. S. Mill)의 『자유지리自由之理』를 보면 된다.[2] 그러므로 지금 내가 췌언할 필요는 없는 듯하지만, 리버티에 또한 고금의 연혁이 있기에 그 개략을 아래에 싣는다.

리버티, 즉 자유는 라틴어의 리베르타스(libertas)가 바뀐 것으로, 리베르타스는 세르비투스(servitus) 즉 노예 신분에 대비되는 자유인의 신분을 말한다. 로마의 율법에서는 사람의 신분을 크게 리베리(liberi) 즉 자유인과 세르비(servi) 즉 노예, 크게 두 종류로 구분한다. 그러므로 리버티란 노예 신분과 대비해서 자유인이라는 신분을 말하는 것이다. 그리고 또한 그리스어에도 이와 유사한 것이 있는데, 데스포테스(despotes) 즉 주인主長이라는 말은 자유인을 가리키며, 듀로스(doulos) 즉 복종僕從이라는 말은 노예를 가리켜 말하는 것이다.

또한 로마에서는 정치상의 자유의 권리를 말할 경우에도 리버티라는 말을 사용한다. 어떤 사람이 노예가 아닌 자유인이라는 신분임을 말하는 것에서 바뀌어, 한 나라의 인민이 만일 그 군주에게 학대당할 경우, 마치 하인이 그 주인으로부터 노역당하는 것과 동일시하여,

---

[2] 나카무라 마사나오中村正直가 John Stuart Mill의 *On Liberty*를 번역한 책의 제목이다. 1872년 간행되었다.

그 군주의 학정虐政에서 벗어났을 때 마치 노예가 해방되어 자유인이 된 것과 마찬가지라고 보고, 여기에서 리버티를 얻었다고 하는 말이 생겨났다. 그러므로 로마인은 폭군을 쫓아내고 가혹한 정치에서 벗어났을 때를 칭하여 리버티를 얻었다고 말하고, 또 그리스에서도 데스포테스 즉 주인이라는 말을 정치상에서 사용할 경우에 다소 그 뜻을 바꾸어 군주라고 하고, 듀로스 즉 노예라는 말을 정치상에서 쓸 경우에는 이를 신민臣民이라고 한다. 그러므로 페르시아 왕은 데스포테스, 즉 주인이고 그 신민은 모두 듀로스, 즉 노예이다.

그러므로 리버티라는 말을 정치에서 사용하고, 오늘날 정치상의 자유를 말하는 것은, 원래 신분상의 노예가 아니라 자유롭다는 것을 말하는 데서 생겨난 것이다. 공화정치의 나라에서는 노예의 신분에서 일변하여 자유인이 되었을 때, 바로 정치상으로 자유의 권리를 가진 사람이라고 말할 수 있지만, 오로지 군주가 다스리는 나라에서는 그럴 수 없다. 그러므로 노예가 설령 그 신분이 일변하여 자유인이 될 수 있다 하더라도, 만일 군수가 폭명暴命을 내렸을 때 감히 이를 거역할 수 없어 오로지 그 명을 따를 수밖에 없다.

앞서 쓴 내용에 근거하여 이를 말하자면, 대저 정치적인 것에 관해 리버티라는 말을 사용할 때는, 인민이 그 군주 또는 귀족 때문에 학대받지 아니함을 말하며, 슬레이버리(slavery)라는 말을 사용할 때는, 인민이 군주 또는 귀족으로부터 학대받고 있음을 말하는 것이다. 그러므로 리버티는 원래 입헌정치의 국가가 아니라면 그 인민이 감히 가질 수 없는 것이다. 그리고 군주가 전제정치를 하는 나라에서는, 그 군주가 인자한 정치를 행하여 인민을 사랑한다 하더라도, 오직 군주의 뜻에 따라 이것을 하는 것에 지나지 않기 때문에, 감히 인민이 정치상에서 리버티가 있다고 할 수 없다. 이를 통해 생각해보면, 나라의 주권이 오로지 군주나 또는 귀족의 손안에 있을 경우, 그 인민은 감히 정치상의 리버티를 얻었다고 할 수 없다. 그러니 인민이

제 8 장 자유에 대한 이해

　리버티를 갖기 위해서는 인민이 모두 국가의 주권에 관여하고 설령 그렇지는 못하더라도 인민 중에 그 과반은 반드시 나라의 주권에 관여할 수 있게 하는 것이 반드시 필요하다.

　여기에 또한 인민에게 정치상의 리버티를 주지 않는 군주의 전제 정치 국가에는 두 종류의 군주가 있다. 하나는 선조로부터 왕위를 계승하여 군주가 되는 동양 여러 나라의 제왕 같은 것이고, 또 하나는 나라의 법을 깨뜨리고 멋대로 그 자리를 차지한 군주인데, 사모스 섬의 폴리크라테스(Polycrates),^{ポリクラテス}3) 아테네의 페이시스트라토스(Peisistratos)^{ピシストラチュス} 같은 군주가 이것이다.4) 그런데 이 두 종류의 군주는 자신의 마음대로 그 인민을 학대한다는 점에서는 아무 차이가 없지만, 그리스 사람은 이 두 종류를 명백하게 구별하여, 선조의 왕위를 계승한 군주는 바실레우스(basileis)^{バシレイス}라고 부르고, 신민臣民이 된 자는 모든 일에 그 명령을 따라야 한다고 정했다. 또 왕위를 찬탈한 군주의 명칭은 티라노스(tyrannos)^{チランノイ}라고 하여, 그 정치가 아무리 인민을 사랑한다 하더라도, 국민이 된 자는 반드시 그 명령을 따르지 않고 저항할 수 있는 권리가 있다고 정했다. 그러므로 페르시아의 다리우스 왕 및 그 자손처럼 그리스의 원수라 하더라도 영원히 선조의 왕위를 계승하여 왕이 되며, 그리스의 역사가는 이를 정통의 군주라고 한다. 시라큐스의 왕 디오니시오스(Dionysius I of Syracuse)^{ヂオニシユウス}처럼 그리스 사람과 같은 계통이어도, 역사가는 이를 오히려 찬탈한 군주라고 말한다. 이하, 다음 호에 계속 된다.

---

3) 폴리크라테스는 기원전 535년~522년 경에 그리스 사모스섬을 통치한 지배자로 폭군으로 알려져 있다. 형제들과 함께 사모스 섬의 권력을 탈취했으나, 이후 형제들을 물리치고 권력을 독점하였다.

4) 기원전 561년에 평민층의 지지를 받아 참주에 오른 인물로, 기원전 556년에 실각하자 다시 무력으로 참주의 자리에 올랐다.

8.3 리버티에 대한 논설 2

미쓰쿠리 린쇼, 제14호

일찍이 그리스에서는 인민 자유의 설이 행해졌고, 스파르타 같은 곳에서는 나라의 주권을 인민의 대리자 30명으로 구성된 의원議院과 에포로스(Ephorus)라고 하는 5명의 행정 감독관에게 귀속시켜 이로써 주권을 장악하게 하고, 왕에게는 단지 전시에 군사를 지휘하는 권한이 있을 뿐이었다. 그렇지만 당시 상황을 생각하건대, 이 나라는 공적인 일은 물론 말할 필요도 없고, 인민의 사사로운 일도 역시 정부에서 이를 규정하였다. 부자·부부의 관계에 간섭하여 그 집안 사정을 조사하고, 혹은 인민의 등위를 구별하여 특히 직업을 제한하거나 학문을 금지하며, 교육에도 제한을 두어 오직 신체 건강을 유지하기 위한 것만을 허용하고, 사치를 금지하기 위해 혹독한 법을 마련해 백 가지 일을 정부에서 간섭하지 않는 바가 없었기 때문에, 에포로스는 정치를 행함에 있어 인민의 뜻에 따라 국무를 다스림을 그 요지로 삼았다.

그렇지만 이 나라의 정치를 각 개인의 차원에서 말해보자면, 전제정치와 조금도 다르지 않다. 그러므로 그 인민을 합하여 이를 논한다면 자유의 권리를 가진 듯하지만, 만일 이들을 각 개별 존재로 논해보면 그다지 자유의 권리를 얻었다고 할 수 없다. 그러나 당시 그리스 안의 아테네는 이와 달라서, 처음부터 각 개인이 자유의 권리를 얻도록 했다. 그러므로 저 페리클레스가 페르시아와 싸우다 나라를 위해 죽은 아테네인들을 추도하는 문장을 보면, 곧 그 인민 모두가 국정에 참여하는 권리를 가졌기 때문에 그 대리자를 선출하되, 가사를 담당하고 기구, 의복, 음식을 준비하는 것 모두는 각자의 뜻에 맡기고, 치평무사治平無事의 때에는 오로지 그 뜻을 문장을 닦고 지식을 깨치는 데에 쏟아, 반드시 군사적 의무인 연병체조練兵體操로

제8장 자유에 대한 이해

그 주된 임무를 할 필요가 없었다. 서로 좋아하는 책을 읽고, 서로 생각하는 바를 주장하는 데 자유롭지 않은 바가 전혀 없었기 때문에, 아테네의 인민은 오로지 용감하고 담력이 있었으며, 위험을 무릅쓰고 자기 몸을 돌아보지 않을 뿐 아니라, 문사에 능하고 학예를 익히는 정도가 당시 세상 어디와도 비교할 수 없었다. 아테네의 인민 중에 노예라고 불리는 사람들이 있어서, 이들은 마치 피와 기운이 통하는 기계처럼 취급되어 감히 자유의 권리를 갖지 못하고 있었다고는 하지만, 적어도 국민이라는 호칭을 가진 사람은 서로 평등한 권리를 갖고 직접 정치상의 자유를 가진 바가 마치 지금의 구미 각국의 인민과 조금도 다를 바가 없었다.

하지만 그리스가 망하고 로마(羅馬)가 흥하게 되자, 그 이름은 공화정치라고 하지만 실제로는 인민이 감히 정치상의 자유를 가질 수 없게 되었다. 정부는 다수의 권리를 내세워 각 개인의 권리를 억제하였고, 한 집안의 사사로운 일이라도 모두 여기에 간섭하지 않는 바가 없게 되었다. 로마가 백전백승하여 급격하게 강성의 극치를 이루어 미증유의 대국이 된 것은, 각 개인의 권리를 억압함으로써 뭇사람의 권리를 확대시킨 것에 기초했다고 하지만, 이처럼 개인의 귀중한 기호를 속박해서 완전히 자유의 권리를 압제하고, 쓸데없이 그 위용을 확장한 것은 어찌 개탄할 만한 일이 아니겠는가. 그리고 로마는 또한 간웅효장奸雄梟將이 끊이지 않고 일어나 각자 자신의 힘에 의거해 욕심을 마음껏 채우고자 함에 이르렀고,[5] 인민을 보기를 마치 흙이나 돌처럼 하여 국체는 결국 일변하여 제국이 되었고, 자유의 권리는 자취를 감춰버리기에 이르렀다. 그런데 이때 게르만(日耳曼)의 오랑캐가 와서 나라를 침략하자, 인민들은 오래도록 군주의 학정虐政에 핍박받아 위축되고 삼가는 습성이 그 풍속이 되어버리니, 나약하고

---

5) '간웅'은 간사한 지혜가 있는 영웅, '효장'은 사납고 날랜 장수를 말한다.

나라를 생각하는 마음이 없어져서 외적을 막을 힘이 없었다. 여기에 이르러 로마의 형세는 끝내 무너져 내려 수습할 수 없는 지경이 되었다. 기원후 400년대 말, 서로마가 완전히 망하고, 동로마는 간신히 콘스탄티노플에서 존립할 수 있게 되었다.

그런데 저 로마를 멸망시킨 유럽의 게르만은 원래 문명이 없는 오랑캐라고 하지만, 대자연 속에 있으면서 수렵을 업으로 삼고 전투를 일로 삼되 굳이 군장君長에게 속박과 제어 받는 것을 좋아하지 않았다. 그들의 천품은 원래 사람들이 서로 자유의 권리를 갖는 것이었기 때문에 훗날 점차 개명開明의 영역으로 나아가, 프랑스, 이탈리아, 게르만, 혹은 영국 등 각처에 나라를 세우게 되었을 때, 자유의 권리를 보존할 수 있었다. 후세로 내려와 중고中古시대의 봉건제에서는 그 폐해가 극에 다다라 군웅群雄이 사방에 할거하여 날마다 서로 공격하여 인민의 삶이 안정되지 못했지만, 그런 시기에도 결코 고유의 자유의 권을 잃지 않았다.

한편 1200년대에 이르러 게르만의 북방에 있던 한자동맹 도시(Hanseatic Town)〔ハンセアチク·タウン〕 사람들은 모두 그 우두머리를 추천하여 선출하고, 이로써 각각 몇 개의 대도시를 세워 서로 결탁하여 자유의 정치를 실행했다.[6] 또한 1400년대에 이르러 동로마가 멸망하여 대학자가 유럽 각지에 흩어지게 되자, 그리스의 학술 및 자유의 설이 널리 사방에 전파되어 각 지역의 인민들도 결코 자유의 권리를 잃지 않고 항상 이를 유지하고자 노력하였다. 그리하여 강한 군사를 소유하고 토지에 의지하던 제후는 점차 망하여 봉건제도가 점점 쇠락해가자, 각국 제왕이 더욱 전횡의 정치를 하고, 1600년대 말에 프랑스 왕 루이 14

---

[6] 한자동맹은 14세기 초 무렵부터 17세기까지 존속한 독일, 스웨덴, 덴마크 및 러시아 등 발트해 지역 전역에 분포되어 있던 상인 도시들의 연합이다. 이들은 스스로를 '독일로마제국의 상인조합'이라 칭했으며, 전성기에는 최대 83개의 자유무역 도시들이 연합했고, 유럽 각국의 왕과 제후들을 상대로 각종 이권을 획득했다.

세는 자칭하기를 "국가는 곧 나다."라고 말하여 전제정치는 여기에 이르러 극에 달했다고 할 수 있다. 그리하여 그 폐해는 결국 프랑스 인민으로 하여금 여러 해에 걸친 억압을 견디지 못하도록 만들었고, 1700년대 말에 커다란 난리가 갑자기 일어나 인민이 온 힘을 다해 오로지 자유의 설을 주장하기에 이르렀다.

또한 이미 미국은 이보다 먼저 영국의 정치에 반대하여 독립하고 나라를 세움으로써 인민이 자유의 권리를 유지했다. 유럽에서는 자유의 설을 주장하는 자는 대체로 모두 과격하여 아무 것도 얻지 못하고 일을 완수할 수 없었으므로 영국을 제외하고는 인민들이 진정한 자유를 얻은 자가 적다고는 한다. 하지만, 요컨대 인민이 일단 자유를 얻어 이를 맛보아 이미 오랜 시간이 지나면, 설령 군주독재나 전제정치로 돌아가 옛날 방식처럼 하려고 해도 능히 그렇게 할 수 없다.

그러므로 각국은 의원議院을 설치함으로써 인민의 대리자에게 입법권을 맡기기에 이르렀으니, 오늘날의 형세에 입각해 생각해보면 군주권은 점차 약해지고 인민의 자유의 권이 차차 융성해짐을 증명하는 것이리라.

8.4 신문지론

쓰다 마미치, 제20호

나는 일찍이 출판의 자유에 대한 논설을 집필하면서, 사람들이 하고자 하는 말을 자기 뜻대로 출판할 수 있되 정부 측에서 여기에 간섭하지 않는 것을 바랐다. 생각건대, 오늘날 우리 대일본제국은 문명개화가 막 열리려는 때로, 마치 초목이 가지를 뻗치려고 하는 때처럼, 마치 사람이 지식을 기르고자 하는 때처럼, 그렇게 적절하게 애양보호愛養保護하여 옆에서 억누르거나 방해하지 않고, 그 자연스러운 운행에 맡겨서 생장발달生長發達의 기회를 해치는 일이 없어야 할 것이다.

우리 정부가 신문지 발행의 허가를 내 준 이래,[7] 우리 대일본제국 내에는 현재 수십 종의 신문이 이미 있고, 위로는 정부의 포고문부터 밑으로는 부·현府縣의 고을에서 일어나는 일, 제가諸家의 논설, 외국의 새로운 정보에 이르기까지 거의 모든 색다른 소문, 이상한 일, 진기한 얘깃거리, 새로운 설에 관한 것을 수집해서 기재하지 않은 것이 없다. 이는 실로 인간의 지견智見을 넓히고 밝혀주며, 문화개명文化開明의 이로움을 더해주는 바가 적지 않다. 대저 국가가 부강하기 위한 근본을 배양하는 까닭으로서의 공적 또한 신문사에 있다고 말할 수 있다.

그렇지만 도시와 시골에서 일어난 사건의 내력 중에는 범간犯姦, 도둑질의 기사가 대체로 그 반이다. 이는 오늘날의 있는 그대로의 경황景況으로, 원래 오로지 있는 그대로의 일을 기재하되 결코 없는

---

7) 일반적으로 일본어로 된 최초의 근대적 '신문'은 1862년에 간행된 『관판官版 바타비야 신문』이라고 한다. 이 신문은 도쿠가와 막부에서 해외 정세를 파악하기 위해 당시 자바에서 발행되던 네덜란드어 신문 Javasche Courant를 번역하여 회람하던 것이다. 메이지 시대에 접어들자 소책자 형태의 신문들이 간행되기 시작했고, 최초의 일간지로는 1870년에 창간된 『요코하마橫濱매일신문』을 꼽는다. 본문에서 '신문지 발행의 허가'란 무엇을 지칭하는지 확실하지 않으나, 일본 최초의 신문관련 법규인 1869년에 포고된 태정관포고 제135호인 '신문지 인행조례新聞紙印行條例'를 가리키는 것으로 보인다.

제8장 자유에 대한 이해

얘기를 만들어내는 것이 아니다. 그것이 실제 얘기라는 것을 나 역시 이를 의심하지 않는다. 본래 우리나라 고유의 와카和歌나 이야기 등을 살펴보면, 노래는 대개 사랑 노래고, 이야기는 거의 범간 사건이다. 어째서 우리 제국의 음탕한 풍속은 이다지도 심한 것일까! 그러나 그런 것은 아니다. 우리 제국의 개화는 마치 사람이 처음으로 지견智見이 생길 때 같은 것이다. 다시 말해 바로 색욕이 발생하는 때인 것이다. 즉, 소위 감感의 때이다. 이를 중국支那의 시에 비추어 보자면, 국풍國風의 개화는 아직 아雅·송頌의 문명에 도달하지 못한 것이다.[8] 남녀 사이의 일이 가장 많은 것은 의당 그렇지 않겠는가?

그럼에도 불구하고 대저 젊은 사람이 경계해야 할 바는 색色에 있다. 국가가 원래 엄격하게 금지와 경계를 가하지 않으면 안 된다. 이는 우리 대일본제국의 형률 중에서 범간의 조항을 최근 개정했음에도, 구미 각국의 형법에 비한다면 여전히 조항이 많은 이유이다. 그렇지만 남편의 범간은 겉으로는 엄하게 금지하면서, 뒤로는 적발하지 않고 오히려 이를 타이른다. 그러므로 예를 들어 유부녀의 간통 같은 것도, 남편의 고발을 기다려서 비로소 형법에서 문제삼는 것은 만국의 공통적인 도리다. 그런데 우리나라의 각종 신문을 보면, 왕왕 아직 드러나지 않은 범간 사건으로 경찰관이 조사도 하지 않은 일을 게재하고, 심한 경우에는 나중에 잘못 들은 소문이라고 사죄하는 경

---

[8] 『시경』의 시를 분류할 때의 대표적인 방법인 육의六義에 의하면, 시의 성질에 따른 풍·아·송風雅頌과 서술방식에 따른 부·비·흥賦比興으로 나눌 수 있다. 특히 '풍'에는 남녀 간의 사랑을 다룬 시가 다수 포함되어 있다. 쓰다는 일본에서 줄곧 남녀 사이의 일이 주된 관심사로 자리 잡았던 이유를 설명하기 위해, 일본이 '감感의 때'에 있다고 설명한다. '감의 때'란 '감물感物하는 때'라는 의미로, 사물에 감응하는 것을 의미한다. 인간사의 가장 원초적인 '남녀 사이의 일'이 일어나는 시기로 일본은 바로 이 시점에 있으며, 일본의 개화의 정도를 육의에 빗대어 보면 그러한 주제를 다룬 서민의 노래인 '풍'에 속하는 정도라고 본 것이다. 물론 '풍'은 왕실이나 제후국의 행사나 의식에서 쓰이는 노래인 '아'나, 선현을 기리는 노래인 '송'의 수준에는 못 미치는 것이기에, 쓰다는 '문명에 도달하지 못한 것'이라고 설명했다.

우도 있다.

　이는 타인의 비밀을 세상에 드러내는 것으로 당사자에게 큰 피해가 있음은 말할 필요도 없는 것이다. 또한 입법의 취지와도 어긋난다. 특히 어린 아이들로 하여금 이를 읽게 만든다는 것은 참을 수 없다. 풍속을 어지럽히는 커다란 폐해라는 점에서, 패관소설稗官小説이 음탕한 일을 적어놓는 것과 과연 무슨 차이가 있는가? 이는 단지 국가가 신문 발행을 허가한 취지에 어긋날 뿐 아니라, 오히려 여러 신문사들이 개명을 돕는다는 취지에도 반한다는 점은 말할 필요가 없다. 편집자들은 어찌 스스로 이 점을 모르는가? 그들은 입을 열면 바로 문명개화를 주장하는데, 도리어 자신은 문명개화의 견식을 갖추지 못했다는 점은 이 일을 보더라도 미루어 알 수 있다.

　또한 다른 사람이 과거에 일으킨 잘못을 기재하는 일도 종종 있는데, 가장 나쁜 일이다. 과거의 잘못은 일반적으로 자신도 이를 말하기를 꺼리는데, 이것은 사람 마음의 자연스러운 모습이다. 사람의 도리란 실로 그래야만 한다. 그 죄악을 벌하는 것은 정부의 직무이지만, 오히려 율법이 과거의 잘못을 감면해 준 사례도 있다. 그런 법이거늘, 신문에다 타인이 과거에 저지른 잘못을 실어 만천하에 광고하다니, 사람이 차마 어찌하지 못하는 바를 해버리는 이 얼마나 잔인한 처사인가! 설령 원한을 품은 사람이 투서를 하더라도, 마땅히 조심해서 배려하고 꺼리는 바가 있어야 한다. 내가 이 글을 쓴 것은, 신문의 편집자가 혹시 듣고 깨닫는 바가 있기를 바라기 때문이다.

8.5　서양 단어 열두 개에 대한 풀이 : 자주자유 해석(**1875**년 **5**월 **1**일 연설)

니시무라 시게키, 제37호

제8장 자유에 대한 이해

○ '자주자유'⁹⁾

자주자유는 영어의 리버티(liberty) 및 프리덤(freedom)의 번역어이다. 리버티는 라틴어의 리베르타스(libertas)에서 나온 것이고, 프리덤은 튜튼丟度尼(Teuton)어의 프라이하이트(Freiheit)에서 나왔다. 로마법에 독립 생계를 꾸리는 사람과 다른 사람의 노예가 된 자를 판연하게 다른 종류의 인민民으로 삼고, 독립 인민의 모습을 두고 리버티 자주자유라고 하고, 노예의 형태를 가리켜 세르비스(servus) 복역服役이라고 했다. 그러므로 자유라는 말의 본래 의미는 단지 로마의 독립 인민의 모습을 말하는 것이다. 그렇지만 다시 그 뜻을 바꿔서 정치상의 의미로 쓰는 일도 있다. 리비李維(Livius)는 『로마사』에서 로마인들이 폭군 타르퀴니우스達爾癸虐를 축출하고 비로소 리버티 자유를 얻었다고 기록하였다.¹⁰⁾ 이 리버티의 의미는 앞서 말한 독립 인민과 노예 인민의 형태가 바뀌어, 전국의 인민 신상에 자유와 속박이라는 두 가지 형태가 있어서, 한 나라의 인민이 폭군 밑에서 압제를 당할 때에는 이를 속박을 받는다고 말하고, 만일 그 압제에서 벗어나게 되면 여기에 이름 붙이기를 자유를 얻었다고 말한다.

그리스에는 데스포테스(despotes)와 듀로스(doulos)라는 말이 있다. 데스포테스는 주인이라는 뜻이고 듀로스는 노예라는 뜻이다. 이 말은 또 반대의 의미도 있긴 하지만 라틴어의 '리베리(liberi)' 및 '세르비(servi)'라는 말과는 그 뜻이 다르다고 한다.

자주자유라는 말의 고대에서의 용법은 대체로 이와 같다. 현대에

---

9) 이 연설문은 '서양 단어 12개를 풀이함'이라는 니시무라의 시리즈 두 번째 글에 해당한다. 니시무라는 제36호의 '문명개화'에서와 같이 Charles Knight의 *Political Dictionary; Forming a Work of Universal Reference Both Constitutional and Legal*(Volume II, London: Charles Knight and Co., 1846)의 liberty 항목에서 부분적으로 발췌 번역했다.

10) 리비(Livy)는 역사가 티투스 리비우스(Titus Livius)이며 『로마사』는 흔히 『리비우스 로마사』로 불리는 *Ab Urbe Condita Libri*이다. 타르퀴니우스(Lucius Tarquinius Superbus)는 로마의 마지막 왕이다.

이르러 자주자유를 나누어 두 종류라 했다. 첫 번째는 자연적 자유 또는 인신 상의 자유를 말하는 것이고, 두 번째는 사회적交際上 자유 또는 정치상의 자유를 말한다. 자연적 자유란, 대략 인류의 형체를 소천지小天地라고 할 수 있다고 보며, 자신이 원하는 바를 전부 추구할 수 있는 기관을 갖추고 자기 몸이 자기 몸을 관리하고 지배할 수 있는 충분한 준비가 되어있다는 것이다. 이로써 인류는 자연의 법이 금하는 바 이외에는 자기가 괜찮다고 생각한 일은 뭐든지 생각한 대로 할 수 있는 힘이 있다는 것이다. 이를 자연적 자유라고 한다. 이 자연적 자유라는 것은 상제로부터 천하의 모든 사람이 받은 것으로 사람들이 태어나면서부터 갖는 고유한 권리權理이다. 그러나 인류는 이 세상에서 홀로 고립되어 살 수 있는 존재가 아니다. 반드시 교제하고 친밀하게 살아가야 하는 존재다. 서로 교제하고 친밀하게 지내면 다른 사람도 또 나와 같은 자유를 원래 갖고 있기 때문에 사람들은 서로 내 자유의 일부를 굽혀서 사회적 도리道를 다하지 않을 수 없다.

사회적 자유라는 것은 자연적 자유와 원래 같은 것이지만, 다만 사회 전체의 행복과 안녕을 도모하기 위해 한 사람의 자유를 조금 억제해서 적당한 지점에서 멈춰있는 것을 말한다. 만일 한 사람이 자신의 자유를 마음껏 휘둘러 다른 사람의 자유를 방해한다면 법을 만들어 그 전횡을 제압하지 않으면 안 된다. 이러한 법은 한 사람의 자유를 약간 굴복시키기는 하지만, 이로 인해 오히려 많은 사람의 자유를 신장시킬 수도 있기에 사회적 자유를 증가시킨다고 말할 수 있다. 그러므로 사회적 자유는 좋은 법제의 힘에 의해서 획득할 수 있다. 옛말에 이르길, "법이 없는 곳에 자유란 없다"고 했다. 바로 이 말이다.

사회적 자유는 또한 이를 정치적 자유라고도 한다. 이 말은 정치적 속박과 반대되는 말로써, 인민이란 군주나 혹은 재신宰臣의 폭정에 고통 받지 않고, 자신의 신체와 재산을 보전할 수 있는 존재여야

제8장 자유에 대한 이해

한다. 정치적 속박이란 인민이 항상 군주 혹은 재신의 폭정에 압제당해서 자신의 신체와 재산을 보전할 수 없는 것을 말한다. 또한 정부도 자기 멋대로 굴면서 그 어떤 도리도 없이 한결 같이 인민의 뜻을 억제하기만 한다면 이 또한 폭정이라 말할 수 있다. 혹은 제멋대로는 아니라고 하더라도 다른 좋은良善 취지 없이 인민의 신체와 재산을 구속하는 법을 세운다면, 이 역시 백성의 자유를 방해한다고 말할 수 있다.

그러면 어떤 것을 사회적 자유 즉 정치적 자유라고 말해야 하고, 어떤 방법으로 그 자유를 누릴 수 있는 것일까? 이 두 건은 자유 이해에 있어서 반드시 필요한 의문이다. 일반적으로 유럽 여러 나라들 중에서 인민이 자유를 얻은 것은 영국이 첫 번째라고 하고, 영국 인민의 자유는 그 나라 법률에 의해 이를 획득한 것이다. 영국의 법률은 인민의 권리를 세 가지로 나누었다. 그 첫 번째는 인민 자신이 스스로의 신체를 보호하려는 권리로써 영국민이라면 모두 자신의 생명性命, 사지, 모습, 건강, 체면을 훼손시키지 않을 권한이 있다. 둘째로 일신상의 자유의 권리로, 사람들에게는 법률이 금지하는 바가 아니면 자신의 뜻이 향하는 바에 따라서 어떤 일이든 자유롭게 이를 행할 수 있는 권리가 있다. 셋째로 자신의 재산의 권리로, 무릇 자신의 힘으로 획득한 재산은 조상으로부터 물려받거나 또는 다른 사람으로부터 매수한 것도 이 안에 든다 이를 사용하든, 누리든, 팔든 그 사람의 의사에 맡겨서 정부가 이를 억제할 수 없다는 등의 것이다. 이 법률의 문면을 인민의 자유의 목표로 삼는다면 분명 큰 잘못은 없을 것이다.

인민이 자유를 얻는 법은 서양 여러 나라들에서 모두 비슷했다. 일반적으로 한 나라 안에서 인민을 관리하고 다스리는 인원은 매우 적은데 비해 관리와 다스림을 받는 사람 수는 대단히 많다. 다수의 인민과 소수의 인민이 학력과 지식수준에서 같아진다면, 다수의 인민이 소수의 인민으로부터 관리와 다스림의 권한을 나누어 갖고,

8.5 서양 단어 열두 개에 대한 풀이 : 자주자유 해석

이로써 전국 일반의 안녕과 행복을 도모하기에 이를 것이다. 이렇게 되면 전국의 인민은 능히 자유의 이로움을 받을 수 있을 것이다. 그러므로 정치 체제 차원에서 여기에 대해 얘기한다면, 군민동치君民同治와 공화정치共和政治는 인민이 자유를 얻을 수 있는 정치 체제이고, 인군독재人君獨裁와 귀족전권貴族專權은 인민이 자유를 얻을 수 없는 정치 체제이다.[11] 즉, 한 사람의 군주 또는 몇 명의 재신이 나라의 권력을 장악한다면 정치상 자유를 얻을 수 없다. 사회 전체, 또는 사회 대부분이 나라의 권한權柄을 배분해 갖는 것이 정치상의 자유를 얻을 수 있는 정치 체제이다.

유럽의 개화국에도 인민이 정치상의 자유를 획득하지 못한 곳이 있다. 러시아(魯西亞), 프러시아(普魯士)같은 곳이 그렇다. 그렇지만 그러한 나라에서도 정치적 자유를 허용하지 않음에 관해 두 가지 설이 있다. 하나는 백성의 지식이 열리긴 했다 하더라도 프러시아처럼, 나라 전체의 이해를 생각하면 자유를 허용하지 않음이 오히려 전국 인민을 위해 이로운 바가 많다는 것이다. 두 번째는 지식이 아직 열리지 않아서 러시아처럼, 자유를 허용할 수 없다는 것이다. 백성에게 자유를 허용하려면 정치의 권한을 나라 전체에 분배하지 않으면 안 된다. 그러나 백성의 지식이 아직 열리지 않았다면 그들에게 정치 권한을 준다고 하더라도, 이를 보존하고 시행할 수 없다는 것이다. 그렇다면 이러한 나라에 있어서 인민이 정치상의 자유를 갖지 못하는 정사를 행한다는 것은 또한 심하게 비난할 일은 아니다. 다만 이를 영미 국가처럼 인민이 자유를 얻은 나라에 비한다면 그 개화의 정도

---

11) 군민동치는 종종 상하동치上下同治라고도 하며, 입헌군주제(constitutional monarchy)를 뜻한다. 공화정치는 군주를 두지 않는 국가체제로, 여기서는 Republic의 번역어로 사용되었지만, 주지하다시피 Republic은 정부가 법에 의해 제한을 받는 정치 형태임을 의미하기도 한다. 인군독재는 군주 한 사람에 의한 전제적인 정치 형태를, 귀족 전권은 주로 소수의 세습 귀족들에게 통치권이 집중되어 있는 경우를 의미한다.

에서 어느 정도 양보하지 않을 수 없다.

    이 외에도 출판의 자유, 종교의 자유 등이 있지만 논의가 장황해질 테니 이쯤에서 줄이도록 하겠다.

제9장

타자를 어떻게 이해할 것인가[1]

9.1 애적론愛敵論

니시 아마네, 제16호

너의 적敵을 사랑하라. 이 말을 갑자기 보게 되면 놀랍고 이상하다고 여길 것이다. 그렇지만 깊이 그 뜻을 궁구해보면, 상제上帝의 순선지인純善至仁의 덕이 이 안에 빠짐없이 포함되어 있다. 누구라도 만약 상천上天의 뜻을 명심하고 지키고자 하는 사람이라면, 이것을 도덕과 지극지고至極至高의 규칙으로 삼아야 한다. 여기에 대해 이야기해보겠다.

공자가 말하길, "덕은 덕으로 보답하고, 원망은 바른 것直으로써 갚는다."라고 했다.[2] 이는 평소 몸가짐의 통칙通則으로, 이것을 기준으로 행동하면 안 될 것이 없다. 생각건대, 사람이 자신의 권리를 침해당했을 때 자기 권리를 되찾고자 함은 당연한 이치이고, 이로

---

1) 이 장에서 특히 사카타니 시로시의 논의에 대한 해제는 「메이로쿠샤 지식인들 논의에 나타난 다양성과 공존의 문제」(▷p357)를 참고하라.
2) "子曰、何以報德、以直報怨、以德報德." 『논어』 헌문편

제9장 타자를 어떻게 이해할 것인가

인해 호오好惡와 애증愛憎이 일어나는 일은 사람 마음의 본질상 그럴 수밖에 없는 것이다. 그렇지만 마음의 본체는 즐겁고 상쾌한 상태가 보통이고, 울적하고 괴로운 것은 이상한 상태이다. 그러므로 사람이 사람을 만나거나 사물에 대처할 때도 역시 모두 이치에 따라 평온하고 따스하도록 되어 있어, 사납고 도리가 없는 것을 당연한 상태로 여겨서는 안 된다. 더구나 사람은 이미 육체의 삶에서 무리 지어 사는 성질을 갖고 있으니 당연히 그럴 수밖에 없다. 그러므로 사람을 만나 상대할 경우에 반드시 사랑의 본성을 갖고 대하는 법이다. 그러므로 좋아하고 사랑하는 것은 마음의 전체이고, 싫어하고 미워하는 것은 통상적이지 않다.

다른 사례를 통해 미루어 짐작해 밝혀보자면, 날씨에는 폭풍이 있고 큰 비도 있으며 흐린 날도 있는 법이다. 이는 물론 자연의 이치가 그러한 것으로 각각의 용도가 반드시 있기 때문인 것이지만, 하늘이 맑고 청명한 날씨가 보통이다. 그러므로 인심이 사물에 접할 경우 애호愛好를 통상적인 것으로 여기고, 증오를 이변의 상태로 여긴다. 그러므로 적을 대할 때에도 통상의 마음으로 대해야지 이변의 마음으로 대해서는 안 된다. 이것이 그 이유 중 하나이다.

그렇지만 한 단계 더 자세하게 여기에 관해 설명하려면 이 적敵이라는 글자를 살펴봐야 한다. 이른바 대적하고 있는 사람은 나와 동체同體이다. 그러므로 나와 대적하고 있다는 일 자체는 싫어할 만한 일이더라도, 동체라는 점에서는 이를 사랑하지 않으면 안 된다. 소위 "군자는 그 죄는 미워해도 사람을 미워하지 않"기[3] 때문에 미워하는 자는 다만 그 일에서 그쳐야 하며, 전체를 모두 미워해서는 안 된다. 그러므로 전시국제법 조문公法交戰の條規의 규정 같은 것을 보면,[4] 오

---

3) "古之聽訟者、惡其意、不惡其人", 『공총자孔叢子』 형론

4) 당시 일본 지식인층의 국제관계에 대한 기본적인 인식은 아직 주로 Henry Wheaton의 *Elements of International Law*의 번역본(한문역판, 일본어판 모두

랑캐 섬멸을 전쟁의 목적으로 삼거나, 생포한 자를 죽이거나 항복한 포로를 죽이고, 독화살을 쓰거나 상대를 속이는 작전을 쓰는 일 등은 문명국들에서는 이미 취하지 않는다. 다만 적의 세력을 꺾어서 멈추게 하는 정도가 바람직하다. 요즘에는 서양 국가들에서 사형제도를 폐지한다는 이야기가 있어서 종종 이를 형법에 싣는 나라가 있다. 혹은 그렇지 않더라도 사형을 줄이려고 하는 등 어느 나라나 그런 흐름이다. 생각건대, 인륜의 근본에는 나와 동체인 사람을 죽일 권한이 없다. 다만 악행을 하는 자를 억제하는 것이 가능할 뿐이다. 이것이 또 하나의 이유이다.

이를 한층 더 자세하게 설명하자면, 이 적敵이라는 글자를 살펴봐야 한다. 소위 내가 맞선다는 것은 나와 필적하는 자인데, 내가 상대와 필적한다고 여기는 것은 나 스스로를 작다고 여기는 것이다. 만일 내가 상대를 능가하여 한 층 더 위에 있다고 여긴다면, 나는 반드시 상대가 나를 적수로 보는 까닭이 있음을 살핌으로써 상대가 나보다 못하다는 사실을 가엾게 여기려고 할 것이다. 이 점을 일상에서의 경험에 비추어 보면 사람들이 스스로 알 수 있을 것이다. 못난 자식을 가진 부모나 소인을 대하는 군자처럼, 이미 자신이 우위에 있으므로 필적할 대상이 아니라면, 분연히 내게 저항하는 사람이 있어도 침착하게 이를 받아들이고, 나를 해치더라도 보복하지 않으니, "안회는 도에 가까웠다!"라는 말이 이러한 의미이다.[5) 또한 평범한 시정의 임협任俠을 자처하는 자라도 시시콜콜한 일을 가지고 무리와 비교하지는 않는다. 그러니 원한이나 분노의 현상은 대부분 부인네들과

존재)인『만국공법萬國公法』에 의거하고 있었다. 니시는 이미 막말기 도쿠가와 정부 하의 양학 교육기관인 개성소開成所에 근무할 당시에 중국에서 들여온 William Martin의 한문어 번역판인『만국공법』에 훈점을 붙인 바 있다. 이를 번각한 것이 일본에서 인쇄한 최초의『만국공법』이다. 본문에서 말하는 '전시국제법 조문'은『만국공법』제4권 '적국에 대한 교전 상의 권리'를 논하는 부분의 논리에 의거한 설명으로 보인다.

5) "回也、其庶幾乎."『논어』선진편.

제9장 타자를 어떻게 이해할 것인가

소인에게 있음이라. 이것이 하나의 이유이다.

그러나 또 한층 이를 상세하게 설명하자면, 이 적敵이라는 글자를 살펴봐야 한다. 소위 적이라는 존재는 나와 가장 관계가 깊은 사람이다. 진秦나라 사람과 월越나라 사람의 관계나, 오스트레일리아 사람과 시베리아 사람의 관계의 경우, 서로 적대시하고 미워하고자 해도 서로 너무 먼 관계이기 때문에 그렇게 될 만한 까닭이 없다. 하지만 영국과 프랑스가 서로 싫어하는 것은 양쪽이 똑같이 서로에게 위세를 보이며 상대를 내려다보기 때문이다. 영국, 미국, 네덜란드, 벨기에가 서로 싫어하는 것은 근본이 같은 분파이기 때문이다. 이외에도 스페인과 포르투갈이 서로 싫어하고, 스웨덴과 덴마크가 서로 싫어하는 것 모두 같은 이유 때문이다. 다시 말해, 형제가 재산을 두고 다투어 서로 싫어하는 일, 같은 관리끼리 권한을 두고 다투어 서로 싫어하는 일, 같이 학문하는 사람끼리 논리를 다투어 서로 싫어하는 일, 동료끼리 일을 두고 싸워서 서로 싫어하는 일, 같은 장사끼리 이익을 두고 다투어 서로 싫어하는 일, 이 모든 것이 처음으로 돌아가서 그 관계를 생각해보면 친밀하지 않을 수 없는 사이이기 때문이다. 그러므로 내가 사랑해야 할 상대와의 관계가 아니라면 상대를 싫어할 이유도 없는 것이고, 미워하는 사람이란 사랑해야 하는 이유가 있는 법이다.

누구나 진심으로 "너의 적을 사랑하라."라는 말로써 다른 사람을 대하는 근본으로 삼게 되면, 지금이라도 바로 대인군자가 되어 마음속에 거리낄 것이 없고, 한조각 구름 위에 표연飄然히 떠있는 느낌일 것이다. 우리가 어찌 여기에 힘을 쏟지 않을 수 있겠는가. 다만 이 말은 모럴護羅爾(moral)의 요결이지, 폴리틱波里坒加(politic)상의 규범에 의거한 바는 아니다. 둘은 서로 거스르는 것이 아니라 나란히 가야하는 것이다. 학자들은 그 점을 혼동하는 일이 없도록 해야 한다.

9.2 존이설尊異說

사카타니 시로시, 제19호

대저 사물이 친화하는 것은 고유의 합동성合同性이 있기 때문이고, 사물을 구분하는 것은 고유의 분이성分異性이 있기 때문이다. 합동성으로부터 흡인력이 생기고, 서로 모여 엉겨서 하나의 사물이 되는 것이다. 이를 같음同의 효용이라고 한다. 이미 하나의 사물이 생긴 다음에는 분이分異의 성질이 저항력을 낳아 사물이 서로 마찰하여 갈림으로써 나뉘어져 그 능력을 발휘한다. 이를 다름異의 효용이라 한다. 물, 불, 흙, 나무, 쇠붙이, 돌 등은 각각 종류별로 모여서 사물이 되고, 또 종류별로 나뉘어 서로 부딪치거나 서로 마찰하여 그릇이 되어 용도를 갖게 되는 일이 모두 그런 것이다. 애초에 같음의 효용이 없어서는 안 되지만, 같음이 생성되는 까닭을 미루어 생각해보면 다름의 효용이 가장 크다.

시험 삼아 하나의 사물 안을 들여다보면, 모두 60여 가지 각기 다른 원소가 서로 가감합동加減合同하여 생겨난 것이다. 천지天地간을 들여다보면 산천풍토山川風土에 똑같은 형태란 하나도 없다. 만물은 모두 다르다. 같은 종류에 속해도 저 소나무와 이 소나무 모양이 다르고, 저 매실나무와 이 매실나무는 모양이 다른 법이다. 세상의 수많은 남녀가 비슷하게 생긴 사람은 있어도 그 중에 똑같은 용모란 하나도 없고, 똑같은 기질도 없는 법이다. 이른바 "사람 마음이 같지 않음은 그 얼굴이 다 다른 것과 같다."6)라는 말이 가리키는 바가 이것이다.

천지는 감히 조금도 그 저항력을 사사로이 쓰지 않고, 모든 것을 포용하여 하나의 지구, 대동친화大同親和의 효용을 만든다. 천지가 영원하면서 그 거대함을 유지하는 까닭이다. 사람이 업業을 이루어

---

6) "人心之不同也、如其面焉",『춘추좌씨전』, 양공 31년.

제9장 타자를 어떻게 이해할 것인가

공功을 세우기 위해서도 역시 차이를 포용하고 존중하는 수밖에 없다. 스승과 제자, 친구 사이는 서로의 차이를 가지고 서로 연마하여 재능과 지식 그리고 기술을 기르며, 어려움과 괴로움의 차이를 가지고 서로 연마하여 몸과 마음을 단단하게 하는 것이다. 다른 산의 돌로 옥을 연마하는 법이고, 서적도 이본異本이 없으면 교정을 할 수 없는 법이다. 차이의 효용이 어찌 크지 않겠는가!

이와 관련하여 나는 이런 얘기를 들었다. 중세 서양의 종교 사이에서는 이설異說이 다투어 일어나고,[7] 서로 비방하고 싸우고 공격했는데, 그렇게 서로 연마한 효용이 커져서 지기志氣를 분발하고 훌륭한 종교 지도자가 왕성하게 일어났다. 그리하여 논지가 정해지고 가르침이 실행되기에 이르자, 공순恭順한 주장만이 계속되고, 저항의 힘은 옅어지고 격발激發의 기운도 느슨하게 되자, 훌륭한 지도자가 점차 줄어들게 되었다. 그래서 뜻있는 자들이 이를 우려하여 일부러 이설을 만들어내어서라도 이처럼 타성에 젖은 기운을 떨쳐보려 했다고 한다. 이 이야기를 통해, 다름을 높이 사야하고, 같음을 낮춰 보아야함을 알 수 있다.

정부는 천지를 대신하여 사람들을 교화하고 보호하는 책임이 크다. 그 책임의 크기는 교문敎門과는 비교가 되지 않는다. 다름을 포용하고 존애尊愛해야 하는 이유는 여기에 있다. 외국과는 정교政敎나 풍습이 다른 것으로 서로 연마하고, 각 부처 소속 관리들과는 의견이 다른 것으로 서로 연마하며, 서민들과는 주장이 다른 것으로 서로 연마하니, 정부가 공평하고 지당하게 일을 처리하고, 국가의 휘광輝光을 떨쳐 일으키는 것은 모두 차이로 인한 상호 저항이 있어 서로 연마하는 데에서 발생한다. 이에 정부나 장관은 공순하고 아첨하는 자에 대해서는 용단을 내려 그런 사람은 천시하여 물리치고, 다른 의견을

---

[7] 가톨릭교회 내부의 다양한 교파를 말한다.

내어 서로 연마하는 사람에게는 친화흡인親和吸引의 힘을 고무하며, 그런 사람들을 공경하고 중시하여 이들을 존경하고 사랑하면 나라 안의 다양한 사람들이 친화합동親和合同할 것이다. 마치 60여 개의 서로 다른 원소가 혼합하는 것처럼, 어디와도 비교할 수 없는 부강한 하나의 나라가 될 것임을 기대할 수 있다. 다름을 존중하여 이를 잘 활용하면 무정無情의 나무나 돌도 모두 나에게 용도가 생기게 된다. 하물며 유정有情한 인간은 어떻겠는가. 다름을 얕보고 거부하는 것은 예전에 있던 양이攘夷파의 야만적인 풍습일 뿐이다.[8]

국가란 무엇으로 통치를 펼치겠는가. 한편으로 사람의 정情이란 자신이 뜻한 바를 달성했을 때 기뻐하는 법이다. 정부는 한마디 칭찬도 해주지 않고, 장관은 거부하고 물리치기만 한다면, 날마다 천금의 급여를 주더라도 누가 억압과 통제를 달게 받겠는가. 마음으로 복종하지도 않고 기운도 느슨해지면, 잠시 사사로운 이익이나 챙기기 마련이다. 옛날부터 관원들이 분발하고 힘쓰지 않아 나라가 쇠망에 이르는 것은 오로지 이런 이유 때문이었다. 요·순堯舜과 걸·주桀紂, 진시황과 한나라 고조의 치란흥망도 이 때문이었다. 오다 노부나가織田信長와 도요토미 히데요시豊臣秀吉는 영웅호걸이지만 망했고, 도쿠가와 이에야스德川家康는 낮은 지위에 있는 사람들의 말에 귀 기울이고, 간쟁諫諍의 공로는 전투에서 첫 번째로 적을 쓰러뜨린 사람의 공로보다 더 훌륭한 일이라고 칭찬하며, 차이를 존중하는 자세를 보여줌으로써 통치의 길을 열었다. 오늘날 사람들로 하여금 생각나게 하는 이런 종류의 일은 일본과 중국의 역사에서 분명히 증명된다.

러시아의 표트르(伯德禄)[피요−트루]대제는 스웨덴瑞国과의 전쟁에서 여러 차례 패배하면서 "그들이 나에게 승리에 대해 가르쳐주었다."고 말했다. 차이를 존중하는 것이 강한 적에까지 이르렀으니, 그의 평소

---

8) 이 문제에 관해서는 사카타니의 글「존왕양이설」(▷p251)을 보라.

제9장 타자를 어떻게 이해할 것인가

삶이 어떠했는지를 알 수 있다. 그렇기 때문에 과실이 많다고는 하지만, 영국·프랑스 및 여러 나라들의 차이를 통합하여 원대한 사업을 열었다. 프랑스의 나폴레옹 3세는 처음에는 차이를 존중하는 태도를 취해 일시적으로 사람들을 속여 황제가 되자, 전제 권력으로 억압하고, 지력智力을 가지고 다른 사람들을 강제로 자신과 같게 만들고자 했다.[9] 18년 동안 제왕의 자리에 있다가 한 번의 패배로 감옥에 갇히게 되었다. 두 황제의 같음과 다름을 대하는 태도는, 분명한 교훈이 될 것이다.

지금 의회 설립을 바라는 사람들 중에는 시기상조라는 말을 하는 사람들이 있다. 그런데 그 시기상조에 대해 어떤 조치를 취해야 하는지에 대해서는 논의하지 않는다. 어떤 사람은 저절로 그날이 오기를 기다리고 있으면 된다고 한다. 저절로 그날이 오기를 기다린다면, 큰 난리가 일어나 후에야 가능할 뿐이다. 이런 주장들은 모두 다름의 표면적인 명분만을 바라는 것으로, 다름의 실질을 싫어하는 것이다. 밑에 있는 사람들은 떨쳐 일어나 정체政體의 근본과는 상관없이 의회를 일으켜 정부를 타파하려고 한다. 난亂을 좋아하는 이러한 부류의 사람들이 일어나는 것을 막지 않으면, 프랑스 루이 16세 시대의 혼란을 키우게 된다.

또한 이들은 자신의 의견과 조금이라도 다른 의견에 대하여 바로 화내고 비난하며 공평한 마음으로 생각하는 사람이 없다. 이 또한 모두 사사로운 마음으로 사람을 끌어들이는 힘을 이용하는 것이니, 다름을 싫어하는 것이다. 자신의 호오好惡를 기준으로 삼아 남을 제약하는 모순적인 태도로 어떻게 의회를 세울 수 있겠는가. 설령 세운다 하더라도 행동과 말이 반대되어 어긋나니, 허황되고 믿을 수 없는 자들이 이쪽에서 쓰러지고 저쪽에서 넘어져서 진흙 밭에서 구르는

---

9) 나폴레옹 3세에 관한 주석(▷p210) 참고.

꼴이 될 뿐이다. 오늘날의 세상에서 이러한 일들과 유사한 사례는 즐비하다. 도처에 전횡과 억압이 많을 수밖에 없지 않겠는가. 저수지의 물이 제 힘에 못 이겨, 제방이 무너지고 방죽이 터져 온갖 사물이 떠내려가는데, 낡은 인습을 고수하는 자들은 둑이 자연히 터질 때가 되었다고 말하는 것을 나는 두려워한다.

어떤 사람이, "중국支那에서는 송宋나라 때 가장 이론異論이 많았다. 그런데 왜 그때 떨쳐 일어나지 못했는가?"라고 물었다. 나는 다음과 같이 대답했다. "위에 있는 자들 하나하나가 자기 고집이 세고 어찌할 도리가 없으며, 오로지 나와 같기를 바라서, 개화를 막아버린 왕안석王安石이 아니더라도 재결裁決이 분명하지 못하고 다름을 깊이 좋아하지 않았다. 사마광司馬君實은 채경蔡京의 무리에게 기만당했다. 사마광은 군자였지만, 중의衆議에 부쳐서 천하의 공公을 헤아릴 줄 모르고 혼자만의 지혜로 노심초사했을 뿐이다. 그렇다고 해도 사마광은 괜찮은 편이다. 소인小人의 재주와 지혜가 있고, 여우나 너구리처럼 교활한 자들이 뒤섞여 어지러운 기운데 국권을 취한다면, 아무리 의견이 많은들 무슨 수로 나라를 구하겠는가. 하지만 송나라가 약해서 한 번 패했다고 곧 망하지는 않았고, 강남의 반만 남은 땅이라도 유지한 것은 그나마 의견이 많았기 때문에 가능한 효과였다. 만일 더 많은 의견과 논의가 나왔다면 반드시 소인을 압도하여 약세弱勢를 바꿀 수 있었을 것이다. 그러므로 송나라에 논의가 많았던 것은 비난할 대상이 아니라, 더 많지 않았던 것을 안타깝게 여겨야 할 뿐이다."10)

---

10) 왕안석(1021~1086)은 북송의 정치가로, 균수법, 청묘법, 시역법 등의 소위 신법新法을 통해 개혁을 시도했지만, 당쟁이 격화되고 정치적 혼란이 가중되면서 큰 성과를 거두지 못했다고 평가 받는다. 그의 개혁에 반대하는 무리를 구법舊法파라고 부르는데, 그 당수가 사마광(1019~1086)이다. 사마광은 주로 주자학자들에게 높은 평가를 받으며 군자로 묘사되곤 한다. 그는 신법파의 퇴진 후 집권하지만 오래 가지 못하고, 이후에도 신법과 구법 사이의 당쟁은 계속되어 국력은 약화되어 간다. 채경(1047~1126)은 원래 신법파에 속했으나, 구법파의 당수인 사마광이 재상으로 취임해 신법파가 밀리자 그의 마음에 들기 위해 노력하며 구법을 지지했다. 『송사宋史』「간신전」에 실린 간신의 대표격 인물이다.

제9장 타자를 어떻게 이해할 것인가

그가 묻기를, "싸움도 역시 다름의 문제이니, 이를 좋아해야 하는가?"라고 했다. 나는, "같은 것에서 다름이 생기고, 다름에서 같음이 생긴다. 같음이 극極에 이르면 다름이 되고, 난亂이 되며, 싸움이 된다. 다름이 극極에 이르면 반드시 같음이 되고, 다스려지는 상태가 되고, 화합이 된다. 화합하지 못해서 싸우고, 싸우는 자는 평화를 구하다 보면 화해를 끌어당기기 마련이다. 그렇지만 이것은 자연의 이치가 그렇다는 얘기이다. 한 번 패하여 망해버릴 경우, 내가 난리를 일으켜서 다른 사람에게 평정할 기회를 주는 것밖에 되지 않는다. 조화造化의 도를 헤아려 이루고, 천지의 마땅함을 도와서 세상에 쓸모 있는 역할을 하는 것이 사람이다. 싸움에 대해서는 생각하고 궁리해볼 수는 있지만, 좋아해서는 안 된다. 천지의 도를 헤아리고 그 실현을 돕기 위한다면서 아무것도 하지 않고 저절로 그렇게 되기를 기다리는 자는, 도리어 어지러움을 좋아하고 싸움을 좋아하며, 다른 사람으로 하여금 나와 같아지기를 원하는 사람이지, 다름을 높이고 좋아하여 대동大同을 여는 사람이 아니다."라고 말했다.

근자에 니시 선생의 「애적설愛敵說」을 읽고 느낀 바가 있어, 이에 이 글을 써서 여러분에게 질정을 구한다.

9.3 적설賊說

니시무라 시게키, 제33호

『광운廣韻』, 『집운集韻』, 『운회韻會』에서는 '적賊'이라는 글자를 모두 '도둑이다盜也'라고 해석했고, 『옥편玉篇』에서는 '사람을 위협하다劫也'

사카타니는 신법 대 구법의 대결 구도를 중심으로 한 당쟁이 끊이지 않았던 송나라조차도 충분히 다양한 의견이 나오지 못했던 상태라고 평가하며, 논쟁이 더욱 활성화 됐어야 한층 더 다양한 의견의 등장으로 나라가 일어났을 것이라고 본다.

라고 했다.11) 『서경書經』의 전傳에서는 사람을 죽이는 것을 '적'이라고 했고, 『춘추좌씨전春秋左氏傳』주註에는 '적'이란 '상해다傷害也'라고 나와 있다. '적적賊'이라는 글자의 뜻은 대체로 이와 같다. 그렇지만 후세의 중국支那 사람은 천자天子에게 반기를 든 자를 가리켜 적이라고 했다. 천자의 적이 아니라 하더라도, 자신이 옳은 명분을 가졌다고 생각하면, 자신의 원수를 가리켜 '적'이라고 했다. 『후출사표後出師表』에서 "한漢과 적적賊은 양립할 수 없다."라고 말한 것과 같은 경우가 이것이다.

『일본서기日本書紀』에서는 '노虜'나 '적적賊'에 '아타ｱﾀ'라는 훈訓을 달았다. '아타'는 '아타루ｱﾀﾙ(대적하다)'라는 뜻으로, 나의 원수를 가리키는 말이다. '노虜'나 '적적賊'과 같은 글자는 중국인支那人이 자기를 높이고 타인을 미워하는 거만한 말이다. 생각건대, 중국의 문자 중에 우리나라의 '아타'에 꼭 맞는 말은 없다. 그렇기 때문에 가령 '노虜'나 '적적賊'이라는 글자를 '아타'라고 읽는다 하더라도, 실제로는 '아타'라는 말의 정확한 뜻이 아니다. 『화명초和名鈔』에 '강도强盜·해적海賊'이라는 글자에 모두 훈이 달려있지 않음을 보면 알 수 있다. 『헤이케 이야기平家物語』나 『태평기太平記』 등에서는 천자의 원수를 조적朝敵이라고 말한다. 미숙한 표현법이긴 하지만, 어느 정도 이름과 실상이 일치하는 말이라고 할 수 있다. 후세에 이르러 천자에게 대적하는 모든 자들을 가리켜 적적賊이라고 했다. 『대일본사大日本史』나 『일본외사日本外史』 같은 책들은, 원 사료에서는 적적賊이라고 부르지 않았던 것도 고쳐서 적이라고 불렀다.12) 중국인의 나쁜 습관을

---

11) 『광운』, 『집운』, 『운회』은 운韻을 기준으로 한자를 분류한 운서로, 한시를 지을 때 참고하는 용도이다. 『옥편』은 자서이다.
12) 『일본서기』는 8세기 초에 완성된 가장 오래된 일본의 정사正史다. 『화명초』는 『화명류취초和名類聚鈔』의 약칭으로, 헤이안平安 시대 중기인 10세기 전반에 만들어진 사전이다. 『헤이케 이야기』와 『태평기』는 모두 군담소설로, 전자는 13세기의 작품이고 후자는 제작년도 미상이다. 『대일본사』는 17세기 후반부터 20세기 초에 걸쳐서 편찬된, 『일본외사』는 라이 산요賴山陽가 지은 일본 역사서

제9장 타자를 어떻게 이해할 것인가

그대로 이어받고도 이를 자각하지 못한 것이다.

'적'이란 다른 사람의 물건을 훔치거나, 혹은 다른 사람을 죽이거나, 혹은 다른 사람을 위협하는 자를 가리키는 말로 천자와 적대관계에 있는 자를 가리키는 말이 아니다. 그런데 천자에게 대적하는 자를 가리켜 모두 '적'이라고 말하는 것은 군주君主 독재국의 풍습으로, 군주를 지나치게 존숭하기 때문에 생겨난 천한 말일 뿐이다. 중국인의 교만함이나 스스로를 높이는 태도는 우리나라 사람들이 비웃는 바이다. 그렇지만 이 '적'이라는 글자 사용법은 중국인의 편견을 답습한 채 고치지 않는다. 이상하게 여겨야 할 바이다.

우리나라의 많은 사람은 조적朝敵을 '적'이라고 부름으로써 스스로에게 정당한 명의名義가 있다고 생각한다. 하지만 나는 이렇게 함으로써 명의를 잃는 것이라고 생각한다. 무릇 고양이를 가리켜 고양이라고 말하고, 개를 가리켜 개라고 하는 것이 올바른 명의를 얻었다고 말할 수 있는 법이다. 만일 고양이를 가리켜 개라고 말하고, 개를 가리켜 고양이라고 말한다면 어찌 올바르게 명의를 얻었다고 할 수 있겠는가. 지금 '적'에 해당하는 행동을 한 일이 없는 사람을 가리켜 '적'이라고 한다면, 무엇이 이와 다르겠는가.

천자天子와 대적하는 자를 가리켜 모두 '적'이라고 말할 수는 없다. 천자에게 대적하는 사람 중에 '적'이라고 부를 수 있는 자가 있고, '적'이라고 부를 수 없는 자가 있다. 위세와 권력을 천자와 겨루고자 하거나, 군주人君의 폭정을 바로잡고자 하거나, 군주를 고난에서 구하고자 하거나, 정부와 다른 의견을 가져서 저항하고자 하는 부류를 모두 '적'이라고 불러서는 안 된다. 다만 다른 사람의 재화를 훔치거나, 무고한 사람을 죽이고, 인민의 근심거리가 되는 자를 '적'이라고 불러야 한다. 그러므로 천자와 대적하는 사람 중에도 '적'이라 불러야

이다. 이들 작품들은 순한문이거나 한문과 가나의 혼용문으로 기술되었다.

할 자가 있고, 천자를 돕는 사람 중에도 또한 '적'이라 불러야할 자가 있다.

옛날에 미국인이 영국에 반기를 든 일이라거나, 최근에 미국 남부가 북부에 반기를 든 일은 군주에게 대적하거나 정부에 대항한 것이다.[13] 우리나라 사람으로 하여금 이런 일들을 기술하게 한다면 필시 배반한 자를 가리켜 '적'이라고 할 것이다. 그러나 영국 역사에서는 아메리카의 반란민을 아메리칸(亞米利加人^{アメリカン})이라고 하며, 미국 역사에서 남부의 배반한 지역들을 부를 때는 콘페데레트(confederate^{コンフェデレート})라고 한다. 콘페데레트란 맹약을 뜻한다. 남부 지역의 여러 주들이 연합하여 정부에 반기를 들었고, 스스로를 콘페데레트 스테이츠(confederate states^{コンフェデレート・ステーツ})라고 부르자, 곧바로 이 호칭을 사용했다 이는 단지 공평할 뿐만 아니라 사실을 제대로 기술한 것이다.[14]

조적이 된 자를 가리켜 '적'이라고 함은 외국을 부를 때 오랑캐夷狄라고 부르는 것과 같은 것으로, 둘 다 지식이 좁아서 생기 일이다. 십년 전까지는 외국을 가리킬 때 '영국 오랑캐英夷'나 '미국 오랑캐墨夷' 등으로 불렀지만, 오늘날에는 완전히 사정이 달라져서 구미 문명국이라거나 서양의 개화한 여러 나라들이라고 부르게 되었다. 그렇지만 최근의 책 중에 여전히 조적을 가리켜 '적'이라고 쓰는 것은 왜 그런 것인가. 생각건대 오늘날 외국을 가리켜 오랑캐라고 부른다면 교제 관계에 분란을 일으켜 나라에 화를 입힐 수도 있다. 그렇다면 외국에 대해 오랑캐라는 글자를 쓰지 않게 된 이유는 인지人智가 열렸기 때문이지만, 다른 하나는 타국과의 교제 때문이다. 옛날에 조적이었던 사람들은 모두 죽었고, 오늘날 조정의 '적'이었던 사람들은 모두 항복하여 사죄를 했기 때문에, '적'이나 '도盜'라고 말한다 해도

---

13) 미국의 독립전쟁(1775~1783)과 남북전쟁(1861~1865)을 말한다.
14) 미국의 남북전쟁 때 남부연합(Confederated Sates)의 명칭이다.

이는 오직 명命을 그대로 지킨 결과이다. 그렇지만 마음을 비우고 공평하게 여기에 대해 살펴보고, 예로부터 내려온 누견陋見에서 벗어나 만국의 공정한 도리道理에 의거해서 이를 생각해보면, '적'이라는 글자로 조적을 나타냄은 실로 부적절한 일일 것이다. 만일 역사를 기록하는 사람이 이 문제에 주의를 기울여, 조적을 가리키는 데 '적'이라는 글자를 사용하지 않는다면, 이로써 우리나라 사람들의 지식이 한 발짝 더 나아가게 되었다고 말할 수 있을 것이다.

9.4 대만정벌의 강화회의에 대한 연설(1874년 11월 16일 연설)15)

후쿠자와 유키치, 제21호

아래를 보아도 한계란 없고, 위를 보아도 한계는 없다. 일신의 사사로움을 논하려거든 "만족을 안다^{知足}"라는 금언을 잊어서는 안 된다고 하지만, 국가의 문명에 관한 대계에서는 절대로 만족해서는 안 된다. 이번 중국과의 강화회의 건은 우리 정부의 노력에 의해 마침내 중국으로 하여금 50만 테일의 배상금을 지불하기에 이르렀으니, 이는 나라를 위해 축하해야 한다. 대만 정벌 출병의 그날로부터 지금까지의 과정을 보면, 우리는 십분의 승리이고, 중국은 십분의 패배이다. 오늘날 우리의 모습을 중국과 비교하면, 의기양양하지 않을 수 있는 자가 누가 있겠는가. 나 역시도 그 중 한 사람이다.

그렇다고는 하지만 일의 성패란 한 측면만 갖고 판단해서는 안 된다. 일이 있기 전에 원인이 있고, 일이 있은 후에는 여파가 있음을 생각하지 않으면 안 된다. 이번 일의 원인은 출병하던 날 일어난 일이 아니다. 머나먼 옛일에 그 원인이 있다는 것은 명백하지만, 그 내부사정은 우리 인민이 알 수 있는 바가 아니기 때문에 여기에 대해 논하지 않겠다.16) 향후 일어날 수 있는 여파도 귀신이 아니라면 여기에 대해 알 수 없다. 하물며 나의 좁은 의견으로 어찌 이를 억측할 수 있겠는가.

---

15) 본 연설이 메이로쿠샤 모임에서 최초로 있었던 연설이라고 추정된다.
16) '대만정벌'은 1871년 류큐^{琉球}국의 선박이 조난을 당해 대만 남부에 표착한 류큐국 승무원들 중 54명이 원주민인 빠이완족에게 살해된 것을 그 계기로 한다. 일본 정부는 청과 일본 양국에게 조공을 바치는 양속^{兩屬} 상태인 류큐국을 일방적으로 일본에게 귀속시키고 청 정부에게 해당 사건에 대한 배상 청구를 했지만 거부당한다. 이에 일본 정부는 우여곡절 끝에 1874년 5월에 대만정벌을 위해 출병하게 된다. 후쿠자와의 본 연설은 이로부터 약 6개월 후의 일이다.

제9장 타자를 어떻게 이해할 것인가

그러므로 나는 강화회의의 전보를 받은 그 당일의 모습을 갖고 이를 논하려 한다. 원래 이번 건은 일본과 중국 사이의 일이긴 하지만, 그 이해득실 문제에 이르러서는 다른 관계자가 있었다. 그렇다면 그 관계자란 누구인가. 서양 국가들이다. 서양의 인민이 직접 일본과 중국의 화의에 관여한 것은 아니다. 양국 정부 사이에 개입한 외국인의 논의나 충고 등은 우선 없는 셈 치고 그들은 상업적인 차원에서 여기에 관여했다. 우리의 대만 정벌 출병 이후, 일본에서도 중국에서도 서로 군비를 갖추면서 양측에서 사들인 선함船艦과 무기의 대금은 막대한 것이었다. 그런데 그 선함과 무기는 모두 서양 여러 국가들의 상인들로부터 사들인 것이기 때문에, 서양인은 물건의 판매자이고 일본과 중국은 구매자이다. 그러므로 이번 일에서 강화는 일본과 중국 쌍방에 관련이 있지만, 물건의 매매에 관해서는 별도로 서양 국가들의 존재를 더해, 삼자 관계라고 말하지 않을 수 없다.

이미 이 삼자의 관계이기 때문에, 이번 일의 전말을 논하려고 한다면 셋을 나란히 가지런하게 세워봐서 얼마나 이득이 있었고 얼마나 손실이 있었는지를 말하지 않으면 안 된다. 중국은 열여덟 개 성省이라는 부富를 갖고 사백여 주洲라는 광대함에 의거해, 강화도 아니고 또 전쟁도 아닌, 의심하고 주저하며 낡은 인습을 버리지 않아 일을 결정하지 못했다. 거금의 재화를 써서 무용한 군비를 갖추고, 오랫동안 노예시했던 일본에게 끝내 50만 테일의 금액을 지불하고 남몰래 사죄하여 명분과 실리 모두 잃어버렸다. 게다가 잃기만 하고 얻은 바가 없으니, 이를 실책의 극치라고 해야 한다.

일본은 중국에 비해 20분의 1이라는 작은 나라이지만, 나라의 강약은 영토의 넓고 좁음을 기준으로 말할 수 없다. 한 번 싸우기로 결정하자 그 뜻을 바꾸지 않고, 군사의 규모가 작아도 움츠러들지 않고 독립국의 체면을 다했으니, 영욕이라는 측면에서 일본을 이웃 나라와 비교하자면 애초에 비교할 수조차 없다. 그렇지만 금전적인 면에서 이를 논하자면, 획득한 배상금으로 모든 군비를 보상할 수 있을까. 아마도 크게 부족할 것이다. 그뿐만 아니라 지금의 군비란, 함선과 총기는 물론, 병사들의 군복, 군화, 모자에 이르기까지 모두 외국 물품이 아닌 것이 없다. 서양 국가들에서 사람들이 전쟁을 좋아하지 않는다고 하지만, 직공들이나 일꾼의 무리는 군비 때문에 장사가 번창함을 기뻐하고 전쟁을 기다린다는 말도 있다. 하지만 우리나라의 경우 출병으로 인해 짚신 한 켤레조차도 더 판 사람이 없다. 우리 군비의 대부분은 오로지 서양 상인들을 도운 것이기 때문에 금전적인 측면에서 말하자면 얻은 것으로 손실을 메꾸기에 부족했다고 말할 수 있다. 시종일관 오직 이득만 있고 손실이 없었던 자는 서양 국가들의 상인인 것이다. 한꺼번에 양국의 구매의사를 받아, 의기양양하게 오래된 포함砲艦을 수출하고 극히 쉽게 천만금의 이익을 얻을 수 있었다.[17] 우리 정부의 구매에서도 실책은 없었어야 한다. 이는 내가 아는 바는 아니지만 중국의 형국을 짐작해보면 알 수 있다. 서양인의 교활함이란 항상 두려워해야 한다. 하물며 선쟁이 임박한 때에 구매자가 낭패한 상태에서, 어찌 사고자 하는 물건을 볼 여유가 있었겠는가. 약점을 간파당한 거래이기 때문에, 사랑하는 자식을 장난감 가게에 데려간 경우처럼, 가격은 파는 사람 마음에 달린 것이다. 이번에 일본과 중국에 팔아넘기고, 또 약속한 물건의 대금을 대략 300만엔으로 잡는다면, 평균 3할의 구전을 받기 때문에 그 이익은 90만엔이다. 우리나라가 얻어낸 배상금보다도 많다.

    그러므로 아래를 보면 한계가 없다는 말이 있다. 중국의 모습을 보면 실로 가엾게 여겨야 한다. 일대일의 싸움에서 이번 승리를 거두고 면목을 세웠기 때문에, 더 이상 바랄게 없는, 그야말로 만족할 줄 알아야하는 때이지만, 나라 문명의 대계大計를 생각하면 아직 만족할

---

[17] 원문에는 '輸入'으로 표기되어 있으나, 문맥상 명백한 오기이므로 '수출'로 수정하였다. 이하 마찬가지.

제9장 타자를 어떻게 이해할 것인가

수 없다. 위를 보면 한계가 없다는 것은 바로 이를 가리킨다.

서양인이 다른 나라의 다툼을 방관하며 그 중간에서 일시적인 이익을 차지하고, 다툼이 무사히 안정되면 다시 평소의 무역으로 변함없이 이익을 취득하는 일 같은 것은 이득 중의 이득이라고 할 수 있다. 예전에 미합중국이 독립한 후 유럽에서 나폴레옹의 소란이 있었던 때에, 미국은 진정한 국외 중립을 유지하여 자국 내의 물산을 장려하고, 그 물건들을 유럽에 수출해서 큰 이익을 얻었던 일이 있다. 그것은 이번 일과는 사정이 다르지만 다른 나라에 일어난 변고로 인해 이익을 얻는다는 취지 면에서 거의 유사하다. 서양인의 속마음을 헤아려보자면, 그들은 앞으로도 항상 아시아 여러 나라들 사이의 불화와 전쟁이 일어나기를 바랄 것이다. 실로 분한 일이 아닌가.

아무쪼록 앞으로는 우리 일본에서도, 설사 서양 국가들의 난에 의해 일시적인 이익을 얻는 일은 없더라도 우리 아시아에서 일어난 변고로 인해 그들에게 이익을 주는 일은 없도록 조심하는 마음은 갖고 있기를 바란다. 우리나라에서 만든 창, 검, 갑옷으로 전쟁을 할 수 있는 세상이면 모르겠지만, 전쟁의 도구를 서양으로부터 사들이는 경우에는 전쟁의 승패와는 별도로 금전적인 계산이란 것도 함께 고려하지 않으면 안 된다.

대저 전쟁은 나라의 영욕에 관한 문제이자 국권 성쇠의 소치이기 때문에, 일률적으로 금전적인 득실만을 이야기할 수는 없다. 어쩌면 이번 중국에 대한 승리로 우리 국민의 기풍을 일변하고, 처음으로 내외의 구별을 밝혀서 내셔널리티國體의 기초를 공고하게 다지고, 국권의 여력은 서양 국가들과의 교제에 미치게 하여, 예를 들어 최근 조약개정의 기한에 이르러 재판권도 우리가 취하고, 세칙稅則의 권리도 우리가 갖고, 거류지의 규칙도, 보호세의 구조도 우리 일본 정부 손에 넣으려는 대논의에 미치게 될 때에도 서양 국가들과 나란히 우뚝 서서 조금도 놓치지 말고, 하나를 주면 따라서 하나를 취하고, 오른쪽에서 잃으면 왼쪽에서 빼앗아 마치 중국 정부를 대할 때와 같이 공명정대한 담판을 지을 수 있다면, 더 이상 우리나라에 유감이 없을 것이다. 진실로 이러한 성대한 기세에 도달할 전망이 있다면 무엇을 아쉬워할 필요가 있으며, 무엇을 반성할 필요가 있겠는가. 어찌 미미한 돈의 득실을 따지는 문제에 미치겠는가. 일본의 모든 인민은 박수를 치며 쾌재를 외칠 수 있으리라.

위의 내용은 앞으로의 일이 나아갔으면 하는 방향을 상상해서 나라의 행복을 바라며 현재 상태에 만족하지 않고 위의 위를 보자는 말이다. 그렇지만 미래의 일이란 귀신이 아니라면 알지 못한다. 더군다나 그 일이란 것도 점차적으로 진행하지 않으면 이룰 수 없는 것이다. 다만 인심의 동향을 기다릴 뿐이다. 결국 지금 우리의 곤란은 외국과의 교제에 있다. 지금 우리의 적은 잘 보이지 않지만 서양 국가들에 있다. 게다가 그 적은 병마兵馬의 적이 아니라 상인이라는 적이다. 무력의 적이 아니라 지력의 적이다. 지력 싸움의 승패는 앞으로 우리나라 사람들이 얼마나 노력하느냐에 달려있다.

9.5 중국을 얕보지 말아야 한다는 논설

나카무라 마사나오, 제35호

중국支那이 많은 인물을 배출했음은 고금에 비추어 보면 알 수 있다. 성현, 군자, 영웅, 호걸이 뒤를 이어 나왔다. 만일 여기에 대해 전부 얘기하고자 한다면, 밤을 새워 얘기해도 다할 수 없을 정도로 많다. 그것이 얕보아서는 안 되는 첫 번째 이유이다.

중국은 서적이 많은 것으로 동방의 으뜸일 것이다. 그리고 그 문사文辭에 정취가 있어 사람들 생각이나 뜻을 잘 통하게 할 수 있고, 외국책을 번역하는 데에도 정형화된 표현 등이 있어서 대단히 편리하다. 우리나라는 일상적으로 쓰는 문자로도 긴요한 말은 한자를 섞지 않을 수 없다. 이러한 문자를 만들어내기 위해서는 인민에게 일종의 사상적 재능이 있었다고 보인다. 자국의 말에 꽤 깊이가 있고 풍부한 맛이 있기 때문에 쉽게 서양의 문장으로 옮겨가서 서양풍을 따르지는 않겠지만, 원래 문자에 있어서 똑똑한 나라이기 때문에 몇 년 지나지 않아 고등 학식學識으로 나아가는 중국의 유학생들이 끊이지 않고 계속 나올 것이다. 그것이 얕보아서는 안 되는 두 번째 이유이다.

지금 달단韃靼의 왕조가 되어 중국의 뜻있는 사람들이라도 자연히 기력을 떨치지 못하는 모습이어서,[18] 그 인민은 흡사 마약에 취해 팔다리를 움직일 수 없는 형국이다. 그렇지만 달단의 마약이라는 독을 빼내고 취한 상태에서 깨어나게 되면, 사수정장泗水亭長에서 한 고조漢高祖가 일어날 수 있고, 황각사皇覺寺의 승려에서 명태조明太祖가 일어날 수 있다.[19] 훌륭한 임금과 좋은 신하가 만나 도필리刀筆吏

---
18) 달단은 몽고족의 일족인 타타르. 즉 청나라가 만주족임을 말하는 것이다.
19) 한漢나라 태조 유방劉邦과 명明나라 태조 주원장朱元璋은 낮은 신분에서 천자의 자리까지 올랐다. '사수정장'은 '사수'라는 지역의 '정장'이라는 하급관리로 있던 유방의 위치가, '황각사의 승려'라는 표현에는 빈농 가문에서 태어나 고아가 된

중에서 소하蕭何가 나올 수 있고, 개백정에서 번쾌樊噲가 나타날 수 있다. 용의 비늘에 매달리고 봉황의 날개에 붙듯이,[20] 문신 중에서는 유기劉基 같은 자, 무신 중에서는 서달徐達이나 상우춘常遇春 같은 자가 농민이나 거지, 시정의 거간꾼 중에서 돌연 모습을 드러낼 수 있다. 오늘 상하이에서 거지로 보이는 자들, 어찌 그 중에 명태조나 한고조가 없다고 할 수 있겠는가! 오늘날 텐진天津에서 장사하는 아이가, 어찌 훗날 소蕭·조曹·류劉·서徐가 아님을 알 수 있는가![21] 중국 본토 사람 중에 이李 씨라거나 류劉 씨 같은 명문 집안에서 대호걸이 나와서, 만청滿淸을 멸망시킨 후 서슴지 않고 대호령을 발하여 구미의 학술이나 기예를 쓰도록 하면, 기차, 증기선, 전신, 포대, 군함 등이 아무리 크다 하더라도 2경京 18성省에서 곧바로 마련할 수 있을 것이다. 거기에 민선의원이라도 세워서 회계會稽의 치욕을 만회하고자 한다면, 우리로서는 꺼림칙한 일이다. 중국을 얕잡아봐서는 안 되는 세 번째 이유이다.[22]

중국은 대국인만큼 천연의 산물이 많다. 난지 제조품만 보더라도, 백여 년 동안 우리나라에서 수입한 것은 책, 종이, 붓, 먹뿐이지만 방대한 양이었다. 마키 료코가 말하기를,[23] 일본의 서예가가 중국에 못 미치는 데에는 다른 무엇보다도 일본의 붓 만드는 직인들의 기술이 떨어지는 것으로 알 수 있다고 했다. 과거 중국의 천문학이나 수학

주원장의 출신이 드러나 있다.
20) 제왕에게 몸을 의탁하여 공명을 이루는 것을 말한다.
21) 소하와 번쾌는 한나라 고조 유방을 도운 개국공신들이며, 유기와 서달, 상우춘은 명나라 태조 주원장을 도운 인물들이다. '소·조·류·서'는 소하, 조참曹參, 유기, 서달을 가리키는데, 조참은 유방이 거병할 때 뜻을 같이 한 무신으로, 그 전에는 소하와 같은 현에서 일하던 옥리獄吏였다. 나카무라는 위에서 소하와 번쾌를 언급했으나, 아래에서는 관용적으로 소하와 조참을 꼽은 것으로 보인다.
22) '회계의 치욕會稽之恥'은 『사기史記』에 등장하는 표현으로, 월越나라 왕이었던 구천句踐이 오吳나라에 패배한 일을 기억하고자 가슴에 치욕을 품고 살면서 스스로에게 "너는 회계산에서의 치욕을 잊었는가"라고 다짐하던 말에서 유래한다.
23) 마키 료코卷菱湖(1777~1843)는 에도 시대 말기 삼대 서예가 중 한 사람이다.

제9장 타자를 어떻게 이해할 것인가

분야에서의 정미함은 극에 달했고, 쓸모 있는 기술이었다. 의약醫藥이나 원예학 등의 방법에 있어서도 20년 전의 우리나라는 중국의 책을 지침으로 삼았었다. 그 밖에도 그들이 자국에서 발명해 낸 유용한 기구의 숫자는 우리나라가 미칠 만한 수준이 아니다. 나의 영국인 친구가 말하기를, "중국은 좋은 인민들과 나쁜 정부로 이루어져 있다."고 했다. 이 말이 과연 사실이라면 중국 정부가 개혁하여 좋은 방향으로 나아가게 될 경우, 원래 좋은 인민들로 이루어졌기 때문에 중국은 반드시 향상할 것이다. 이것이 얕잡아봐서는 안 되는 네 번째 이유이다.

내가 듣기로, 러시아에서는 어린아이용 교과서에, "어떤 아이가 중국을 우습게 여기는 말을 내뱉자 그 아버지가 이를 나무라며 말했다. '중국은 우리의 스승에 해당하는 나라다. 두려워해야하지 업신여겨서는 안 된다. 중국은 우리나라보다 학술이나 기예 면에서 개화의 정도가 앞서 있다. 우리 선조가 중국으로부터 받은 이익은 적지 않다. 현재 중국은 아직 잠을 자고 있지만 그 나라가 눈을 뜨게 되면 두려워해야 할 강적일 것이다. 결코 업신여겨서는 안 된다.'" 라고 했으니, 러시아인의 심모원려深謀遠慮는 대단하다. 어려서부터 자신보다 못한 상태를 보고 자칫 이를 업신여기는 마음이 생기는 것은 버릇이 나빠지는 근원이다. 버릇이 나빠지면 작게는 집안을 망쳐버리고, 크게는 나라를 망하게 한다. 또한 이웃나라의 나쁜 점만 보고 좋은 점을 모른 채 함부로 이를 나쁘게 말하는 것은 우리를 게으르게 만들고 저들을 화나게 만드는 이유가 될 것이니, 무지하기 짝이 없는 일이다. 러시아가 중국보다 훨씬 우수하다는 것이 명백함에도 이와 같은 훈계가 있을 진데, 러시아에 비하면 중국도 일본도 도토리 키 재기 수준이다.[24] 우리나라 정도의 나라가 중국을 업신여겨서야

---

24) 원문의 '魯衛之政 兄弟也'는 『논어』「자로편」에 나오는 말로, 둘이 서로 비슷하다는 의미이다.

되겠는가. 얕잡아봐서는 안 되는 다섯 번째 이유이다.

　일전에 일본과 중국 사이의 일이 일어났을 때,[25] 이홍장李鴻章은 "지금 만일 전투를 하게 된다면 영국과 프랑스가 반드시 휴전하라고 압박할 것이다. 다른 나라 압박에 못 이겨 휴전하게 되면 그 부끄러움은 더욱더 심할 것이다."라고 생각했다. 여기서 대국이 소국에 지고서 배상금으로 일을 수습한다는 것은 중국의 도량이 크고 일처리를 잘한다는 것을 알기에 충분하다. 또한 우리나라에는 서양사람 몇 명이 참모參謀로 참여하기 때문에 일본인만의 독자적인 결정을 내리고 있지 않다. 중국은 영국 공사 토마스 웨이드威妥瑪의 도움이 있었는지는 모르겠지만,[26] 일본을 오랑캐로 보는 낡은 태도를 벗고서 예를 갖추어 대우하는 등의 일을 보면, 그 안에는 쉽사리 헤아릴 수 없는 마음의 깊이가 있는 것이다. 얕잡아봐서는 안 되는 여섯 번째 이유이다.

　우리나라의 개화는 외국인에 의해 개화된 것으로 우리 스스로의 힘으로 진보한 것이 아니다. 외국인을 이용하는 것이 아니라 외국인에게 이용을 당하는 형국이다. 말도 안 되는 액수의 급료를 지불하고 외국인을 고용하고, 여러 정부 부처 중에는 이들 외국인에 의지해 자신들의 책임을 덜어내는 경우도 있을 정도이다. 만일 중국이 구미로부터 배운다면, 그들의 견식이 구미를 능가하는 부분이 있으므로 외국인들이 진귀하다고 떠받들지도 모른다. 만일 우리가 구미 문명을 약간 더 알고 있다는 생각에 중국을 업신여긴다면, 마치 다른 사람의 좋은 옷을 빌려 입고서 남루한 옷을 입은 사람을 우습게 여기는 것과 같은 꼴이 된다. 이래서야 유식자에게 웃음이나 사지 않겠는가. 이것이 얕잡아봐서는 안 되는 일곱 번째 이유이다.

---

25) 1874년 일본의 대만 정벌 출병을 말한다.
26) Thomas Francis Wade (1818~1895)는 영국의 외교관이자 중국학자이다. 40여 년간 주청 영국대사관에서 근무했다.

속담에 이르기를, "각자 자기 집 대문 앞의 눈을 쓸되, 남의 집 지붕 위에 쌓인 서리는 신경 쓰지 말아야 한다."고 했다. 지금부터는 우리 스스로의 일을 주의하여 보고, 스스로 자신의 부족함을 알아 열심히 스스로를 다스린다면 외부에 신경을 쓸 여유는 없을 것이다. 하물며 어찌 감히 다른 나라를 업신여기는 일이 괜찮을 수 있겠는가.

9.6 존왕양이설

사카타니 시로시, 제43호

요즘 세상에 존왕양이^{尊王攘夷} 같은 얘기를 꺼내면, "예의 이빨 빠진 사카타니^{阪印} 놈이 또 하늘에서 내려온 낡은 훈도시 따위의 주장을 꺼내는구나.27) 미친 거 아닌가"하는 비웃음을 살까 걱정된다. 그러나 나라를 사랑하는 마음이란 틀릴 수 있을지라도 마음 속에서 이러이러하다라고 생각하는 바는 연설을 통해 바로잡지 않으면 안된다.

지난 번에 가토 선생님의 연설에서 '존왕' 언급이 있었고, 또한 후쿠자와 선생님도 예전부터 존왕에 관한 고견이 있었다.28) 두 선생님의 주장은 귀결점은 하나이지만, 의견에는 차이가 있다. 의견에 차이가 있다는 것은 지식을 절차탁마하기 위한 것으로 사회적으로 기뻐해야 할 일이다. 나는 존왕양이를 전부터 주장했는데, 그 의견이 또한 다르다. 다른 사람에게 이로운 바는 없겠지만, 나의 이로움을 구하기 위해 지난번에 하다 만 얘기를 말하려고 하니, 이를 용서하시라.

처음부터 설명하지 않으면 일이 어떻게 된 것인지 알 수 없다. 나는 이전부터 존왕양이라는 네 글자에 관한 의견이 하나 있었다. 옛 쵸슈^{長州}번에 원래 이름이 겐즈이^{元瑞}였다가 쿠사카 기스케^{日下義助}로 개명한 사람과 나카무라 쿠로^{中村九郎}라는 두 사람이 같이 여행을 다니다가,29) 겐지^{元治} 원년(1864) 갑자 4월 중순 경에 비젠^{備前}에서

---

27) '훈도시^{フンドシ}'는 에도시대 남성이 입던 하의의 일종으로, 음부를 싸서 가리는 천의 형태이다. '낡은 훈도시'란 오래되고 불결하여 외면하고 싶은 것의 비유로 사용된 표현인 듯하다.

28) 가토의 연설이란, 약 한 달 전인 1875년 10월 1일에 있었던 메이로쿠샤 정례회에서의 연설「왕정일신론^{王政一新論}」을 가리키는 듯하다. 후쿠자와의 '고견'은 무엇을 가리키는지 알 수 없다.

29) 쿠사카 기스케는 오늘날 쿠사카 겐즈이^{久坂玄瑞}(1840~1864)로 잘 알려진 쵸슈번

제 9 장 타자를 어떻게 이해할 것인가

돌아가는 길이라며 나의 고향인 빗츄備中에 있는 옛집에 방문했다. 하루 저녁의 즐거운 이야기에 이어 이 네 글자에 화제가 미쳤을 때, 내가 말하기를 "화내는 것도 비웃는 것도 그대의 마음이다. 내 마음 속에 이러이러하다라고 생각하는 바를 감춘다면 거짓된 꾸밈이자 아첨이 되니, 한 마디 하겠다.

작년에 시모노세키에서 전투가 있었으나 패배하여 강화를 맺은 일은, 귀번에 있어서는 좋은 일이 아니었다.[30] 그렇지만 황국皇國의 명분과 의리가 이로 인해 서게 되었음은 크게 좋은 일이라고 말하지 않을 수 없다. 왜냐하면, 종래의 법에서 외국 배는 어쨌든지 간에 우리 표류민을 구해서 태우고 오더라도 쫓아낼 뿐이었고, 또 난파당한 배가 구조를 요청하거나, 땔감과 물을 구하더라도 내쫓기만 할

존왕양이파의 중심인물이다. 나카무라 쿠로中村九郎(1828~1864)와 함께 요시다 쇼인吉田松蔭(1830~1859)의 쇼카손주쿠松村塾 문하생 출신이며, 두 사람 모두 시모노세키下關에서 서양선박들과 무력충돌을 일으키는 등 양이 실행의 선봉에 서서 막부를 비판하며 천황과 조정 세력을 양이론으로 만들어 쵸슈번의 편으로 만들고자 분투했다. 하지만 결국 천황을 중심으로 한 조정 세력은 쵸슈 세력과 거리를 두게 되었고, 결국 이를 되찾고자 쵸슈 세력은 교토에서 이른바 '금문禁門의 변'을 일으켰다. 그러나 변은 실패로 끝났고, 지도부였던 쿠사카는 교토에서 자결하였다. 사카타니는 쿠사카 겐즈이의 형인 쿠사카 겐키久坂玄關(1820~1854)와 교류가 있었다. 겐즈이는 존경하던 형의 지인이자, 당시 빗츄 지역에서 학문으로 이름이 났던 사카타니에게 인사를 겸해 시국에 대한 견해를 듣고자 했던 것으로 보인다. '금문의 변'이 일어나기 약 석 달 전의 일이다.

30) 도쿠가와 막부는 분큐 3년(1863) 3월, 양이를 원하는 고메이孝明 천황의 신임을 얻기 위해 양이 실행을 약속했고, 그 기한을 같은 해 5월 10일로 잡았다. 이것은 어디까지나 양이를 원하는 조정을 안심시키고, 존왕양이를 주장하는 반대파를 잠재우기 위한 정치적 계산을 바탕에 둔 약속이었는데, 쵸슈번은 이러한 막부의 약속을 서양 세력에 대한 실제 무력투쟁 의지로 간주했다. 그래서 쵸슈번은 예정대로 5월 양이를 도모하는 차원에서 시모노세키 해협을 봉쇄하고, 이곳을 지나던 미국, 프랑스, 네덜란드 함선을 향해 사전 통고 없이 포격을 가했다. 약 보름 후, 미국과 프랑스 군함은 시모노세키 해협에 정박 중이던 쵸슈번의 군함을 포격해 보복했고, 이로 인해 쵸슈번 해군은 큰 타격을 받았다. 또한 이듬해에는, 계속되는 시모노세키 해협의 봉쇄로 교역에 큰 피해를 입은 영국이 프랑스, 네덜란드, 미국의 군함과 연합하여 쵸슈번의 포대를 철저하게 파괴했다. 결국 이를 계기로 쵸슈번은 무력에 의한 양이를 포기하게 되었고, 서양의 지식과 기술을 적극 도입하게 된다. 이러한 일련의 사건을 '4개국 연합 함대 시모노세키 포격 사건'이라고 하며, 본문에서 사카타니가 말하는 '시모노세키 전투'란 분큐 3년의 무력 충돌을 가리킨다.

뿐이었다. 무례하고 무정하며 사람의 도리가 없음이 이와 같으니 계획이 있는 사람의 행동으로 보기에는 너무나 야만적인 일이 아닌가. 만일 시모노세키 전투에서 승리하게 되어 사면에서 적이 공격해 몇천만 달러의 배상금이나 또는 황국 인종이 멸망하는 경우의 얘기는 차치하도록 하자. 운 좋게 승리에 승리를 거듭한다면, 전 세계로부터 "일본은 승냥이와 이리처럼 탐욕스럽고 잔인하다. 가까이 하지 말아야 한다"라는 말을 듣게 될 것이다. 우리 일성무비一姓無比의 제왕을 야만스러운 승냥이와 이리의 왕이라고 지칭할 것이다. 만일 조금이라도 의지와 기개가 있는 남자라면, 이처럼 왕을 존숭하는 것이 아니라 왕을 낮추는 일을 참고 견딜 수 있겠는가. 다행히 한 번에 패배하고 강화하여 큰 굴욕을 당하기에는 이르지 않았다. 어찌 황국의 커다란 미사美事가 아니겠는가.

쿠사카가 "그렇다면 막부의 개항은 옳은 일인가"라고 말했다. 나는 말했다. "아니다. 겉名으로 보기에는 옳은 일 같지만, 속心은 그른 일이다. 그렇기 때문에 더 그릇된 일이다. 시험 삼아 생각해보라. 속으로는 모두 외국을 혐오하면서 이를 물리쳐서 인간의 도리를 모르는 야만을 몰아내고자 하더라도, 겁에 질려 두려워하며 부들부들 떨고는, '방법이 없었다', '어쩔 수 없었다' 따위의 말을 하는 자가 개항을 하고자 한다. 담력도 없고, 방책도 없는데다가 일정한 자기주장도 없다. 그 하는 일이 모두 아녀자가 도둑을 만난 듯하여, 말 한 마디며 행동거지가 고식적이고 비굴하여 진심에서 나오지 않으니 아첨 아닌 것이 없다. 그들의 말로는 양이攘夷를 하기에는 시기상조이니 때가 오기를 기다려야 한다고 한다. 이리와 승냥이가 바뀌어 원숭이나 쥐가 된 꼴로, 야만성이라는 점에서는 같은 것이다. 왕을 천대하고 나라를 욕되게 하여 훗날의 교제에 커다란 피해를 입히니 실로 분개하지 않을 수 없다."

쿠사카가 말하기를, "그렇다면 이를 어떻게 해야 할 것인가?"라고

제9장 타자를 어떻게 이해할 것인가

하였다. 나는 다음과 같이 말했다. "오랑캐라고 불리는 일은 중국의 예禮와 도道가 있는 상태처럼 되지 못했기 때문이다. 그러므로 오랑캐는 야만을 지칭한다. 우선 내가 야만스러운데, 어찌 저들을 오랑캐라고 할 수 있는가. 두 사람이 어두운 밤길을 걷는데 구슬 하나가 갑자기 날아와서 앞에 떨어지니, 한 사람은 분발하여 칼을 뽑았고, 한 사람은 두려워하며 머리 숙여 엎드려 연민을 구했다. 그 행위는 다를지언정 괴이함을 미워하는 뜻은 같다. 그러나 구슬인지 도깨비怪인지 가리지 않고 낭패했다는 점에서 야만스럽기는 역시 마찬가지이다. 왕이란 나라의 주인이 되어 정도正道로 백성을 보호한다는 의미이다. 만일 정도를 잃는다면, 망하지는 않더라도 반드시 쇠퇴하리라는 것은 고금의 역사가 분명하게 보여준다. 만일 그 나라에서 나오는 곡식을 먹고 봉록을 받는 자이면서, 정도를 지킬 담력은 없고 아첨과 비굴이 아니라면 횡포를 부리고 남을 헐뜯어 내 뜻을 내세우는 모습이 미친 사람 같으며, 나라를 욕되게 하고 왕을 쇠하게 하는 것이 바로 야만스러움이며 오랑캐인 것이다. 오랑캐가 도道로써 나라를 사랑하고 왕을 존숭한다면 어찌 오랑캐를 존숭하고 왕을 낮추는 지경에 이를리 있겠는가. 천황皇國帝王을 높이는 일은 호조 요시토키北條義時나 아시카가 다카우지足利尊氏와 같은 대단히 간악한 인간도 그만두지 못했던 바이다. 이는 선천적으로 갖추고 있는 이치이므로 움직일 수 없는 것이기 때문이다. 그렇지만 왕의 정치王政가 공정하지 않고 정도를 잃게 될 때에는 반드시 쇠하여 어지러워지는 것 또한 그 결과로 분명하게 나타난다. 세상이 점차 열리고 도리를 아는 자가 많아졌다. 신토神道나 불교, 유명幽冥의 가르침을 정치에 뒤섞어 이해할 수 없는 주장을 가지고 존신尊信을 도모하고자 하는 일은 주나라 말기의 장홍萇弘 때에 이미 행해지지 않았다. 정치를 존숭하는 방법은 오직 만국에 두루 통하는 공정한 도를 가지고 내 안의 오랑캐스러운 습관을 물리치는 데에 있을 뿐이다. 지금의 시세와 공도公道는 모두 개항에 있다. 개항이란 즉 왕을 존숭하는 까닭이다."

쿠사카는 대답하지 않은 채, 『봉칙시말奉敕始末』이라는 책 한 권을 맡기고 떠났다.[31] 그 책은 여전히 나의 집에 있다. 세상을 떠난 친구의 유품이다. 생각건대 이때 쿠사카는 자신의 번을 위해서 누명을 벗기기에 급급했고,[32] 내 말의 시비를 가릴 여유가 없었다. 이제 그 사람은 없으니 다시 논의를 할 수는 없지만, 나의 견해는 여전히 변하지 않았다. 그러므로 오늘날 조선과의 문제 등의 일을 논함에 있어서도, 내외 사정을 헤아려 만국에 통용될 공도를 기준으로 판단할 뿐이다.

쿠사카와 이야기할 당시, 나는 태생이 둔재인데다 시골에 오래 있었기 때문에 시세라거나 양학에 대해 보고 들은 바가 없었다. 오로지 하나의 정리공도正理公道에 의거해 이를 헤아려 볼 뿐이었다. 최근에 메이로쿠샤의 말석에 참여해 고견을 듣고 깨달은 바가 적지 않다. 정리공도로 미루어보건대 "꼭 맞지는 않아도 멀지는 않다"[33]는 것을 더욱 더 알게 되었다.

지난 번 「민선의원변칙론」을 써서 옳은 길을 구했다.[34] 그 글에는 여러 가지 흠이 있어서 급히 덧대어 고칠 수 없기에 웃음거리가 될

---

31) 『봉칙시말』은 쵸슈번의 중신이었던 이바라 치카아키井原親章(1816~1866)의 글이다. 글의 내용은 시모노세키에서 벌인 쵸슈번의 양이를 위한 무력 행동이 천황의 뜻에 따르고자 했음을 주장하는 것으로, '8월 18일의 정변'(1863)으로 교토에서 축출된 쵸슈번의 억울함을 호소하고 용서받기 위해 조정에 제출하고자 했던 탄원서이다. 그러나 끝내 『봉칙시말』 상소는 실현되지 못했다.

32) 쿠사카의 출신 번인 조슈長州번은 급진적인 존왕양이론을 주장하는 세력들이 번의 주도권을 쥐게 되면서 구게公家인 산조 사네토미三條實美 등과 결탁해 교토 정계에서 영향력을 발휘했다. 그러나 급속하게 세를 불려나가던 조슈번이 도쿠가와 막부 타도를 내걸고 거병을 계획하자, 이를 견제하고자 동맹을 맺게 된 아이즈會津번과 사쓰마薩摩번에 의해 조슈번의 번주 부자 및 산조 등이 교토에서 축출되었다. 이것이 소위 '8월 18일의 정변'이다. 사카타니와의 만남 당시 쿠사카는 조슈번이 교토 정계로 복귀할 수 있도록 준비하던 상황이었다.

33) "心誠求之、雖不中、不遠矣" 『대학』 9장

34) 제27, 28호에 실린 「민선의원변칙론」을 가리킨다.

수밖에 없지만, 스스로 생각하건대 그 주된 의미는 존양^{尊攘}의 도가 이렇게 되어야 한다는 데에 있다. 지금 두 선생님의 이야기를 들으니, 차이가 있긴 하지만 풍습이 비굴함을 미워한다는 점으로 귀결된다. 내가 걱정하는 바는 여러 가지이지만 돌아가는 바는 아첨이다. 비굴하기 때문에 아첨하고, 아첨하기 때문에 비굴하다. 아첨하고 비굴하면, 부모가 제멋대로 구는 자식의 말을 다 들어주어서 독을 먹이는 꼴과 같아진다. 만일 아끼고 사랑하는 진실된 정에서 비롯되었다 할지라도, 도리어 지극히 미워하고 깔보는 것이 된다. 존양은 하나이다. 존왕의 방법은 오로지 양이에 있다. 왕을 존숭하려면 반드시 먼저 오랑캐 풍습인 아첨을 쳐내고, 자주독립하여 정도를 확실하게 지켜야 한다. 아첨은 마음 속으로는 그릇된 것임을 알면서도 말과 행동은 여기에 반하여 사욕을 채우고자 하는 것으로, 때로는 직언이나 고론^{高論}을 말해 사람을 놀라게 하는 경우도 있다. 그러한 기교가 가져오는 폐해는 비굴함에 비하자면 더욱 심하다. 왕을 노리개로 삼으며 왕이 보는 앞에서는 그의 사욕에 순종하여 그를 나쁜 길에 빠뜨리고 뒤에서는 혀를 내밀며 자업자득이라고 한다. 세간에서 알랑쇠라고 부르는 자나 나카돈은,[35] 아첨하는 웃음과 아양 떨기로 손님을 늘 받들어 모시지만, 때로는 정론^{正論}으로 손님을 격려하기도 한다. 그 중에 성실한 한두 사람이 있긴 하지만, 모두 손님에게 독이 될 뿐이다.

생각건대, 고금의 일본과 중국에 알랑쇠나 다이코모찌^{太鼓持}처럼 굴지 않는 자가 얼마나 되겠는가.[36] 왕망^{王莽},[37] 조조^{曹操},[38] 도쿄道

---

35) 나카돈^{仲ドン}은 유곽의 가게에서 일하는 남자를 가리킨다.
36) 다이코모찌는 술자리에서 분위기를 돋구는 남자 접객원을 말한다.
37) 왕망(BC45~AD23)은 전한^{前漢} 말기의 인물로, 한 황제를 폐위하고 신^{新}을 세운 역적의 대표 인물로 꼽힌다. 신은 폭정과 실정을 반복한 끝에 15년여 만에 무너졌다.
38) 조조(155~220)는 후한^{後漢} 말기의 승상으로 실질적인 위^{魏}의 건국자이다. 왕망

鏡,39) 아시카가 다카우지와 같은 자들, 진나라에서 조고趙高가 한 짓, 도요토미 히데요시에게 이시다 미쓰나리가 한 짓, 이집트에서 일개 여자인 클레오파트라가 두 호걸을 농락한 일이나 존 로(John Law)가 프랑스를 혼란에 빠트린 일 등은 아랑쇠와 나카돈의 으뜸가는 것이다. 100이나 200 히키疋하는 꽃과 비슷한 정도의 작은 출세와 영달을 얻고 득의양양해 하는 자는 실로 셀 수 없을 만큼 많다. 게다가 쓴소리를 싫어하고, 착하고 유한 사람을 좋아하고, 내 욕심을 성취하기 바라는 것은 인지상정이다. 그러므로 아첨하는 자는 다른 사람이 나에게 아첨하면 반드시 좋아한다. 다이코모찌나 나카돈도 손님 입장이 되면 우쭐해져서 활개치고, "바보처럼 굴지 않으면 재미가 없다"라고 하다가 모르는 사이에 진정한 바보가 된다. 실로 아첨이란 아편 연기보다 두려워해야 한다. 예로부터 총명하다는 얘기를 듣던 사람도 출세를 할수록 바보가 된다는 것은 이 때문이다. 참언이나 비방은 명예를 훼손시키지만, 덕성이나 품행을 변하게 하진 않는다. 아첨은 인간의 지식을 어리석게 만들고, 뇌수를 진도시켜 나쁜 길로 빠뜨린다. 게다가 참언과 비방은 대체로 아첨에서 발생한다. 아첨과 무관하게 지내는 것은 대단한 뼛심이 있는 것이다.

아첨으로부터 생기는 것은 음험함과 은밀함으로, 그 해악은 헤아릴 수 없다. 예로부터 왕실의 쇠퇴는 모두 이것들로부터 발생했다. 자신과 같은 것은 끌어당기고 자신과 다른 것은 싫어하는 태도로 무리를 나누거나 도당을 맺어서, 오로지 나의 사사로움을 달성하기 위해 국가의 공론을 억압하다가 이윽고 횡포와 배반으로 멸망에 이

과 더불어 대표적인 역적으로 꼽히는 인물이다.
39) 도쿄(700?~772)는 나라奈良시대의 승려로, 고켄孝謙천황의 총애를 받아 권세를 휘둘러 천황의 자리를 넘보는 위치에 서기도 했다. 메이지 시대부터 1945년 이전까지의 황국사관 하에서는, 천황의 자리를 넘보거나 천황에 대한 반역을 일으킨 다이라노 마사카도平將門와 아시카가 다카우지와 더불어 '일본 삼대 악인'으로 꼽히기도 했다.

제9장 타자를 어떻게 이해할 것인가

르지 않는 한 멈추지 않는다. 나라는 유곽이 아니며, 군주는 손님이 아니라 나라를 보호하는 사람이다. 여기에 저항하여 보호의 정도를 세우는 것이 곧 존왕이다. 군주를 세우는 풍습에 차이가 있더라도 지구상에 수령이 없는 나라는 없다. 수령은 한 사람이고 신민은 다수이다. 애국의 책임은 뭇사람에게 있다. 뭇사람이 모두 아첨하지 않고, 자주독립의 정도를 걷는다면 그 수령된 자가 걸·주桀紂라 하더라도 혼자서 무엇을 할 수 있겠는가. 공론에 의해 헌법이 정해지면 어리석은 군주·난폭한 주군이 일어나 계통을 쇠하게 만들일이 없음은 말할 것도 없다.

그렇지만 시험삼아 스타티스틱(statistics)의 방법을 가지고 고금을 두루 살펴 비교해보건대, 야만스러운 아첨의 도로써 왕을 존숭한다고 하며 도리어 쇠란에 이르고, 왕을 낮추어 볼 뿐만 아니라 나아가 왕을 고통에 빠트리는 무리란 어느 시대에나 구더기처럼 득실대는 법이다. 때로는 성세를 이루고 강직과 자주의 기풍이 생겨나기도 하지만, 일시적으로 일어나는 좋은 일일뿐이며, 오히려 이로 인해 억압의 권權을 강화하고 아첨의 기풍을 길러내어 구제할 수 없는 지경에 다다르곤 한다. 이와 같은 일들은 어떻게 해야 개화할 수 있을까. 무엇으로 존양의 사업을 세워야할까. 모든 일이 한쪽으로 치우쳐 흘러 오직 고식으로 돌아갈 뿐이다. 그렇지만 아첨으로는 규율이 설 수 없다. 오로지 사람들에게 아첨이 주는 이로움이 없도록 할 뿐이다.

유럽 문명국들에는 이 점에서 볼만한 바가 있다. 국가 공공의 리理를 밝히고, 상하동치上下同治의 정체를 정한다. 이렇게 해서 아첨하는 자는 아첨할 대상이 없어지고, 비굴한 자는 비굴하게 굴 대상이 없어져서, 이를 행한다 하더라도 하나도 이로울 것이 없이 손실과 수모만 남게 된다. 조고나 이시다 미쓰나리 같은 인물이 있다 하더라도 그 간사함을 행할 데가 없어, 도리어 나라를 위해서 그의 재능과 지혜를 연마할 뿐이다. 중론衆論으로 헌법을 세우고, 법의 마땅함을 얻어 분쟁이 일어나지 않는다. 재화는 공공을 위해 쓰여서 의심스러운 바가 하나도 없고, 인선人選은 공평해서 분개할 바가 없다. 사람들이 분발하여 나라를 사랑하고, 맡은 바를 이루기 위해 용기를 내어 이전의 고루한 풍습에서 스스로 멀어지며, 부국강병하여 존양의 업의 성세가 거의 궁극에 이른다. 중국의 경우 이와 반대로 존양의 주장을 만들었으면서 스스로 아첨과 압제의 풍습을 자행하고, 야만의 풍습을 가까이하여 왕을 멸시하는 일에 득의양양해 한다. 듣자하니 미국에서는 중국인이 와서 풍습을 어지럽히는 일을 꺼려 이들을 쫓아낸다는 얘기가 있다고 한다.[40] 이것이야말로 진정한 양이이다. 일의 전도됨이 여기에 이르니 웃을 수밖에 없고 탄식할 수밖에 없다. 일찍이 국가의 재난을 헤아려 보았더니 관리와 인민의 고식으로 귀결된다. 사람이 아첨하고, 비굴하며, 아양을 떨거나 압박을 가하면 마음에 중심主이 없어져서 동쪽으로 내달리고 서쪽으로 쓰러지며, 전도되고 일정한 뜻이 없어 한 가지 일도 제대로 이룰 수 없음은, 중국 같은 곳에서는 모든 일에서 뚜렷하게 증명할 수 있다.

우리나라에서는 이러한 구습을 기피하여 궤란潰亂을 기다리지 않고 유럽 문명의 아름다움을 세우고자 미리 '만기공론萬機公論'의 어서문御誓文을 마련했다.[41] 또한 입헌정체를 세우기 위해 중서衆庶에 대해 익찬翼贊을 명하는 천황의 조서가 내려졌다.[42] 그렇다면 예전의 존양은 아첨을 물리치고 항구를 여는 데에 있었다. 지금의 존양 또한 아첨을 물리치고 상하공의上下公議의 방법을 정하는 데에 있다. 그 실마리는 어디서부터 착수해야 할까? 그것은 전국 공유公有의 재산에서

---

40) 1873년 12월 12일자 『유빈호치 신문』의 외국 소식란에 캘리포니아에서 일어난 일로 소개된 내용이다.

41) ▷p96주석을 참고하라.

42) 1875년 4월 14일에 발표된 '점진적인 입헌정체수립의 조칙'으로, '오개조의 어서문'의 취지를 확장 계승하며 원로원, 대심원, 지방관회의를 설치하고 점진적으로 입헌정체를 세워나갈 것을 선언한 내용이다.

제9장 타자를 어떻게 이해할 것인가

시작해야 한다.

　이는 나의 존양에 관한 좁은 소견이다. 세상 사람들이 왕왕 실제와 의론 사이의 차이를 말한다. 그렇지만 자세하게 이를 정정한다. 고금의 실제 일은 선과 악 둘 다 의론에서 일어나지 않는 것이 없다. 나는 무엇보다도 이론이의異論異議가 아첨이 아니라는 점을 높이 산다. 이 모임의 잡지에「존이설」(▷p231)을 낸 까닭이다. 청컨대 논박을 해주신다면 다행일 것이다.

제 *10* 장

사회와 국가 제도

10.1 인간 공공의 설 1[1)]

스기 코지, 제16호

서양에 다음과 같은 이야기가 있다. 태곳적 한 남자와 한 여자가 있었다고 한다. 서로 화합하는 정이 그 사이에 생겨나서 마침내 자식이 생기고, 자식이 또 자식을 낳아 자손이 계속 이어졌다. 처음에는 권위가 아버지에게 있었으나, 후에 나이의 많고 적음, 현명함과 어리석음에 따라 권위가 나뉘어졌고, 그 경중輕重에 차이가 생겼다.

도덕학善學의 기본은 선과 악이 있을 뿐이다. 도덕학에서는 "당신이 행하는 바에 따라서 내가 당신의 선악을 심판할 것이다. 당신이 만일 세상에 안정과 번영을 많이 가져온다면, 세상 또한 당신을 받들어 당신은 더욱 존귀해질 것이다."라고 한다. 그 권위의 귀결점은

---

1) 이 논설은 사람이 사회를 이루고 살아가게 된 과정과 그 원리를 풀어낸 글이다. 그러한 맥락에서 생각해 볼 때, 이 글의 제목에서 '人間'은 현대어의 의미가 아닌 '인간 세상', '세상', '사회' 등의 의미로 이해할 수 있다. '公共'은 그 의미를 특정하긴 어려우나, 사람이 공동체를 형성해서 살아가는 원리와 가치를 포괄적으로 가리키고 있다. 그러므로 이 번역 제목에서는 원문을 그대로 썼다.

제 10 장 사회와 국가 제도

아마도 여기일 것이다. 초기에는 사람의 욕망이 드러나는 일이 매우 드물었는데, 이는 바깥 세계의 사물을 볼 일이 많지 않았기 때문이다. 그러나 그 행동은 상당히 거칠고 난폭했는데, 이는 제약할 수단이 갖춰지지 않았기 때문이다.

대저 수요가 있으면 서로 해결해주고, 외롭고 약한 자들은 서로를 도우며, 은혜를 베풀면 이에 보답하고, 극기克근함으로써 한 사람이 다른 사람과 친하게 지내는 것은 사람의 성정性情이다. 초기에는 친족이 서로 결합하여 지켰지만, 동족이 점차 번성하여 퍼져나가자, 갈라져서 지족支族을 이루었다. 지족은 다시 나뉘어져 여러 족속을 이뤘고, 여러 족속은 또 군족群族을 이루어 각각의 생활을 영위했다. 이 당시 사람들은 곧고 소박하여 화목했고, 먹을 것에도 여분이 있었다고 한다. 원래 유목민이므로 수렵과 어업으로 생활을 한다고는 하지만, 그렇게 생활을 하다가도 갑자기 식량이 부족한 상황에 맞닥뜨리게 되면 종종 거주지를 옮겨 바꾸었다. 이윽고 사람들이 유랑생활에 질리고, 무리 또한 숫자가 많아짐에 따라 수렵으로 생계를 유지하기에 부족하다는 것을 깨닫자, 마침내 한곳에 정착하여 경작하고, 목축을 하게 되었다.

무릇 한곳에 정착하여 목축을 하는 자와 경작을 하는 자가, 그 가축의 번식을 기꺼워하고 작물의 수확을 바라는 것은, 사람이 스스로를 이롭게 하고자 하는 성질이므로 또한 없을 수 없는 바이다. 만일 그런 사람으로부터 이를 빼앗는다면 누가 기꺼이 그 일을 애써 하기를 바랄 수 있겠는가. 이러한 까닭에 뭇사람이 방호防護를 갖추고, 생업을 안정적으로 할 수 있기를 바라서, 서로 약속을 맺고 법을 만들어 각자가 이를 의무로 지키는 것이다. 또한 약속하기를, 처음 토지를 소유하는 자를 지주로 삼고, 논밭을 갈고 김을 매거나 목축을 하여 생산물을 얻는 자에게는 그 생산물을 사유할 수 있는 권리를 갖게 하였다. 대저 사유지나 사유물이 남으로부터 훼손당하는 일이 있으면, 여러 사람이 함께 이를 막고 지켜내어 그 의무를 다하기로 하였다.

　세상 사람들이 아직 자연 상태에 머무를 적에는 자기 한 몸의 힘으로 폭압을 막아내기에 충분하지 않았다. 하지만 공동체人間公共の制가 생겨나자 여러 사람들이 모여 서로 의지하게 되었고, 그들의 기세가 강화되었다. 그리하여 위와 같은 폭압에 맞닥뜨려도, 내 자유의 몫을 깎아서 이를 막고, 공공의 안녕을 보존하여 자기 자신의 자유독립을 지켜내었다. 요약해서 말하자면, 남이 나에게 억압을 가해 나로 하여금 억지로 여기에 복종하기를 원하자, 나는 여기에 항거하기 위해 공동체의 권리權에 따라서 내 자유의 몫을 희생해서 보답하고, 이를 통해 나의 독립성을 확고하게 지키고자 한 것이다.

10.2 인간 공공의 설 2

스기 코지, 제18호

대저 법을 세우고, 제도를 만들며, 율법을 만드는 것은 모두 인간이 교제를 하기 때문에 일어난 것이다. 아버지는 자신의 자식임을 알면 오로지 그 아이의 양육을 잘 하기 위해 힘쓸 것이다. 그러므로 아내는 남편이 그 아이를 남과 구별하여 혼동하지 않게끔 해야 하는 것이다. 아비 된 자가 자식이 누구인지 모르고, 어미 된 자가 자식의 아비가 누구인지 모른 채 뒤섞이게 둔다면, 사람 사는 세상이 도대체 어떤 꼴이 되겠는가. 남자가 한 여자를 아내로 맞이하고, 여자가 한 남자에게 시집가서 부부가 좋은 관계를 맺는 것이 혼인의 제도가 일어난 원인이다.

어머니는 연약하기 때문에 아버지의 힘에 의존하지 않으면 자식을 양육하기에 부족하다. 아버지도 또한 어머니의 자애와 자질구레한 수고에 기대지 않고서는 어린 자식을 성장시키기에는 부족하다. 이러한 까닭으로 남녀 교제의 도리는 일단 떳떳한 예의를 행하고, 부부임을 명백히 하여 함께 자식을 키우는 일에 종사하는 것이다. 이 일이란 영원히 계속되어 그만둘 수 없는 것이므로, 혼인의 약속은 기한이 없는 평생의 결정이 되는 것이다.

아버지가 평생 그 권리를 지키고, 또 형제의 불화나 싸움의 폐해를 방지하며, 또는 자식이 아버지를 도와 가산을 증식시켜 아버지가 물려준 것을 받게 되어 마침내 상속법을 만들었다. 생각건대 이 법은, 사람이 완전하게 갖출 수 없는 것이므로 미치지 않는 바가 있어서, 하나의 폐해를 제거하면 또 다른 폐해가 생겨났다. 처음에는 토지를 사유私有하는 사람, 사유의 권리를 갖는 사람, 이 외에 그 양여讓與의 권리를 받는 사람이 생겨났다. 그러자 세상 사람들이 통상적으로 사유하고 있던 것들을 잃게 되고, 타고난天然 책임을 다할 수 없게 된 자 또한 매우 많아져서, 사유하는 것이 있는 자는 부유해지고, 사유하는 것이 없는 자는 가난해졌다. 그리하여 가난한 자가 보기에 사유의 양여는 공평한 도리道理에 기초한 것이 아닌 듯이 여겨졌다. 그러나 가난한 사람이 굶어 죽고 얼어 죽는 것을 피할 수 없게 되자, 하늘이 널리 해악을 금하고 경계하게 하려는 도道에 따라, 사유하는 것이 있는 사람은 사유하는 것이 없는 사람으로 하여금 직업職業에 종사하게 해서 그 재산을 확보할 수 있었고, 사유하는 것이 없는 사람은 사유하는 것이 있는 사람이 제공한 직업에 종사함으로써 그 이익을 얻고 흉액凶厄을 면할 수 있었다.

대저 빈부貧富의 정도란 균일하지는 않지만, 둘 사이에 그렇게 큰 차이가 벌어지지 않음은, 천하에 두루 근면함을 진작시키는 근본이자 공동체의 기초를 단단하게 하는 반석이라고 할 수 있다. 만일 그렇지 않다면 누가 능히 타인을 위해 애써 노력하겠는가. 정녕 이렇다면 백공百工, 기예技藝, 농업農業, 학술學術 모두 아예 없어져서 그 흔적을 찾아볼 수 없기에 이를 것이다. 사람은 자기 직업을 통해서 이익을 얻는 것 외에는 달리 이익을 구할 방도가 없다. 그렇지만 사람이 각자 스스로 집을 짓고, 스스로 의복을 만들고, 스스로 식량을 얻는 일을 한다면 사람 사는 세상은 곧 야만에 가까워지게 될 뿐이다.

두세 사람의 철학자哲學士가 빈부 격차를 없앰으로써 세상을 궁핍함으로부터 구하고자 하여 자영自營·자위自爲의 논을 주장하고, 인간으로 하여금 다시 이 야만의 영역으로 돌아가게 만들고 싶어 하지만, 옛날의 야만스러운 풍속을 오늘날과 비교한다면 어느 쪽이 더 낫다고 할 것인가. 만약 인간으로 하여금 과거로 돌아가게 만든다면, 자연이 만물을 낳고 기르는 덕을 보아 도움을 받는 일이 적지 않다고 할 수야 있겠지만, 그 피해 또한 더욱 심한 바가 있을 것이다. 게다가 어떤 지역은 풍요로워서 그곳의 주민은 항상 생업을 갖고 있고 지역 토산물이나 공산품을 유통시켜 교역하는 일을 통해 서로 생활을 보살피니,

제10장 사회와 국가 제도

애초에 저 야만스러운 풍속과는 정반대되는 조건속에 있다고 할 수 있다.

> 〈부언〉 어떤 설에 이르기를, "가난한 사람은 점점 더 가난해지고, 부자는 점점 더 부유해져 행복과 불행 사이가 아주 멀어지는 일은 세상의 커다란 해악이다. 특히 시골에서는 그 폐해가 한층 더 심하다."라고 한다. 이를 구제할 다른 방법으로는 빈자가 부자의 남는 것을 넘겨받아 이를 갖는 방법과 옛날의 전법田法을 되살려 전토田土를 구획하여 이를 각자가 갖게 하는 방법밖에 없다. 이 두 가지는 빈부 격차를 없애는 방법에 해당하는 것으로, 정치의 요도要道를 얻는 것이다. 또한 균전均田을 주장하는 자의 설에 이르기를, "그렇게 되면 당신은 곧 순식간에 사람들이 개미떼처럼 모여들어 경쟁적으로 자기 일에 힘쓰는 장면을 보게 될 것이다."라고 한다. 이러한 일들은 끝내 전혀 실행할 수 없는 일이 아니다. 대저 유력자 중 그런 뜻에 동조하는 자가 점점 많아져서 확고부동한確乎不拔 의지를 갖고 실행한다면, 어찌 어렵다고 하겠는가. 만일 이러쿵저러쿵 시끄러운 반론들이 있다면, 여기에 대꾸할 말은 한마디로 족할 것이다. "모두가 두루 안녕하기 위한 일 뿐이다."라고. 대저 세상 일 중에서 일대변혁을 이룩한 경우에 그러한 사례가 많았음은 역사가 증명하고 있다.

10.3 인간 공공의 설 3

스기 코지, 제19호

민사소송訟이나 형사소송獄을 위해서는 반드시 중재를 하지 않으면 안된다. 그리고 그 중재하는 사람이란, 세상 사람들이 덕행을 우러러 보고, 공평하고 밝은 식견을 갖추어, 옳고 그름을 판단할 줄 알아서 부정한 자로 하여금 마음으로부터 복종하게 만드는 권위가 있어야 한다. 이것이 공연하게 인간 세상에 재판관을 만든 까닭이다.

무릇 소송을 들어주고, 의옥疑獄을 해결하는 일은 지극히 번거롭고 어려우므로, 민형사소송訟獄의 순서를 정하고 선례를 잘 정리해서 이를 처리할 필요가 있다. 이것으로 기망欺罔을 경계하고, 나쁜 꾀로 남을 속이지 못하게 하며, 소송의 번잡함을 더는 것이다. 이것이 법령律例이 생겨난 원인이다. 그렇지만 그러한 근본大本을 그르치는 폐해가 함께 생겨나 소송이 지체되는 일이 생기거나, 혹우 서례에 얽매여 사실을 놓치거나, 혹은 세세한 부분에 있어서 왕왕 잘못된 재판이 이루어지기에 이르렀다.

세상 사람들의 품행을 바르게 하고 덕의德義를 두텁게 하고자 할 때, 도리道理가 제법 고상하면 이로써 어리석은 자를 감동시켜 그 마음을 고치도록 할텐데, 방법이 없자 위협과 공갈의 기술을 썼다. 이것이 형벌이 생겨난 까닭으로, 그 벌의 경중은 세상에 손해를 끼친 정도에 따라서 다르다.

신神을 믿는 것은 사람의 고유한 천성으로, 널리 정신에 선善을 행하도록 하는 힘을 발생시키게 하는 것이다. 그래서 종교神敎는 죄악을 징계하는 커다란 위력을 갖는다고 한다. 이에 교도教導하는 무리가 나타나 공연하게 세상에 종교를 퍼뜨리게 되는 것이다. 애당초 신이란 사유의 깊고 얕음과 지식의 높고 낮음에 의한 것으로,

그 받들어 높이는 바에도 또한 깊고 얕음, 높고 낮음이 있는 것이다. 무식하고 어리석은 민民에 이르러서는 그 사유하는 바가 매우 낮은 수준이면서도 그 마음은 너무도 심약孱弱하므로, 자신의 힘으로는 미치지 못하는 바를 오로지 기도를 통해 신이 이루어 주기를 바라니 자립하지 못하는 것이다. 종교인敎徒들 역시 천계天啓의 리理에 어두워 결국 이단의 길에 빠져 스스로를 높여서 사욕을 품으니, 어리석은 자들이 쉽게 신심信心에 홀려, 선善을 권장하고 덕을 닦는 일을 폐하고, 엉터리妄誕와 삿된 말邪說만 자연스레 점점 번성한다.

그래서 폭정이 행해지는 나라에서는 이단의 종교를 국교로 삼고, 그 종교인들을 고귀한 사람들로 여긴다. 또한 그 미혹된 신심으로부터 화란禍亂이 연이어 일어난다. 이단의 종교가 설파하는 바는 정사正邪와 시비是非를 전도시키고, 나와 사물이 서로 관여하는 바를 이해하지 못하여 세상의 일을 어지럽히며, 인간 세상이 아닌 세계幽冥界의 일을 인간 세상의 일로 삼아, 세상이 요괴, 유령, 귀신, 마귀의 사도邪道에 미혹되어 어두워지니 마치 꿈속에 있는 것만 같다. 때로는 종교法敎의 무리가 당黨을 결성하여 서로 용인하지 않는다. 공명功名을 기꺼워하고, 영리榮利를 좋아하는 자가 자신의 미혹된 믿음을 통해 다른 사람들을 변화시키고자하여 거만하게 무력을 사용하기도 한다. 무릇 풍속과 교육 및 예의는 모두 종교의 뜻에 의하지 않는 바가 없다. 그런데 인륜을 크게 무너뜨리면서 오로지 진부한 옛 자취를 외경하고, 그윽하고 아득한 것 안에서만 감동하며 각자가 받드는 바를 믿으니, 종교의 뜻이 이윽고 나뉘어 이설異說이 더욱 성해졌다.

대저 다양한 종교의 주장이 마구 튀어나와 서로 싸우고 공격할 때에는 진리의 광휘가 어느 정도 그 사이에서 발하게 되고, 올바른 학문正經의 學이 따라서 성하며, 사람들의 마음 상태가 새로워진다. 그리고 사람과 사람 사이의 교제의 도리가 가까운 곳에서 먼 곳으로 미치게 되어 인류의 지위는 다시 끝없이 바뀌어간다. 그 지향해야 할 바를 행하고 능히 할 수 있는 바에 최선을 다하며, 그 뜻해야 할 바를 이루고 그 바라야 할 바를 달성하고자 하여, 사물을 널리 이해하고, 도리를 궁구하는 것이 드디어 정밀해졌다. 그리하여 학문의 범위 또한 넓어지게 되고, 옛 사람의 이론이 널리 세상에 알려져 학자는 점점 더 새로운 이치를 밝혀내 후학을 위한 토대를 세우는 일도 또한 적지 않게 되었다.

그러나 사람은 외롭고 약한^{單弱} 존재이기에, 유한한 힘으로 무한한 학문을 강구할 수 없으므로 분야를 나누어 이것을 습득한다. 그렇지만 학문의 도는 깊고 멀며, 여러 갈래로 나뉘어 한 곳으로 귀결되지 않기 때문에 학자는 왕왕 하나에 집착하는 경향을 면하지 못한다. 그런데 사람들은 학문이라거나 혹은 가르침이라고 일컫는 것을 배우고는 이를 자세히 음미하지 않아, 한 쪽으로 치우친 지식으로 지식이 없는 이들을 이끌어 이윽고 세상을 위태롭게 만들었다.

10.4 인간 공공의 설 4

스기 코지, 제21호

인민이 안락과 번영을 누리고 군주에게 권위가 있으면, 군주와 인민이 함께 그 나라의 체면을 지키고 국가를 유지하는 일에 힘써야한다. 그리고 약한 나라가 자칫하다 외적의 침입에 한 번 패하여 망하는 것을 보고는, 곧바로 나라를 지키는 방법을 마련하여 이웃 나라가 쳐들어오는 피해를 막는다. 이것이 군제^{軍制}가 생겨난 까닭이다. 그렇지만 병란^{兵亂}이 오래도록 진정되지 않자, 항상 병사를 두어 군진^{軍陣}을 마련해 두도록 하였다. 대저 군대는 순종하는 것을 높이 산다. 다만 항상 억제와 속박에 익숙해져 있기 때문에 자유의 기운이 결핍되어 있고, 애국의 도리^{道理}에도 어두운 것은 어쩔 수 없는 일이다. 군대는 원래 자국민을 보호하는 것이 임무이므로 그 우두머리에게는

제 10 장 사회와 국가 제도

후하고 자국민에게는 박해서, 마침내 스스로 나라 안에서 일종의 특수한 족속이 되어, 그 용맹함과 힘에 기대어 제멋대로 위세를 떨쳐, 나라의 인민 보기를 원수 보듯 하였다. 군대는 또한 종종 영웅의 간사한 속임수에 이용당해서 수족手足이나 도구처럼 되었다. 그 폐해가 나라 안을 널리 속되게 만들고, 모조리 노예처럼 만들기에 이른 것은 역사가 분명하게 보여주었다.

무릇 세상의 모든 일을 행하는 데에는 재물이 없어서는 안 되기 때문에 곧 조세법을 만들었다. 조세를 거두는 법은 나라가 지출하게 될 정확한 비용을 결정하여 이를 각자에게 부과하는 것이다. 그런데 중요한 것은 사람들의 재산에 많고 적음이 있기 때문에, 이를 비교하여 너무 과중하거나 너무 가벼워질 우려가 없도록 공정하게 세금을 거두는 것이다. 조세는 각자 사유재산의 일부를 내어놓음으로써, 나머지 재산을 확실하게 가지기 위함이다. 이것이 즉 조세의 요점이다.

사람 사는 세상에서 공동체公共를 이루고 살아간다는 것은, 뭇사람이 함께 노력해야 할 바에 힘써서 생업의 도리를 다하는 것이다. 그래서 인민의 신명身命을 지키고 명예를 떨어뜨리지 않으며, 사유재산을 유지하게 돕는 것을 정부 관료의 직무로 삼고, 생사의 경계를 밟고 서서 외적을 막고 국난國難을 제거하는 것을 군인의 직무로 삼으며, 가르쳐 깨우침으로써 사람들에게 덕과 선을 권장하고 의리義理를 다하도록 하는 것을 종교인의 직무로 삼는다. 요약해서 말하자면, 공동체의 관원은 각자 그 직분을 받들어 직무에 힘씀으로써 자신의 책임을 다하지 않으면 안 된다. 그런데 공동체를 농락하고 허례허식이나 사치에 쓸데없이 돈을 쓰는 것은 사람이 할 도리가 아니다. 그런데 간혹 한 사람이 천백 가구의 의식衣食을 충당하고도 남을 정도의 많은 연봉을 받는 자가 있으니, 이는 잘못이 아니겠는가. 도대체가 염치도 없고, 죄도 없다고 하지 않을 수 없다.

10.5 수신과 치국은 두 갈래 길이 아니라는 논의

니시무라 시게키, 제31호

중국支那의 유자 중에는 학문과 정치政事가 나뉘어져 두 갈래 길이 되었음을 탄식하는 자가 있다. 내가 생각하기에는 학문과 정치가 나뉘어 두 갈래 길이 된 것은 깊이 탄식할 만한 것이 못 된다. 깊이 탄식해야 할 것은 수신修身과 정치가 나뉘어 두 갈래 길이 되었다는 것이다. 『대학』에서는 수신修身·제가齊家·치국治國·평천하平天下의 순서를 말했고, 맹자도 천하의 근본은 집안家에 있고, 집안의 기본은 몸에 있다고 말하였으며, 그 외에도 수신을 치국의 근본으로 삼는 것은 일일이 전부 거론할 겨를이 없을 정도이다. 우리나라 사람이 공맹孔孟의 도道를 존숭할 때는, 이런 말을 잘 지키고, 나라를 다스리고자 하는 자는 반드시 그 몸을 수양해야 한다고 생각하였다 실제로는 혹 그렇지 않은 일도 있지만. 유신 이래 학문의 기풍이 일변하여 공맹의 도는 이미 쇠하고, 서양의 철학理學은 아직 들어오지 않았으니, 그 상태는 마치 해는 이미 저물었는데 달이 아직 뜨지 않은 것과 같다. 이로 인해 세상의 공리功利를 좇는 무리는 공맹의 도를 비현실적迂闊이라고 여겨 수신과 성의誠意의 학문에 힘쓰지 않아, 그 신분은 뭇사람들의 위에 있지만, 그 품행은 뭇사람들의 아래에 있는 자가 있게 되었다. 어찌 지극히 개탄하지 않을 수 있으랴. 지금 공맹의 도道로 이 무리를 훈계하고자 해도, 이 무리는 공맹의 도를 버렸으므로, 이것을 말하더라도 이로움이 없을 것이다. 그러므로 서양 제현諸賢의 말에 따라 수신과 치국이 두 갈래로 나뉘는 것이 아님을 서술한 것이 아래와 같다.

대저 천지天地 간의 만물은 그 수를 헤아리기 어려우나, 대략 이를 보면 동물·식물·광물 세 가지에 지나지 않는다. 셋은 모두 상제上帝의 관리와 다스림을 받아 이 세계에 현존하며, 그래서 상제가 이

제10장 사회와 국가 제도

셋을 관리하고 다스리는 법은 형체形體·살아 움직임生活·지각知覺의 세 가지에 지나지 않는다. 광물은 형체가 있을 뿐이고, 식물은 형체와 살아 움직임은 있으나 지각은 없다. 이 세 가지를 겸하는 것은 오직 동물뿐이다. 이를 통해 동물은 다른 두 물物에 비하면 가장 상제가 힘쓴 물物임이 명백하다.

동물은 두 가지로 나뉜다. 하나는 사람이라 하고, 하나는 금수禽獸라고 한다. 사람이 금수와 다른 이유는 그 형체가 같지 않기 때문만은 아니다. 대저 동물이라고 하는 것은, 모두 동물 부분과 도리道理 부분, 두 부분으로 이뤄진다. 동물 부분이라는 것은 사람과 금수의 차이가 없는 모든 동물다운 것으로, 전부 자신에게 있는 부분이다. 도리 부분이란 오로지 사람의 몸에만 있는 것으로 금수에게는 결코 없는 부분이다. 이로써 보건대, 사람은 다른 동물에 비해 특히 상제上帝가 각별하게 마음을 쓴 물物임은 명백하다. 동물 부분이란 유자儒者가 말하는 물욕物欲이라는 것으로, 이를 나누면 정욕과 탐욕이 된다. 도리 부분이란 소위 천리天理라는 것으로, 그 주主가 되는 것은 양심이라고 부르며, 양심의 힘에 의해 천리와 물욕을 구분할 수 있는 것이다.

사람이 자기 몸을 수양하고, 집안을 바르게 하며, 나라를 다스려 천하를 태평하게 하는 것은 모두 도리道理 세계의 일로써, 동물세계 혹은 금수세계의 일이 아니다. 대저 도리 부분의 힘이 강하여 항상 동물 부분을 누르는 것을 군자라 하고 성현聖賢이라 한다. 동물 부분이 강하여 항상 도리 부분을 누르는 것을 소인小人이라고 하거나 범인凡人이라고 하며, 또한 이름 붙이기를 '금수에 가깝다'고 한다. 그러므로 자기 몸을 잘 수양한 자는 또한 나라도 잘 다스릴 수 있는 것이 이치이다. 왜냐하면, 수신과 치국은 모두 도리 세계의 일이기 때문이다. 물욕에 억눌려 몸을 닦지 못하는 자는 또한 나라를 다스리는 일도 할 수 없는 것이 이치이다. 왜냐하면, 나라를 다스리는 일은 금수 세계의 일이 아니기 때문이다. 미국의 에만エーマン 박사는,

10.5 수신과 치국은 두 갈래 길이 아니라는 논의

"수신학은 올바른 정치의 근원"이라고 말했다.[2] 이로써 내 말이 거짓이 아님을 알 수 있다. 영국의 학사 벤담(Jeremy Bentham)은, "정치에서 선善이 되는 일이 수신에서 불선不善이 되는 일은 없다."라고 말했다. 생각건대, 수신과 정치는 모두 도리 부분의 힘으로 행하는 것이다. 그러므로 선이라고 여기는 바와 불선이라고 여기는 바는 모두 하나로 차이가 없다. 만일 자기 몸의 수양에는 동물 부분의 뜻에 맡기고, 정치를 할 때에는 도리 부분의 뜻에 맡긴다고 한다면, 반인반마半人半馬나 인신우두人身牛頭가 아닌 이상에야 이를 행할 수 없을 것이다.

근자에 높은 벼슬아치나 귀족 중에 그 사생활을 살피지 않아서 식자의 조소를 받는 자가 있다. 그렇지만 그 사람은 아마도 스스로 말하기를, "대업大業을 세워 대사大事를 이루는 자는 구구한 소절小節을 지키고 있을 수 없다."고 할 것이다. 그러나 그 이루고자 하는 업이 대단히 크지 않고, 그 깨뜨린 절개節가 대단히 작지 않음을 어찌 알 수 있겠는가. 영국의 토마스 브라운(Thomas Browne) 박사는 말하기를, "적을 이기는 것을 가지고 용맹이라고 하지 말라. 스스로가 정욕을 극복할 수 있을 때 비로소 진정한 용자라고 부를 수 있다."고 했다.[3] 저 난세의 영웅과 같은 사람들은 간혹 그 공업功業을 논하고 그 품행을 생략하는 일이 있다. 그렇지만 군자의 입장에서 이를 본다면, 여전히 이처럼 논할 바가 있다. 하물며 풍속을 바로 잡고 예의를 밝히고자 하는 태평 시대에, 그 몸은 고관高官이면서 그 품행은 필부 같은 자에 대해서 어찌 이를 논의하지 않을 수 있겠는가.

사람의 사생활은 선악 모두가 그 일신에 그쳐서 타인에게 이해利害

---

[2] 이와나미판 『明六雜誌』 하권에서는 '에만 박사'를 Francis Wayland(1796~1865)로 추정하고 있으나 그렇게 특정할 근거는 없다.

[3] Thomas Browne(1605~1682) : 영국의 저술가로 자연과학, 종교, 의학 등 다양한 영역에 걸쳐 글을 썼다. 이와나미판 『메이로쿠 잡지』에서는 이 인용문의 출전을 그의 대표작인 *Religio Medici*(1643)로 밝혔으나 특정할 수 있는 근거는 없다.

제10장 사회와 국가 제도

의 영향을 미치지 않는다. 그렇지만 세상의 식자가 여전히 이에 대해 논하기를 멈추지 않는 것은 어째서인가. 높은 벼슬아치나 귀족은 인민의 모범이 되어야 할 사람이다. 옛사람이 말하지 않았던가, "윗사람이 좋아하는 바는 반드시 아랫사람이 이보다 더 좋아하는 바가 있다"거나[4] "오왕吳王이 검객을 좋아하자 나라 안에 사람을 죽이는 자가 많아졌다"라고.[5] 만일 벼슬아치나 귀족이 좋아하고 숭상하는 바가 바르지 않다면, 아래에 있는 백성의 풍속이 누추醜陋하고 비천한 것은 차마 말할 수 없을 정도일 것이다. 야만국이나 문명국이라는 것도 백성의 풍속으로 그 품위를 정하는 법이다. 위에 있는 사람의 품행에 의해서 백성의 풍속이 변하고, 백성의 풍속에 의해서 나라의 품위가 결정된다. 그렇다면 백성의 위에 있는 자가 어찌 자기한몸을 다스리지 않을 수 있겠는가.

지금 윗자리에 있는 제현諸賢이 야만을 싫어하고 문명을 좋아하는 마음은 대단히 강하다. 이에 남을 속이거나 규정을 위하는 것을 처벌하는 번거롭고 자잘한 법률을 정해, 다리 노출이나 노상 방뇨와 같은 것에도 모두 처벌 조항이 있다.[6] 그러한 행실이 추루하고 야만에 가깝다고 생각하는 것이다. 그러나 이는 벼슬아치나 귀족의 추한 행실이 다리 노출이나 노상 방뇨보다 훨씬 심하다는 것을 모르는 말이다. 큰 것을 버리고 작은 것을 벌주는 일, 나는 그 본말本末과 경중輕重의 순서를 잃은 것을 괴이하게 여긴다. 벼슬아치나 귀족의 사생활이 끝내 바로잡히지 않는다면, 설령 나라가 부유해지고, 군사

---

4) "上有好者、下必有甚焉者矣. 君子之德、風也. 小人之德、草也. 草尙之風必偃.", 『맹자』「등문공 상」

5) "吳王好劍、而國士輕死.", 『관자管子』「칠신칠주七臣七主편」

6) 1872년에 동경에서 가장 먼저 제정하여 공포된 '위식괘위조례違式詿違條例'를 가리킨다. 이듬해에는 태정관포고로 각 지방의 위식괘위조례가 제정되어 전국적으로 공포·시행되었다. '문명개화'의 기준에 맞지 않는 풍속 등을 경미한 범죄행위로 취급하고 단속한다는 내용이지만, 실제로 위식괘위조례의 시행은 서양인들의 시선을 의식한 결과라고 평가받는다.

10.5 수신과 치국은 두 갈래 길이 아니라는 논의

력이 강해지고, 해외로 웅비하여 힘을 떨친다고 하더라도 여전히 문명국이라고 부를 수 없을 것이다. 하물며 아직 나라가 부유해지지도 않고, 군사력이 강하지도 못함에 있어서야 어떻겠는가.

    우리가 오직 바라는 바는 고관이나 귀족의 무리가 수신이 치국의 근본임을 알고, 지금부터 빨리 깨달아 그 행실을 고쳐서, 말은 천하의 규칙이 되고 행동은 천하의 법이 되는 것이다. 인민이 관리를 볼 때 그를 존경하고 친애하며, 따라서 풍속이 바뀌고 예의가 바로 잡혀 문명의 빛이 사방의 이웃에 빛난다면, 어찌 오직 그 일신의 영광일 뿐이겠는가. 나라의 다행함도 이보다 더한 것은 또한 없을 것이다.

10.6 조세의 권을 상하 공공으로 해야 한다는 설

사카타니 시로시, 제15호

덕德은 본本이고, 재財는 말末이다. 덕은 형태가 없고, 재물을 통해서 행해진다. 재물은 형태가 있어 천하의 사물이 모두 여기에 의거한다. 부강富強은 재물에 의거하고, 쇠망衰亡도 재물에 의거한다. 다툼은 재물에 의거하고, 평화도 재물에 의거한다. 비환悲歡·희노喜怒·안위安危·생사死生, 천하의 모든 일이 재물에 의거하지 않음이 없다. 그러므로 천하의 욕망이 오직 여기로 귀속된다. 욕망에는 공公적인 것이 있고, 사私적인 것이 있다. 자신의 사욕私欲을 가지고 천하의 공욕公欲을 억제하려 들지 않는다면, 곧 천하의 사욕이 사라지고 재물의 이로움이 널리 통하여 대업이 이루어진다. 이른바 덕德이 근본이라 하는 것은, 이것을 일컫는 것이다. 무릇 재물에는 공적소유公有가 있고 사적소유私有가 있다. 사유는 그 권리權利가 한 사람이나 한 집안에 있는 것으로 타인이 결코 침범할 수 없는 것이다. 침범한다면 도적이 된다. 공적소유는 뭇사람이 이것을 함께 하는 것이다. 거기에 대한 권리도 뭇사람에게 있는 것으로, 한 사람이나 한 집안이 결코 침범할 수 없는 것이다. 침범한다면, 이 또한 도적이다.

무릇 조세租稅라고 하는 것은 재물 중에서도 가장 무겁고 또한 큰 것이다. 또한 공적소유 중에서 가장 무겁고 또한 큰 것이다. 뭇사람들을 보호하기 위해서 그토록 아끼는 사유물, 타인이 절대 침해할 수 없는 재물을 내어 이를 공유물로 삼는다. 그 공유물로 되기 이전, 아직 사유물이었을 적에 그것을 얼마나 내놓을지 결정하는 권한은 그 주인에게 있다. 천자天子라고 하더라도 이것을 침범할 수 없다.[7] 반드시 보호하는 이치를 명백히 하고, 널리 두루 논의하여, 천하의

---

7) 천황을 가리킨다.

공욕公欲으로써 그 내는 양을 정해야 한다. 그렇지 않으면, 곧 빼앗아가는 도적이다. 이미 공적소유가 된 재물을 궁내宮內에 바치면, 궁내의 사적소유가 된다. 이것을 나누어서 여러 관원들에게 주면 뭇 관원의 사적소유가 된다. 여러 하인과 공인工人이나 상인들에게 주면, 이들의 사적소유가 된다.

사적소유를 그 주인이 마음대로 할 수 있는 것은 본래 당연하다. 그렇지만 사유물이 되기 이전, 아직 공유물이었던 때에 그 나눔의 많고 적음을 결정하는 권한은 뭇사람에게 있다. 천자라고 하더라도 또한 이것을 침범할 수 없다. 반드시 보호하는 이치를 명백히 하고, 널리 두루 논의하여, 천하의 공용을 가지고 그 나눔의 비율을 정해야 한다. 그렇지 않으면 이 역시 빼앗아가는 도적인 것이다. 이 뜻이 분명한 것은 마치 해나 달과 같다. 그러나 점차 그 형세는 근본을 잃어 도盜가 되고 적賊이 되었는데, 위아래가 모두 알지 못한다. 그러나 물론, 모른다고 해서 이 이치의 분명함이 사라지지 않는다. 사라지지 않으면 곧 아래로부터 점차 의심이 생겨난다. 의심이 생겨나면 난亂이 발생하게 되는 것이다.

일찍이 고금古今을 두루 살펴 이를 헤아려보니, 옛 훌륭한聖明 군주와 재상은 이러한 이치를 알고 있었다. 그런데 사람의 지혜가 아직 열리지 않아, 사적소유를 보호하는 방법을 알지 못했다. 이에 군주나 스승도 일단 생육生育의 방법을 가르치고, 사적소유를 보호하는 법을 세움으로써 각자 그 소유를 온전케 했다. 이때에는 천하 재산의 권리가 윗사람에게 있었다. 재권財權이 위에 있다는 것은 성명한 군주와 재상들로서는 바라는 바가 아니었으나 부득이한 것이었다. 그래서 그 마음은 괴롭고 몸은 고단하여, 잠시도 편안하지 못하고, 때때로 자비恩恤의 법을 내려, 늙은 홀아비와 홀어미, 고아와 의지할 자식 없는 노인, 불구자 등 괴로움과 어려움艱難으로 고통 받는 모든 이들을 마음을 다하여 구제하고, 그럼에도 충분하다고 생각하지 않아서

제 10 장 사회와 국가 제도

때때로 전답에 부과되는 세금을 절반으로 했다. 그리하여 아래의 인민들은 그 덕을 애모愛慕하는 것이, 갓난아이가 자애로운 어머니를 애모하는 것 같이 조금도 의심하지 않아서, "우리는 어리석어서 관여하면 방해하는 것이니, 이 사람에게 맡기면 아무런 해가 없을 것이다."라고 생각했다. 이것이 상세上世의 다스림이었다.

이윽고 아랫사람 모두 점차 그 형세에 익숙해져 상식이 되어 큰 문제가 없을 때에는 의심을 하지 않았는데, 어리석은 군주나 간사한 재상이 나타나기에 이르러, 그 해로움이 날로 더해져서 사적소유조차 보호하기 어렵게 되었다. 그러자 인민들이 돌이켜 생각하기를, "위에서 취하는 것은 모두 우리가 힘쓰고 고생하여 얻은 사유물이므로 타인이 결코 침범해서는 안 되는 것이거늘, 저들이 어찌 제멋대로 거짓으로 속이고 강탈하는가."라고 하였다. 이에 원망과 분노가 들끓어 오르니, 간웅姦雄이 그 틈을 타서 인덕仁德을 가장해 사유를 보호하는 방책을 제시하였다. 아래의 백성들은 "그에게 더욱 조리가 있다."고 여겼다. 그리고 옮겨 가 이를 받들었다. 이것이 중세中世의 형세였으니, 유럽과 아시아의 여러 나라들에서 모두 대동소이하였다.

오늘날에 와서 유럽의 여러 나라에서는 인민의 지혜가 개명開明하여 조세는 상하 공공上下公共의 것임을 분명히 하였으니, 일정하지 않은 관가官家의 덕에 기대지 않고 각자 준수한 인재를 뽑아 다수의 사람들을 대신하여 널리 두루 의논하게 하였다. 이로써 천하의 공욕公欲을 분명히 하고 천하에 사욕私欲이 행해지지 못하게 하였다. 재덕財德의 본말이 제자리를 찾게 되었으니, 이른바 민선의원이라는 것이 이러한 것이다. 우리나라가 만고일성萬古一姓의 국체인 것은 본래부터 그러하다. 그러나 중세에 와서 민심에 의심이 생기고 다투고 싸우는 일이 때때로 발생하여, 간웅이 패권霸權을 마음껏 휘두른 것은 또한 외국과 마찬가지다. 지금은 왕정을 새롭게 하고, 구미와도 서로 통하여 그 장점을 받아들이며, 인민들도 또한 조세가 공공의 재화임을

10.6 조세의 권을 상하 공공으로 해야 한다는 설

알고 있다. 이미 옛날처럼 전조田租를 하사하는 따위의 일은 두말할 것도 없이 행할 수 없다. 그러니 이때를 타서 옛 성명한 군주와 재상의 뜻을 받들며 상덕上德도 때로 끊어지지 않을 수 없음을 깨닫고, 아래 백성의 의심을 없애 간웅이 기회를 노리지 못하게 하여, 일성대통一姓大統의 광휘를 발양하도록 해야 한다. 어느 날 재앙이 모여 난이 일어나고, 다이라노 마사카도平將門와 아시카가 다카우지足利尊氏 같은 인물들이 외국에서 나타나도 이를 막기 어렵게 되는 것을 나는 가만히 두려워한다.[8]

한편, 정부의 뜻은 국가를 부강하게 하고, 황위皇威를 드높이는 것에 있다. 지금 공공조세의 실행을 분명하게 하면, 아래 백성들의 의심이 사라지고 한 마음으로 위를 경애하여, 나라의 기세가 펼쳐지지 못할 때 자신의 사유도 보전할 수 없음을 깨달을 것이다. 이에 각자가 분발하고 힘을 써서, 대함大艦 만여 척을 갖추고, 철도를 두루 통하게 하겠다는 애국의 마음이 날마다 성해지고, 개명의 실상이 달마다 커시는 것을 기다리기만 하면 될 일이다. 그러므로 재용財用의 정묘巧妙한 운용은 오직 조세를 상하 공공으로 운용함으로부터 생긴다. 구주와 아시아 각국은 득실을 역력히 살펴야 한다. 서로 다른 점이라면, 저들은 난으로부터 생겨났고, 우리들은 난이 생기기에 앞서 위로부터 뚜렷하고 떳떳하게 그 권한을 나누어 아래에게 주었다. 상덕上德이 분명해지고 군권君權이 자연히 강고해졌으니, 또한 어찌 공공조세를 미룰 것이 있으랴.

---

8) ▷p100의 주석 참고

10.7 재정변혁의 설[9]

간다 다카히라, 제17호

우리나라 종래의 재정財政을 살펴보면, 사농공상 등 어떤 업에 종사하는가를 불문하고 정부는 그 이익에 상응하는 세액을 부과하고, 시기를 정해 징수하여, 그렇게 모은 총액을 한 해의 수입으로 삼아 다시 이것을 분배함으로써 정부의 각종 비용에 충당하였다. 이것이 비록 수입을 헤아려 지출한다는 고법古法을 따르는 것이라고는 하지만, 오늘날에는 점차 폐해가 나타나는 듯하다.

우선 그 대략을 말해보면, 국사國事에 어려움이 많아서 많은 지출이 필요할 때에는 세입歲入이 부족하고, 국사에 문제가 없어 적은 비용만 필요할 때에는 세입이 남는다는 데에 있다. 또한 정부는 탈세할 것을 의심해서 자연히 세리稅吏처럼 습관적으로 매사를 지나치게 엄격하게 살피니, 이를 남에게 위임하지도 못하고 또한 스스로 담당하지도 못한다. 모든 일이 지체되는 것은 여기에서 비롯되는 경우가 많다. 또한 정부가 제멋대로 세칙稅則을 변경하여, 파산할 정도로 세금을 거두어들이는 것은 조리條理로서도 역시 온당치 못한 점이 있다. 또한 인민은 정부가 정한대로 세금을 납부하기만 하면 일체의 의무가 끝나는 것으로 여기고, 정사政事는 마치 정부의 청부사업과도 같은 모양새가 되어, 인민 대부분이 국가의 안위에 대해 개의치 않는 지경에 이르렀다. 이런 몇 가지는 모두 인심을 흩어지게 하고, 나라의 기초를 견고하지 못하게 만드는 근본 원인이다. 조속히 고쳐서 바로잡지 않으면 안 된다.

이것을 바로잡는 방법은, 우선 민선의원民選議院의 제도를 정하고,

---

[9] 이 글은 간다의 「민선의원의 때가 아직 도래하지 않았다는 논의」(▷p105)와 비교하여 읽을 필요가 있다.

다음으로 회계감사會計檢查를 담당하는 한 부서를 설치하며, 그 다음에 각 성省·료寮·사司로 하여금 다음 해의 정부지출에 대한 예산안을 내게 하는 것이다.10) 그리고 이것을 모아 정부지출의 총액으로 삼아 민선의원의 공의公議를 거쳐 그 액수를 확정하고, 이것을 전국에 배당하여 징수함으로써 정부지출에 충당하며, 사용한 후에는 예산의 금액과 대조하여 정산하고, 다시 민선의원의 공인公認을 거치게 함으로써 완성된다.

보다 더 자세하게 논하자면, 민선의원에 관한 것은 세간에 공론이 있고, 그 제도도 또한 대체로 분명하므로 지금 새삼 쓸데없는 말을 늘어놓지는 않겠다. 여기에서는 다만 그 재무에 관련된 요건만을 언급하도록 하겠다. 무릇 인민은 급여와 비용을 내어 정부를 고용하여, 정사를 돌보게 하는 것이고, 정부는 인민에게 고용되어 급여와 비용을 받아 정사를 돌보는 것이다. 그리고 민선의원 회의는, 인민이 정부에게 이듬해의 정사를 주문하고, 정부로부터 인민에게 지난해의 정사에 대한 결산을 행하는 것이다.

그러므로 민선의원의 회의는 중요한 일이지만, 의원의 수가 많기도 하고 또 일정 시간 안에 모이고 해산해야 하므로, 전적으로 계산을 담당하여 자세히 조사하기는 불가능하다. 이에 전적으로 이 일을 담당할 인원 한 조組를 공정하게 선발하여, 항시 정부의 아래에 두어 회계의 일을 관장하게 한다. 이것을 회계검사국會計檢查局이라고 한다. 마치 인민을 대신하여 계산해주는 사람과 같은 것이라고 할 수 있다.

이제 정부지출의 예산안을 내는 절차를 살펴보면, 먼저 각 성省에서 부내部內·료寮·사司와 부府·현縣 등에 각 항목 별 세밀한 예산안을 내도록 하여, 각 성마다 모아서 하나의 책으로 만들어 이것을 검사

---

10) 1868년에 메이지 정부는 태정관제를 실시하면서, 재정 관련 업무를 담당하는 회계관會計官을 설치한다. 회계관은 이듬해에 대장성大藏省으로 개칭되었다. 료와 사는 대장성 산하기관의 단위이다.

제 10 장 사회와 국가 제도

국에 보내도록 한다.[11] 검사국에서는 앞선 연도의 사례와 비교하여 어째서 증가하였는지, 어째서 감소하였는지 등을 하나하나 빼놓지 않고 정밀하게 살피고, 각 성의 예산서를 합쳐서 세출 총액을 추정한 다음, 그에 더하여 국익에 도움이 될 것으로 예상되는 바가 있으면 이것을 덧붙임으로써 회의 때 고려해야 할 내용을 준비한다.

회의의 시기가 되면, 의원은 각 성省의 예산안을 받고, 검사국의 의견서를 참고한 다음, 의사議事를 시작하여 각 성의 장관들에게 조목마다 따져 묻고, 줄여야 할 점이 있으면 줄여서 확정하고 늘려야 할 점이 있으면 늘려서 확정하며, 폐지하거나 다시 세워야 할 항목은 폐지하거나 다시 세우도록 확정한 다음 이듬해의 세출 총액을 확정한다.

세출의 총액을 확정한 다음에는, 이것을 온 나라에 할당하여 거두어들이기 위한 예산을 세운다. 이 예산은 민선의원이 담당할 부분이므로 검사국에서 그 초안을 작성하는 것을 규칙으로 해야 한다. 그 순서는, 우선 수출수입세, 인표세印票稅, 관지수납官地收納, 조폐 수익, 광산 수익, 우편 수익, 철도 수익 등과 같이 임의로 그 액수를 증감할 수 없는 부분의 예산안을 내고, 이를 세출 총액에서 빼고, 그 다음으로 주류세, 담배세, 선박세 등과 같이 전국 일반에 적용되며 임의로 증감할 수 있는 상업세의 추정 금액을 다시 세출 총액에서 뺀 다음, 그 남은 금액을 모든 부·현의 등급에 따라서 할당한다. 대저 부·현의 등급에 대해서는 그 호구戶口의 수, 토지의 면적과 가격 등을 비교하여, 미리 일정한 기준을 마련해 두어야 한다.

각 부·현에서는 회의에서 할당된 액수를 가지고 조세의 총액으로 삼고, 현 회의의 결의를 통해 이것을 관할 내 각 정·촌町村에 할당하

---

11) 부와 현은 지방행정 단위이다. 뒤에 나오는 정·촌町村은 그 밑의 단위이며, 가장 말단에 호戶가 존재한다.

며, 각 정·촌에서도 마찬가지 절차로 정·촌 내의 각 호에 할당함으로써 각 정·촌은 과세대장을 작성하고, 이것으로써 조세를 징수하는 근거로 삼는다.

대저 사람마다 각자 소유한 재산이 있고, 소득이 있으며, 가옥이 있어서, 그 크고 작음과 빈부에 자연히 등급이 있게 마련이니, 그 등급을 미리 조사해 두어서 이것을 원장元帳으로 삼고 이로써 조세를 할당하는 준거로 삼는다. 각 호의 등급이 정해지면 이것을 합하여 각 정·촌의 등급도 정해지고, 마찬가지로 각 정·촌을 합하여 각 부·현의 등급도 결정되는 것은 새삼 논할 필요도 없이 명백한 것이다.

부·현 중에서 농업의 비중이 적고 상업이 번성한 곳에서는, 미리 상업세를 정하여 총 세액에서 빼고 그 나머지 금액을 농민들에게 배당해야 한다. 한편 농업과 상업이 번성하고 공업이 아직 번성하지 못한 곳의 경우에는 특히 공업세를 경감시키고, 농업과 상업에 대한 세금을 더함으로써 공업을 고무시키는 바가 있어야 한다. 이 모두는 각기 부·현 회의에서 결정하기 나름이다. 정·촌의 회의도 또한 이에 준한다.

각 호에서 납부한 세금을 정·촌에 모으고, 각 정·촌에서 납부한 세금을 부·현에 모으며, 각 부·현에서 납부한 세금을 대장성大藏省에 모으니, 대장성에서는 이것을 나누어 각 성에 지급하며, 온갖 정부지출에 사용할 때에는 모두 전 해의 예산 장부에 준거해서 그 출납을 해야 한다. 예산이 해당되는 해가 지나 이듬해가 되면, 최초에 예산을 세운 해로부터 3년째가 되니, 곧 결산을 하는 해가 된다. 각 성에서 지불한 증빙서류를 갖춰, 예산안에 비해 증감이 있을 경우 증감한 수치와 그 사유를 상세하게 기록하여 이것을 검사국에게 송부하여야 한다.

매년 회기 때마다 반드시 결산을 하는 의사議事가 있다. 예산의

제10장 사회와 국가 제도

액수와 상이한 항목이 있으면 이와 관련된 장관은 그 사유를 자세하게 설명하지 않으면 안 된다. 만일 설명이 명료하게 이루어지지 않는다면 관련된 장관은 그 책임을 면할 수 없다. 이것이 장관의 책임이라는 것이다.

인민은 될 수 있는 한 세금이 가볍기 바란다. 그러므로 의회에서는 정부지출의 예산안을 가능한 한 줄이며, 만에 하나라도 꼭 필요하지 않은 것을 예산안에 써넣는 것을 허락하지 말아야 한다. 그렇기는 하지만, 정부에 저금이라는 것은 없으므로, 일단 예기치 못한 큰 일이 발생하여 예산 외의 재용財用을 필요로 하는 경우가 있다. 그러한 때에는 임시 회의를 열어 그 사유를 자세하게 설명하고, 회의의 승낙을 얻은 후에 공채증서를 발행하여 일시적인 긴급함을 해결하고, 그 이자와 매년 나누어 상환할 금액은 다음 해부터 매년 쓰는 예산 안에 포함시켜 전국의 인민들로부터 이를 거두어들인다.

국채의 방법은 이로운 점도 있고, 해로운 점도 있다. 앞서 말한 것처럼 국채에 의존하여 가능한 조세를 경감할 수 있다. 그 외에 민간에 재산은 있지만 이자벌이를 할 수 없는 자들, 이를테면 과부·고아·관리·승려 등은 공채증서를 매입함으로써 가만히 앉아서 안전하게 이익을 거둘 수 있다. 민간에 잠자고 있는 돈도 이 방법을 통해 활용될 수 있으니, 이러한 것들이 국채의 이로운 점이다. 국정 담당자 등이 나라의 재산을 남용하고, 이것을 가지고서 위세를 부리며 국민을 억압하고 국가를 전복시키는 큰 화를 만들어내는 것 등은 국채의 해로운 점이다. 요컨대, 국채는 국회의 승인을 얻지 않고서는 늘리거나 줄일 수 없도록 하는 것을 법으로 정해야 한다. 이와 같이 잘 행해져서, 오래도록 그 이로움을 거두어들이고 그 해로움은 피할 수 있게 되기를 바란다.

지금까지 논한 바는 재정변혁의 대체적인 요지이다. 내가 가만히 생각하기로는, 이 법을 잘 따른다면 국가의 이익이 끝이 없을 것이다. 첫째로, 국정의 담당자가 나라의 재산을 남용하는 폐해가 없고, 인민 또한 용도가 불분명한 세금을 내지 않아도 된다. 국가의 재정회계가 맑고 투명하여, 관민 사이에 추호도 의심하는 마음이 쌓이지 않고, 서로 진심을 토로하게 된다. 민간의 일은 민간의 자유에 맡겨 두어도 문제가 되지 않으므로 허다한 관원을 줄이는 것이 가능할 것이다.

실로 지금까지 지방에서 수많은 관원들을 필요로 하고, 또 정부에서는 잔혹하고 엄격하게 단속하는 관리를 필요로 한 것은, 인민 중에 혹시라도 세금을 피하는 자가 없지 않을 것이라는 의심에서 나온 바가 크다.

그 중에서도 특히 이 법이 나라를 위해서 큰 이익이 있는 바는, 인민들에게서 나랏일을 걱정하는 마음이 왕성하게 일어난다는 점이다. 이는 그 성패와 득실이 하나하나 자기 신상에 관계되기 때문에 그렇다. 예를 들면 정부가 한 차례 정벌이나 하나의 새로운 사업을 하려한다는 것을 듣게 되는 경우에, 도처에서 인민들이 모여 의논하면서 "이번에 어떤 사업이 회의의 승낙을 얻었는가, 아닌가. 정부의 독단專斷이 가져올 폐해는 없는가. 어떤 사업이 과연 예산대로 진행이 될 것인가 아닌가. 어떤 사업이 예산대로 진행되지 않고 크게 국가에 손해를 끼치게 되었는데, 그 책임을 져야할 사람은 누구인가. 어떤 사업이 예상보다도 더욱 잘 진행되어서 크게 값어치를 올렸는데, 그 일을 해낸 사람은 훌륭한 인재이니 그 공로에 사례를 해주어야 한다. 또 어떤 사업은 정부가 미리 인민에게 묻지 않았는데, 어째서 인민에게 묻지 않았는가. 인민에게 묻지 않은 것은, 인민의 의논을 회피한 것이다. 정부에서 홀로 결정한 것은 정부가 오롯이 감당해야 할 것이니, 성공하든 실패하든 인민은 관여할 까닭이 없다." 등등, 사람들이 떠들썩하게 논의하기에 이를 것이다.

제 10 장 사회와 국가 제도

　　인민의 풍습이 기꺼이 국사를 논하는 데에 이르게 되면, 지식도 차츰 열려서 점차로 만국의 사정에 통하고, 점차로 긴급한 사무를 깨달아서, 차차 나라를 경영할 인재를 낳고, 국운이 점차로 융성할 것이다. 이는 문명국들이 실천한 바이기에, 의심할 여지없이 명확한 것이다.

　　만약 이 도道에 의거하지 않고도, 따로 국운을 융성하게 할 방법이 있는지 없는지에 관해 내가 알 수 있는 것이 없다.

10.8　고문론 1

쓰다 마미치, 제7호

　　천하의 악惡 중에서 고문보다 처참한 것은 없고, 고금의 해악 중에서 고문보다 독한 것은 없다. 걸傑이나 주紂가 포악무도함의 으뜸이지만, 그 해악은 여전히 고문의 처참함과 독성에 비할 수 없다. 무엇을 근거로 이렇게 말하는가? 생각건대, 걸·주의 포악함은 한 사람의 나쁜 짓일 뿐이다. 고문의 폐해는 수십백천 명의 법관의 나쁜 짓으로, 그 해악은 수십백 세대에 미친다. 그 참혹함을 뒤집어쓴 자를 어찌 단지 걸·주의 일시적인 포악한 노여움을 건드린 자에 비하겠는가? 대저 범죄자란 원래 포악하다고 하지만, 그 역시 평범한 사람일 뿐이다. 검관檢官은 왕의 명령에 따라 이를 포박하고, 법관은 정부의 권위를 마음껏 휘둘러 이를 취조한다. 둘 사이에 귀천의 차이가 현격하고 권세도 까마득히 다르니, 설령 고문을 전혀 하지 않는다 해도, 보통사람들은 천하고 용렬하니 위엄을 두려워해서 승복한다. 정신이 나가서 조리 있게 의견을 펼치거나 민법 소송에서 원고와 피고인이 서로 그 권리를 주장하는 일처럼 몹시 명백한 일에서조차 자칫하면 억울하게 죄를 뒤집어쓰는 일을 면하기 어렵다. 그러니 하물며 고문을 해서 이를 강제로 자백하게 하는데 있어서야 어떻겠는가!

다마노玉乃 대판사權大判事 또한 일찍이 고문을 폐지할 것을 주장한 바 있다.[12] 다마노가 그 폐해에 대해 말하기를, "만일 고문을 가해서 강제로 취조하게 되면, 공훈이 있는 재상이나 장군이라도, 내가 그를 유죄로 몰아넣는 것은 손바닥 뒤집기보다 쉽다"고 했다. 아아, 고문의 폐해란 두려워 할 일이로다! 그러므로 어떤 사람에게 전혀 죄가 없더라도 일단 법관이 의심하게 되면, 끝내 억울한 죄를 뒤집어쓰지 않을 수 없게 된다. 고문의 고통이란 견딜 수 없다. 보통 사람은, "고문으로 고통 받는 것 보다 오히려 죄를 뒤집어쓰고 죽겠다."라고 생각한다. 아아, 고문의 해악이란 얼마나 처참한가!

우리 지구상의 가장 높은 봉우리를 히말라야雪山라고 한다. 아시아의 중앙에 있고, 이 산보다 남·서쪽의 사람들을 인도·게르만 인종이라 하고, 서쪽으로 바다를 건너서 아메리카에 이른다. 이 산보다 북·동쪽의 사람들을 몽고·중국支那 인종이라고 한다. 동쪽으로 바다를 사이에 둔 아메리카 원주민 또한 이들 인종의 변종에 속한다. 지금 게르만 종의 나라에는 고문이 없다. 몽고종의 인민은 대개 고문을 면치 못한다. 아아, 히말라야란 어떤 산이기에 이렇게 큰 차이를 낳는단 말인가! 똑같이 이 지구상의 인간이면서 어째서 게르만 종의 인민은 행복하고, 또 어째서 몽고종의 인민은 불행한 것인가. 나는 젊어서 일찍이 인도양을 건넜다. 인도 제도의 인민은 소위 말레이 인종으로 역시 몽고종의 변종일 것이다. 그들은 지금 영국이나 네델란드 각국의 관할에 속하여 또한 고문의 액厄을 면했다. 아프리카의 인민은 소위 흑인종이지만, 그 중 구미 여러 나라의 관할에 속하는

---

12) 다마노 요후지玉乃世履(1825~1886)는 이와쿠니岩國번 출신으로 1875년 초대 대심원 원장이 되었고 이후 사법 대보 겸 원로원 의원 등을 역임했다. 이 글이 나오기 한 달 전, 당시 사법성에서 법학 교육을 담당하던 프랑스 법학자 보아소나드(Gustave Emile Boissonade de Fontarabie, 1825~1910)가 고문을 목격하고 당황스러워 하고 있던 현장을 지나가다가 보게 되어 사법성에 고문 폐지를 주장하게 되었다.

자들은 고문을 면했다. 이 어찌 인종이 그렇게 만드는 것이겠는가. 인종이 아니라, 지식개명智識開明이 한 일이다.

고문의 해악은 천하 고금을 통틀어 이와 비할 수 있는 것이 없다고 한다. 그렇다면 고문은 과연 폐지할 수 없는 것인가? 그렇지 않다. 고문을 폐지하지 않는다는 일은 있어서는 안 된다. 고문을 폐지하지 않으면, 끝내 구미 각국과 수레를 나란히 하여 달릴 수 없을 것이다. 고문을 폐지하지 않으면, 저들과 동등한 권리를 갖는 조약을 맺을 수 없게 된다. 고문을 폐지하지 않으면, 구미 각국 인민 중 일본에 있는 자를 우리 법률 아래 둘 수 없을 것이다. 다음 호에서 이를 상세히 논하겠다.

10.9 고문론 2

쓰다 마미치, 제10호

구미의 각 독립국은, 화친과 통상의 교류에서 서로 맹약과 장정章程을 체결하지 않은 것이 없다. 피차의 권리는 동일하며 여기에 우열은 없다. 저 나라의 인민이 이 나라에 오면, 반드시 이 나라의 법률로써 이를 보호하고, 정령政令으로써 이를 돌보아 다스리는 것은 애초에 논할 것도 없다. 그렇지만 우리 일본제국이 구미 국가들과 조약을 체결하자, 외국 사람이 우리나라 안에서 법을 어기는 경우에 우리나라 법률을 갖고 이를 처벌하지 못한다. 즉, 그들과 우리 사이의 동등한 권리의 조약이 아니다. 아무리 해도 우리나라 체면國體을 훼손하는 바가 없다고 할 수 없다. 그렇다면 지금 당장 이를 개정할 수 없는 이유는 무엇인가? 그 이유는, 피차의 형법이 같지 않으며, 특히 범죄를 다스리는 방법이 매우 다르기 때문이다.

피차의 형법이 같지 않다고 하지만, 또한 대동소이하므로, 얼음과 불처럼 현격한 차이가 있는 것은 아니다. 다만 저들 인민은 자유를 얻었고, 우리 인민은 속박을 면하지 못했을 뿐이다. 이 일은 단지 국법과 정사政事상에 있어서 그런 것뿐 아니라, 인민의 일상적인 윤리에 있어서도 또한 그렇다. 예를 들어, 우리는 아들이나 손자가 조부모나 부모를 구타하면 참형斬刑에 처한다.[13] 개정율례에서는 징역 10년이다.[14] 자손을 고의로 죽이면 도형徒刑에 처한다.[15] 저들의 경우 전자일 경우 도형 혹은 금고형이고, 후자일 경우 사형에 처하는 방식 같은 것이다. 그러므로 이들을 조금씩 절충한다면 피차의 형법은 대략 같은 것이 될 수 있다.

    범죄를 다스리는 법률에 이르러서는 저들과 우리의 차이는 아주 크다. 예를 들어 저들은, 만일 죄악을 범한 자가 있더라도 그 증거를 얻지 못하면 범죄를 담당한 관리가 이를 체포할 수 없다. 우리는 설령 아직 그 증거를 찾지 못하더라도 조사관이 보기에 의심스러운 자는 곧바로 이를 체포할 수 있다. 또한, 저들은 설령 나쁜 일을 한 증거가 있더라도, 그 일이 형법상 명기된 죄악이 아니면 죄를 처벌할 수 없다. 우리는 형법에 명기되지 않았어도 그 일이 마땅히 해서는 안 되는 일이라면 곧바로 이를 처벌할 수 있다. 또 저들에게는 대개 배심원陪審士(jury)이라고 하는 것이 있다. 인민 중에서 선출하여 심리에 참여한다. 그리하여 배심원이 형법에 구애받는 일 없이 공평하고 공정한 마음으로 판정하여, "그 사람은 벌해야 한다"고 말하지 않으면

---

13) 『신율강령新律綱領』에서의 형량이다. 『신율강령』은 1870년에 제정되어 메이지 신정부 하에서 최초로 공포되어 시행된 형법전이다. 내용면에서는, 그 전에 완성되었지만 공포 및 시행으로 이어지지 않았던 『가형률假刑律』(1868)과 마찬가지로, 명·청조의 『대명률大明律』·『대청률大淸律』과 도쿠가와 시대의 기본 법전인 『공사방어정서公事方御定書』을 참고하여 만들어졌다.
14) 『신율강령』의 내용을 보완하고 체계를 정리하여 1873년에 공포 및 시행된 것이 바로 『개정율례』이다. 『개정율례』는 이후 1882년 프랑스 형법을 참고한 최초의 근대적 형법전(일명 『구형법舊刑法』)에 의해 대체된다.
15) 일정한 기간 지정된 장소에서 노역에 종사하게 했던 형벌이다.

제10장 사회와 국가 제도

법관이 형법을 살펴 이를 벌할 수 없다. 우리의 경우에는 아직 배심원을 두지 않았다. 또 저들은 증거가 명확하고 죄상이 의심할 여지가 없는 것은 이를 형전刑典에 넣는다. 그러므로 강제로 죄인의 구두 진술에 구구하게 매달리지 않는다. 이것이 저들이 더 이상 고문을 필요로 하지 않는 이유이다. 우리의 경우, 설령 죄의 증거가 충분히 명확하더라도 죄인의 구두 진술이 아니면 죄를 결정할 수 없는 것이 통상적이다. 이것이 우리의 경우 고문을 폐지할 수 없는 이유이다. 설령 다른 확증이 없어도 고문을 통해서 강제로 죄를 자백하게 만들어 이를 죄라고 하여, 결국 무고한 사람을 억울한 죄에 빠뜨리도록 하는 것은 모두 폐해이다.

죄인이란 대개 악인이다. 악인이 악을 감추고, 처벌을 피하고자 하는 것은 일반적이다. 그러므로 구두 진술로 사실을 알아내고 싶다고 하더라도, 또한 심히 어렵지 않겠는가. 설령 죄인이라고 하더라도, 일단 회개하고 자수하면 그 죄를 감면하는 것이 만국의 통상적인 법이다. 그러므로 죄인이 취조 과정에서 사실을 진술하고 이미 뉘우치는 바가 있다면, 또한 그 죄를 감면해주는 것은 이치상 안 되는 일이 아니다. 죄를 씻고 참회하여, 선善으로 돌아가고자 하는 자의 죄를 관대하게 용서하는 것은 각국의 종교에서 취하는 태도이다. 그렇지만 국법으로 이렇게 만들기 어려운 것은 말할 필요조차 없다. 그렇다고 하더라도 악인을 꾸짖기를 선인의 마음으로 하면서 악인으로 하여금 강제로 자백하게 만들어서 형벌을 가하려고 하는 것은 도대체 또 무슨 의미인가. 이것이 히말라야 서쪽 인종이 그 동쪽 법률에 따르는 일을 탐탁지 않게 여기는 이유이다.

죄가 있음이 이미 증명되었다면 여기에 형을 가하는 것은 괜찮다. 저 악인이 죽어서 황천에 가거나 혹은 지옥에 떨어지는 것이 확실하다면, 악인의 자백이 필요 없을 것이다. 이는 종교적인 상상에 속하는 일이지만, 지금 이를 형법 조례에서 취하고자 하더라도 못할 일은 아니다. 하물며 구미 각국의 통상적인 법률을 취하는 일에 있어서야 무엇을 주저하겠는가!

증거에 근거하여 옳고 그름을 판단하는 것은 민법 재판에 통용되는 법인데, 우리 일본 제국의 소송 당사자의 의견을 듣는 구법舊法도 구미의 신법新法과 크게 차이가 있는 것은 아니다. 대저 원고와 피고는 각기 잘못은 감추고, 이치에 맞는 말을 늘어놓는다. 이에 더해서 변호인은 이를 수식한다. 그 말만을 믿는다면 어느 쪽이 그르고 어느 쪽이 옳은지 듣는 사람이 어찌 혼란스럽지 않겠는가. 증거에 근거하지 않는다면, 무엇에 의해서 재판이 공평할 수 있겠는가. 그렇지만 형벌을 다스리는 법에 이르러서는 오로지 증거에만 근거하지 않는다. 가령 명확한 증거가 있다 하더라도, 죄인의 구두 진술에 의하지 않으면 조금도 그 죄를 결정할 수 없다. 어찌 통용될 수 없는 관습법이 아니겠는가. 즉, 이 통용될 수 없는 관습법을 영구히 가지고 있으면서, 저들과 우리가 동등한 권리의 조약을 체결하고, 우리 법률로써 외국의 자유 인민을 속박하려 한다는 것은 또한 어렵지 않겠는가. 불통不通도 지극히 심하지 않은가.

어떤 사람이, "죄인의 구두 진술을 요구하지 않고 오로지 증거에 의해서 처결했는데, 만일 증거가 잘못되었을 때는 어떻게 하는가?"라고 물어서, 다음과 같이 대답했다. 저쪽에서는 오직 민사재판에만 항소법抗訴法이 있는 것이 아니라, 형사재판에도 또한 항소법이 있다. 죄인이 한 번 판결을 받은 뒤에 그 판결에 승복하지 못할 경우, 일정 기간 내에 한층 더 상등의 재판소에 항소할 수 있다. 이는 사법관리의 만일의 잘못을 예방하기 위한 것으로, 설령 증거에 잘못된 것이 있더라도 재심에서 밝힐 수 있다. 그러므로 지금 우리 제국이 구미 각국과 동권의 조약으로 개정하고, 외국인 중 국내에 있는 자에게 우리 국법을 준수하게 만들고 싶다면, 먼저 고문을 폐지해야 한다. 고문을 폐지하고자 한다면 먼저 형사治刑관련법을 개정해야 한다.

생각건대, 구미 각국은 모두 소위 치죄법治罪法이 있다.[16] 지금 이를 절충하여 우리 제국에 상응하는 치형 조례를 정립하는 일을 마치 『대보율大寶律』이 당률唐律을 본받고,[17] 『신율강령新律綱領』이 당, 명, 청세 왕조의 율과 막부의 율례律例를 절충한 것처럼 한다면 무슨 어려움이 있겠는가.

내가 사법을 관장하는 관리로 있으면서[18] 일찍이 마쓰모토, 미즈모토, 키요오카[19] 제군諸君과 함께 프랑스 치죄법에 의거해서 우리 제국의 형사관련법의 초안을 만드는 일에 열심히 정성을 쏟아 노력하였다. 나중에 듣기로는 내가 그만둔 후 그 일은 중지되었다고 한다. 나는 사정에 어둡고 견문이 좁으며 졸렬하여 처음부터 그 일을 감당할 수 없었으니, 그 일이 중지된 것을 또 어찌 아쉬워하겠는가. 좌원左院 또는 명법료明法寮 안에는 법전 편찬을 담당할 만한 유능한 인물이 부족하지 않다.[20] 제군이 더욱 분발하고 노력하여, 신속하게 우리 제국이 지당한 형사관련 조례를 기초하고 상주上奏하기를 가만히 바란다. 우리 대일본 천황 폐하께서 특별 조칙을 내리어 단호하게 고문을 폐지하기를 우러러 바란다. 어찌 일대 미사美事가 아니겠는가.

---

16) 치죄법은 범죄의 처분에 관한 절차 및 재판소의 구성 등을 정해 놓은 법률로, 오늘날의 형사소송법에 해당한다.
17) 『대보령』 혹은 『대보율령大寶律令』은 701년大寶元年에 제정된 고대 일본의 율령으로, 당나라 『영휘율소永徽律疏』(653)와 『영휘령永徽令』(651)을 모범으로 삼아 찬수되었다고 한다.
18) 쓰다 마미치는 1869년 형법관판사에 취임하여 『신율강령』 편찬에도 관여하였다. 1872년에는 대법관이 되었다.
19) 마쓰모토 마사타다松本正忠(1833~1891), 미즈모토 나루미水本成美(1831~1884), 키요오카 토모하루淸岡公張(1841~1901)는 모두 메이지 초기에 근대적인 사법체계를 수립하는 데에 공헌한 인물들이다.
20) 좌원은 1871년 정원正院·우원右院과 더불어 설립된 입법 기능을 담당한 정부기관이다. 당시 태정관 직제하의 최고기관이었던 정원의 자문기관 역할을 담당했으나, 1875년에 원로원이 설치되면서 폐지되었다. 한편, 명법료는 사법성 내에 설치되어 1871년에서 1875년까지 운영된 법률학교로, 초기에는 법전 편찬의 임무를 맡았다. 명법료 출신자들의 다수가 훗날 재판관 혹은 검찰관이 되었다.

10.9 고문론 2

　어떤 사람이, "고문을 폐지하지 않으면 저들 서양 국가들과 우리가 동권同權의 조약을 맺을 수 없다. 또한 우리나라에 있는 외국인을 우리 법률 아래 둘 수가 없다는 것은 이미 들었다. 그렇지만 고문을 폐지하지 않으면 끝내 구미 각국과 수레를 나란히 하여 달릴 수 없다는 것은 이해할 수 없다. 대저 우리 제국이 구미 각국과 나란히 해야 할 바는 오로지 인민의 문명개화文化와 정부의 병력에 관한 것으로, 고문이 있는가 없는가와는 관계가 없다."고 말했다. 나는 답하기를, "인민의 문명개화가 실로 향상 발전한다면, 고문 등의 악법은 흔적을 감추고 우리나라에서 사라질 것은 말할 필요도 없다. 설령 군사력이 지금보다 몇 배나 강해진다 해도 야만이 문명으로 바뀌지 않는다. 여전히 고문 등의 악법을 묵수하고 바꾸지 않는다면, 구미 각국과 수레를 나란히 하여 달리고자 하여도 저들이 어찌 이를 수긍하겠는가."라고 했다.

　어떤 사람이 또 묻기를, "오로지 증거에 의해서 죄인을 처벌한다면, 만일 증거가 없을 때는 죄인이 요행으로 형을 면하게 되는 것이 아니겠는가?"라고 했다. 나는 이렇게 대답했다. "나도 이를 유럽의 법률가에게 물었다. 그러자 답하기를, '만일 백 명의 죄인이 요행으로 죄를 면하게 되는 일이 있더라도, 무고한 사람 하나가 벌을 받는 일은 없어야 한다.'고 했다. 또 고대 중국인이 말하기를, '무고한 사람을 죽이는 것보다는 차라리 법도를 잃는 과실을 범하라.'고 했다.21) 아아! 지금의 일본인은 고대 중국인에 비할 바가 못 된다. 내 어찌 부끄럽지 않을 수 있겠는가. 게다가 지금 우리나라에는 고문을 법으로 정하고 있다. 그대는 어찌 죄인이 요행으로 죄를 면하는 자가 결코 없으리라고 생각하는가. 몹시 생각이 없도다.

---

21) 고요皐陶의 말이다. "與其殺不辜, 寧失不經, 好生之德, 洽于民心, 玆用不犯于有司", 『서경』「대우모편」

제10장 사회와 국가 제도

10.10 사형론

쓰다 마미치, 제41호

형벌 중에 사형이 있다는 것은 마치 범죄를 심문하는 법에 고문이 있는 것과 같은 이치인 것일까. 고문이 법으로 성립할 수 없음은 내가 이미 설명했기 때문에 이제 사형이 형벌이 아닌 까닭을 설명하고자 한다.

무릇 형벌이란 누군가가 저지른 죄악을 징계하기 위함이다. 그렇다면 징계란 무엇인가? 범인이 벌인 악행이 죄라는 사실과 죄가 두려워할 만한 일임을 깨달아, 이를 뉘우치고 후회하여 선도善道로 돌아가게 만드는 것이다. 형법의 목적은 마땅히 이와 같아야 한다. 그런데 사형은 만약 이를 시행하게 되면 사람의 목숨을 끊어버리니, 이것이 어찌 뉘우치고 후회하게 만드는 법이라 할 수 있겠는가. 가령 죄인이 뉘우치고 후회할 거리가 있다고 해도 그 사람이 이미 죽어서 그 마음과 혼이 몸에 있지 않은데, 어떻게 선도로 돌아가서 사회에 좋은 일을 행할 길이 있을 수 있겠는가. 그러므로 사형을 형벌이 아니라고 말하는 것이다.

입법이나 사법이라고 말하는 것은 우리가 법을 세우고 법을 관장하는 바를 말한다. 애초에 우리에게 사람을 살리는 힘이 없는데, 사람을 죽이는 법을 마음대로 만들어서 실행하면, 이것을 어찌 올바른 도가 있는 일이라고 할 수 있겠는가. 사람을 죽이는 형벌 역시 포악한 일임을 면할 수 없다. 형전刑典에는 "사람을 죽인 자는 사형"이라고 했다.[22] 역시 폭력을 가지고 폭력을 바꾸는 것이다.

혹자는 말하기를, 사형은 한 사람에게 형벌을 내림으로써 천만

---

[22] 1871년에 공포된 태정관 포고 제944호 『신율강령』 중 인명률人命律에는 "무릇 사람을 계획적으로 살인한 사람은 참형"이라고 나와 있다.

명에게 본보기를 보여주는 효과가 있다고 한다. 우리나라 인구가 3천여만 명이고, 매년 사형에 처해지는 자가 대개 천 명 정도이다. 수천 년이나 이렇게 본보기를 보여 왔는데 아직도 징계가 안 된 것인가. 그런데 구미 각국의 인구를 합하면 우리나라의 몇 배가 되는데도 사형당한 사람의 숫자는 여러 나라를 다 합해서 일 년에 겨우 몇 명에 지나지 않는다. 어째서 우리나라에는 흉악범이 많고 저들 나라에서는 적은 것인가. 피차의 형사 법률이 다르기 때문이라고 생각한다. 저쪽은 사형이 적기도 하거니와 간혹 사형을 폐지한 나라가 있다. 또한, 이른바 개화된 정도가 다름에 기인하기도 한다.

예로부터 복수復讐는 좋은 일이라고 여겼지만, 결코 좋은 일이 아니다.[23] 오히려 크게 잘못된 일이다. 오늘날 국가는 복수를 한 사람에게 계획적인 살인의 형률을 적용시키는데, 이것은 잔혹한 일이 아니다. 복수는 실로 여러 가지 방법을 꾀하여 원수를 죽이는 일이기 때문이다. 그러므로 우리 관습에 의거해서 복수에 관한 법률을 개정하는 일에 대해 반박할 자가 없지 않겠지만, 그늘이 간섭할 일은 아니다. 다만 내가 이해할 수 없는 사실은, 문명개화가 복수는 엄격하게 금지하면서[24] 사형제는 존속시킨다는 것이다. 복수를 금지하면서 여전히 사형제를 존속시키는 일은, 마치 술을 금지하고서는 이를 어긴 사람을 처벌하기 위한 근거로 술잔을 문제 삼는 일 같은 것이 아닐까 하는 생각이다.

혹자는 말하기를, 형벌의 주된 뜻은 우리 사회의 해악을 제거하는 데에 있으므로 포악한 사람을 죽여서 우리 사회의 해가 될 요소를 제거하는 것이라고 한다. 이 말에는 일리가 있다. 그렇지만 이러한 취지를 달성하려고 한다면, 사형을 제외한 다른 형태의 형벌을 찾

---

[23] 여기서 '복수'는 원수를 죽이는 행위를 뜻한다.
[24] 1873년에 공포된 태정관 포고 제37호에서 복수가 금지되었다.

제10장 사회와 국가 제도

아야 한다. 유형流刑이다. 하지만 귀양을 보내면 오히려 독을 다른 지역으로 옮기는 꼴이 된다. 백규白圭가 치수治水를 할 때 이웃 나라로 물이 흘러가게 한 일과[25] 같은 해악을 행해서는 안 된다. 생각건대, 형벌의 주된 뜻에 맞게 시행할 수 있는 것은 오로지 도형徒刑이나 징역뿐이다.

『상서尚書』에서 말하기를, "형벌을 만드는 목적은 형벌이 무용해지기 위한 것"[26]이라고 했다. 그 취지는 선하고 아름답다고 해야겠지만, 이는 현실성이 없는 빈말이라고 할 수밖에 없으며, 아직 실제로 시행된 바를 알지 못한다. 나는 형벌 중에 사형이 없어지기를 기대한다. 그러나 구미 문명국가들에서도 사형을 폐지해야 한다는 주장이 나온 지 어언 백 년이 되었지만, 저들 나라에서조차도 아직 완전히 실행되기에 이르지는 못했다. 하물며 우리 동방東方에서는 어떻겠는가. 다만 장래 언젠가 이루어지길 기대할 뿐이다.

오늘날 이와 같은 주장을 펼치는 일이 시기상조임은 당연히 알고 있었지만, 베카리야(Beccaria) 씨의 주장을 흉내 내어 본 것으로, 우리나라 사람들을 잠에서 깨어나게 하고자 했을 뿐이다.[27]

---

25) 『맹자』「고자 하」의 "白圭曰、丹之治水也愈於禹"로 시작하는 고사. 위나라 대신인 백규가 자신의 치수 능력을 우임금의 그것보다 낫다고 자화자찬하지만, 그것은 물길이 이웃나라를 향하게 하여 피해를 입히는 잘못된 치수 방법임을 맹자가 지적한다.
26) "刑期于無刑", 『서경』「대우모편」
27) 체사레 베카리아(Cesare Beccaria Bonesana, 1738~1794)는 이탈리아의 법학자이다. 그는 『범죄와 형벌』 *Dei delitti e delle pene* (1764)에서 사형제 폐지를 주장했다.

제 *11* 장

외국인의 국내여행

11.1 내지여행(1874년 11월 16일 연설)

니시 아마네, 제23호

내지여행內地旅行.[1] 이러 제목을 여기에 던져놓고, 그 가부可否에 내해 어떠냐고 묻는 이 시점에 어떻게 인사하는 것이 좋을까. 이것은 마치 파크스 선생이 자기나라에서 호박을 가지고 와서, "이 호박은 맛좋고 향취도 있으며, 먹으면 건강에 좋으니 드셔보십시오"라고 말하는 것과 같은 것이다.[2] 물론 진기하기는 진기한 물건이지만, 먹어보지 않고서는 맛이 있는지 없는지, 속에 좋은지 나쁜지 알 수 없는 것과 마찬가지로, 내지여행도 허가해준 뒤에라야 실제로 좋은지 나쁜지

---

1) 1874년 당시까지, 일본에 체류하고 있는 외국인은 개항장을 중심으로 한 외국인 거류지 내에서 거류하며, 사방 10리 밖으로 나갈 수 없게 되어 있었다. 이는 도쿠가와 막부가 서양 국가들과 맺은 조약을 계승하는 것으로, 원래는 양이운동의 격화로 인한 '외국인 보호'의 문제가 그 배경에 있었다. 하지만 메이지시대에 들어서자 이러한 규칙은 형해화 되어갔고, 서양인들은 종종 규칙을 무시하고 마음대로 일본 국내이동을 감행했다. 정부에서는 외무성 등을 중심으로 이러한 서양인들을 어떻게 단속할 것인지에 대한 논의가 그 전해부터 이어져 오고 있었다.

2) 당시 주일영국공사인 Harry Smith Parkes(1828~1885)를 말한다.

알 수 있는 것이다.

하지만 이렇게 말하면 그 호박을 먹고 속탈이 났을 경우 어쩔 도리가 없다. 탈이 난 단계에 와서, 먹지 않았으면 좋았을 것이라고 말하며 후회해도 소용이 없기 때문이다. 그러므로 먹어보기 전에 이 호박의 맛이 좋을까 아닐까, 속에 도움이 될까, 독이 되지는 않을까라고 물어보지 않으면 안 된다. 호박이라면 잘라보아서 촉감으로 맛을 알아본다든가, 혹은 분석하여 성분을 분리해서 본다든가 하는 것으로 맛이 좋은지 나쁜지, 독이 될 것인지 약이 될 것인지를 알 수 있지만, 내지여행이라고 하는 문제는 그렇게 할 수는 없다.

분석 방법이 다르다고는 하지만, 어쨌거나 분석해보지 않으면 이익인지 손해인지 알 수 없는 것은 틀림없다. 그렇다면 그 분석 방법을 찾지 않으면 안 된다고 말한다고 해서, 화학의 분석법으로는 할 수 없다는 것을 알고 있기 때문에 로직(logic), 다시말해 논리학의 분석법을 쓰지 않으면 안 된다.

그런데 이와 같은 내지여행이라든가 무엇이라든가 하는 종류의 제목은, 어차피 로직의 분석법을 쓰지 않으면 안 된다는 것은 잘 알고 있다. 그렇다면 로직의 분석법은 어떻게 하는 것이 좋을까 라고 말할 때, 여기에 두 가지 정도의 분석법이 있다. 그 하나는 디덕션(deduction), 즉 연역의 분석법이고, 또 하나는 인덕션(induction), 즉 귀납의 분석법인데, 먼저 연역법의 분석부터 시작해보자.3)

연역법의 분석이라고 말하면, 올바른 방법은 하나다. 본本을 세우고, 점차 말末로 얘기해나가는 것인데, 지금 이 내지여행이라고 하는 주제는 전체가 아니고 부분이므로, 여기부터 추정해서 그 본本을 구하지 않으면 안 된다. 그런데 이 분석은, 먼저 부분을 추정해서

---

3) 니시는 이전 호인 『메이로쿠 잡지』 제22호 「지설知說 4」에서 학술 방법 중 가장 중요한 방법으로 연역법과 귀납법을 들어 설명한 바 있다.

전체를 구한다는 방법에 따르지 않으면 안 된다. 그리고 그 방법은 천문학에서 혹성의 궤도를 측정하는 방법과 같다.

초저녁의 금성이라고 하는 별은 해가 지면 서쪽에서 보이는데, 날이 샘에 따라 동쪽에서 보인다. 항상 해가 떠있는 시간 전후로 나타나므로 언제 보아도 잠깐 사이이며, 24~5분보다 오래 보이지는 않는다. 그러나 이 24~5분 동안에, 서쪽에서도 동쪽에서도 하늘의 한 쪽에서 반드시 주천周天을 360도로 나누어, 그 도수의 얼마인가에 걸쳐 하나의 곡선(曲線)을 그린다는 것은 알 수 있을 것이다. 이 곡선은 아무리 짧다하더라도, 반드시 곡선이다. 왜 그런가 하면, 기하학의 공리(axiom)에서 직선은 언제까지나 직행하지 않으면 안 된다는 법이 있다. 그렇기 때문에 곡선은 연장하면, 그 둘레가 아무리 크다 하더라도 반드시 최초에 선이 나온 곳으로 돌아가서, 완전한 원은 아니더라도 반드시 써클(circle), 즉 둥근 형태를 가진 것이 되지 않으면 안 된다. 이 도리道理가 있는 이상, 금성이 초저녁에 잠깐 곡선을 그리며 하늘의 몇 도度 및 분分에 걸쳤다고 말한다면, 그 부분의 곡선을 계산해서 전체 궤도의 크기를 알 수 있는 것이다. 지금 이 내지여행이라고 하는 문제는 무언가 전체가 있고 그 부분일 것이다. 무언가 큰 궤도가 있고 그 일부분의 곡선일 것이라는 점을 헤아려 본다면, 그 전체가 어떤 것일지를 구하지 않으면 안 된다.

이렇게 하고 나서, 내지여행이라고 하는 사실을 곡선의 일부분으로 보고 그 정반대에 해당하는 직선을 구한다면, 외국인을 배척하고 이들과 관계를 끊는 일, 즉 양이절교攘夷絶交가 될 것이다.[4] 이렇게 보면, 내지여행이라고 하는 것은 직선이 아니라 곡선의 모양이고, 이 곡선이 시작된 곳에서 다시 시작된 곳으로 돌아와보면, 즉, 양이절교

---

4) 내지여행이 곡선의 일부라고 생각하지 않고 직선의 일부라고 생각한다면, 외국인의 일본 국내여행을 제한한다는 논리의 끝에는 결국 양이절교가 있을 수 밖에 없다는 이야기이다.

제11장 외국인의 국내여행

라고 하는 주제와는 본래 반대되는 호화개교好和開交라고 하는 제목이 하나의 써클, 즉, 둥근 모양을 이룬다. 이 내지여행은 그 곡선의 일부분임을 알 수 있다.

물론 외국과 화친하고 교류를 연다는 호화개교의 전체 의미 안에는, 이 내지여행 외에도 몇 가지 다른 것이 더 있다. 첫째는 호화통상好和通商 조약으로, 전후하여 다섯 군데 항구를 연 일이다.[5] 둘째는 도쿄와 오사카의 거류지(concession)를 넓힌 일이다. 셋째는 여기서 말하는 인테리어 보야지(interior voyage), 내지여행이다. 넷째는 섞여 사는 것雜居이다. 이 몇 개 조의 사실은 모두 외국과 화친하고 교류를 연다고 하는 원의 일부분, 즉 하나의 궤도 안의 일부분으로, 호화개교가 전체를 관통하는 뜻이라면 내지여행도 허용하지 않으면 안 된다고 하는 것은 명백하다.

지금 정사政事상의 방향이 어디에 있는가 보면, 호화개교라는 방향을 취하고 있다는 것은 식자識者가 아니더라도 누구나 알고 있는 일이다. 그러니 내지여행을 허가하지 않겠다고 말하는 것은, 오스트레일리아(豪斯多里亞)로 항해한다고 하면서 하치조지마 섬부터 베링(Bering) 해협으로 향하는 것이라고 하겠다.[6]

이렇게 말하면 누구라도 말할 것이다. "정사의 방향이 호화개교이므로 내지여행은 그 안의 일부분이라는 정도는, 학자처럼 연역법이라든가 천문학까지 들고와서 말하지 않아도 아는 일이다. 그러나 거기에는 여러 가지 관계들이 있어서, 정론正論대로 되는 것은 아니다. 언제 어떻게 하던지 간에 허가는 하게 되더라도, 아직은 이르다, 조금 더 우리나라 인민이 개화된 다음에 허가해야 한다"는 의견이

---

5) 1858년에 체결된 미일수호통상조약에서, 요코하마·나가사키·니가타·효고·하코다테를 개항한 일을 가리킨다.
6) 하치조지마八丈島는 도쿄에서 약 300km 떨어진 태평양에 있는 섬이고 베링 해협은 오스트레일리아와는 정 반대 방향이다.

나올 것이다.

그러나 이르다고 말하는 쪽에도 논리가 있다. "도쿄와 오사카의 거류지는, 아직 나아갈 방향이 정해지지 않았던 지난날 막부 때 이루어진 일이다. 유신 이후 7년이라는 세월이 흘러 인간의 신체라면 뼛속부터 변했을 시간인데, 그럼에도 옛날 막부 때에서 조금도 진보하지 못했다고 말하는 것은 유신으로 항로가 정해졌다는 보람이 없는 것 같다, 그런데도 아직 이르다고 말할 수 있는가"하는 논의가 나온다.

그러나 방금 앞에서 얘기한 논의를 지금 자세히 살펴본다면, 실로 학자가 선호할 만한 방식이다. 호화개교라는 이론상의 문제에서 내지여행을 허가하지 않으면 안 된다는 결론에 도달한다. 그렇기 때문에 이를 두고 학자들의 논리^{學者論}라고 말한다 하더라도 어쩔 수 없는 바가 있다.

그래서 학자들의 논리가 되지 않게 하기 위해서 한층 이해관계에 적합하게끔, 귀납의 방법으로 논해보기로 한다. 그러나 이것은 완전히 귀납법이라고 말할 수는 없다. 다만 몇 가지 조목의 사실을 열거하고, 거기에 이해^{利害}를 분류하는 부분만이 약간 귀납법이라고 말할 수 있는 정도라고 하겠다.

지금 귀납법으로 논하려는 단계에서, 이렇게 하면 좋고, 이렇게 해야한다라고 말하기 전에, 우선은 내지여행이라고 하는 문제에 대해 내지여행을 허가 실행하면 어떤 이익이 있고 어떤 해로움이 있는지를 나열하지 않으면 안 된다.

그러나 그 이해를 열거할 때, 그 이해가 같은 종류가 아니기 때문에 하나하나 비교해볼 수는 없는 일이다. 이것을 계산으로 해보자. 이익을 100돈이라고 하고, 그 안에 여러 가지 손해가 2돈 5푼, 3돈 7푼, 5돈 8푼이어서 합계가 12돈이라면, 손해를 빼면 남는 이익은 88

제11장 외국인의 국내여행

돈이다. 이처럼 정밀한 비율을 세울 수 있는데, 로직으로 이렇게 할 수는 없다. 그러므로 우선 내지여행을 허가하고 이익이 있는 쪽을 적극積極, 포지티브(positive)라고 보고, 손해 쪽을 소극消極, 네가티브(negative)라고 보기로 한다.[7]

그래서 적극의 포지티브 쪽은 빼버리고, 남은 소극의 손해만을 취해서, 이 손해만을 열거하고, 그 손해가 얼마인가를 보고, 그 손해는 치유할 수 없는 손해인가, 또는 계책을 세워서 손해를 막을 수 있는가 하는 것을 깊이 따져본다. 그 손해를 전부 방지할 수 있으면, 지금 소극이다, 손해다라고 말하던 것이 전부 바뀌어 적극의 포지티브로 돌아간다는 계산이다. 또한 그 손해가 어떻게 하더라도 매우 막기 어렵고, 회복할 수 없으리라고 보인다면, 이는 마침내 진짜 손해로, 이익과 손해가 균형이 잡히지 않으면 하지 않는 것이 좋은 법이다.

그리하여 내지여행이라고 하는 문제에 손해가 얼마나 있는가를 정리해본다면,

1. 외국인이 들어오면 무역을 할 것이다.
2. 들어와서는 안 되는 곳에 들어올 것이다.
3. 보호해주어야 하겠지만 귀찮다.
4. 통역이 없으면 곤란하다.
5. 개를 데리고 다녀서 곤란하다.
6. 갈등이 일어나면 곤란하다.
7. 아직도 난폭한 사람이 있을지도 모른다. 요즈음 하코다테箱館의 독일日耳曼 영사(consul) 사건도 그런 것이 아니겠는가.[8]

등의 손해라고 생각되는 조항을 열거할 수 있다.

---

7) 손익을 수치화해서 정밀하게 논할 수 없으니, 적극인가 소극인가 정도의 대략적인 방향을 정하자는 말이다.

8) 1874년 8월 11일, 하코다테에 근무하던 독일 영사 루드비히 하버(Ludwig Haber)가 배외주의자였던 구 아키타 번사에게 살해당한 사건이다.

첫째, 무역을 할 것이라는 점은 내외에 명령을 내려 금지해두고, 그런데도 한다면 무역을 한 자는 법을 어기는 것이 될 것이다. 둘째, 들어가서는 안 되는 곳에 들어가는 것이다. 천하에 들어가서는 안 되는 곳이란 없는 법이다. 다만 관부官府라든가 관공서役所라든가, 또는, 요즈음은 없지만 요새要塞라든가 성보城堡라든가 하는 곳은, 어느 나라나 마찬가지이므로 내국인과 외국인 모두 이를 범하면 죄가 된다. 셋째는 보호를 해주는 일이다. 이미 올 봄에 나온 명령에서도 안내자 없이 다녀도 좋다고 했으므로, 이것도 내외국인을 동일하게 처리하면 해결될 일이다.9) 넷째는 통역인데, 이는 데려가거나 데려가지 않거나 마음대로다. 통역이 없어서 불편한 것은 저쪽의 일이다. 다섯째는 개를 데리고 다니는 것이다. 개는 물론 도리를 모르는 것이므로, 물어뜯는 것에서 싸움이 되기 쉽다. 그러나 이것은 금지하더라도 상관 없는 일이다.

여섯째는 갈등이 일어나는 것이다. 이것은 상대방의 약속 상에도 거의 있듯이, 돈을 영사領事에게 맡겨눈다든가, 청원하는 서류를 낸다든가, 싸움이 일어나면 공사公使에게 판단을 맡긴다든가, 그렇게 하면 대개 괜찮을 것이다. 그렇지만 이 항목의 불만이 가장 중요한데, 무엇을 얘기하더라도 일본의 인민이 어리석고 바보이기 때문에, 또다시 꼬투리를 잡히게 될 것이라고 한다. 하지만 이는 어린애에게 장기를 가르치는 것 같은 일로, 어떻게 하더라도 맨 처음부터 대등한 조건으로 둘 수는 없는 일이다. 그러니까 상수가 왕宮과 졸步 셋만으

---

9) 여기서 말하는 '명령'의 내용과 일치하는 법령을 특정할 수는 없으나, 『태정유전太政類典』제2편 81권에 실린 「내지여행」 관련 항목 중, 1874년 5월 31일에 태정관에서 외무성에 보낸 「외국인 내지여행 윤준조례允準條例」가 니시가 제기하는 문제들과 연관이 있는 듯하다. 해당 항목은 정부 혹은 민간에서 고용한 외국인들의 일본 국내 이동시 필요한 요건들을 언급하고 있다. 특히 제11조에서는 내지여행의 허가를 받은 외국인이 반드시 데리고 가야하는 '종자從者'가 있을 경우, 해당 국가 공사의 보증證明이 있다면 동행을 허락해야 한다는 내용을 다룬다. 아마도 일본인 안내자의 동행을 의무로 규정하지 않고 있다는 점에서, 니시의 발언은 제11조의 내용을 염두에 둔 것이라고 추측해볼 수 있다.

제11장 외국인의 국내여행

로 가르친다는 생각으로 한다면, 오히려 후에 대등하게 둘 수 있는 기초를 마련할 수 있다. 설마 내지여행 정도에서 매해 백 명이나 오십 명의 부상자가 나오지는 않을 것이다.

마지막 일곱째인데, 여전히 외국인을 공격한다는 것이다. 이것은 「외교소언外交小言」의 저자가 말한 것처럼,[10] 정부가 원래 존왕양이尊王攘夷라고 하는 가면을 뒤집어쓰고 있기 때문에, 아직 그 연극의 남은 무리가 있어서 난처하리라는 것이다. 그러나 하코다테의 예도 있고, 누구라도 목숨은 아까운 것이다. 이 역시 정부의 항로가 꼬이지 않고, 호화개교라고 하는 정성스러운 마음이 철저하기만 하다면, 두 번 세 번 더 있어도 개의치 않을 일이다. 현령縣令이 신경을 써서, 재빨리 하수인을 잡아내기만 하면 괜찮을 일이다. 또 정부가 호화개교라고 하는 정성스러운 마음이 철저하다면, 우리나라에는 깊은 산에 가면 목숨이 무언지도 모르는 인디언(indian)이 살고 있으니 조심하시라고 약속을 해도 괜찮을 것이다.[11] 그러면 일곱 번째 조항도 이럭저럭 막아낼 수 있는 문제로, 아무리 그래도 이것은 심하다고 여겨지는 부분은 모두 조항(stipulation)으로 세밀하게 개조서個條書를 만들어 조약을 맺으면, 이른바 소극은 모두 없어져버릴 것이다. 그렇게 되면 나머지는 모두 적극이 되는 것이 명백하므로, 이 귀납의 방법에서 보더라도 역시 허가하는 쪽이 좋다는 결론이 된다.

그래도 여전히 마지막 두 개의 조항은 역시 개운하지 않다. 논리는 그럴 듯한 논리인데, 학자의 논리이므로 신용할 수 없다고 하는 얘기가 나온다면, 또 여기에 모디피케이션(modification), 즉 '변통變通의 법'이라는 것이 몇 가지나 있다. 이것은 앞에서도 호화개교라고 하는 궤도가 있다고 말한 것과 같이, 그 궤도를 만드는 곡선은 내지

---

10) 니시가 이 글을 준비하던 즈음(1874년 10월), 『동경일일신문東京日日新聞』 상에 후쿠치 겐이치로가 무기명으로 발표한 연재 논설의 제목이다.
11) 여기서 인디언은 야만인이라는 의미로 썼다.

11.1 내지여행

여행이라고 하는 단지 하나의 곡선에만 한정되는 것은 아니다. 이 곡선을 다시 반으로 나누어도, 넷으로 나누어도, 또는 여덟이나 열로 나누어도, 아무리 작게 나누더라도 곡선은 곡선의 성질이 있어서, 어떻게 해도 직선은 되지 않는다.

그렇다면 내지여행도 그와 같이 호화개교라는 궤도 안에 있는 것이라고 보면, 반드시 한꺼번에 전부 허가하지 않아도 좋을 것이다. 올해는 도카이도東海道만 여행을 허가하고, 내년은 산요도山陽道를 허가하며, 그 다음은 도산도東山道를 허가하여, 예로 든 곡선을 둘이나 셋으로 나누는 것이다. 아니면 어차피 호화개교의 궤도 안에는 내지여행의 곡선만이 아니고, 아직 앞으로 섞여 산다고 하는 곡선이 있다고 본다면 그것도 함께 고려한다거나, 혹은 도쿄의 쓰키지築地에서 범위를 넓혀 구 에도江戸의 범위 내로 정한다거나, 그보다 뒤에는 무사시武藏와 사가미相模 지역까지로 확장하고 그 다음에는 도카이도만은 잡거를 허용한다거나 등, 그 변통의 방법은 얼마든지 있을 것이다.

그리하면 굳이 거설하지 않더라도, 이를 계기로 조금씩이라도 허용하는 것이 좋을 것이다. 그렇게 되면 오스트레일리아로 가는 항로가 곧바로 무인도로 향하지는 않고, 조금 류큐琉球 쪽으로 기울어진 정도가 될테니, 베링 해협으로 향하는 것보다는 나을 것이다.

애초에 쥬리스딕션(jurisdiction)이 달라 재판의 관할권이 저쪽에 미치지 않는다거나, 타리프(tariff), 즉 관세를 개정하는 권한이 없다거나, 저들이 제멋대로 한다든가, 교활하다든가 라고 말한다고 하더라도, 이쪽에서 해야 할 일 정도는 해두고 나서 독립의 권리를 일으켜 세워야하며, 무리하게 균형을 잡을 수는 없는 일이라고 생각하는 바이다.

그렇지만 이런 의견을 말하면, 정권을 잡은 자는 어떻게 말할 것인가. "당신처럼 그렇게 이론만을 내세우는 말을 한다고 해도, 말만

하지 실행할 수 있는 권한은 없을 테니 그저 입을 닫치고 있는 것이 좋겠다"라는 말을 듣게 된다면 이 논자도 입을 다물고 자리에서 물러나리라.

11.2 내지여행론

쓰다 마미치, 제24호

외국과 조약을 개정하는 일에 대해서 우리가 가장 바라는 바의 조건은, 재판과 세금 징수의 두 가지 권한을 우리가 갖는 것이다.[12] 국가가 이 두 가지 권한을 온전히 갖지 못하면, 자주독립의 나라라는 점을 의심하지 않을 수 없다. 그렇지만 현재 우리나라 상황에서는 열심히 이 권한들을 주장할 수는 있지만, 아직 실행할 수는 없다. 생각건대, 우리나라가 이 두 가지 권한을 온전히 갖기까지는 아직 몇 년의 시간이 더 필요할 것이다.

외국인이 매우 바라는 바는 내지여행의 자유를 얻는 것이다. 그렇지만 우리 정부는 이것을 바라지 않는다. 이를 바라지 않는 이유는, 아마도 우리 인민의 개화가 아직 나아가지 못했고, 특히 외떨어진 변방에는 완고한 무리가 아직 많아서, 혹여 외국인을 죽이는 폭거가 있을 것을 두려워하기 때문이다. 다른 하나의 이유는, 교활한 외국인 때문에 어리석은 우리나라 사람이 손해를 입는 것을 걱정하여, 보호한다는 의미에 근거했을 것이다.

그렇지만 내 생각은 이와 반대다. 외국인의 내지여행이라는 것은, 마땅히 이를 결연하게 허가해야 한다. 생각건대, 지금 우리 인민에게 모자라는 것은 지식이고, 없는 것은 개화이다. 이 개화와 지식은 본

---

[12] 영사재판권과 관세자주권의 문제를 가리킨다. 도쿠가와 말기에 일본이 서양 국가들과 맺은 소위 불평등조약을 계승한 메이지 정부에게 조약개정 문제는 중대한 과제였다.

래 가르치고 배우는 것에 의해 점차 나아갈 수 있는데, 이 일은 학교 교육으로 이루어지는 것으로, 원래 하루아침에 잘 될 수 있는 것은 아니다. 대저 구미 각 나라 사람이 저처럼 지식이 풍부하고 개화가 진전된 까닭은 다른 것이 아니다. 그들의 통상과 교역은 오대주에 이르지 않은 곳이 없으며 주로 거기서 연마한 경험의 풍부함에 기인한 것이다. 그러므로 인민의 지식은 연마함에 따라 늘어나고, 개화는 교류에 의해 나아간다고 말할 수 있다. 이러한 관점에서 본다면, 지금 우리 인민의 지혜를 늘리고 개화를 진전시키는 최상의 방책은, 우리 인민으로 하여금 외국 여행을 많이 하게 해서 거듭 연마하고 교류를 넓히는 것보다 나은 방법은 없다. 그러나 이 일도 또한 단지 헛된 말뿐이지, 실제로는 시행할 수 없다. 그 이유가 무엇인가 하면, 우리 인민을 외국에 많이 보내기 위한 막대한 돈이 모자라기 때문이다. 또 우리 상인이 우리의 배를 내거나 또는 외국의 우편선을 타고 외국에 가서 무역하는 것은 지금 사람들 모두 자유롭게 마음대로 할 수 있지만, 이 일도 또한 자본과 지식이 모자라기 때문에 아직 쉽게 행힐 수 없다. 그렇다면 지금 외국인이 우리 내지를 여행하고자 함은 다행이다. 재빨리 그 청을 허가하고, 우리 제국의 일반 인민의 지식 증진과 개화가 외국인과의 교류와 연마에 의해 일취월장하도록 해야 한다. 생각건대, 연마하는 경험은 백문이 불여일견이고, 또 배우기보다는 익숙해져야 한다.

    그렇지만 이 일에 대해서 정부朝廷이 깊이 우려하는 바는, 앞에서도 얘기한 것처럼, 어리석은 우리나라 사람이 교활한 외국인 때문에 이익을 빼앗기고 손해를 입는 일이다. 이는 실로 그러하다. 그러나 한 번 이러한 일과 부딪히지 않는다면, 어리석음을 깨우치고 지식이 나아갈 기회는 없다. 대저 저 서양인은, 옛날에 십자군전쟁 때문에 그 전후로 몇 백만의 자본을 썼는지 알 수 없다고 하지만, 그로

제11장 외국인의 국내여행

인해 동서 각지의 사람들과 서로 접해서 지식과 학술을 얻었다.[13] 일시적으로 피폐해진 바야 물론 컸다고는 하지만, 그 후에 온 이익은 실로 적지 않았다. 오히려 충분히 이를 보상하기에 족했다고 말할 수 있다. 그런데 지금부터 겨우 십 수 년 전의 우리나라 일을 회상하면, 각 항구를 열고 외국과 교역하는 일을 우리나라에 일찍이 없던 큰 재난이라고 생각하는 사람뿐이어서 항구를 봉쇄하자는 논의가 갑자기 일어나고, 양이攘夷의 논의가 왕성하게 일어났다. 그렇지만 외국과의 교류는 자연스러운 흐름이고, 사리와 형세가 이를 거부하여 끊어낼 수 없었다. 이전 정부도 이를 어쩔 수가 없어서, 차츰 각 항구를 열고, 드디어 오늘날의 형세가 되기에 이르렀다. 지금 이를 보면, 쇄국鎖國·양이攘夷의 논의와 개항·교통交通의 의논 사이의 시비와 득실은 설명을 기다릴 것도 없이 명백하다.

　우리 인민은 이제 겨우 문명개화의 단서를 깨닫고, 서양의 여러 학술의 이익을 대략 알게 되었다. 연마하지 않으면 안 되고, 작업에 힘쓰지 않으면 안 된다는 것을 알게 된 자에게 그 유래가 무엇인지 물으면, 겨우 이 십 수 년에 걸친 개항과 교통의 효과라고 말한다. 이제 시험 삼아 십 수 년 전으로 거슬러 올라가 당시 상황을 본다면, 서양의 학술이 우리보다 낫다고 여긴 자는 의학과 병학 분야의 종사자들 겨우 십 수 명에 지나지 않았을 뿐이다. 그러니 당시에 서양의 법률을 옳다고 여기고, 문명개화 또는 자유자주 등을 잘 이해하고 있는 자는 일찍이 없었다. 이후 몇 년이 지나지 않아, 소년 서생도 입을 열면 바로 개화문명, 자유자주 등의 일을 외치기에 이르렀으니, 어찌 이를 커다란 진보라고 말하지 않을 수 있겠는가. 그리고 이 큰 진보에 이르게 된 까닭은, 어찌 저 개항과 교통의 실제적 효과가

---

13) 십자군 전쟁은, 11세기 말에서 13세기에 걸쳐서 로마 교황의 공인을 받은 원정대가 예루살렘을 중심으로 한 레반트 지역의 지배권을 차지하기 위해 간헐적으로 파견되어 이슬람 세력과 벌인 전쟁을 총칭한다.

11.2 내지여행론

아니겠는가.

　오늘날 내지여행의 논의는, 여전히 십년 전 개항의 논의와 마찬가지일 것이다. 십년 전에는 지식인이라 하더라도 오늘날의 개항이 가져온 이익을 알지 못했다. 지금부터 십년 후에 내지여행이 가져올 이익은, 현재의 지식인이라고 하더라도 아마도 아직 알 수 없을 것이다. 그러나 나는 개항의 이익으로 미루어보아 내지여행의 이익을 알았다. 그래서 이제 단호하게 내지여행을 허가하여 십년 후에 이르면, 우리 대일본제국의 일반 인민의 지식과 개화는 몇 단계나 올라갈 것인지, 나의 생각으로는 거의 미치지 못하는 지경일 것이다. 생각건대, 최근 십년에 걸친 개항과 교통의 효과는, 우리나라 중인中人 이상의 지식과 개화를 증장增長시켰다. 십년 후 내지여행의 효과는 우리나라 일반 인민, 즉, 중인 이하의 지식과 개화를 증장시킬 것이다. 그 이로운 바가 어찌 엄청난 것이 아니겠는가.

　내 짐작으로 이를 생각해보니, 내가 원래 갈망하던 바인 우리 정부가 재판과 세금 부과의 두 가지 권리를 갖고 오대주에서 어느 곳에도 매이지 않고 독립하여 자주 제국이 되기 위해서는, 지금 결연하게 내지여행을 허가하는 데 있다. 대저 지난 막부 정부 시절에는, 갑자기 각 항구를 개방하면 저 양이당攘夷黨의 완고한 무리 중 외국인을 살해하는 자가 계속 나타나서 어찌할 도리가 없어질 것을 몹시 우려하고 있었다. 외국 공사公使에게 강요당해 어쩔 수 없이 점차적으로 각 항구를 열었지만, 오늘날 이를 돌이켜보면 그렇게까지 걱정할 정도의 일은 없었다. 그런데 지금 우선 재판과 세금 징수의 두 가지 권한을 갖지 못했기 때문에 결코 내지여행을 허가해서는 안 된다고 기를 쓰고 떠드는 사람은, 그 얘기가 원래 애국의 지극한 정에서 나온 것은 말할 것도 없지만, 저 과거의 양이파가 소매를 걷어붙이고 이를 갈며 개항을 막으려고 계획한 것과 같은 논의에 빠져서, 이른바 말로는 하면서 행하지는 못하는 것이다. 어찌 이를 슬기롭다고 할

제11장 외국인의 국내여행

수 있겠는가. 나는 모든 일을 자연스러운 흐름에 맡겨두고, 정부의 정사政事에서 인민 일반의 지식과 개화에 이르기까지, 우禹임금의 치수治水처럼 무사히 이루어져서 중도에 전복되는 걱정이 없기를 바랄 뿐이라고 말한다.[14]

---

14) 『서경』「요전堯典」에 의하면 요임금 치하에서 대홍수가 일어나자, 우의 아버지인 곤鯀에게 치수를 명령했다. 그러나 9년이 지나도 성과가 없었고, 『서경』「홍범洪範」에 의하면 곤이 홍수를 막기 위해 취한 방법이 오행을 어지럽혀 죽임을 당했다. 아버지 곤은 제방을 쌓고 수몰지대를 메꾸고 제방을 쌓는 인堙이라는 방법을 썼다면, 치수사업을 이어 받은 우는 수로를 내고 제방을 쌓는 소疏)라는 방법으로 물이 넘치는 것을 막았다. 요임금은 이처럼 치수에 성공한 우에게 왕위를 선양했다.

11.3 내지여행에 관한 니시 선생의 주장을 논박하다

후쿠자와 유키치, 제26호

외국인의 내지內地 여행에 관해 앞서 니시 선생의 연설을 듣고 이어서 나도 또한 비견鄙見을 말하여 『민간잡지民間雜誌』 제6편으로 출판했지만, 이것은 오직 선생의 주장에 대한 것만이 아니었다.[15] 그 후에 『메이로쿠 잡지』에 있는 선생의 연설문을 보고, 나의 소견과 다름을

---

15) 이하의 내용은 「외국인의 내지잡거를 허가할 수 없다는 론」의 일부이다. 추가 배경 설명은 ▷p318 주석 참고.

> "종래 외국인 거류지를 정하고, 여행 장소를 개항장에서 사방 10리 이내로 제한한 것은, 초기에는 오직 낭사浪士 등이 외국인을 향해 폭력을 휘두르는 일에 대비하기 위한 법이었다. 이 규정은 이제는 쓸모가 없어진 것 같지만, 오늘날 일본 낭사가 외국인에게 적대적으로 폭력을 휘두르는 일을 막기 보다는 외국 상인이 우리나라 우민愚民을 접했을 때 휘두르는 폭력에 마치 적합한 법이라고 말할 수 있다. 생각건대 외국 상인이 폭력은 낭사처럼 서투르지 않다. 사람을 위압함에 있어 칼을 쓰지 않고, 은근히 본국의 부강을 빛나게 하고, 그 말하는 자세는 부드러운 부인네와 같고, 그 흥정시의 격렬함은 재판소의 관리보다도 강하고, 권모술수는 끝이 없다. 지금 만일 이들로 하여금 자유롭게 국내를 여행할 수 있게 하거나, 또는 내지에 잡거하게끔 한다면, 아마도 그들은 일본인에게 돈을 빌려주거나 땅을 사고, 매매시에 분명하지 않은 약조를 주고받거나, 일본인이 물산에 불리한 선금을 건네는 등, 천태만상의 매매 계약을 만들어내 우리 우민의 눈은 곧바로 여기에 현혹될 것이다. 프랑스 사람에게 부역하고, 영국 사람에게 내통하여 일본 금화를 파는 건 흔한 일일 것이고, 급기야는 드디어 부동산까지도 움직여서 그들의 손에 건네주어, 신슈信州의 뽕밭은 프랑스인의 소유가 되고, 우지宇治의 다원茶園은 영국인에게 저당 잡히게 될 것이다. 이러한 재난에 맞닥뜨리면 제 아무리 지식이 많은 정담가政談家에게도 좋은 대처 방안이란 결코 없을 것임을 알아야 한다. 오로지 외국과의 무역을 통한 교류를 좁혀서 서서히 나라를 열어나가고, 국내 상황이 한 발짝 나아가면 외국과의 무역의 길도 또한 한 발짝 나아가서, 내외 균형을 기다리는 것 외에 그 이상의 방법은 있을 수 없다." (福澤諭吉, 「外國人の內地雜居許す可らざるの論」[17] 제19권, 518~524쪽)

제11장 외국인의 국내여행

더욱 깨닫고 다음과 같이 선생의 주장을 논박하고자 한다.[16]

내지 여행은 지금까지의 외국과의 교류를 넓히는 일로, 이제까지 없던 일을 새로 시작하는 것은 아니다. 개항 이래 항구에서 10리[17] 사방은 외국인의 여행을 허락하고, 그 10리를 앞으로 100리, 또 200리로 하는 것뿐이므로, 특별히 다른 일을 시작하는 것이라 말할 수 없다. 선생의 말 중에 "내지 여행이란 일본인이 아직 맛을 모르는 호박을 파크스가 가져온 것과 같다."라는 대목이 있는데, 이 호박을 가져온 자는 영국 공사 파크스가 아니라 미국 해군 제독인 페리였다. 그 호박이 맛이 있는지 없는지를 판단하는 것은 가에이嘉永(1848~1855) 연간의 아베 이세노가미伊勢守의 역할이었으나,[18] 당시 이세노가미는 물론이요, 일본에는 호박을 감정하는 사람이 하나도 없었으며, 야채가게八百屋의 군사적 위협이 두려워서 호박이 맛이 있는지 없는지를 말하지 않고 꼼짝없이 이를 먹을 수밖에 없었던 것이다. 선생의 얘기는 마땅치 않은 듯하다.

야채가게의 강매로 호박을 사서 가에이 시기부터 오늘에 이르기까지 이를 먹어보니, 호박이 독성은 없으나 일본인의 체질에는 맞지

---

16) 앞서 니시가 『메이로쿠 잡지』 제23호 상에 발표한 「내지여행」은 1874년 11월 16일 메이로쿠샤 모임에서 한 연설을 실은 것이다. 후쿠자와는 먼저 이 연설을 듣고 1875년 1월에 간행된 『민간잡지』 제6편에 「외국인의 내지잡거를 허가해서는 안 된다는 론」을 발표했다. 그리고 여기서 밝히고 있듯이, 전술한 니시의 연설 원고가 1874년 12월에 간행된 『메이로쿠 잡지』 제23호 상의 「내지여행」으로 발표되자, 이를 읽고 다시 본 논설을 집필했다. 『민간잡지』는 게이오慶應의숙에서 1874년에 창간된 종합학술잡지로, 이듬해 6월까지 12편이 발행되고 폐간되었다. 그 후 1876년 9월에, 게이오의숙에서 간행 중이던 『가정총담家庭叢談』이라는 잡지의 제목을 『민간잡지』로 바꾸어 발간하였으나, 이는 제목만 같을 뿐 전혀 다른 성격의 주간잡지였다.

17) 일본의 1리里는 4km이다.

18) 이세노가미는 아베 마사히로阿部正弘(1819~1857)의 관위官位명이다. 아베는 페리 내항 당시 도쿠가와 막부의 최고 정무 책임자인 로주老中로, 미일화친조약을 체결했다. 막부 내부의 정치적 상황으로 인해 '이국선타불령異國船打拂令' 등 서양에 대해 배타적인 자세를 취하기도 했으나, 일본의 개국을 불가피한 것으로 받아들여 서양의 군사기술 습득 등에 적극적인 정책을 펼쳤다.

11.3 내지여행에 관한 니시 선생의 주장을 논박하다

앓아 설사를 하기 시작하고, 점점 쇠약해져 전국이 경제력을 잃을 지경이 되었다. 그러므로 호박은 파크스가 가져온 것이 아니라 페리의 선물이다. 다만 페리의 선물은 10리 내에 적용하는 것이었고, 파크스는 이를 전국으로 확장시키려는 것일 뿐이다. 일본인은 그 맛을 모르는 것이 아니다. 이미 이를 먹어서 설사까지 일으켰는데, 여전히 아직 덜 먹었다며 탐식한다면 호박 때문에 목숨이 위태로워질 것이란 기존의 실제 경험에 의해 명백하다. 그런데도 요즘에야 이를 분석하는 따위의 일을 한다면 조금 늦은 것이 아닐까.

여기에 선생의 로직을 빌려서 연역법을 써보자. 곡선의 한 부분을 본다면, 그 일부가 아무리 작다 하더라도 반드시 결국에는 원이라는 사실을 알 수 있다. 즉 부분을 미루어보아 전체를 구하는 법이다. 찻잔의 조각 하나가 있다면, 그 그릇의 크기를 미루어 알 수 있는 것과 마찬가지다. 외국과 무역이나 장사를 할 때, 양쪽 인민의 지력 智力이 고르지 않다면 우리에겐 손해고 그들에겐 이득이다. 그렇다면 지금 우리의 무역과 장사는 우리에게 손해를 입히는 매개체이며, 우리 국민의 지력이 여기에서 멈춘다면 우리나라를 멸망시킬 커다란 해악이라고 말하지 않을 수 없다.

그렇게 될 것이란 이유는 무엇으로 알 수 있을까. 개항 이래 오늘날까지의 상태는 손해의 일부분이 되는데, 연역법에 따라 이것으로 후일의 전체를 예측하여 전체 손실을 구할 수 있을 것이다. 즉, 외채가 불어나는 것은 초저녁에 금성이 잠깐 나타나는 것과 같다. 외국인한테 원금을 빌려서 장사하는 사람이 있는 것은 그릇의 조각을 보는 것과 같다. 금성의 궤도는 원이 아닐 수 없다. 그릇의 전체 모양은 우묵하고 둥글지 않을 수 없다. 2천만의 외채는 5천만에 이르게 될 것이다. 원금을 빌려준다는 것은 부동산을 살 전조이다. 내 로직은 이와 같다. 그렇지만 지금 종전의 교류로 인해 실제 우리나라의 부를 잃어가면서 여전히 외국인의 여행을 허락하고, 그 교류의 범위를 확

제11장 외국인의 국내여행

장시키려는 것은, 손실의 일부분을 미루어 원이 되는 길을 촉진시키는 것과 다를 바가 없다. 왜냐하면 여행은 잡거雜居를 위한 훈련이기 때문이다. 잡거는 장사의 방편이고, 장사는 손실의 원천이다.

또 선생은, "여행을 허락하는 것이 아직 이르다고 할 수 없다. 메이지 유신 이후 벌써 7년이나 되었고, 사람의 신체 원리로도 사람 몸이 뼈부터 변하는 시간이니 세상의 문명도 반드시 나아갔음에 틀림없다, 그렇지 않다면 유신으로 침로針路가 정해졌다는 보람도 없다."고 주장한다. 이 얘기에 대해서도 나는 의문을 가지지 않을 수 없다. 애초에 유신이란 무엇인가? 막부의 간판을 내리고 천조天朝의 간판을 건 것이다. 지금의 참의參議를 예전의 각로閣老에 비한다면 머리카락 세 가닥이 더 많은 정도의 차이뿐으므로, 똑같이 텐포天保(1831~1845) 이래 일본에서 태어난 인물임에 틀림이 없다.[19) 이 참의 이하의 관리들을 모아서 세운 메이지 신정부는 그 방향을 호화개교好和開交라고 정하기는 했어도, 오직 정부만의 침로일 뿐이지 인민은 그렇지 않다.

이 인민은 구막부舊幕府의 전제專制가 만든 무기력하고 무가치한 존재기 때문에, 옛날부터 지금에 이르기까지 침로도 방향도 있을 수 없다. 설사 7년 동안 뼈대는 새로워졌다 하더라도 그 기질에 변함이 없음은 의심할 여지가 없다. 니시 선생은 유신의 효과를 대단하다고 생각하는 것 같은데, 나는 약간 의견을 달리한다. 유신은 단지 정부라는 가게가 가게앞의 진열을 조금 바꾼 것 정도의 일로, 도저히 천하의 인심을 싹 바꾸는 공로를 세웠다고는 생각하지 않는다. 인심의 방향을 정하고 각각 내외의 차이를 알고, 장사에도 재판에도 외국인에게

---

19) 참의는 메이지 정부의 관직체계인 태정관제 하의 직책으로 여러 명의 참의가 존재했다. 참의들 간에 직무의 분업은 이루어지지 않았으며, 이들은 종합적인 판단을 하는 실질적인 정부수반의 역할을 담당했다. 각로는 도쿠가와 막부의 최고 정무 책임자인 로주를 가리킨다. 로주의 정원은 넷에서 다섯 명으로, 매달 돌아가며 업무를 담당하되 중대 사안은 합의를 통해 결정했다.

● 11.3 내지여행에 관한 니시 선생의 주장을 논박하다

뒤처지지 않게 되는 것은 7년의 세월만으로 능히 할 수 있는 일이 아닙니다. 그러므로 외국과의 교제와 관련하여 전국의 이해에 관한 일을 논할 때, 이 인민은 역시 막부로부터 물려받은 그대로의 인민이라고 간주하고 주장을 세우는 것이 좋다.

이렇듯 인민을 이전과 같은 인민이라고 간주하고, 유신의 효과는 아직 인심의 바닥까지 도달하지 않았다고 한다면, 내지여행은 어쩔 수 없이 시기상조라고 말하지 않을 수 없다. 여기에서는 나의 로직을 사용해 금성 대신 여자를 들어보겠다. 여자의 본성상, 결혼을 해야함은 태어날 때부터 명백하다. 그 성장하는 동안의 하루 한시도 결혼을 위한 일부분이 아닌 것이 없다. 그렇지만 결혼이 당사자의 이득이 될지 손해가 될지는 나이와 상관이 있다. 또 여자의 본성은 결혼을 위한 것이라고 정해졌다 해도, 열 두세 살짜리 여자아이에게 무사시보 벤케이武藏坊辨慶를 데릴사위로 삼아 함께 살게 한다면,[20] 이것이 여자아이에게 이롭다고 할 수 있는가? 어떻게든 논리를 비비 꼬아 여자아이를 재촉한다 해도, 나는 이것이 이치에 맞지 않는 비도덕적인 일이라고 말하지 않을 수 없다. 이 여자아이가 아이를 못 낳는 것이 아니라면, 결혼을 싫어하는 것이 아니니 조금만 기다려 달라고 불평을 말할 뿐인데, 니시 선생은 이 여자아이의 불평을 듣고서는 "너는 여자의 도리를 모르는 불구자다. 아무튼 일에 부딪혀보지 않으면 익숙해질 수도 없다. 무사시보든 구마자카 조한熊坂長範이든 곧바로 결혼해라."라고 혼을 내겠지만,[21] 여자아이 입장에서 보자면 당혹스러울 따름이 아니겠는가.

이는 허술하지만 내 로직의 연역법이다. 이하에서는 다시 선생의 귀납법으로 답해보겠다. 선생의 주장에 "대저 사물의 해가 될 만한

---

20) 가마쿠라鎌倉 시대 무용武勇으로 이름난 인물로 무력으로 우위에 있는 서양 국가들을 상징한다.
21) 헤이안平安 시대의 전설적인 도적인데, 실존 여부는 알 수 없다.

제11장 외국인의 국내여행

것들을 열거하고는 이를 막을 방법이 있다면 남는 것은 오직 이로움뿐이기에 포지티브하다."고 하며 첫째부터 일곱째까지의 해악을 말하고 또 이를 막을 방법을 제시했지만, 그 방법이 실제로 행해질 수 있을지 매우 불안하다.

첫째, "무역에 관해서는 국내외에 알려 금한다."라고 되어 있다. 니시 선생도 내지에서 무역을 하면 나라에 해가 된다는 일은 명백하게 알리고 있는 점에서 확실히 나와 같은 주장을 하지만, 이를 금한다고 해서 실제로 이를 막을 수 있을까? 선생은 분명히 여기에 희망적인 것 같다. 지금까지의 정부 솜씨로 봐서는 외국인에게 사냥 금지 규제조차도 지키게 할 수 없었다. 그런데 실제 돈의 득실과 관련된 장사 일에 관해서 어떤 명령을 내려야 이를 금지하여 막을 수 있을 것인가? 실제로 그 일이 실현되는 것을 보지 않는 한 결코 믿을 수 없다. 또 금지했더라도 이를 어기고 행한다면 위법한 일이 되므로 그에 대한 조치를 취해야 하지만, 어떤 조치를 취해야 한단 말인가? 이때까지 외국과 연관된 재판과 소송은 사법성司法省도 곤란해하는 일로, 열에 일고여덟은 일본인이 죄를 뒤집어썼다. 앞으로 여행할 수 있는 영역을 넓혀서 점차 교류가 빈번해지면, 열에 일고여덟이었던 것이 백에 칠팔십이 될 것이다. 내 생각에는 지더라도 일고여덟의 패배에 머무르는 것이 낫지, 일부러 이를 칠팔십으로 만드는 것은 바람직한 것이 아니다. 일고여덟과 칠팔십을 비교한다면 육십삼 내지는 칠십이의 차이가 있다. 초보적인 산수를 아는 사람이라면, 이 계산을 모르지는 않을 것이다.

둘째, "들어가서는 안 되는 곳은 없기 때문"이라고 했지만, 안내 없이 다른 사람의 집에 들어가서는 안 된다. 통행이 금지된 길은 다닐 수 없다. 선생의 얘기로는 만일 이를 어기면 일본인이든 외국인이든 똑같은 위법행위라고 하지만, 단지 위법행위라고 말하기만 하는 것은 이를 막는 방법이 아니다. 앞에서 로직의 귀납법이라는 것으로 해악을 모두 막을 수 있다면 소극이 바뀌어 적극이 된다고 말했지만, 지금 여기서는 위법행위라고만 할 뿐 그 위법행위를 방지하는 방법이 없으므로, 소극은 여전히 소극인 채로 있을 뿐 적극의 방향으로 바뀌는 모습은 조금도 볼 수 없다.

셋째, "외국인을 보호하는 일은, 현재는 난폭한 사람도 없으니 필요 없을 것이다." 이 일에는 별로 신경 쓸 필요가 없다.

넷째, "통역이 자유롭지 못하여 말썽이 생길 것이다." 이는 단지 그쪽의 일이라고만 할 수 없다.

다섯째, 개를 데리고 다니는 일은 처음부터 문제가 되는 조목에 들어갈 수 없다. 개를 데리고 다니든 호랑이를 데리고 다니든 자기 마음대로 하면 될 문제고, 내 생각에는 개를 데리고 다니는 것보다도 토끼를 수입해서 돈을 벌려는 쪽이 훨씬 더 두려운 일이라고 생각해야 한다.[22]

여섯째, "갈등이 생길 것이라는 항목은, 약속대로 하면 디게 괜찮을 것"이라고 하는데, 선생은 오로지 부상자가 나올까 두려워하는 것 같다. 그러나 외국인과 소송을 치르게 되면, 그 일의 곤란함이란 앞에서도 말한 바와 같이 가에이 시기부터 오늘날에 이르기까지의 실제 경험에 의해 알 수 있다. 내가 우려하는 바는 단지 사람이 다치는 것만이 아니라 나라의 독립에 문제가 생기는 것을 걱정하는 것이다.

일곱째, 살인 사건에 대해서는 그 살인자를 내어주면 될 일이다. 나 또한 별다른 의견은 없다.

---

[22] 메이지 초기의 토끼 투기 현상을 가리킨다. 메이지 시대에 들어서면서 그때까지 보지 못한 외래종 토끼가 일본에 수입되어 큰 인기를 끌게 되자, 이를 전문적으로 수입해서 인기 있는 무늬나 귀의 형태를 가진 토끼를 만들어내기 위해 교배를 시키고 매매를 통해 수입을 올리는 일이 벌어지고, 금기야 토끼는 투기 대상이 되어 심각한 토끼 버블현상이 발생했다. 이러한 현상은 1872년경부터 시작되었다고 하며, 정부가 개입하여 투기열을 식히기 위해 여러 조치를 취함으로써 1880년경에는 잦아들었다.

제11장 외국인의 국내여행

　이상과 같이 첫째부터 일곱째에 이르기까지 선생에게도 확실히 해악을 막을 방법은 없는 것 같다. 다만 선생의 주안점은, 마지막 부분에서 얘기한 스티플레이션, 즉 개조서箇條書에 의해서 폐해를 방지할 수 있다는 방법만이 있을 뿐이다. 선생의 주장과 나의 소견이 완전히 반대되는 곳이 이 한 문장에 있다. 내 생각에는 개조서가 실질적으로 효과가 있을 정도라면, 처음부터 아무것도 걱정할 일은 없을 것이다. 바람직하지는 않지만, "파워 이즈 라이트(Power is right.)", 즉, "권력은 올바름正理의 원천이다"라는 속담이 있다. 이를 생각하지 않으면 안 된다. 이와 관련한 자세한 논의는『민간잡지』제6편을 보길 바란다.[23]

　끝으로 변통變通의 조치는 확실히 선생과 같은 의견이지만, 변통이란 일의 적절함에 따라서 일의 방향을 바꾸어 도달해야 할 목적을 잃지 않는 일일 것이다. 그렇다면 같은 진로로 배를 몰더라도 변통의 길에서 반드시 앞으로 나아가기만 해서 될 일은 아니다. 나아가는 것도 좋고, 멈추는 것도 좋고, 혹은 시의時宜에 따라서는 뒤로 물러서는 것도 좋다. 이것이야말로 변통이라고 할 수 있을 것이다. 사물이 변화해가는 과정이란 일 년 또는 몇 년으로 온전한 원을 그릴 수 없는 법이다. 외국과의 교제는 지금 그대로 두어도 지장이 없다.

---

[23] 『민간잡지』제6편에 실린 「외국인의 내지잡거를 허가할 수 없다는 론」에서 후쿠자와는 '외국과의 교제'가 '유형'과 '무형'의 결과를 가져왔는데, 전자는 '무역 장사'이고 후자는 '문명의 원소'라고 설명한다. 그가 보기에 '무형'의 결과란 일본인의 '지덕智德'의 진보를 위한 노력 여하만이 중요한 문제이지만, '유형'의 결과는 그와 같이 접근할 수 없는 문제였다. 물리적으로 외국인이 일본에 들어와 활동하게 된다는 것, 즉 '내지여행'이나 '내지잡거'를 하게 될 경우, 결국 '유형'의 영역인 '무역 장사'에 즉각적이고 부정적인 영향을 주게 되므로 신중해야 한다는 입장이다. 외국인을 일본의 법으로 다스릴 수 없고, 무역 거래에서 '사납고 강인하며 교활慓悍狡猾'한 그들을 아직 일본인이 당해낼 수 없는 상태이기 때문이다. "외국인이 일본에 오는 것은 무역만을 위해서이다. 일본의 인민에게 지덕智德을 부여해서 문명으로 인도하기 위함이 아"닌 것이다. 현 상태에서 외국인의 일본 내 이동 및 거주를 자유화하는 일은 시기상조로, 자칫 잘못하면 일본의 독립이 위태로울 수 있다고 후쿠자와는 생각했고, 그렇기 때문에 니시와 같은 의견이 이러한 현실을 제대로 파악하지 못했다고 본다.

11.3 내지여행에 관한 니시 선생의 주장을 논박하다

혹은 조금 뒤로 물러서서 일본과 외국 사이의 구별을 더욱더 엄하게 해서 내외 인민의 금은金銀 대차貸借 등에는 별도의 법을 만드는 방법이 이로울 것이라고도 생각되지만, 우리 정부에 권위가 없고, 우리 인민에게 지력이 없으니 이를 어찌할 도리가 없다. 그 어쩔 수 없는 사정을 그대로 두고, 이제나저제나 하며 어떻게든지 할 수 있는 때를 기다리는 것 외에는 방법이 없을 것이다. 이때를 기다린다고 해서 배의 침로를 바꿀 것은 아니니 걱정하지 않아도 된다.

제 *12* 장

'문명개화'와 『메이로쿠 잡지』[1]

이새봄

'문명개화'란 무엇인가

17세기 초 이래 계속된 도쿠가와 정부의 지배를 지탱한 '어위광御威光'이 1853년 미국의 페리 함대의 도착을 계기로 급격하게 실추되기 시작했다.[2] 그리고 그 결과, '왕정복고'를 내세운 새로운 정치권력에 의한 일본의 통치가 시작된 사건을 당시 일본인들은 '어일신御一新'이라고 불렀다. '어일신' 이후, 지극히 제한적인 대외교류 체제 하에서 한정된 정보만이 유통되었던 도쿠가와 시대와 달리 서양과의 교류가 본격화되고, 이에 따라 서양에 대한 전방위적인 탐구가 시작되었다.

---

1) 이새봄, 「'문명개화'와 『메이로쿠明六 잡지』」『동방학지』 제188호, 2019.에 실린 글을 대폭 수정, 가필하였다.

2) 무력을 기반으로 성립된 도쿠가와 정권은 권력의 유지를 위해 자신의 압도적인 힘을 지속적으로 과시할 수 있는 방안을 고안해냈다. 그 압도적인 힘이 갖는 빛을 가리켜 '어위광'이라고 부르며, 거의 동일한 의미의 다른 어휘로는 '어무위御武威'를 들 수 있다. 구체적인 내용에 대해서는 와타나베 히로시, 『일본정치사상사 [17~19세기]』(고려대출판문화원, 2017)의 「제3장 어위광의 구조-도쿠가와 정치 체제」에 자세히 나와있다.

제12장 '문명개화'와 『메이로쿠 잡지』

세습신분제가 폐지되었고, '공론公論'에 의거한 새로운 정치질서 구상이 전면 부상하였다. 이때, 이와 같은 전면적인 개혁을 상징하는 말로 '문명개화文明開化'가 등장했다. '어일신' 이후 10여 년간, 일본인들은 '문명개화'라는 기치 아래 이른바 근대화를 진행해갔다.

시대를 상징하는 표어였던 만큼 다양한 의미를 내포한 '문명개화'의 전모를 한 마디로 설명해내기란 불가능하다. 그럼에도 불구하고 '문명개화' 무엇인지 설명하기 위한 연구자들의 시도는 계속되어 왔고, 종종 그 복합적인 성격을 단순화하는 일이 일어났다. 일찍이 근대일본사 연구의 대가인 오쿠보 토시아키大久保利謙(1900~1995)가 '문명개화'라는 개념은 "협의의 문화현상"에 한정되지 않는다고 말한 것도 문명개화의 한 단면을 전체로 간주하는 방식의 이해가 횡행했기 때문이었다. 그에 따르면 '문명개화'는 "이전 시대의 오래됨과 새로운 시대의 신기함이 일종의 조화를 이루고, 거기에 더해 그 안에 해당 시기의 정치, 경제, 문화의 여러 모습이 투영되어 전체적으로 근대일본의 전주곡"을 이루는 개념이라고 볼 수 있다고 한다.(大久保[70], 274쪽) 오쿠보는 이와 같이 광범한 의미를 가진 '문명개화'에 접근하는 네 가지 방식을 다음과 같이 분류하였다. 첫째, 역사적 현상으로서 '문명개화기'라는 시기적 범주를 설정하는 방법, 둘째, 사상으로서의 문명개화, 셋째, 메이지 신정부가 내걸었던 정책의 기조로서의 문명개화, 마지막으로 세간에서 일어나는 현상 일반으로서의 문명개화를 파악하는 방법이다. 이 글에서 필자가 다루고자 하는 '문명개화'의 측면은 주로 두 번째 의미에 가깝겠지만, 그렇다고 해서 나머지를 배제하는 것은 아니다.

문명개화를 설명하기 위해서는 이 개념이 탄생과 동시에 유행어로 급속하게 확산되었다는 사실을 우선 언급하지 않을 수 없다. 메이지 초기 일본에서는 음식, 의복, 주거는 물론이고, 교통수단 등에서도 광범위한 생활양식의 변화가 진행되었다. 예를 들어, 가토 유이치加

藤祐一의 『문명개화』(1873)라는 강석講釋집에는 '산발散髮을 해야하는 도리道理', '모자를 반드시 써야하는 도리', '구두를 반드시 신어야 하는 도리', '육식을 더러워 하지말야야 할 도리' 등의 항목이 '문명개화'된 사람의 '도리'로 소개되어 있다. 기존의 촌마게丁髷 머리를 자르고 서양 남성들의 머리 스타일인 '산발'로 바꾸는 사람들이 늘어났다. 모자와 구두를 갖춘 양복 차림, 육식을 하지 않던 생활에서 '소고기 나베'가 '개화'된 자의 증명이 되는 세태에 당시 일본인들은 적응해 가고 있었다.[3] 물론 신속한 변화의 배경에는 정부 방침으로서의 문명개화 정책이 중요한 역할을 했다. 1872년에 메이지 정부가 발표한 위식괘위조례違式詿違條例와 같이 그때까지 일상적으로 통용되던 일본인들의 생활양식을 '문명개화'라는 미명하에 제약하는 갖가지 규제항목들이 존재한 것은 사실이지만, 동시에 정부가 '문명개화'를 권장하고 있다는 사실이 인심을 들뜨게 하는 효과를 가져 온 측면도 크다.[4] 성인으로 도쿠가와 시대를 경험한 사람들에게 이는 생소하기는 하지만, 한편으로는 과거 '어위광'에 의거한 억압된 정치체제와 폐쇄적인 세습신분제로부터 해방되었다는 기쁨을 동반하는 감각이었다.

그리고 '문명개화'는 본격적으로 유입되기 시작한 서양 문물의 유행과도 일맥상통하는 현상이었다. 혹자는 이러한 현상을 가리켜 "문명개화의 바람"이 불기 시작하여 "천하 모두가 소란을 피우고 오로지 서양류西洋流"만을 좇아 순식간에 풍속이 바뀌어 버렸으며, "인심이 사뭇 부박浮薄하게 흘러"가는 세태가 되어 버렸다고 한탄했

---

3) "쇠고기 전골을 먹지 않으면 개화되지 않은 놈"이라는 말은 가나가키 로분假名垣 魯文의 『아구라나베安愚樂鍋』에 나오는 유명한 문구이다. 당시 서민들 사이에서 '문명개화' 열풍이 어떻게 받아들여졌는지 그 한 측면을 잘 보여준다.

4) 특히 후술하는 '개화'의 이해가 그러한 효과를 가져왔을 것이라고 추정된다.(渡邊 [?], 한국어판, 406~407쪽)

제12장 '문명개화'와『메이로쿠 잡지』

다.[5] 그리고 이때 후쿠자와 유키치福澤諭吉(1835~1901) 같은 인물이 그러한 '바람'을 일으킨 장본인으로 종종 지목되었다. 그는 도쿠가와 말기에『서양사정西洋事情 초편』(1866)을 선보인 이래『서양여행안내西洋旅行案內』(1867),『훈몽궁리도해訓蒙窮理圖解』(1868),『세계국진世界國盡』(1869) 등 일련의 서양 소개서를 간행하였고, 이들은 메이지 초기 일본인의 서양 이해를 규정하는 데에 결정적인 영향을 미쳤다. 후쿠자와는 결코 소위 서양 문명국들이 일본이 지향해야 하는 궁극적인 모델이라고 생각하지는 않았지만, 그가 간행한 서양 소개서들의 여파로 생겨난 문명개화론자들 가운데 이러한 후쿠자와의 의도를 정확하게 이해하는 사람은 별로 많지 않았다.

많은 선행연구들이 밝혀 놓은 바와 같이, '문명개화'가 단순히 인심을 '부박'하게 만들고 떠들썩하게 만들기만 한, 일방적이고 맹목적인 서양 따라 하기를 의미하는 개념은 아니었다. civilization의 번역어로 '문명개화'가 사용된 데에 결정적인 역할을 한 인물이 후쿠자와였다는 점은 이미 잘 알려진 바이다.[6] 이때 사용된 '문명' 혹은 '문명개화'는 동아시아의 전통적 가치관의 주축을 이루는 유학의 용어였다. 유학 경서인『서경書經』의 순전舜典에는 순임금의 심원한 덕을 상찬하는 형용사로서 '문명'이라는 용례가 있고,『역경易經』에는 덕이 높은 통치자에 의한 감화를 입어 세상이 안정된 모습을 '천하문명天下文明'이라고 표현하고 있다. 유학의 가르침이 이상적으로 실현되었다고 간주되는 요순삼대堯舜三代의 치세를 표현하는 어휘가 civilization에 대응하는 번역어로 선택된 것이다.

하지만 '개화'에 관해서는 유학과의 친연성만을 주장하기 어려운

---

5) 막부 말기 존왕양이尊王攘夷 운동의 중심점이 되었던 조슈長州 출신으로 메이지 신정부 성립과정에 공헌한 도리오 고야타鳥尾小彌太(1848~1905)의 발언이다. (鳥尾[31], 98~99쪽)

6) 후쿠자와의 초기 문명관을『서양사정 외편』에서 civilization의 번역어로 '문명개화'가 만들어진 과정에 집중하여 해설한 최신 논의로는 최정훈[102]을 참조.

것으로 보인다. 물론 통치자가 제도를 만들고 사람들에게 교화敎化를 시작한다는 의미로 쓰인 용례가 있고, 후쿠자와의 번역과정을 면밀히 분석해보면 '화化'를 유학적 교화의 의미에 가깝게 사용했음을 알 수 있기도 하다. 그러나 그보다는 도쿠가와 시대부터 존재한 '열리다, 깨이다' 등의 의미인 일본어 '히라케루開ける'의 한자어 표현으로서의 '개화'라는 감각이 더 결정적일 것이다.[7] 이는 도쿠가와 일본에서 '히라케루'가 "인위에 의해 변화하고 도회적이 되는 것", 그리고 "열린 사람이란 세태와 인정에 정통한" 사람이라는 감각을 동반하는 의미로 사용되었기 때문이다.[8]

이처럼 '문명개화'는 처음부터 상당히 그 내용에 관한 의견이 분분할 수밖에 없는 운명이었다. 유학 경서의 맥락이 갖는 도덕적 훌륭함을 내포하면서도 가시적인 번영과 세련됨 등을 지칭하는 개념이었기 때문에 동시대인 사이에서도 통일된 이해가 도출되기 어려웠던 것이다. 게다가 '문명개화'를 위한 메이지 정부의 개혁이 단순한 서양 모방의 측면만을 갖지는 않지만, 서양 국가들을 구체적인 모델로 설정했다는 점에서 모방과 추종의 경향성을 완전히 부정할 수도 없기 때문에 한층 더 복잡한 성격을 지닌다. 또한 1870년대 이후 일본의 행보를 아는 후대 연구자들은, 이 시기를 훗날 일어나는 사태의 원인으로 규정하고 당대의 역사적·사상적 맥락을 간과한 채 다양한 분석들을 내놓았다. 애초에 복합적인 성격을 가진 '문명개화'론이 후대 연구자들의 관점이 더해져서 더욱 그 전모를 그리기 어렵게 되었다.

그러나 적어도 '문명개화'라는 개념이 등장한 시점에 주목하여, 메이지 초기 일본의 지식인들이 civilization에 공감할 수 있었던 이

---

7) 도쿠가와 시대에 '히라케루'가 사용된 맥락과 의미, 그리고 이후 서양의 civilization이 '문명개화'로 번역된 메이지 초기의 '히라케루'에 관한 설명으로는 渡邊[?], 241~248쪽을 참조.
8) 渡邊[?], 한국어판 406쪽

제 12 장 '문명개화'와 『메이로쿠 잡지』

유는 무엇이었고, 그들이 생각한 '문명개화'의 구체적인 모습은 무엇이었는지를 생각해 볼 수는 있다. 본서에서 소개하고자 하는 『메이로쿠 잡지』가 바로 이를 위한 최상의 자료이다.

메이로쿠샤의 설립 경위와 그 성격

『메이로쿠 잡지』는 근대일본을 대표하는 지식인 단체인 메이로쿠샤明六社의 기관지로, 1874년 4월부터 1875년 11월까지 총 43호가 간행되었다. 본 해제에서 다루는 것은 『메이로쿠 잡지』이지만, 해당 잡지의 성격을 이해하기 위해서는 메이로쿠샤의 성격에 관한 기본적인 사항들을 알아두어야 할 필요가 있으므로 여기에 대해 우선 설명하도록 한다.

메이로쿠샤의 설립은 1873년 7월에 주미변무공사駐米辯務公使로서의 임무를 마치고 돌아온 모리 아리노리森有禮(1847~1889)가 지인을 통해 니시무라 시게키西村茂樹(1828~1902)와 접촉하면서 시작되었다고 알려져 있다. 니시무라의 회상에 따르면, 모리는 다음과 같이 말하며 모임 설립을 도모했다고 한다.

> 미국에서 학자學者들은 각자 배우는 바에 따라서 학사學社를 일으켜 서로 학술을 연구하고, 또한 강담講談을 해서 세상 사람들을 이롭게 한다. 우리나라 학자는 모두 고립되어 있으면서 서로 왕래하지 않기 때문에 세상을 이롭게 할 일이 매우 적다. 나는 우리나라 학자도 저들 나라의 학자처럼 서로 학사를 맺어 모여서 강구할 것을 바란다. 또한 최근 우리 국민의 도덕이 퇴폐하여 멈출 줄 모르니, 이를 구제할 수 있는 것은 노학사老學士가 아니면 누가 있겠는가. 그래서 지금 단체를 하나 만들어, 하나는 학문의 향상과 진보를 꾀하고, 하나는 도덕의 모범을 세우고자 한다. (西村茂樹[22], 164~165쪽)

서양의 지식인들이 '학사'를 조직하여 학문에 관해 더불어 논하고 학문을 진전시키는 모습에 감명을 받은 무사출신의 젊은 관료가 일본에서도 그와 같은 학술모임을 만들기로 결심한 것이 메이로쿠샤 설립의 출발점이었던 것이다. 당시 27세였던 모리가 자신의 뜻을 제안하기 위해 찾아간 사람은 그보다 스무살 가량 위의 저명한 학자인 니시무라였다. 병학자兵學者이자 유학자였고, 난학과 영학을 겸비한 니시무라는 막부 말기에 자신의 출신 번인 사쿠라佐倉번의 번정藩政을 운영했고, 번주藩主인 홋타 마사요시堀田正陸를 도와 도쿠가와 정부의 외교에도 관여한 바 있는 인물이었다. 학자이면서 번과 도쿠가와 정부의 정치에 관여한 적이 있는 그는, 도쿠가와 일본의 정치사회에서는 희귀한 경력의 소유자였다.9) 그러한 니시무라가 넓은 인맥을 동원해 조직을 설립하는 데에 도움을 줄 수 있으리라는 점은 쉽게 짐작할 수 있다.10)

　메이로쿠샤 설립에 이르기까지의 과정에 관한 구체적인 설명을 담고 있는 자료는, 위의 니시무라의 회상 이외에 모리가 메이로쿠샤 실립 1주년 낭시 행한 연설에서 언급된 간단한 내용뿐이다.(▷p15) 그렇기 때문에 설립 경위에 관한 구체적인 이해는 니시무라의 서술에 전적으로 의지할 수밖에 없는 상황이다. 하지만 인용문에서 말하는 '국민'론의 유행이 적어도 메이지 10년대인 1870년대 후반에 들어가서야 생기는 현상이라는 사실과, 이 회상이『일본도덕론日本道德論』

---

9) 세습신분제 사회인 도쿠가와 일본에서 정치는 원칙적으로 정치를 담당하는 '이에家' 출신의 무사들이 세습으로 담당하는 영역이었다. 같은 시대의 조선이나 청나라와 달리, 유학의 이념이 통치 질서로 이어지지 않은 도쿠가와 일본에서는 학문을 통해 정치의 영역으로 나아갈 수 있는 공식적인 길(즉, 과거제도)은 막혀 있었다. 조선, 청, 일본의 '유학적 교양인'의 존재형태에 관한 비교로는 渡邊[?]의「4장 儒者・讀書人・兩班」을 참고.

10) 2년 후인 1875년, 니시무라는 한학자들을 위주로 한 양양사洋々社라는 새로운 지식인 단체를 설립하였고, 이듬해에는 도덕 진흥을 목표로 하는 동경수신학사東京修身學社라는 또 다른 지식인 단체를 창설한 바 있다. 동경수신학사는 1884년 일본강도회日本講道會로 명칭을 바꾸었고, 다시 1887년에 일본홍도회日本弘道會로 개칭하여 오늘날까지 존속하고 있다.

(1887)을 집필한 이후인 만년의 니시무라의 것이라는 점을 생각할 때, 메이지 초기인 1873년 당시 미국에서 갓 돌아온 모리가 "국민의 도덕이 퇴폐"했다는 발언을 했다는 것은 대단히 부자연스럽다.[11]

다만 분명한 것은 모리의 제안과 니시무라의 주선으로 "도하都下의 명가名家"(西村茂樹[22], 165쪽)가 대거 참여하여 만들어진 것이 메이로쿠샤라는 사실이다. 모리는 메이로쿠샤 설립으로부터 몇 개월 후에 동향 친구인 사메지마 나오노부鮫島尚信에게 보낸 편지에서 이 단체의 성격을 "학學, 술術, 문文의 사중社中"이라고 적고 있다. '사중'은 메이지 초기에 society의 번역어로 자주 사용되었던 단어이며, '학'은 Science, '술'은 Technic, '문'은 Literature를 의미한다.[12] (大久保[70], 30쪽) 영어로 번역하자면 The society of science, technic and literature라고 할 수 있을 것이다. 앞에서 니시무라가 모리의 제안으로 언급한 '학사'도 society의 번역어이다.

현재 메이로쿠샤라는 단체명의 의미에 관해서는 대략 세 가지 설명이 있다. 가장 널리 알려진 설은 '메이로쿠'의 뜻이, 모임이 발족한 해인 메이지 '로쿠六'년을 가리킨다는 것이다. 두 번째로는 게사쿠戲作 기사에 근거한 것이기는 하지만, "육합六合을 개명한다는 의미로써 메이로쿠라고 간판을 내걸었다"라는 평이 있는 것으로 보아 육합, 즉 세상을 밝게 한다는 함의가 있다는 설이다. 마지막으로 '메이로쿠'의 한자 표기인 明六을 훈독했을 때 '아케무쓰明け六つ'가 된다는 사실과의 상관관계이다. (中野[27], 「解說」) '아케무쓰'란 당시 사람들에게

---

11) 『일본도덕론』은 당시 막 설립된 제국대학 강당에서 1886년 12월에 3회에 걸쳐 진행된 니시무라의 강연록이다. 니시무라는 "문명의 본가인 구미 나라들은 모두 종교를 가지고 그 국민 도덕을 유지"하고 있음을 지적하며, 일본에서 서양의 기독교를 대신할 수단으로 '황실존대皇室尊戴'를 내걸었다. 결과적으로 이와 같은 니시무라의 제안은 그 후 교육칙어敎育敕語 발포 등의 형태로 구체화되었다.
12) 여기서 literature는 현재의 문학이라는 의미가 아닌, 인문학에 가까운 개념이다.

익숙한 부정시법不定時法에서 사용하는 시간 개념으로,13) 해가 뜨기 직전인 박명薄明의 시간대를 가리키는 말이다. 이러한 사실에 주목한 선행연구 중에는 "당시 동경에는 여러 절들이 아케무쓰에 시간을 알리는 종을 쳤다는 점에서 '메이로쿠'로 시대의 효종曉鐘이라는 의미를 표현하려 한 것이 아닐까"라고 추정한 경우가 있다.(中野[27] 上, 441쪽) 실제로 결사의 발기인인 모리 아리노리에 대해 "아케무쓰의 유레이"14)라는 야유 섞인 표현이 사용된 적이 있는 것으로 보아 '아케무쓰'와의 상관성을 완전히 배제할 수 없다. 다만, 섣불리 이를 시대감각으로 환원하여 새로운 시대의 시작으로 해석하는 일에는 신중을 기해야 할 것으로 보인다.(河野[75], 2~3쪽) 현재까지 위의 세 가지 가능성이 제기되었고 일반적으로는 첫 번째 가능성이 높다고 여겨지지만 명확하게 무엇이 실제 명명 의도인지는 여전히 알 수 없는 상태이다.

이렇게 해서 발족한 메이로쿠샤의 창립 당시 구성원으로는 모리와 니시무라 이외에, 미쓰쿠리 슈헤이箕作秋坪(1826~1886), 니시 아마네西周(1829~1897), 스기 코지杉亨二(1828~1917), 쓰다 마미치津田眞道(1829~1903), 나카무라 마사나오中村正直(1832~1891), 후쿠자와 유키치, 가토 히로유키加藤弘之(1836~1916), 미쓰쿠리 린쇼箕作麟祥(1846~1897)가 있었다. 그리고 이들 열 명에 더해 창립한 이듬해 12월에는 사카타니 시로시阪谷素(1822~1881)를 비롯한 네 명의 정규 회원이 추가되었다. 지역과 출신배경이 각기 다른 이들은 대부분 유학적 소양을 학문의 기반으로 갖고 있으면서 또한 당대 양학洋學의 선

---

13) 부정시법이란 일출부터 일몰시간까지를 낮으로, 나머지를 밤으로 삼아서 낮과 밤을 각각 6등분하여 시간을 정하는 법으로, 십이지十二支를 각 시의 명칭으로 사용했다. 계절에 따라 낮과 밤의 길이가 다르므로 각 시각 사이의 시간이 일정하지 않다.
14) '유레이'는 일본어로 유령幽靈을 읽은 독음이지만, 아리노리有禮를 음독했을 경우도 '유레이'이므로 발음이 같다.

제12장 '문명개화'와 『메이로쿠 잡지』

두주자로 꼽혔던 인물들이었고, 도쿠가와 시대와 메이지 시대 모두를 성인으로서 경험했다는 세대적 공통점이 있었다. 또한 후쿠자와를 제외하고는 모두 메이지 신정부에 출사하고 있었다는 점도 공통의 특징으로 꼽을 수 있다.

국내연구에서는 종종 메이로쿠샤 구성원의 대부분이 정부에 출사하고 있던 인물들이었다는 사실에 입각해, 이 단체의 성격을 "명치정부의 대변자 역할"(임종원[85], 111쪽)이라거나, 대부분의 구성원이 "귀족 지배 관료층"으로서 "메이지 정권의 정책적 이념 제공자"(이건상, 정혜정[89], 281쪽) 역할을 했다는 식으로 설명하곤 해왔다. 이러한 현상은 일본의 전후 학계에서 큰 영향력을 가졌던 마르크스주의 사관에서 메이지 정부를 '절대주의' 혹은 '계몽 전제주의' 정부로 규정하고, 그러한 정부에 출사한 메이로쿠샤 회원들 역시 동일한 이념을 공유하는 관계로 보는 관점이 횡행했던 데에 기인하는 바가 크다.(服部[26], 421쪽; 遠山[51].) 이와 같은 메이지 정부에 대한 관점이 이후 연구들에서도 답습되는 경향이 있었기 때문에 나타난 현상인 것이다. 메이지 정부의 성격을 '절대주의'나 '전제주의'로 보는 관점이 더 이상 유효하지 않음은 이미 많은 선행연구로 밝혀진 바 있다. 문제는 정부 기관에 고용되었다는 사회적 지위가 메이로쿠샤 구성원들이 '정부의 대변자'나 '정책적 이념 제공자'로서의 역할을 짊어졌다고 보는 안일한 시점이 가진 논리적 비약에 있다. 본서에서 확인할 수 있듯이, 실제 그들의 주장은 정부의 입장을 무조건 옹호하거나 지지하고자 하는 태도와는 거리가 멀었다. 여기에 관해서는 뒤에서 다시 얘기하기로 한다.

메이로쿠샤는 1873년 9월 1일, 니시무라의 주선으로 결성 후 첫 모임을 모리의 자택에서 가졌던 것으로 보인다. 그리고 이듬해 1월 16일부터는 쓰키지築地에 있던 양식당인 세이요켄精養軒에서의 회합이 정례화 되었다.[15] 발족 당시에는 모임 내부에서 있었던 '담론談論'을 잡지에 공개하는 정도의 계획이었을 뿐, 연설 형식의 발표나 이를 일반 청중에게도 공개하는 '연설회' 형식까지는 고려하지 않은 상태였다.[16] 메이로쿠샤의 제규制規에 따르면 회원들은 한 달에 두 번 회합을 열었다. 연설회가 시작된 이후에는 매번 모임에서 서너명의 회원이 의무적으로 연설을 담당하였고, 이렇게 해서 '담론'과 '연설'이 메이로쿠샤의 정식 활동 항목이 되었다고 알려져 있다.[17] 또한 원래 회원들 사이의 비공개 연설회였던 형태를, 신문광고를 통해 참가 희망자를 모집하여 비회원에게도 개방하는 형식으로 전환했다.[18] 연설회를 공개하게 되자 메이로쿠샤의 모임에는 수많은 당대 명사와 지식인들뿐 아니라 청년 서생들이 참여하게 되었는데, 가장 유명한 인물로는 훗날 자유민권운동의 이론적 기수 역할을 하게 되는 우에키 에모리植木枝盛(1857~1892)가 있었다. 다테 무네나리伊達宗城(1818~1892)와 같은 화족華族, 메이지시대를 대표하는 언론인 후쿠치

---

15) 가토 히로유키의 일기(「加藤弘之日記」)에 의하면, 식사 비용은 한 사람당 1원 20전이라고 한다. 1873년 동경에서 식수植樹 직인의 하루 평균임금이 25전, 목수 직인이 43전이었다고 하는 점을 고려하면 상당히 고가의 식사였다고 할 수 있다.(鳥海[56], 16쪽)

16) 서양의 speech를 연설演說로 번역한 사람은 후쿠자와 유키치로, 그는 당시 일본어로 연설하는 것은 불가능하다는 메이로쿠샤 멤버들의 회의적 반응에도 불구하고—특히 모리 아리노리는 서양식 연설은 서양 언어로만 가능하다고 반론—직접 시범을 보임으로써 연설회를 정착시키는데 성공했다. 후쿠자와가 시범으로 준비한 연설로 추정되는 원고는 1874년 11월 16일에 있었던「대만정벌 강화회의에 대한 연설征臺和議の演說」(▷p241)로『明六雜誌』제21호에 게재되었다.(「福澤全集緒言」,『福澤諭吉全集』[17] 第一卷, 58~59쪽)

17) "매월 1일, 16일을 정기 사원 회동의 날로 정한다. 모임의 장소는 이전 모임에서 정해두기로 한다. 단, 당일에는 오전 11시에 모여서 메이로쿠샤의 일을 상의하고, 12시에 점심을 먹고 오후 1시부터 담론과 연설을 한다. 만일 간사가 필요하다고 생각한 일이 있거나, 또는 모임 중 5명 이상이 연서하여 이를 간사에게 요청하는 경우에는 정기 모임날 이외에 임시 회동을 촉구하는 일이 있을 수 있다.", 1875년 5월에 개정된 제규 제8조.

18) 1875년 2월 6일자『유빈호치신문郵便報知新聞』고지란에 매월 1일과 16일의 메이로쿠샤 집회에 참여하고 싶은 사람을 모집한다는 광고가 처음 등장한다. (大久保[70], 45쪽)

제12장 '문명개화'와 『메이로쿠 잡지』

겐이치로福地源一郎(1841~1906)나 같은 시기 불교 부흥운동에 앞장선 승려인 시마지 모쿠라이島地默雷(1838~1911) 등도 메이로쿠샤 연설회에 참석한 단골 청중이었다.

오늘날 메이지 초기를 대표하는 지식인 단체로서 메이로쿠샤가 널리 알려질 수 있었던 것은 물론 그 기관지였던 『메이로쿠 잡지』 덕분이라는 이유가 가장 크다. 메이로쿠샤에서 오고 간 논의를 담고 있는 『메이로쿠 잡지』를 통해 구체적인 논의 내용을 알 수 있다는 당연한 사실 때문이다. 그러나 그럼에도 불구하고 메이로쿠샤의 활동 전체를 『메이로쿠 잡지』가 전부 담아냈다고 말할 수는 없다. 우선 『메이로쿠 잡지』가 43호를 마지막으로 정간되었다는 사실이 바로 메이로쿠샤가 해산했음을 의미하지 않으므로, 잡지의 간행 기간에만 초점을 맞추는 것으로 메이로쿠샤의 전모를 밝혀낼 수는 없기 때문이다. 또한 잡지가 간행된 기간은 1년 8개월에 지나지 않았지만, 잡지 발행이 중단되고 난 이후에도 메이로쿠샤 회원들의 교류는 계속 되었고,[19] 무려 1909년까지 메이로쿠샤를 매개로 한 모임은 이어졌다는 사실을 확인할 수 있다는 점을 생각해 볼 때,[20] 잡지 발행의 중지가 메이로쿠샤로서의 활동이 중단되었음을 의미한다고 볼 수 없다.[21]

---

[19] 나카무라 마사나오가 사카타니 시로시에게 보낸 1877년 1월 21일자 편지를 보면, "작년에 초고를 보여주신 점 대단히 감사하게 생각합니다. 물어보신 내용에 관해 하찮지만 비평을 덧붙여 돌려 드립니다. 실례되는 부분들은 넓은 마음으로 이해해 주시길 바랍니다. 어차피 다음 달에 메이로쿠샤에서 뵙게 될 테니 그때 모두 말씀드리도록 하겠습니다."라고 적고 있다. 1875년 11월에 잡지 발행은 끝났지만, 메이로쿠샤 명의의 모임은 계속되고 있었다는 사실을 알 수 있다.(阪谷 [12], 252쪽)

[20] 시미즈 우사부로의 아들인 시미즈 무라지로清水連郎에 의하면 1909년 즈음에도 가토 히로유키와 스기 코지, 세라 타이치世良太一, 시미즈 우사부로가 남아서 회합을 가졌으나, 이듬해 가토와 스기가 타계함으로써 모임이 소멸했다고 한다. (清水[?], 45~46쪽)

[21] 도자와 유키오戶澤行夫의 연구에서는 『메이로쿠 잡지』 출판이 중지된 이후의 메이로쿠샤를 '메이로쿠회明六會'라고 부르며 양자 사이에 '질적 전환'이 있었음을 주장하고 둘을 구별한다. (戶澤[?], 186~189쪽) 이는 니시 아마네의 『일기』에 수차례 등장한 것을 근거로 한 주장이지만, 고노 유리河野有理가 지적하듯이 잡지가

게다가 정기적으로 열렸던 연설회에서의 내용이 모두 잡지에 게재된 것도 아니다.[22] 나아가 잡지에 기고한 회원들 이외에 연설회에 참여했던 청중들, 회합에 참여했던 비회원들과의 관계 등의 요소도 향후 메이로쿠샤의 입체적인 분석을 위해 필요하다. 그러므로 『메이로쿠잡지』의 정간과 메이로쿠샤의 해산을 연동시켜 동일한 현상으로 간주해온 상당수의 선행연구들은 재고의 필요성이 있어 보인다.

간행되고 있던 시기의 가토 히로유키의 일기에서도 '메이로쿠카이'라는 명칭은 등장하기 때문에 이 명칭을 근거로 둘 사이의 '질적 전환'을 논의하기에는 무리가 있다. (河野[75], 30쪽) 또한 1879년에 개설된 동경학사회원東京學士會院의 경우, 비록 다수의 멤버가 중복되고 유사한 성격을 지녔다는 특징 때문에 메이로쿠샤와의 연속성이 언급되곤 한다. 하지만 필자는 동경학사회원이 어디까지나 정부기관이었다는 점에서 민간단체로서의 정체성이 분명한 메이로쿠샤와의 연속성 혹은 동질성을 인정할 수 없다고 생각한다.

22) 『메이로쿠 잡지』에 수록되지 않았지만, 그 세목을 확인할 수 있는 연설들로는 다음과 같은 것들이 있다. (戶澤[?], 70~71쪽)
- 모리 아리노리 「관학官學을 세우는 설」
- 다나카 후지마로田中不二麿 「학교설」(1875.3.1.); 「미국인 브라운씨 연설」
- 간다 다카히라 「말語의 전망, 즉 학서學書를 선정하는 설」
- 후쿠자와 유키치 「신문조례론」(1875.6.16.); 「연설의 두 법칙」
- 나카무라 마사나오 「만국공법려관서萬國公法蠡管序 1편을 읽다」; 「롱 펠로(미국시인)의 시를 강석하다」(1875.11.16.)
- 사카타니 시로시 「전쟁은 쉬는 일이 없어야 한다는 논의를 연설하다」 (1875.9.17.)
- 가토 히로유키 「왕정일신王政一新설」(1875.10.1.)
- 사카타니 시로시 「모임社會에서 번역어를 결정하는 설」
- 쓰다 센津田仙 「어류魚類를 기르는 기술에 관한 설」(1875.10.1.); 「농학農學 연설 하나」(1875.11.1.)
- 나카무라 마사나오 「아시아가 연합해야 하는가에 관한 설」(1875.10.16.)
- 니시무라 시게키 「영국의 ソロールドシャル의 저작 제너럴 에듀케이션 일반교육강설」; 「수신학修身學 강의」
- 쓰다 마미치 「개화 자연의 운보運步」

제12장 '문명개화'와 『메이로쿠 잡지』

『메이로쿠 잡지』의 발간에서 정간까지

메이로쿠샤는 발족 당시부터 기관지의 발간을 염두에 두고 바로 간행을 위한 작업에 착수했는데, 이는 당시로써는 파격적인 발상이었다. 잡지 자체는 오늘날의 B6판형에 가까운 것으로 대략 17x12cm 정도의 크기이며, 평균적인 분량은 열 장 정도였다.[23] 메이로쿠샤 이후 메이지 10년대까지 다양한 학술단체나 평론단체 등이 등장하여 각기 기관지를 발행했는데, 『메이로쿠 잡지』의 체재體裁는 그러한 메이지 전반기 학술지·평론지 등에 형식적 기준을 제공하는 역할을 했다.

『메이로쿠 잡지』의 광고는 『유빈호치郵便報知 신문』에서 찾아볼 수 있으며, 해당 신문을 발행하던 호치샤報知社에서 인쇄를 맡았다. 설립 1주년에 임하여 초대 회장이었던 모리가 한 연설에 의하면, 1년간 25호를 발행하였고, 총 10만 5984부를 찍어서 그 중 8만부 가량이 판매되었다고 한다. 매호 평균 3205부가 팔렸으며, 이는 당시 일본의 총인구가 삼천여 만 명이었다는 사실과 『메이로쿠 잡지』를 읽고 이해할 수 있는 수준의 독자가 지극히 소수에 불과했음을 고려할 때, 가히 '놀랄 만한 수치'라고 할 수 있을 것이다.[24]

전체 43호에는 156편의 글이 실렸고,[25] 매호 권두에는 다음과

---

23) 『메이로쿠 잡지』의 이쇄본異刷本과 용지 등에 관한 더 자세한 서지학적 분석은 (中野[62], 13~28쪽)

24) 『메이로쿠 잡지』의 문체는 기본적으로 한문 훈독체訓讀體로 한자-가타카나 혼합문으로 인쇄되었다(예외적으로 8호에 실린 쓰다 마미치의 「本は一つにあらざる論」은 한자-히라가나 혼합문 형식). 한문 훈독체란, 한문을 일본어 어순으로 풀어서 쓴 문체로 메이지 시대 이후 정부 공식 문서와 학교 교육, 언론 매체, 법률 문서 등에 사용되었다. 도쿠가와 시대의 공식 문서와 일상에서 소로候문이 사용되었다는 점을 고려할 때, 당시 사람들에게 이는 중대한 변화였다. 도쿠가와 시대가 막을 내린지 아직 7년도 채 안 된 시기에 『메이로쿠 잡지』상의 한문 훈독체 글들을 자유롭게 읽고 이해할 수 있는 독자층은 한정적일 수밖에 없었다.

25) 번역도 한 편으로 간주하고, 시리즈로 연재된 각가의 논설도 한 편으로 세었을 경우의 숫자이다.

같은 발행 취지가 적혀 있다.

> 근자에 우리는 모여서 사리事理를 논하거나 이문異聞을 얘기함으로써 학업을 연마하고 머리를 상쾌하게 하였다. 그러한 논의 내용을 적은 바가 쌓여서 책자를 이루게 되었기에 이를 인쇄하여 출판함으로써 동호인에게 나누고자 한다. 얇은 소책자라고는 하지만 우리나라 사람들의 지식이 열리는 데에 일조할 수 있다면 기쁘겠다.

지식증진에 일조하는 것을 목표로 하고 있음을 밝히고 있는『메이로쿠 잡지』의 간행 취지는 앞에서 언급한 1주년 기념 연설에서 한 모리의 발언에서도 다시금 확인할 수 있다. 모리는 메이로쿠샤에서 "오로지 교육에 관계되는 학문, 기술, 사물의 이치物理, 일의 이치事理 등, 대저 사람의 재능을 풍부하게 하고, 품행을 진행시키는데 필요한 일들"을 다루고자 했다고 하며 "기약하는 바는 오로지 후세를 위한 것이기 때문에 간혹 오늘날의 기혐忌嫌을 건드리는 일도 있을 수 있"지만, 어디까지나 "현재의 정치에 관해 논하는 일 같은 것은 본래 우리가 모임을 연 주된 뜻이 아니"라는 점을 분명히 하고 있다.(▷p19)

이 연설이 있었던 1875년 2월은 아직 메이지 정부의 안팎을 둘러싼 크고 작은 문제들이 산적해 있던 시기로,[26] 2년 전 정한론征韓論 논쟁으로 정국이 크게 흔들린 후 이타가키 다이스케板垣退助를 위시해 하야한 도사土佐 계열의 정치가들이 중심이 되어 제출한 민선의원설립건백서의 후폭풍이 가시지 않은 상태였다. 아무리 정치적 논의를 피하려고 해도 메이로쿠샤의 논의 역시 이러한 문제들을 완전히 외면할 수는 없었다.『메이로쿠 잡지』상에서도 민선의원설립 문제는

---

[26] 메이지 정부가 정치적 안정을 확보하는 시점에 대한 의견은 다양하나 적어도 국내의 군사적 동란의 위험에서 완전히 벗어나는 것은 1877년의 서남전쟁西南戰爭이 종료된 시점이라고 본다.(三谷[82], 384쪽) 새로운 제도의 확립이라는 차원에서는 메이지 헌법의 제정, 제국의회의 설립, 그리고 교육칙어敎育敕語의 반포가 이뤄진 1890~1891년을 기준으로 메이지 유신의 완성이라고 보는 시각이 우세하다.

제12장 '문명개화'와 『메이로쿠 잡지』

빈번하게 등장하는 논제였다. 뿐만 아니라 외국인의 '내지여행內地旅行' 자유화의 문제나 금화유출 문제 등과 같이 메이지 정부의 정책과 직결되는 현안들도 다루지 않을 수 없는 소재였다.

하지만 이 시기 직후, 민선의원설립건백 문제로 하야한 이타가키와 대만출병臺灣出兵 문제로 참의參議직을 사임한 기도 다카요시木戶孝允를 다시 불러들이기 위해 메이지 정부의 실력자였던 오쿠보 도시미치大久保利通가 오사카大阪에서 이들과 회동한 유명한 오사카회의大阪會議로 일단의 정치개혁에 대한 합의가 성립하고 정국이 안정화되어 간다. 그 결과 같은 해 4월 14일에는 천황의 조서詔書 형식으로 원로원과 대심원大審院이 설립되었고, 지방관회의의 소집이 결정된 후 점진적으로 '입헌 정체'를 세운다는 국시가 발표되었다. 이때 메이로쿠샤 회원이었던 가토 히로유키가 원로원 의관議官으로 임명되었는데, 당시 천부인권론을 주장하던 가토의 임명을 반대하는 일부 수구파 정부 고위층의 반발로 상당한 어려움을 겪게 된다.[27] 여전히 양학파 지식인에 대한 시선이 곱지만은 않았던 시기였다.

입헌 정체 설립이라는 정치개혁의 방향이 정해지면서 언론활동의 통제도 한층 더 엄격해졌다. 1875년 6월 28일에 공포된 참방률讒謗律과 신문지조례新聞紙條目ヲ廢シ新聞紙條例ヲ定ム가 바로 그것이다. 오늘날의 명예 훼손에 해당하는 죄를 단속하는 참방률의 공포와, 신문 및 잡지의 발행을 규제하고 타인을 부추겨 죄를 범하게 하거나 "정부를 변괴變壞시키고 나라를 전복하는 논의"나 "법을 헐뜯는誹毀" 등의 주장을 단속하겠다는 신문지조례는 언론 활동 종사자들의 행동에 상당한 제약을 주었다. 물론 정부 계통의 언론인 『도쿄니치니치東

---

[27] 메이지 초기 가토 히로유키의 정치적 입장은 『진정대의眞政大意』(1870)나 『국체신론國體新論』(1874) 등을 통해 천부인권론을 주장하는 것이었으나, 1877년경부터 사회적 다위니즘으로 전향하기 시작했다. 그리하여 1882년에는 자신의 달라진 정치적 입장을 표명하기 위해 자발적으로 진술한 두 저서를 절판하기로 결정했다.

京日日 신문』주필이었던 후쿠치 겐이치로처럼, "유럽 각국은 발언의 자유를 허용하지 않음이 없지만, 자유에 제한을 두지 않는 건 아니다"고 하며 자신은 신문지조례 공포 이후 두 달이 넘도록 글을 쓰는 데 별다른 '장애障礙'를 느끼지 못한다며 정부의 조치를 두둔하는 입장의 언론인도 있었다.[28] 그러나 어떠한 의견을 말하는 일이 죄가 되는지 안 되는지의 판단을 정부 당국이 내리는 구조 속에서 언론기관들은 필연적으로 정부의 눈치를 보지 않을 수 없었고, 스스로를 검열하지 않으면 안 되었다는 점에서 언론의 자유가 제한되었다는 점은 부정하기 어렵다.[29]

참방률과 신문지조례의 충격은 당연히 메이로쿠샤에게도 미쳤다. 공포 직후인 1875년 7월 1일의 정례회에서 『메이로쿠 잡지』는 향후 당국의 허가를 받아 간행하기로 결정하고 16일의 정례회도 평소와 같이 개최되었지만, 해당 달에는 잡지를 발행하지는 않았다. 두 가지 법령에 어떻게 대응할 것인지에 관한 사내 의견이 정리가 되지 않았기 때문인 것으로 보인다.(鳥海[56], 160쪽) 하시만 『메이로쿠 잡지』 정간의 결정적 계기는 1875년 7월 7일에 나온 포고布告 때문이었다. "대저 관리官吏된 자는 관보나 공고公告를 제외하고는 신문 또는 잡지, 잡보 등에서 일체 사사로이 정무政務를 서술해서는 안 된다"는 이 포고문은, 회원들 대부분이 정부의 녹을 먹는 사람들로 구성된 메이로쿠샤의 활동에 더욱 직접적인 타격을 주었다. 메이지 신정부의 개혁은 진행 중이었고, 민선의원설립 논쟁과 같은 중대한 정치적 이슈가 사회 전체의 관심사로 부상했던 당시 현실 속에서, 메이로쿠샤 회원들이 정치와 무관한 주제만을 다룰 수는 없었다. 그리고

---

28) 『東京日日新聞』1875.9.3. (鳥海[56], 155~156쪽)
29) 조례가 공포된 후, 도쿄의 신문사들은 기사로 써도 되는 범위에 관해 연명으로 내무성에 문의했는데, 내무성은 이에 대한 회답을 보내지 않았다고 한다. 『郵便報知新聞』1875.9.25. (鳥海[56], 156쪽)

제12장 '문명개화'와『메이로쿠 잡지』

무엇보다도 자유로운 논의를 지향했던 모임의 취지가 두 가지 법령에 의해 변질되고 메이로쿠샤의 존재의의가 희미해지는 결과가 초래될 것이 자명했다.

결국 이로부터 두 달 뒤인 9월 1일 정례회에서 메이로쿠샤 회원들은 잡지 발행에 관한 회의를 가졌다. 미쓰쿠리 슈헤이가 잡지 발행을 계속하는 데에 대한 이론을 제기했고,[30] 모리의 반론이 있은 후 후쿠자와가 잡지 폐간을 주장하는 제안서를 읽어 내려갔다.[31] 후쿠자와는 참방률과 신문지조례가 "우리 학자들의 자유로운 발언과 양립할 수 없는 것"이라고 생각했고, 이대로 잡지를 계속 출판할 경우 가능한 선택지는 "사원社員 본래의 사상을 갑자기 개혁하"고 "정부가 생각하는 바에 영합하는 잡지"를 내던지, "자유자재로 붓을 휘둘러 정부의 죄인이 되"는 수밖에 없다고 보았다. 그러나 자유로운 발언을 할 것인지, 소신을 꺾을 것인지를 결정하는 일은 개인의 "정신의 내부에 있는" 문제이므로 단체의 모든 구성원이 한 마음으로 결정하지 않으면 안 된다. 그런데 설립한지 1년 반 정도밖에 되지 않았고, 한 달에 한두 번 만나는 정도의 모임을 마치 '일사일신一社一身'인 것처럼 여겨 무리하게 잡지 발행을 이어나가는 것이 무슨 의미인가. 후쿠자와는 또한 "메이로쿠샤는 학문의 모임이지 정치를 논하는 곳이 아니"라며 잡지 발행의 계속을 주장하는 사람들이 있지만, 일본사회란 서양사회처럼 사회가 정부의 결정으로부터 분리되어 자율적인 영역을 확보할 만큼 성숙하지 못했기 때문에, 사회의 일은 십중팔구 정부와 관계되지 않는 것이 없다는 점을 간과해서는 안 된다고 강조한다.

---

[30] 모리의 1주년 기념 연설에서 알 수 있듯이 1875년 2월 시점에 모리는 사장에서 물러나고, 이후 모임의 최연장자인 미쓰쿠리 슈헤이가 취임했다. 하지만 같은 해 5월에 모임의 조직 개혁을 단행하여 사장직 자체를 폐지하는 대신 회간會幹 제도를 도입해 간사와 운영위원 체제로 바뀌었다. 회간은 모리, 니시, 쓰다, 후쿠자와, 미쓰쿠리 슈헤이(니시무라 시게키도 추가 됨)가 맡게 되었다.

[31] 이 제안서는 「메이로쿠 잡지 출판을 중지하자는 의안明六雜誌ノ出版ヲ止ルノ議案」이라는 제목으로 1875년 9월 4일자『유빈호치 신문』에 게재되었다. (▷p21)

정리하자면, 『메이로쿠 잡지』의 글들을 비정치 영역에서의 논의와 담론에 한정한다고 하는 것이 근본적으로 불가능하다고 주장하는 것이다. 갈팡질팡하는 태도로 계속하느니 출판을 중지하는 것이 좋겠다는 것이 후쿠자와의 결론이었다.

그리고 그는 의견을 개진하고 싶은 사람은 『메이로쿠 잡지』에 의존하지 말고 다른 곳에서 각자가 스스로 책임지고 발언을 해야 한다고 말했다.(▷p25) 이러한 후쿠자와의 제안에 대해 16명의 정원 회원 중, 니시 아마네, 쓰다 마미치, 사카타니 시로시, 모리 아리노리를 제외한 12명이 찬성함으로써 잡지의 출판 중지가 결정된 것이다.

이와 같은 결정이 어쩌면 정부의 방침에 대한 즉각적인 굴복이라고 여겨질 수도 있다. 하지만 당시 메이로쿠샤 회원들 대부분이 『메이로쿠 잡지』가 아니라도 발언하고 활동할 수 있는 장을 확보한 상태라는 점을 생각할 때, 서로 다른 의견을 자유롭게 주고받은 기록을 남기는 장으로서의 『메이로쿠 잡지』가 그 기능을 제대로 해내지 못한다면 애써 존속시킬 필요성에 동의하지 않는 회원들이 많았던 것은 당연한 결론이 아닐까. 만일 그들이 정부의 방침에 바로 굴복했다면, 후쿠자와의 말마따나 자신의 '사상'을 바꾸고 정부가 원하는 바에 영합하는 글을 쓰면서라도 잡지 간행을 계속해야 했을 것이다.

『메이로쿠 잡지』는 '계몽' 잡지인가?

『메이로쿠 잡지』의 글들은 실로 다양한 주제를 다루고 있다. 시국에 대한 직접적인 의견 개진을 제외하고는, 이들의 논의는 하나의 결론을 내기 위한 것이라기보다는 각자의 의견을 자유롭게 주장하고 서로가 어떻게 같고 다른지를 확인하는 과정이었다.[32] 앞에서 언급했듯이,

---

32) 메이로쿠샤의 회원들의 이견異見에 대한 존중과 공존의 문제에 관한 고민은 ▷p357을 참조.

제12장 '문명개화'와『메이로쿠 잡지』

선행연구 중에는 "일본 메이지 정권의 정책적 이념 제공자로서 역할을 했던 메이로쿠샤 회원들"(이건상[89], 281쪽)이라거나, "「명육사」의 대부분의 사상가들이 서구사상의 불완전한 이해 때문에 일방적으로 명치정부의 대변자 역할을 하였던 것"(임종원[85], 115쪽)으로 기술하는 경우가 있다. 하지만『메이로쿠 잡지』간행 중지를 결정하는 과정에서 볼 수 있듯이, 메이로쿠샤가 하나의 통일된 의지를 가진 집단으로서 정부를 대변한다고 보기는 어렵다. 게다가 잡지에 기고한 지식인들이 특정한 노선의 서양식 문명화를 목표로 삼은 것도 아니었다.

그런데 흥미로운 점은 이처럼『메이로쿠 잡지』의 역할과 평가에 대한 선행연구들의 견해가 분분하기는 하지만, 대체로 '계몽'이라는 개념을 집단으로서의 메이로쿠샤의 정체성과 개별 참가자들의 사상적 특징의 핵심으로 보려는 관점을 공유하고 있다는 사실이다. 이러한 관점은, 메이지 초기가 서양에 대한 지식이 아직 지극히 소수의 사람들에게 독점된 상태였으며, 대부분의 회원이 그 소수의 양학자들로 구성되었기 때문에, 지식을 독점한 소수가 그렇지 못한 다수에게 가르침을 주는 구도로 당시 상황을 파악하기 때문에 발생한다. 물론 잡지의 기고자들이 일본의 '문명'화라는 청사진을 갖고 있었으며, 이를 위한 구체적인 실현 방안을 논의한다고 의식하고 있었던 것은 분명하다. 그러한 의미에서 그들 스스로도 사회전체의 계도를 위한 일을 하고 있다는 소명 의식을 가지고 있었다. 그러므로 이러한 요소를 근거로, 오늘날 '계몽'이 가진 사전적 의미, 즉 "무지몽매한 상태를 계발하여 가르치고 이끄는 것"(『廣辭苑』)이라거나 "지식수준이 낮거나 의식이 덜 깬 사람들을 깨우쳐"(『고려대 한국어대사전』) 주기 위해 메이로쿠샤와 그 잡지가 존재한 것이라고 해석할 수 있다.

그러나 '계몽'을 역사적 개념으로 취급하여 '메이지 계몽주의'나 '메이지 계몽사상가'라는 명칭으로 그들을 호칭하고 성격 규정을 내리고자 할 경우, 위와 같은 일반 사전적 의미로는 정의가 곤란하다.

'계몽'이라는 개념에 대해 명확하고 체계적인 철학적 정의를 내리기도 어렵고, 설령 엄밀한 역사적 정의를 내린다고 해도 사용자에 따라 매우 한정적인 의미로 사용할 수밖에 없다.[33] 게다가 이른바 '메이지 계몽주의자'로 호칭되는 지식인들은 그 누구도 스스로의 입장을 '계몽'이라는 말로 설명하지 않았다.[34]

'계몽'이라는 단어 자체가 메이지 초기에 사용되지 않은 것은 아니다. '계몽'은 중국 고전에서도 전거를 발견할 수 있는 단어이며,(이예안 [98], 111쪽) 후쿠자와가 어린이용으로 편집한『계몽 테나라이手習의 문文』(1871), 제임스 레게理雅各(James Legge)의『지환계몽知環啓蒙』을 일본어로 번역한『계몽지혜내환啓蒙智惠乃環』瓜生寅譯(1872)이나 니시아마네의『치지계몽致知啓蒙』(1874) 등에서도 볼 수 있듯이 '가르치고 깨우치게 하다' 정도의 의미로 사용되었다는 사실을 확인할 수 있다. 이러한 맥락에서 계몽이라는 어휘 자체가 당시 사람들에게 낯선 것이었다고 볼 수는 없다.[35]

---

33) 보편적인 의미에서 '계몽'이라는 것이 존재하는지 여부가 자명하지 않다는 점, 그리고 역사적 개념으로서 '계몽' 운동이라는 것이 어떠한 사상적 특징을 갖춘 것인지에 대한 해석이 분분하다는 점을 지적하고 있는 연구로는 河野[75], 33쪽

34) '메이지 계몽'과 더불어 '전후 계몽戰後啓蒙'이라는 개념 역시 타칭이다. (宮川[36]; 杉山[46])

35) '계몽'이 기본적으로 위에서 아래를 '가르치고 깨우치다'라면,『메이로쿠 잡지』의 집필자들도 어떤 특정 기준에서 우위에 서있는 사람이어야 한다. 다수의 선행연구들은, 아직 양학이 한정된 사람들 사이에서만 공유된 고급 지식이었다는 점에서 메이로쿠샤 회원들이 당대 일본사회에서 우위에 서있는 인물들이라고 파악하는 듯하다. 그러나 후술하듯이『메이로쿠 잡지』를 읽어보면 집필자들이 자신들 이외에 누군가를 가르치거나 깨우쳐주려는 의도로 썼다고 보기에는 대단히 불친절한, 고난도의 내용이다. 이는 동시기의 메이지 정부가 발표한 「삼조의 교칙三條の教則」이나 교부성教部省이 설치한 대교원大教院에서 배포한 수많은 팜플렛과 같은 종류의 인쇄물, 통속적인 소위 '개화물開化物' 등을 '계몽'의 일환으로 취급하기에 무리가 없는 것과 대조를 이룬다. 또한 메이로쿠샤에서 연설회 등을 일반 공개하다가 결국 제한 공개로 전환한 점, 청중들 역시 당대 일본 사회에서 가장 지적으로 우월한 지위에 있던 사람들이라는 사실 등을 고려할 때, 굳이 이들의 활동과 사상에 '계몽'이라는 라벨을 붙이는 것이 어떠한 유효성을 갖는지에 대해서 의문이 남는다.

제12장 '문명개화'와 『메이로쿠 잡지』

　문제가 되는 것은 메이지 초기까지 이처럼 몽매한 자를 가르치고 일깨우다라는 정도의 의미로 통용되었던 '계몽'이 서양 어휘의 번역어 개념으로 재탄생하고, 그렇게 새롭게 정의된 '계몽'이 메이로쿠샤를 위시로 한 메이지 초기 사상계를 파악하는 분석 개념으로 쓰이게 되었다는 점이다. 현재 학계에서는 이러한 이해의 시초를 『국민의 벗國民之友』에 기고한 오니시 하지메大西祝의 「계몽시대의 정신을 논하다」라는 글에 있다고 본다.(大西[2]) 여기서 오니시는 독일어인 Aufklärung의 번역어로 '계몽'을 사용하는데, 이때 그는 Aufklärung의 의미를 "개인이 독립적으로 각자의 의견에 따르는 것"으로 파악하고 있었다. 즉, 여기에는 지적으로나 도덕적으로 우월한 자가 자신보다 열위에 있는 자를 가르치고 일깨운다는 식의 중국이나 일본에서의 용법이 포함되어 있지 않은 것이다. 이와 같은 관점에서 오니시가 18세기 프랑스 계몽사조의 거두 볼테르에 견줄만한 인물로 선택한 것이 후쿠자와 유키치였고, 그 후 '계몽'의 기준을 후쿠자와에 두면서 메이로쿠샤에 참가한 지식인들을 총칭하여 '메이지 계몽사상가'라고 부르는 풍조가 뿌리내렸다.

　이후 다수의 선행연구들은 명확한 정의를 내리지 못한 채 '계몽'이라는 개념으로 메이로쿠샤 회원들의 사상을 규정해 왔다. 특히 오니시가 대표적 계몽사상가로 후쿠자와를 꼽은 이래, 그를 기준으로 메이로쿠샤 지식인들의 계몽사상가로서의 가치를 판단해 온 경향이 있다. 대표적인 예로, 20세기 전반의 아소 요시테루麻生義輝의 연구를 꼽을 수 있다.(麻生[33]) 아소는 도쿠가와 말기부터 유입된 '서양철학'이 "막부 타도, 봉건제 타도" 운동에 "유력한 사상적 지지"를 하는 과정에서 "일본 특유의 계몽철학"이 등장했다고 말한다. 그리고 새롭게 등장한 이 '계몽철학'은 메이지 유신 이후 메이로쿠샤의 결성으로 이어졌고 이들 '학파'에 의해 '계몽활동'은 한층 더 활성화되었다고 그는 생각한다. 아소에 의하면, 메이로쿠샤 회원들은 "한번은 모두 전문적으로 한학漢學을 익힌 사람"들이었으나, 해당 집단의 정체성의 중추는 어디까지나 '양학자 집단'이라는 부분에 있다. 그는 '계몽철학'이라는 통일된 철학을 가진 집단으로서, 즉 "철학파로서" "메이로쿠샤파는 단일한 존재였"고, "화학파和學派나 한학파"는 철학적으로 대적할 만한 상대가 못 되었다고 단언했다.(麻生[33], 11~15쪽)

이러한 기조는 이후에도 유지되었고, 일본에서의 전후 메이로쿠샤 연구 역시 '계몽'의 개념을 답습하며 변주해나갔다. 맑스주의 역사학자 핫토리 시소服部之總는 메이로쿠샤의 사상 조류를 "절대주의적 계몽 사조"라고 규정한 바 있고, 철학 연구자인 미야가와 토루宮川透도 메이로쿠샤를 "계몽전제주의"로 파악하며 메이로쿠샤 구성원들을 "문명개화정책"의 대변자인 "절대주의적 관료 사상가"로 파악했다. 유물사관의 역사론을 펼친 토야마 시게키遠山茂樹도 "메이로쿠샤 회원이 말하는 자유·자주·개명은 정부의 계몽전제주의의 틀 밖으로 벗어나지 못하는 것이었다"고 평가했다. 메이로쿠샤 연구의 기틀을 탄탄히게 마련한 오쿠보 도시아키 역시 메이로쿠샤 구성원들의 활동을 "계몽운동"이라고 보고 있다는 점에서 기본적으로 아소가 내린 메이로쿠샤 사상의 성격 규정 논조를 답습하고 있다.[36](服部[38], 421쪽; 宮川[34]; 遠山[51].) 앞에서 약간 언급한 바와 같이 한국에서의 연구 역시 기본적으로 이러한 '계몽' 개념을 『메이로쿠 잡지』나 메이로쿠샤의 정체성의 핵심으로 전제하고 진행되어 왔다.[37](김용덕[84]; 임종원[85];

---

[36] 최근에는 "인간은 사회 속에서 진보하는 기질과 능력을 갖고 태어나며 지식을 갖추면서 야만에서 문명으로 진보한다"고 본 소위 스코틀랜드 계몽사상과 후쿠자와의 사상을 비교하는 연구 경향이 등장하였으나, 이는 '문명사文明史'의 원리로서 '계몽'을 파악하는 것으로 이 글에서 다루는 선행연구들이 사용한 '계몽' 개념과는 맥락을 달리한다. (Albert M. Craig[87]; 장인성[101]).

[37] 최근 발표된 이예안의 두 연구[98][100]는 '계몽'을 중심으로 전개되어 온 메이지 사상사에 대해 비판적이다. 그러나 문제의식의 핵심은 '메이지 계몽사상'론이 메이로쿠샤를 중심으로 전개되어 왔다는 점에 있으며, 아예 '계몽사상'의 개념을 확장시켜 메이지 시대의 다른 사상들에서도 발견할 수 있는 '계몽'의 결을 찾아낼 것을 주장하는 데에 있다. 이예안[100]의 경우, 논의의 초점이

이건상 외[89]; 김용덕[90].) 그러나 결코 하나의 철학을 공유하는 균질적인 집단으로 규정할 수 없는 메이로쿠샤를, 애초에 당사자들은 전혀 사용하지도 않았고 여전히 그 뜻이 분명하지도 않은 '계몽'이라는 하나의 정의를 잣대로 파악하고 평가하기는 어려울 것이다.[38]

『메이로쿠 잡지』의 기고자들: '일신이생一身二生'의 세대

『메이로쿠 잡지』에 기고한 사람은 총 16명이었다. 가장 많은 글을 기고한 회원인 쓰다 마미치는 29편, 두 번째로는 니시 아마네가 25편, 세 번째로 사카타니 시로시가 20편이다. 잡지가 발행되던 당시는 물론이고 지금도 가장 유명한 인물인 후쿠자와는 흔히 메이로쿠샤의 정체성을 대표하는 인물로 간주되곤 하지만,[39] 실제 후쿠자와가 기고한 논설은 3편에 불과하다. 초대 사장으로 추대되었던 바가 있고, 이미 당대 최고의 양학자로 대중적 인지도가 높았던 후쿠자와의 존재감이 메이로쿠샤 운영에 일정한 영향력을 끼쳤음을 부정할 수는 없으나, 메이로쿠샤의 활동 내용을 가장 충실하게 전하고 있는 『메이로쿠 잡지』 속에 남겨진 그의 논설 수는 의외로 적다. 그렇다면 거꾸로 가장 많은 글을 남긴 사람들은 어떤 인물인가.

1위와 2위를 차지한 쓰다와 니시는 도쿠가와 말기에 탈번하여 난학 지식으로 막부의 반쇼시라베쇼蕃書調所에 등용된 인물이다. 그

국체론에 맞춰져 있으나 '메이지 계몽사상'이라는 분석 개념을 고수하고 있다는 점에서 기존의 메이지 계몽 담론에서 크게 벗어나지 않는다.

38) '계몽' 논의와는 다른 관점에서 메이로쿠샤에 접근하고 있는 최근의 연구로는 木村[77](2013), 木村[78](2014)가 있다. 다만 키무라의 연구는 '계몽' 대신 civil society를 자신이 구하고자 하는 규범적 모델로 설정하고 이를 『메이로쿠 잡지』속에서 찾고자 한다. 이러한 접근방법 역시 연구자 자신의 규범이나 기준에서 과거의 논의에 대한 평가를 내리고 있다는 점에서 기존의 '계몽' 논의와 유사하다.

39) 植手[39]; 本山[40]; 荻原[59] 등의 연구 외에도 메이로쿠샤를 대표하는 인물로서 후쿠자와를 꼽는 경향은 정도의 차이는 있으나 반복적으로 등장해왔다.

리고 두 사람은 함께 1862년부터 약 4년간 네덜란드에 유학하여 최초로 서양의 사회과학에 대한 체계적인 학습 경험을 쌓았다. 귀국 후 도쿠가와 막부의 개혁을 위한 브레인으로 기대를 받았지만 얼마 가지 않아 막부가 붕괴되었다. 하지만 잘 알려져 있다시피, 유신 직후 혁명 정부는 구체제 인사들을 대거 등용시키는 방침을 채택했고, 이 과정에서 두 사람은 신정부의 스카웃 제안에 응했다. 쓰다는 형법 관련 법무 파트를 중심으로 맡았고, 니시는 병부성兵部省에 출사하여 군사제도 제정과 「군인칙유軍人敕諭」(1882)의 초안 작성을 담당했다.[40] 이들의 지적 기반에는 물론 한학적 지식이 자리 잡고 있지만, 두 사람의 경력에서 한학이 표면으로 드러나는 일은 없었다. 쓰다와 니시는 어디까지나 양학자로서의 정체성을 뚜렷하게 보여주는 삶을 영위했다.

    이 문제에 대해 생각해 볼 때 주목할 만한 인물은 세 번째로 많은 논설을 쓴 (개별 논설의 숫자로는 두 번째로 많은) 사카타니 시로시의 존재이다.[41] 메이시 시대의 일본 남성 평균수명이 약 44세였다는 점을 감안할 때, 52세에 메이로쿠샤 회원이 된 그는 이미 노년기에 접어든 '노유老儒'였다. 그는 대다수의 회원들과 달리 서양 언어를 제대로 공부해 본 적도 없고, 끝내 해외로 나가본 적도 없는 시골의 유학자 출신이지만, 메이지 유신 이후 도쿄로 상경해 메이지 정부의 말단 관리로 생계를 유지하며 나이어린 양학자들 틈에서 부지런히 활동했다. 사카타니가 『메이로쿠 잡지』에 남긴 글의 편수는 그러한 그의 열정을 고스란히 반영하고 있다. 그가 처음 기고한 글과 마지막

---

40) 후쿠자와에 비해 '계몽사상가'로서의 한계를 갖고 있으면서 동시에 '군국주의의 창시자'로서의 이미지를 갖고 있는 니시에 대해, 그러한 외부로부터의 기준에 입각한 재단을 배제하고 어디까지나 그의 사상가로서의 궤적을 고찰해야 한다고 주장한 연구로는 菅原[71]가 있다.
41) 시리즈물 원고를 하나로 세지 않고 개별 주제 논설의 숫자로 생각하면 사카타니가 15편을, 니시가 13편을 기고하였다.

제12장 '문명개화'와 『메이로쿠 잡지』

호에 실린 글에는 다음과 같은 대목이 있다.

> 내가 우매하다고는 하지만, 마음속에 성채를 쌓고 자신의 편견을 중요하게 여기는 일을 경멸한다. 그러므로 어리석고 둔하며 서양 언어를 이해하지 못하지만, 나는 서양학을 하는 사람들을 좋아하고, 서양과 중국의 학문이 일치하여歐漢一致 공평하게 실현될 것을 바란다. 최근에 여러 선생님이 메이로쿠샤를 열었다는 말을 듣고, 기쁜 마음으로 듣기를 청하여 말석에 참석하니 얻는 바가 많다.(「질의일칙質疑一則」▷p55)

> 나는 태생이 둔재인데다 시골에 오래 있었기 때문에 시세라거나 양학에 대해 보고 들은 바가 없었다. 오로지 하나의 정리공도正理公道에 의거해 이를 헤아려 볼 뿐이었다. 최근에 메이로쿠샤의 말석에 참여해 고견을 듣고 깨달은 바가 적지 않다. 정리공도로 미루어보건대 "꼭 맞지는 않아도 멀지는 않다"는 것을 더욱 더 알게 되었다.(「존왕양이설尊王攘夷說」▷p255)

'서양과 중국의 학문이 일치'하는 일의 실현을 바라는 마음이란 '하나의 정리공도'에 대한 신념에 기초한다. 서양, 중국, 일본 등 지역을 막론하고 세계는 하나의 '정리공도'가 관통하고 있다. 『대학大學』의 "마음을 다해 이를 구한다면, 비록 꼭 들어맞지는 못하더라도 멀리 빗나가지는 않을 것이다心誠求之雖不中不遠"라는 구절을 원용하여 그가 말하고자 했던 메이로쿠샤 경험의 결론은 유학자로서 지녀왔던 '정리공도'의 배움이 결코 틀리지 않았음에 대한 확인이었다.

이처럼 메이로쿠샤 내부에서 예외적인 인물이었던 사카타니가 다수의 글을 게재했다는 사실은 과거 연구에서 크게 주목을 받지 못했다.[42] 하지만 메이로쿠샤라는 단체를 벗어나 1870년대 일본의 지

---

42) 유학자였던 사카타니의 사상을 '전통'으로 두고 양학자를 '근대'성의 상징으로 두어 대비시키는 맥락이나, '유학'과 '양학'을 이항대립적 구도로 보는 대표적인 연구로는 小股[47]; 松本[48] 등을 꼽을 수 있다.

식인 사회 전체라는 더 큰 맥락에서 그의 존재를 바라볼 때, 도쿠가와 말기의 일본 사회에서 유학을 학습하고 이후 유학자로서의 경력을 쌓아간 사카타니는 예외적이기는커녕 오히려 일반적인 사례에 들어간다고 할 수 있다. 바꾸어 말하자면, 양학 경력을 토대로 활약하던 메이로쿠샤 회원들이야말로 오히려 당대 사회에서 예외적인 소수의 존재들이었던 것이다.

사카타니와 같이 당대에 활약한 유학자가 양학자에 비해 상대적으로 경시되어 온 배경에는 앞에서 서술한 메이지 초기의 사상계를 '계몽'이라는 척도로 분석해내려는 연구흐름이 있다. '계몽'적인가 아닌가의 문제는 곧 '근대'적인가 아닌가의 문제로 환원되며, 그 대척점에는 '전통'이 놓이게 된다. 그리고 양학은 전자에, 유학은 후자의 범주에 들어간다. 그렇기 때문에 이러한 구도 속에서 유학은 소위 계몽적 사고를 방해하는 요인으로 작동하게 된다고 간주되고, 유학자는 '계몽사상가'로서의 한계를 가질 수밖에 없는 존재로 취급된다. 하시반 유학을 일본사회의 '전통'으로 간주한다는 것이 구체적으로 무슨 의미인지는 불분명하며, 양학이 자동적으로 '계몽'이나 '근대'를 표상한다는 발상도 정확한 의미를 파악하기는 어렵다. 더군다나 주자학을 포함한 어떤 특정 학문도 도쿠가와 일본의 통치 질서의 정당성 및 정통성을 지탱한 적이 없다는 사실은 이미 잘 알려져 있다. 그럼에도 불구하고 다수의 기존 연구들이 주자학을 도쿠가와 시대의 '지배 이데올로기'로 설정한 근대일본의 철학자 이노우에 테츠지로 井上哲次郎(1855~1944)의 학설을 기원으로 하는 논의를 장기간에 걸쳐 답습해온 결과, 유학이 도쿠가와 통치 질서를 지탱했다는 인식은 여전히 뿌리깊게 남아 있다.[43] 만약 유학이 메이지유신 이전의 일본에서 '전통'의 위치를 차지했었다고 말하고자 한다면, 그것은 지극히

---

43) 이노우에는 도쿠가와 일본의 '체제 교학'으로 주자학을 설정하고, 양명학에서 근대화의 맹아를 찾는 과정인 '유학 삼부작'을 집필한다.(이새봄[99])

제한적인 조건하에서만 가능하다. 그리고 '전통'이 자동적으로 '계몽'이나 '근대'의 대척점으로 설정될 수는 없는 것이다.

그렇다면 『메이로쿠 잡지』에 글을 썼던 이들 모두에게 해당하는 공통점으로는 무엇이 있을까? 우선 전원이 일정 수준 이상의 글을 읽을 수 있는 남성이라는 사실을 꼽을 수 있다.44) 그리고 무엇보다도 이들이 후쿠자와 유키치가 말하는 "한 몸一身으로 두 생二生을 산 것과 같은" 경험을 공유하는 세대라는 점을 지적할 수 있을 것이다.(福澤 [19], 5쪽) 이들 모두 도쿠가와 일본에서 성인이 되어 생활하였고, 메이지시대 이후의 급격한 변화를 직접 체험했다. 이러한 맥락에서 '일신이생'의 경험을 공유하는 세대인 것이다. 한편으로 이는 이들의 지적 기반 중 유학이 차지하는 비중이 크다는 사실을 의미하기도 한다. 도쿠가와 말기 일본에서 일반적으로 교육의 기초는 유학 경서를 통한 한문 학습이었다.45) 양학 교육을 받은 인물들도 예외는 아니었다. 메이지 일본을 대표하는 양학자인 후쿠자와 역시 본인이 받은 한학 교육 경험을 회고하며, 자신이 "한학자의 전좌前座 정도는 되었다"고 자평한다.(福澤[15], 13~15쪽) '전좌'란, 라쿠고落語라는 일본 전통 오락 공연에서 낮은 직급에 속하는 위치를 가리키는 말이지만, 라쿠고 공연을 할 수 있는 일정 정도의 자격을 갖춘 사람임을 뜻한다. 후쿠자와 스스로 자신이 '한학자'라고 불릴만한 기초적인 자격을 갖추었다고 여겼다는 의미이다. 후쿠자와를 비롯해 『메이로쿠 잡지』에 기고한 사람들이 대부분 양학자로 분류된다고는 하지만, 사실 이들의 공통

---

44) 메이로쿠샤 회원들은 물론, 신원이 확인된 청중들 가운데 여성은 단 한 명도 없다.
45) 이는 도쿠가와 말기의 유학 교육의 전국적인 확산과 더불어 학문의 기초로서 유학이 확고한 위치를 점하게 된 사실에 기인한다. 도쿠가와 후기의 사회와 유학의 관계에 대한 논의 중, 도쿠가와 중기 이후 교육의 확대와 간세이寬政 개혁을 계기로 주자학의 보급이 진행되었다는 논의로는 辻元[49], 도쿠가와 직할 학문 소였던 창평횡昌平黌의 어유자御儒者 집안인 고가古賀 삼대의 정치 질서론에 대한 논의는 眞壁[?], 유학 교육의 전국적 보급과 막부 말기의 무사 계층의 사화士化에 대한 논의로는 박훈[92] 등을 참고하였다.

적인 지적 기반은 한학 교육에 있었던 것이다. 이들은 양학자로서 이름을 알렸지만, 처음부터 서양의 언어나 학문을 학습한 것이 아니라 한학을 통한 학문의 기초를 다진 후에 양학의 전문 지식을 쌓은 사람들이다. 그러므로 그들이 하나의 장에 모여, '문명개화'를 둘러싼 다양한 논의를 진행시킬 수 있었던 바탕에는 이와 같은 공통의 지적 분모가 있었기 때문이라고 할 수 있다.

이러한 『메이로쿠 잡지』 집필자들의 학습 경력에 비추어보아 메이로쿠샤 내에서 가장 특이한 사례를 꼽아본다면 아마도 나카무라 마사나오를 꼽을 수 있을 것이다.[46] 나카무라는 도쿠가와 막부의 직할 유학 교육기관이었던 쇼헤이코昌平黌에서 최고의 권위자인 어유자御儒者라는 지위에 있었다. 하지만 어유자의 신분으로 그는 난학과 영어 공부에도 매진하였고, 1866년에는 막부가 보내는 영국 유학생단의 감독을 자원하여 자신도 영국에서 1년 반 동안 유학했다. 귀국 후 메이지 시대에는 사뮤엘 스마일스(Samuel Smiles)의 *Self-Help* (1859)를 『서국입지편西國立志編』(1870~71)이라는 제목으로 번역하는 등 다수의 번역서를 내었고, 여성 교육과 맹인 교육에 힘을 쏟으며 제반 교육 개혁에 앞장섰다. 그는 후쿠자와처럼 '한학자의 전좌' 정도가 아니라 한학자로서는 당대 최고의 위치에 있었던 인물이다. 이처럼 나카무라가 가진 특수함이란 그가 당대 최고의 한학자이면서 동시에 양학자로서도 후쿠자와와 수위를 다투는 위치에 서있던 인물이라는 점에 있다.[47] 이 또한 나카무라가 '일신이생'의 세대에 속하는 인물

---

46) 나카무라에 대해서도 '계몽'의 라벨 붙이기 작업은 공유되어 왔다. 대표적으로 萩原[50]; 小川[63] 등을 꼽을 수 있다. 이들 연구는 나카무라의 '계몽사상가'로서의 자질이 불완전함을 지적하며 그 '한계'의 원인을 유학에서 찾는 도식을 통해 그의 사상을 분석한다.

47) 도쿠가와 시대부터 이어져 온 사회 각 분야(가게, 배우, 게이샤, 스모 선수, 학자 등)의 순위매기기 정보지인 『東京流行細見記』(1885년판)에는, 나카무라의 이름이 후쿠자와에 이어 서양학 부문('英學屋敎四郞') 2위에 올랐고, 동시에 한학('角文字文詩郞') 부문에서는 1위에 등장한다. 나카무라는 양학과 한학, 양쪽에서 압도적인 존재감을 지닌 존재였다

제 12장 '문명개화'와 『메이로쿠 잡지』

이기 때문에 가능했던 일이자, 해당 세대의 인물이 보여줄 수 있는 가장 흥미로운 지적 여로의 귀착점이기도 하다.

본서의 구성과 의의

본서에서는 『메이로쿠 잡지』에 실린 156편의 글 중 69편을 번역하여 소개했다. 전체 구성은 목차에도 나타나있듯이 순차적으로 나열하기보다는 하나의 소주제로 묶을 수 있는 글들을 모아 분류하는 방식을 택했다. 소개하고 있는 열 개의 논점들 중 여섯은 기존 연구에서도 반복하여 다룬 것이고, 나머지는 필자가 설정한 분류 기준에 의거한 주제이다. 학자직분론 논쟁이나 민선의원 설립 문제, 내지여행에 관한 논의 등 제2장에서 제6장까지와 제11장이 전자에 속하고, '타자를 어떻게 이해할 것인가'라는 제목을 붙인 제9장 등은 후자에 속한다. 본 해제에서는 이들 장의 주제와 각 장에 들어간 논설들을 그와 같이 분류한 이유와 그 의의에 대해 설명한다.

제1장에는 초대 메이로쿠샤 사장이었던 모리의 1주년 기념 연설과 후쿠자와가 잡지의 출판 중지를 제안하는 글이 들어있다. 『메이로쿠 잡지』 창간 이후 1년간의 상황이 개괄적으로 잘 설명되어 있는 모리의 연설문과, 해당 논설이 간행된 지 반년이 채 지나지 않은 시점에 발표된 후쿠자와의 제안서를 함께 읽음으로써 잡지 간행이 가졌던 영향력과 출판 중지의 의미가 무엇인지 짐작해 볼 수 있다.

제2장은 『메이로쿠 잡지』 첫 호를 장식한 니시 아마네의 「서양 글자로 국어를 쓰는 일에 관한 논설」을 필두로 국어와 문자 개혁에 관한 글들을 모았다. 메이지 정부 수립 이후에 추진된 개혁들이 충분히 효과를 보지 못하고 있는 원인으로 일본어의 문자 문제를 지적한 그는, 한자와 가나 대신 로마자 사용을 주장한다. '문명개화'를 실현하기 위한 방법으로서 문자 개혁을 추진해야 한다는 것이다. 메이지

유신 이전부터 한자폐지론, 일본어 로마자 표기론을 건의하는 논자들은 소수 존재했지만,[48] 이처럼 일반 독자들을 향해 주장이 전개된 것은 니시의 글이 최초이다. 본서에는 그의 논의에 대한 『메이로쿠잡지』상의 여러 반응들을 수록하였다.

제3장은 후쿠자와 유키치의 『학문의 권장』 제4편에 해당하는 「학자직분론」으로 시작한다. 이 글은 후쿠자와가 원래 『메이로쿠잡지』를 위해 쓴 글이었으나 사정상 싣지 못하게 되었고, 그러자 이 글을 읽은 메이로쿠샤 회원들이 그에 대한 반응을 잡지에 기고한 것이다. 문명의 실현을 이룰 주체란 누구이며, 그 목표를 위해 무엇을 해야 하는지 등에 대한 큰 그림을 제시하는 「학자직분론」의 내용은 관官에 의존하지 않는 형태로 인민의 '지덕智德'의 진보를 위해 '양학자'의 역할이 중요하다고 말한다. 하지만 회원 대다수가 정부기관에 종사하고 있던 메이로쿠샤의 성격상 후쿠자와의 주장이 곱게 들리지만은 않았는데, 목소리를 낸 몇몇의 반박은 본서를 통해 직접 들어볼 수 있다.

제4장에서도 소위 민선의원설립 논쟁이라는 잘 알려진 주제로 분류된 글들을 모았다. 논쟁의 시발점이 된 글, 즉 1874년 1월에 이타가키 다이스케를 중심으로 도사土佐계 구사족舊士族들이 작성하여 좌원에 제출한 「민선의원설립건백서」의 전문을 우선 실었다. 메이지 신정부 내의 정쟁에서 밀려나 하야한 이들의 의도는, 자신들과 겨루던 신정부에 남아있는 세력을 '전제' 정부라 비판하는 데 있었으며, 공론정치 실현을 위해 '민선의원'을 설립할 것을 촉구한다. 하지만 건백서는 단순히 정쟁의 한 장면으로 끝나지 않았다. 작성자들의 예

---

48) 예를 들어, 막부 말기에는 마에지마 히소카前島密(1835~1919)가 쇼군에게 한자를 폐지하고 히라가나를 사용할 것을 건의하는 상소를 했다. 후쿠자와 유키치도 1873년 『문자의 가르침文字之教』라는 글을 통해 어려운 한자를 줄이고 2천에서 3천자 정도의 한자만 사용할 것을 주장한 바 있다.

상을 뛰어넘는 규모의 대대적인 사회적 반향을 일으켰고, 메이로쿠샤 회원들과 같은 지식인들부터 평범한 서민들까지 논쟁에 뛰어들어 자신의 의견을 피력했다. 본서에 실린 민선의원 관련 논설들을 보면 알 수 있지만, 당시 그 누구도 민선의원을 설립해야 한다는 명제 자체에 반대하지는 않았다. 의회의 설립은 시대의 대세이자 당위였고, 문제는 그 시기를 언제로 정할 것인지, 구체적인 설립과정을 어떻게 할 것인지 등의 문제로 의견이 나뉘었다.

제5장에서는 남녀의 관계란 어떠해야 하며 여성의 역할이란 무엇인가라는 문제에 관한 논의를 다루었다. 다른 여느 사회와 마찬가지로, 1870년대 중반의 일본은 남성 중심의 사회였다. 전술했듯이 메이로쿠샤 회원들 및 알려진 청중들 중에 여성은 단 한 사람도 없다. 그렇게 남성 지식인들끼리 모여서 남녀관계나 여성의 역할에 대해 의견을 주고받는다는 사실이 아마도 현대인에게는 위화감을 불러일으킬 장면일 것이다. 그러나 1870년대 중반의 일본이라는 시대 배경을 고려한다면, 오히려 해당 주제가 이렇게 뜨거운 논쟁거리가 되었다는 사실이 오히려 놀라운 일이라고 말할 수도 있다. 물론 여기서 그들이 말하는 남녀관계란 결혼한 부부의 관계를 염두에 둔 것이며, 새로운 여성상으로 제시되는 모델이 '양처현모'라는 점 등, 현재의 평균적인 가치 기준으로 생각한다면 새롭기는커녕 낡아빠진 젠더 규범의 전형일 뿐이다. 하지만 관점을 달리해보면, 제5장의 내용은 문명개화의 실현을 위해 그때까지 문제라고 생각하지 않았던 현상들이 문제로 여겨지게 되는 그 찰나를 포착할 수 있다는 점에서 대단히 흥미롭다.

다음 장인 제6장도 비슷한 맥락에서 생각해 볼 수 있는 주제이다. 오늘날 한국어에서도 사용되는 '종교'는 religion의 번역어로 메이지 초기 일본에서 사용되기 시작했다. religion이라는 개념에 정확하게 대응하는 개념이 존재하지 않았던 일본에서, 이를 어떤 어휘로 표현할 것인지, 도대체 그것이 무엇이고 문명개화와의 관계란 어떠한지에 대한 당대 지식인들의 탐구활동은 활발하게 일어났다. 이 주제에 관해서도 니시 아마네가 특히 열정적으로 분석을 시도하고 있으며, 이를 포함해 다른 논자의 논박, 그리고 문명개화와 종교의 관계에 대한 분석들을 본서에 실었다. 신앙 그 자체가 목적이 된다기보다는, 문명개화라는 목표에 도달하기 위한 수단으로서 종교가 제시되는 이들의 논의도 현대 한국에서의 종교관과 다소 차이가 있을 것이다. 이 문제에 대해서는 필자의 논의(▷p407)를 참고하길 바란다.

제7장은 '개화'란 무엇이며 그 실현을 위해 인민이 맡아야 할 역할과 인민의 의의를 논한 글들의 모음이다. 도쿠가와 시대까지는 존재하지 않았던 국가관, 즉 인민이 모여서 국가가 구성되는 것이며 그렇기 때문에 문명국으로의 도약, 일본의 개화를 위한 노력은 인민 개개인의 차원에서부터 이루어져야하며 정부에 의존해서만은 안 된다는 이 관점은 서양과의 대면을 통해 얻은 새로운 시대의 산물이었다. 구체적으로 어떻게 인민의 수준을 문명개화의 방향으로 이끌 것인지에 대한 의견은 분분했지만, 인민의 역량을 키우는 것이 관건이라는 점에는 메이로쿠샤 회원들 모두 동의했다. 이때 그들은 어디까지나 인민을 내려다보는 입장에서 논하는, 이른바 우민관愚民觀을 공유하고 있다. 이러한 관점 역시 세습신분제에서 갓 벗어난 시점이라는 역사적 배경을 고려해야만, 그들의 주장이나 문제의식을 온전히 이해할 수 있을 것이다.

이어서 제8장에서는 '자유'라는 키워드를 둘러싼 의견들을 소개하고자 했다. 『메이로쿠 잡지』간행 당시는 아직 liberty나 freedom의 번역어로 '자유'가 완전히 자리를 잡지는 못한 상태였다. 본 장에 실린 니시무라의 글에서도 나오는 '자주자유', 그리고 '자유자주', '자주' 등 여전히 다양한 단어가 후보로 경쟁 중이었다. 1874년에서 1875년에 이르는 시기는 나카무라 마사나오가 존 스튜어트 밀의 『자유론』(1859)을 번역한 『자유지리自由之理』가 출간된 지 3년 정도

제12장 '문명개화'와 『메이로쿠 잡지』

지난 시점이었지만, 인민 개개인은 여전히 위로부터의 '자유'를 확보했다고 할 수 없었다. 자유란 무엇이며, 인민의 자유는 어디까지 허용되어야 하는지에 대한 메이로쿠샤 지식인들의 생각의 일부를 본 장에서 확인해 볼 수 있을 것이다.

흔히 메이지 유신 이후의 근대일본은 이웃국가들에 대한 멸시와 맹목적인 서구식 근대화가 표리일체를 이룬 상태였다고 여겨지기 쉽다. 하지만 그것은 근대일본의 한 단면에 대한 묘사로는 적합할 수 있겠으나, 1868년 이후의 일본 전체에 대해 이런 식으로 단정할 수는 없다. 모든 역사적·정치적 상황은 복합적이기 때문에 근대일본과 같이 급격한 개혁이 진행된 사회에 대해서도 다각적인 접근이 필요하다.

제9장에서는 그러한 접근의 일환으로 '타자를 어떻게 이해할 것인가'의 문제를 다룬 글들을 선별해 보았다. 인류 역사상 차이가 우열, 선악 혹은 시비의 문제로 환원되어 분쟁과 혐오의 원인이 되는 일은 보편적으로 반복되어 온 일이다. 메이지 초기의 일본사회도 예외는 아니었다. 다르다는 것이 가치평가의 문제로 직결되어 분열의 씨앗이 되는 일들이 벌어졌다. 정치적 의견의 차이가 가져오는 불화가 언제든지 무력 대치로 이어질 수 있는 메이지 초기의 불안정한 상황 속에서, 대다수 사회 엘리트층은 분란을 방지하고 서로 다른 입장들이 공존할 수 있는 길을 모색하는 데에 주력했다. 「애적론」, 「존이설」, 「적설」, 「존왕양이설」은 그러한 맥락에서 읽어볼 수 있을 것이다.

한편, 대외적으로는 1869년부터 서계書契 수리 문제로 일본과 조선 정부 사이의 불화가 계속되었고, 그 연장선상에서 1873년의 메이지 정부는 정한론征韓論 논쟁으로 대대적인 내부 갈등을 경험하게 된다. 이듬해, 청나라를 상대로 한 대만출병 문제는 우여곡절 끝에 간신히 해결되었다. 아직 '국민'이라는 개념이 온전히 뿌리내리지 못한 시점이었지만,⁴⁹⁾ 급격하게 발달하고 있던 신문 매체 등을 통해 누구나가 스스로를 '일본'이라는 국가의 일원임을 강렬하게 의식하게 되었다. 그리고 그것은 많은 일본인들에게 무비판적인 자국 옹호의 논리를 품게끔 만들었고, 이는 동시에 불화의 상대가 된 이웃나라들에 대한 비난과 멸시와 표리를 이루었다. 「대만정벌의 강화회의에 대한 연설」과 「중국을 얕보지 말아야 한다는 논설」은 이러한 사회적 분위기에 대한 강한 비판이다.

기존의 도쿠가와 체제가 붕괴되고 새로운 질서를 형성해가는 과정에서 사회를 구성하는 원리와 국가제도에 대한 새로운 설명이 필요하게 되었다. 메이로쿠샤 지식인들은 이 문제에 대해 서양의 이론을 참고하면서, 그것을 어떻게 일본 사회의 현실과 접목시킬 수 있을지 고민했다. 제10장의 '인간 공공의 설'처럼 서양에서의 사회 형성 과정이 어떠한지에 대해 기독교적 맥락과 전통적인 정치사상의 맥락을 원용해 설명하는 방식도 있고, 서양의 형법 제도를 참고해 일본의 제도 개혁을 주장하는 경우도 있다. 니시무라 시게키는 '수신修身'과 '치국治國'의 불가분성이 중국의 『대학』에서 뿐만 아니라 서양의 이론에서도 발견된다고 설명했다. 그리고 서양으로부터 도입한 민선의원이 어떻게 정치적 정당성을 확보하고 운영되는 제도인지, 그 운영원리를 조세 문제와 연결시켜 풀이하는 양학자와 유학자의 글도 각각 한 편씩 실었다. 비록 사회 전체가 민선의원 설립의 당위성을 인정하고, 정부 역시 공식적으로 '입헌정체立憲政體'를 확립할 것을 천명했지만, 민선의원이라는 제도의 운영원리에 대한 이해 자체는 아직 명료한 형태로 공유되지 않았던 시대였다.

마지막으로 제11장에서는 '내지여행'을 둘러싼 논쟁을 다룬다. 막부 말기에 서양 국가들과 체결한 조약이 여전히 유효한 가운데,

---

49) '국민'이라는 개념은 적어도 메이지 10년대에 들어서 본격적으로 사용된다.

제12장 '문명개화'와 『메이로쿠 잡지』

일본 정부는 서양 국가들로부터 외국인의 국내 여행 및 상업 활동 자유화를 요구받고 있던 상황이었다. 이와 관련해 『메이로쿠 잡지』에는 세 편의 글이 실렸다. 내지여행의 자유화가 문명개화에 도움이 될 것이라는 낙관론을 펼친 니시와 쓰다의 논의가 의외의 비관론을 펼친 후쿠자와의 시기상조론과 극명한 대조를 이루고 있어 논쟁의 긴장감이 느껴진다.

본서에서 필자는 『메이로쿠 잡지』의 글들을 단순 나열하여 소개하는 방식을 피했다. 번역하지 않은 많은 글들 중에도 일독의 가치가 있는 흥미로운 글들이 아직 많이 있다. 그럼에도 불구하고 본서와 같은 형식으로 논설들을 엮고 소개한 데에는 물론 그만한 이유가 있었다. '문명개화'의 달성이라는 목표 하에 모인 메이로쿠샤 지식인들이 다양한 주제에 대해 고민했고, 공통의 기반 위에 있으면서도 서로 다른 의견을 가지고 있었으며, 그러한 의견을 자유롭게 주고받았던 공론장의 모습을 선명하게 보여주고 싶었기 때문이다. 이를 통해 앞에서 언급한 『메이로쿠 잡지』에 대한 여러 오해들을 불식시키고, 나아가 메이지 초기 일본의 '문명개화'론이 단순히 서양화 일변도의 개혁론이 아님을 말하고자 했다.

오늘날의 관점에서 보자면, 어리석어 보일 정도로 과도한 자국 비하, 전원이 공유하고 있는 우민관, '문명'에 대한 지나친 낙관, 우스워 보이는 오독이나 오해들이 거슬릴 수도 있다. 또한 그 후의 조선과 일본의 관계를 생각하면, 이들이 추구하는 보편적 이상으로서의 '문명개화'가 위선으로마저 느껴질 수도 있을 것이다. 그러나 대내적으로는 270여 년간 유지되었던 정권이 무너지고 신정부에 대한 불만으로 분열의 기미가 끊이질 않은 가운데, 대외적으로는 불평등조약으로 맺어진 서양 열강들과의 관계 속에서 국가의 독립이 우려되는 위기의 상황 속에서 그들의 대화가 이루어졌음을 생각해 볼 때, 그들의 지적 성실함과 절박함을 인정하지 않기는 어려울 것이다.

제 13 장

메이로쿠샤 지식인들 논의에 나타난 다양성과 공존의 문제[1]

이새봄

머리말

메이로쿠샤의 회원 중 최고령의 "늙은 유학자^{老儒}"였던 사카타니 시로시(1822~1881)는 메이지가 되기 전까지는 빗츄^{備中} 지방에서 상당한 명성을 지닌 주자학자였다. 그는 에도^{江戶}에서 창평횡^{昌平黌}의 어유자^{御儒者}인 고가 도안^{古賀侗庵}의 제자로 10여 년간 수학했다. 이후 고향으로 내려와 지역의 유학 교육기관이었던 흥양관^{興讓館}의 교수로 초빙된 사카타니는 막부 말기 약 15년간을 이곳에서 교육에 열중했다. 이곳에서 그는 주희의 "백록동서원게시"[2]를 아침마다 학생들에

---

[1] 이새봄, 「메이로쿠샤^{明六社} 지식인들 논의에 나타난 다양성과 공존의 문제」 『개념과 소통 18』, p277~308, 2016.

[2] 주희 사상의 정수라고 불리는 「백록동서원게시」의 전문은 다음과 같다. "父子有親　君臣有義　夫婦有別　長幼有序　朋友有信　右五敎之目、博學之　審問之　愼思之　明辨之　篤行之　右爲學之序、言忠信行篤

제13장 메이로쿠샤 지식인들 논의에 나타난 다양성과 공존의 문제

게 낭송하게 하였다. "삿된 소리와 난폭한 행동邪說暴行"이 횡행하는 시대에 올바른 길道을 잃지 않기 위한 가장 좋은 가르침敎이 여기에 담겨있다는 생각에서 연유한 교육 방법이었다.(阪谷[14])

청년 시절 사카타니는 양학을 공부하고자 했던 적이 있었으나 결국 그 꿈을 이루지 못하였다. 히로시마廣島번의 고문으로 활동한 후 메이지 4년인 1871년에 동경으로 이주하여 하급 관리 생활을 하면서 메이로쿠샤에 참가하게 되는데, 이때가 그의 인생에 있어서 처음 있었던 본격적인 서양 문물과의 만남이었다.[3] 메이로쿠샤의 대다수 회원이 서양의 최첨단 지식을 가진 젊은 양학자들이었음에도 불구하고 그는 이들 사이에서 위축되지 않았다. 사카타니는 전체 43호가 발간된『메이로쿠 잡지』에 두 번째로 많은 스물 두 편의 글을 기고할 정도로 적극적으로 메이로쿠샤에 참여했다. 그럼에도 불구하고 쟁쟁한 양학자가 다수 참여했던 메이로쿠샤 안에서 그의 존재감은 별로 드러날 수 없었다. 그러나 당시 일본 사회의 일반적인 학문적 환경을 고려해 본다면, 사카타니와 같은 이력의 비非양학자가 오히려 지식인 다수를 차지하는 주류였다고 볼 수 있다.

사카타니는 "사社를 설립하는 주지는 우리나라의 교육을 나아가게 만들기 위해 뜻이 있는 무리가 회동하여 그 수단을 상의하는 데에 있다. 또한 동지가 모여서 이견異見을 교환하고, 지知를 넓히고 식견識을 밝게 하는 데에 있다"라는 메이로쿠샤 제규制規 제1조의 주지를 성실하게 따랐다. 그가 남긴『메이로쿠 잡지』상의 논설 제목을 보면 유난히 '의疑' 자가 들어가는 경우가 많다. 예를 들어,「질의일칙質疑一則」,「민선의원을 세우려면 먼저 정체를 정해야 한다는 것에 대한 의문」(▷p97),「첩설에 관한 의문」(▷p129),「화장火葬에 관한 의문」등

敬　懲忿窒欲　遷善改過　右修身之要、正其義不謀其利　明其道不計其功　右處事之要、己所不欲勿施於人　行有不得反求諸己　右接物之要

3) 사카타니의『메이로쿠 잡지』첫 논설(▷p55)을 참고.

이다.4) 이러한 사카타니의 '의' 강조는 메이로쿠샤를 통해 접한 새로운 문물과 사상에 의해 받은 자극의 결과로 이를 논리적으로 정리해 기고함으로써 "변정辨正"을 구한 것이었다.5)

의심을 통한 진리로의 도달은 후쿠자와가 『학문의 권장』 제15편 "사물에 대해 의심하고 취사取捨함으로써 판단할 것"이라는 글에서 강조되었던 삶의 태도와도 일맥상통한다.6) 사카타니의 의문 제기도 그러한 지적 호기심에 기초한 것으로, 새롭거나 낯선 대상에 대한 이해를 위해 필요한 과정이다. 그리고 이러한 의문 제기가 가능하기 위해서는 답의 단서를 제공해줄 타인과의 교류가 필수적이다. 그런 의미에서 메이로쿠샤의 최고령 회원이었던 사카타니가 보여준 적극적으로 의문을 제기하는 자세란 "동지가 모여서 이견異見을 교환하고, 지知를 넓히고 식견識을 밝게 하"기 위한 모임의 취지에 정확하게 부합한 행동이었다.

이 같은 사카타니의 행동의 정당성은 동시에 메이지 유신의 정신을 내건 천황의 「5개조의 서문誓文」에도 근거하고 있었다. 특히 "만기萬機를 공론公論으로 정할 것"이라고 말한 서문의 첫 번째 항목이 중요했다. 모든 국사를 공론을 통해 결정할 것이라는 메이지 천황의 맹세는 새로운 메이지 일본이 나아가야 할 방향을 규정했고, 입헌정치의 근거로서 20세기 전반까지 일본의 통치 원리의 근간이 되었다는 점은 널리 알려진 사실이다. 사카타니 역시 통합을 강조한 새로운 질서의 정신에 깊이 공감하며 이를 지지했다.

그러나 공론 정치의 기본 발상 자체가 그에게 새로운 것은 아니

---

4) "의疑"자가 포함된 제목이 많다는 지적은, 穗積[?]에도 이미 등장했다.

5) "그러나 많은 의문疑이 있어서 이를 일일이 다 구두로 질문을 한다면 얘기의 방해가 될까 두렵다. 이에 필록筆錄하여 변정辨正을 구한다", (『明六雜誌』[27] 上, 348쪽)

6) 제15편의 첫 머리는 다음과 같이 시작한다. "믿음의 세계에 거짓과 가짜가 많고, 의심의 세계에 진리가 많다", (福澤[16], 154쪽)

제13장 메이로쿠샤 지식인들 논의에 나타난 다양성과 공존의 문제

었다. 그는 5개조의 서문이 반포되기 전인 무진戊辰전쟁 종결 직후부터 합의合議를 통한 새로운 통치 질서의 확립을 주장했다. 내전으로 인한 나라의 분열을 우려했던 그는 황실을 지지했던 웅번雄藩만을 중심으로 신질서를 확립해서는 안 된다고 판단했던 것이다. 사카타니는 황실天朝과 사쓰마·조슈薩長, 도쿠가와, 아이즈會津의 네 세력이 합의를 통해 나라를 이끌 것을 주장했다.(「合議說」[12](1868)) 언로 개방과 합의를 통한 결정만이 "공명정대公明正大"한 결론이라는 믿음이 바탕에 깔려 있었다. 그리고 이러한 과정을 통해 얻은 공론이 천황을 포함한 일본의 모든 인민을 구속하는 법法으로서의 힘을 갖는 사회. 이것이야말로 사카타니가 그린 메이지 일본의 청사진이었다.

메이로쿠샤에서 활동하던 1874~5년에 이르러 그는 이전처럼 최상층 통치자 세력들의 '합의'에 대한 논의에서 한 발짝 더 나아가 보통 사람들 사이의 자유로운 의견의 교환을 논의하기 시작한다. 결과적으로 그가 일관되게 강조한 것은 자유로운 논의가 가능한 상태의 확보였다. 이때 중요한 것은 어떤 특정한 결론에 도달하는 것 보다도 논의를 통해 "공명정대"한 결론에 이르기까지의 과정 그 자체였다. 결론보다도 논의의 과정 자체에 무게를 둔 그는, 그렇기 때문에 논의의 장으로서의 메이로쿠샤의 의의를 중요시했다. 그런 맥락에서 사카타니는 논의를 위한 전제 조건, 즉 다양성의 확보와 유지를 강조했다.

존이尊異의 정신

사카타니는『메이로쿠 잡지』제16호에 실린 니시 아마네의「애적론愛敵論」을 읽고 제19호에「존이설尊異說」(▷p231)이라는 제목의 글을 발표했다.「존이설」은 인간 사회에 존재하는 각 개인 사이의 차이와 공존의 원리를 설명한 글이다. 본 논문에서는 사카타니의「존이설」

이 어떠한 맥락에 놓여있는지를 보기위해 먼저 「존이설」 집필의 발단이 된 니시의 「애적론」과 당시의 정치상황에 대해 간단히 살펴보도록 한다.

「애적론愛敵論」의 이치와 그 배경

「애적론」은 "너의 적을 사랑하라"라는 신약성서의 구절로 시작한다. 니시는 언뜻 보기에 "놀랍고 이상한" 이 구절이 어째서 서양 사회에서 널리 받아들여졌는지에 대해 간단히 고찰한다. 적과의 전투를 본분으로 하는 무사가 지배하는 사회가 260여 년간 지속된 일본에서 이 구절은 특히 이해하기가 어려웠을 것이다. 무찔러야 할 대상인 "적"을 "사랑하라"는 것은 도대체 무슨 뜻인가.

니시의 분석에 의하면 이 격언 속에는 상제上帝가 심어놓은 "순선지인純善至仁의 덕"이자 도덕의 "지극지고至極至高의 규칙則"이 들어 있다. 상제라는 어휘에는 다분히 서양의 기독교적 신(God)의 뉘앙스가 포함되어 있으나, 니시는 여기에서 서양에 한정되지 않는 보편적인 "사람을 대함에 있어서의 요점"이 모두 포함되어 있다고 생각했다. 「애적론」은 그러한 요점들이 지닌 이치理를 설명한 글이다.

그가 지적하는 요점 첫째는 "너의 적을 사랑하라"라는 구절이 "즐겁고 상쾌한 상태"가 평상시의 "마음心의 본체"인 인간의 본성과 통한다는 점이다. 니시는 "사람이 사람을 만나거나 사물에 대처할 때도 역시 모두 이치理에 따라서 평온하고 따스하도록 되어있어, 사납고 도리가 없는 것을 당연한 상태로 여겨서는 안 된다"고 말한다. 인간이란 "육체의 삶"에서 "무리 짓는 성질"을 갖고 있는데, 이러한 사회적 존재인 인간이 타인과의 공존을 위해 "사랑의 본성"을 갖고 실천하고자 노력하는 것은 본래 이치에 따른 행위일 뿐이다. 다만 좋아하고 사랑하는 호애好愛가 항상적인 마음의 자세이지만 때때로

제13장 메이로쿠샤 지식인들 논의에 나타난 다양성과 공존의 문제

어떤 변變에 직면 했을 때 싫어하고 미워하는 오증惡憎의 마음이 생기는 것일 뿐이다. 그렇기 때문에 성서에서도 적을 대면함에 있어서 항상적 마음인 사랑을 유지하고 적용시킬 것을 주문한다는 것이다. 다시 말해, 니시는 "무리 짓는 성질"과 사랑의 마음 모두 인간의 본질적인 특성이라는 전제 위에 애적의 가르침이 존재한다고 보았다.

두 번째로는 애적의 논리에는 사회에 존재하는 대립을 제도화하는 방향으로 이끌어감으로써 대립의 양상을 누그러뜨려보려는 발상이 녹아들어 있다는 점이다. 니시는 "이른바 대적하고 있는 사람은 나와 동체同體"이기 때문에, 나와 같은 자격을 가진 인간인 적과의 관계에서도 사랑이 전제되지 않으면 안 된다고 설명한다. 그런 의미에서 서양의 전시 국제법이나 사형제를 금지하는 조항과 같은 제도적 장치의 고안은 애적의 원칙에 입각한 노력이라는 것이다.

세 번째로 애적은 대립하는 상대를 사랑함으로써 더 높은 차원의 정신적 경지에 다다를 것을 주문하고 있다. 필적匹敵하다는 말에서도 드러나듯이 누군가와 "겨룬다爭"는 것은 서로 맞설만한 동격인 사람 사이에 성립되는 관계에 적용된다. 군자와 소인 사이에는 적대 관계가 생기지 않는다. 이와 마찬가지로 어느 한 쪽이 상대를 적으로 보지 않게 되고 그를 '사랑'할 수 있게 되었을 때, 거기에는 더 이상 적대 관계가 성립하지 않는다. 사랑을 먼저 실천하게 된 쪽은 상대를 가엾이 여기게 된 우위의 존재가 되는 것으로 대적 관계의 균형이 무너짐으로써 이미 더 높은 경지에 도달하게 된다는 것이다. 한 단계 더 높은 차원의 인간이 되기 위한 도덕 명제로서 애적은 중요한 의미를 갖는다.

네 번째로 "적이란 나와 가장 관계가 깊은 사람"이거나 나와 '친밀'했던 사람이기에 적이 되는 것이다. 진晉나라와 월越나라 사이나, 호주와 시베리아처럼 지리적으로 멀고, 연고가 없는 나라 사이에 적대 관계가 성립할 가능성은 낮은 것처럼 말이다. 그렇기 때문에 적대 관계에 있음은 근본적으로 사랑하는 관계일 수 밖에 없다는 뜻을 내포하고 있다는 지적이다.

하지만 「애적론」의 내용만으로는 애적의 논리 속 이치들이 서로 어떠한 관계에 놓여있는 지에 대해 알 수 없다. 본 논설의 마지막 부분에서 니시가 설명하듯, 이 글은 "모럴(謨羅爾)의 요결"로서의 애적론을 분석해본 것일 뿐 이를 현실의 "폴리틱(波里埪加)상의 규범"적인 논의로 발전시키려던 것은 아니었기 때문이다. 그러나 니시가 "너의 적을 사랑하라"는 구절을 단순히 서양 사회의 종교적 가르침으로 치부하지 않고, 적이란 어떤 존재이며 이를 사랑한다는 것은 무슨 의미인지에 대한 분석을 세상에 내놓았다는 사실 자체가 갖는 의의는 이 글이 나온 시대적 배경을 생각할 때 중요한 의미를 갖는다.

먼저 「애적론」이 게재되기 전 해인 1873년의 정치상황은 정한론征韓論을 둘러싼 정부의 분열과 질록처분秩祿處分의 진행을 통해 기존의 지배계층이었던 사족의 불만이 팽창해 있었다. 이를 배경으로 1874년 1월에는 하야한 이타가키 다이스케板垣退助가 민선의원설립건백서를 제출하여 논쟁을 불러 일으켰다. 이에 더해 에토 신페이江藤新平가 약 1만 2천명의 불평사족을 이끌고 사가佐賀의 난을 일으킨 것이 2월의 일이었다.

이렇듯 정부에 대한 불만이 각 방면에서 분출되면서 불온한 기운이 고조되던 당시의 상황 속에서 후쿠자와가 '원망怨望'의 정념이 지닌 위험성을 지적한 것은「애적론」이 게재되고 석달 후인『학문의 권장』제13편에서였다. 그는 원망이라는 정념은 결국 사회구조적으로 개인의 자유를 억압하기 때문에 발생하는 것으로 "많은 악의 원천"이라고 했다.(福澤[16], 한국어판 160쪽) 인민의 마음에 원망이 계속

제13장 메이로쿠샤 지식인들 논의에 나타난 다양성과 공존의 문제

차오른다면 이로 인해 정치질서 전체가 뒤흔들릴 것이라는 불안이 후쿠자와에게 있었다.

　니시의 「애적론」도 이와 같은 1874년의 불안정한 정치상황 속에서 나오게 된 글이라는 점을 생각해볼 수 있다. "모럴의 요결"로서 "적을 사랑하라"는 명제를 분석한 그의 의도에도 후쿠자와처럼 원론적인 차원에서 당시 상황에 대한 분석과 반성을 촉구하는 측면이 있는 것이다. 바꾸어 말하면, 대립 혹은 적대 관계에 있다는 것이 반드시 부정적인 상황이 아니며 오히려 거기에서 무엇을 얻을 수 있을지를 고민함으로써 서로 대립하는 개인들이 어떻게 하면 안정된 공존을 이룰 수 있을까하는 사회 통합의 단서를 그는 제시한 것이다.

존이尊異의 자세

앞서 언급했다시피 사카타니의 「존이설」은 니시의 「애적론」에 자극받아 집필된 글이었다. 대립 혹은 적대 관계에 대한 새로운 시각의 추구를 시도한 니시의 글로부터 사카타니가 받은 자극이란 무엇일까.

　먼저 사카타니는 인간 사회의 통합과 분열의 원리에 대한 고찰부터 시작한다. 사물이 갖는 "합동성合同性"과 "분이성分異性"의 원리에 대한 설명이 첫 머리에 등장한다.

> 대저 사물이 친화하는 것은 고유의 합동성合同性이 있기 때문이고, 사물을 구분하는 것은 고유의 분이성分異性이 있기 때문이다. 합동성으로부터 흡인력이 생기고, 서로 모여 엉겨서 하나의 사물이 되는 것이다. 이를 같음同의 효용이라고 한다. 이미 하나의 사물이 생긴 다음에는 분이分異의 성질이 저항력을 낳아 사물이 서로 마찰하여 갈림으로써 나뉘어져 그 능력을 발휘한다. 이를 다름異의 효용이라 한다. 물, 불, 흙, 나무, 쇠붙이, 돌 등은 각각 종류별로 모여서 사물이 되고, 또 종류별로 나뉘어 서로 부딪치거나 서로 마찰하여 그릇이 되어 용도를 갖게 되는 일이 모두 그런 것이다. 애초에 같음의 효용이 없어서는

> 안 되지만, 같음이 생성되는 까닭을 미루어 생각해보면 다름의
> 효용이 가장 크다.(▷p231)

모든 개별 사물의 성질 사이에는 같음과 다름이 존재하는데, 이는 곧 합동성과 분이성이라는 움직임으로 나타난다. 사카타니는 이러한 움직임의 결과를 "같음의 효용"과 "다름의 효용"이라고 본다. 각 사물 간의 차이란 분이성에 의해 발생하지만, 결국에는 이들이 지닌 합동성이라는 성질로 인해 하나로 모이고자 하는 작용을 일으킴으로써 "하나의 사물物"로 합쳐진다는 것이다.

동질성과 이질성이 가져오는 효용이란 '만물만이萬物萬異'의 상태에 적용시킬 수 있는 보편타당한 효용이다. 예를 들어, '산천풍토山川風土'나 '세상의 수많은 남녀' 모두 모습도 기질도 다른 이유는 이질성이 가져오는 효용으로 인한 것이다. 여기서 "천지天地는 감히 조금도 그 저항력抵抗力을 사사로이 쓰지 않고, 모든 것을 포용하여 하나의 지구, 대동친화大同親和의 효용"을 이룬다. 즉, 이질성의 효용인 분이성(혹은 "저항력")으로 인해 만물은 만이의 상태이지만, 궁극적으로 다시 천지에 의해 통합되어 "대동친화"를 이룬다는 것이다. 세계는 이렇듯 천지 간의 합동성과 분이성의 운동이 동시 진행되고 있는 덕분에 "영원함永久과 거대함大을 유지"할 수 있다. 이는 사카타니의 확고한 믿음이었다.

그러나 사카타니에게 있어서 무엇보다도 중요한 지점은 '대동친화'라는 결론이 가능하기 위한 조건에 있었다. 만물만이의 상태가 없다면 대동친화란 애초에 불가능한 것이다. 이를 달리 표현하자면, 다양성이 확보되지 않는다면 통합은 애초에 있을 수 없다는 말이다. 구체적인 예를 들자면 다음과 같다.

> 사람이 업業을 이루어 공功을 세우기 위해서도 역시 차이를 포
> 용하고 존중하는 수밖에 없다. 스승과 제자, 친구 사이는 서로

의 차이를 가지고 서로 연마하여 재능과 지식 그리고 기술을 기르며, 어려움과 괴로움의 차이를 가지고 서로 연마하여 몸과 마음을 단단하게 하는 것이다. 다른 산의 돌로 옥을 연마하는 법이고, 서적도 이본異本이 없으면 교정을 할 수 없는 법이다. 차이의 효용이 어찌 크지 않겠는가!

이와 관련하여 나는 이런 얘기를 들었다. 중세 서양의 종교 사이에서는 이설異說이 다투어 일어나고, 서로 비방하고 싸우고 공격했는데, 그렇게 서로 연마한 효용이 커져서 지기志氣를 분발하고 훌륭한 종교 지도자가 왕성하게 일어났다. 그리하여 논지가 정해지고 가르침이 실행되기에 이르자, 공순恭順한 주장만이 계속되고, 저항의 힘은 옅어지고 격발激發의 기운도 느슨하게 되자, 훌륭한 지도자가 점차 줄어들게 되었다. 그래서 뜻있는 자들이 이를 우려하여 일부러 이설을 만들어내어서라도 이처럼 타성에 젖은 기운을 떨쳐보려 했다고 한다. 이 이야기를 통해, 다름을 높이 사야하고, 같음을 낮춰 보아야함을 알 수 있다.(▷p231)

애초에 사람과 사람 사이에 차이가 존재하지 않는다면 그 어떤 업적이나 공적도 이룰 수 없다. 그렇기 때문에 과거 유럽의 교회에서는 일부러 이설異說을 만들어 내서라도 "저항의 힘"을 통한 효용을 유지시켰던 것이다. 그렇기 때문에 사카타니는 동질적인 것을 향한 본능적인 친화성을 경계하고, 이질적인 상대끼리의 저항이 가져오는 효과를 누리기 위한 차이의 보존, 다양성이 유지되는 상태 그 자체가 중요하다고 생각했다.

이후 이와 같은 사카타니의 주장은 곳곳에서 반복되었다. 『메이로쿠 잡지』상의 논설은 아니지만 「존이설」과 같은 시기의 글로 추정되는 「화이불류설和而不流說」에서도 그는 "만물만이萬物萬異"의 상태를 강조하고 다양성의 효용에 대해 이야기했다.[7] 여기서 그는

---

7) "萬物萬異、異異相資、而不混同、然後天下之用通矣", (阪谷[14], 296쪽)

『중용』의 한 구절인 "화이불류", 즉 화합하되 휩쓸리지 말 것이라는 구를 인용함으로써 성인聖人의 가르침 속에 이미 다름과 같음異同에 대처하는 자세가 제시되어 있다고 말한다.[8] 그에 따르면 애초에 사람에게는 다른 것을 싫어하고 같은 것을 좋아하는 성질이 있다. 그래서 "다른 것異을 미워하기 때문에 화합할 수 없고, 같은 것同을 좋아하기 때문에 휩쓸리는" 일이 발생하는 것이다.[9] 공자가 "화和란 서로 돕는 것을 말하고, 휩쓸리지 않음不流은 혼동하지 않는다는 뜻"으로 "화이불류"를 강조한 이유 역시 만물만이의 효용을 중시했기 때문이라고 사카타니는 생각했다.[10]

『자유지리自由之理』의 영향

사카타니의「존이설」집필의 직접적인 계기는 앞서 설명했다시피 니시의「애적론」이었다면, 간접적인 배경으로는『자유지리自由之理』의 논의가 존재했다.『자유지리』는 밀의 저서인 *On Liberty*(이하,『자유론』)의 최초의 일본어 번역서이다. 메이로쿠샤의 회원이었던 나카무라 마사나오中村正直가 1870년 12월부터 1872년 초에 걸쳐

---

8) 『논어』자로편에도 "화和"에 대해 다음과 같은 구절이 있다. "군자는 [서로의 차이를 인정하고] 화和하되 부화뇌동하지 않으나, 소인은 부화뇌동하고 화하지는 않는다君子和而不同小人同而不和". 주희의 해석에 따르면 "화는 거스르고 어기는 마음이 없는 것이요, 동은 아첨하고 빌붙으려는 뜻이 있는 것和者無乖戾之心同者有阿比之意"이다. (朱熹[20], 147쪽)

9) "惡異故不和、好同故流", (阪谷[14], 296쪽)

10) 참고로 이로부터 약 5년 후인 1880년의 사카타니는 변리공사辨理公使 하나부사 요시모토花房義質의 조선 부임을 기념하여 보낸 문장에서도 같은 내용을 얘기했다. 그 해 여름, 청국공사와 "조선국 金 李 제군", 그리고 하나부사 등과 함께 벌였던 연회를 회상하며 다음과 같이 적었다. "夫物有同有異、異者所以成同、素固已樂同文者矣、然而於異文、亦樂聽其說、蓋兩間萬國、道一以貫之、不一者、風土習尚、言語文字也.... 萬物萬異、萬異相資、不異則用塞矣. 水火反對、男女別質、四民殊業、雖父子亦異其面、皆所以相資而保斯道也. 凡地球間、講生養之道者、皆吾朋已"(阪谷[14], 207~208쪽) 여기서 사카타니는 "만국"을 관통하는 보편유일의 "도"를 추구하고자 "만물만이"를 긍정하며, 차이로써 서로 도와 "사도斯道"를 보존하려는 사람이란 풍토나 관습, 언어, 문자와 상관없이 "나의 친구朋"라고 부르고 있다.

제13장 메이로쿠샤 지식인들 논의에 나타난 다양성과 공존의 문제

번역한 작품으로 자유민권운동에 큰 영향을 끼친 서적으로 알려져 있다.

밀은 『자유론』에서 개성(individuality)의 중요성을 강조했다. 밀은 개성의 요소로서 고유성(originality)을 중시하며 각자 능력(faculty)의 발달이 개성의 생성과 발전으로 이어진다고 말한다. 여기서 그는 신을 전제하지 않는 인간 고유의 특성으로서의 개성의 의의를 말하고 있다. 개성이란 "인간으로서 성장하는 것"이며 이것을 "길러냄으로써 충분히 발달한 인간이 태어날 가능성"이 생겨난다. 또한 개성에는 다른 누구에게도 없는 고유성이나 단독성(singularity)의 의미도 포함되어 있다. 밀은 서로 다른 개성을 지닌 사람들이 모여 다양성이 항상 유지되는 사회야말로 인간을 성장시키고 발달시킨다고 굳게 믿었다. 그렇기 때문에 그는 아무도 하지 않는 일을 하는 사람이나 누구나가 하는 일을 하지 않는 사람이 사람된 도리에 어긋나는 것처럼 여겨지고 경멸의 대상이 되는 사태에 극렬하게 반발했다. 밀에게 있어 각자의 개성은 특정한 가치 기준에 입각해 우열을 따질 수 없는 것이었다.

이러한 독자성의 발견이란 타인과의 비교 과정을 통해 가능한 것으로 반드시 타자를 필요로 한다. 그러나 남들과 함께 있을 때 인간의 마음이란 "일면적이 되는 것이 보통"이기 때문에 주위에 휩쓸리지 않고 자신의 독자성을 유지하기는 쉽지 않다. 수양(cultivation)이 필요한 이유가 바로 여기에 있다. 여기서 수양은 세간에서 유행하는 의견, 종교, 학파 등에 의해 휩쓸리지 않고 항상 스스로의 품행재능 品行才能을 발현할 수 있도록 노력하는 것을 의미한다.(*On Liberty*[8], p41~43) 그리고 수양은 궁극적인 진리(truth)의 발견을 위한 과정이다. 이 점에서 밀과 나카무라의 생각은 일치했다.

밀은 진리를 알아야 스스로의 판단에 대해 확신(conviction)할 수 있는 근거가 생기는 것이므로 진리의 발견은 곧 개성을 확립하는 일과 직결된다고 믿었다. 수양은 "내 마음 속에 이것이야말로 진리라고 믿는 기초"를 확립하는 과정인 것이다. 그런 의미에서『자유론』제2장(Of the Liberty of Thought and Discussion)에서 언급되는 이설異說의 효용에 관한 논의는 특히 중요했다. 해당 장의 나카무라 번역문에 의하면 "널리 지구상의 이설異說을 듣고 논박駁議을 받고난 뒤에 내 주장이 그릇됐다면 옳은 의견에 따르고, 내 주장이 옳다면 세상 사람들 의견이 그릇되었음을 알고 나의 사고 판단이 옳다"고 생각할 수 있어야 한다. 그러한 과정을 반복하는 가운데 인간은 타인의 판단에 의존하지 않고 휩쓸리지도 않는 '자주'적인 삶을 살 수 있는 것이다. 그리고 이러한 방식의 "독자적獨一인 것을 서로 겨루어 나아"가는 과정을 통해 한 사회는 '진리'를 축적하여 "더 높은 곳으로 나아上進갈 수 있다.[11] 더 높은 곳으로 나아감은 결국 인간 행복福祥(well-being)의 증대에 기여하는 것이기도 하다.[12]

각 개인이 자신의 독사성을 다른 사람의 그것과 겨루는 과정 속에 건전한 사회의 개선이 가능해지고 한 사람 한 사람의 행복이 증대되는 것이라는 논리이다. 나카무라는 밀의 개성의 옹호론을 "공도公道로써 각자의 천성天性을 갖추는 가장 요긴한 방법"으로 해석했다. 즉 나와 다른 타인을 받아들이고, 각자 다른 품행品行을 발현시키고 각자 다른 인생을 걸어가게끔 하는 것"으로 이해한 것이다. 이는 어디까지나 인간의 본성에 대한 믿음을 전제로 한 다름異에 대한 존중이다.

밀은 이처럼 다름에 대한 존중, 즉 다양한 개성을 인정할 수 있기 위해서 "충분한 자유"가 반드시 보장되어야만 한다고 주장한다. 어

---

[11] 원문은 "As mankind improve, the number of doctrines which are no longer disputed or doubted will be constantly on the increase: and the well-being of mankind may almost be measured by the number and gravity of the truths which have reached the point of being uncontested.", (On Liberty[8], p49)
[12] "眞理之數愈增、福祥之氣、斯愈增",『自由之理』[9], 42丁

떤 의견이 틀렸을 경우는 물론이고, 설령 옳은 경우라도 그에 대한 이론異論이 존재하지 않는 한 그 진실성을 알 길이 없다.[13] "타인으로 하여금 나의 의견에 대해 논박하고, 나의 논의가 틀렸다"는 판단을 내릴 수 없게 되기 때문이다.[14] 또한 논의를 위해서 필요한 조건인 의심 혹은 의문을 중시했다. "인심人心의 병폐 중에 치료할 수 없는 가장 큰 것"은 "어떤 일에 대해서도 의문을 갖지 않는 것"이다.(『自由之理』[9], 42丁) 다양한 생각의 공존, 이는 반드시 보존되어야만 한다. 나카무라는 이와 같은 밀의 생각을 "다양함衆異은 자유自由에서 나오고, 진리眞理는 다양함으로부터 비롯된다"라고 한 마디로 정리한다.

그러나 각자의 고유한 개성을 발달시킬 것을 장려하는 밀의 주장과 나카무라의 번역 사이에는 근본적인 차이가 있었다. 밀이 개성을 옹호한 바탕에는 신과 같은 초월적 존재에 의한 인간 본성의 결정론이 전제되어 있지 않았으나, 나카무라는 인간의 근본을 하늘天과 연관시킴으로써 개성의 발달도 하늘이 주신 본성의 계발이라는 의미에서 도덕적 의무라고 해석했다. 양자 모두 다양성의 존중이 사회의 개선으로 이어질 것을 얘기한다. 하지만, 밀이 개성의 옹호를 주장하는 데에는 특이함의 계발 자체를 목적으로 여기는 반면 나카무라는 어디까지나 하늘天과의 상관관계 속에서 주어진 본성에 충실하여 선을 실현해야한다는 도덕적 의무를 실행하는 방법으로써의 개성을 중시하는 것이다.

이와 같이 밀과 나카무라는 인간 본성의 기반에 대한 이해에 있어서 차이를 보이지만, 자유가 있어야 다양함이 가능해지고, 다양성이

---

[13] 『自由之理』[9], 27丁. 원문은 "However unwillingly a person who has a strong opinion may admit the possibility that his opinion may be false, he ought to be moved by the consideration that however true it may be, if it is not fully, frequently, and fearlessly discussed, it will be held has a dead dogma, not a living truth." (*On Liberty*[8], p40)

[14] "衆異由自由、而生眞理由衆異而見", 『自由之理』[9], 6丁

보장되어야만 진리를 얻을 수 있다는 인과관계의 중요함에 대해서는 일치된 인식을 갖고 있었다. 더 나은 사회로 나아가기 위한 절대조건으로서의 자유와 다양성의 보장이라는 밀의 의견에 나카무라는 완전히 동의하고 있는 것이다.

다양성의 확보를 위한 방법으로 나카무라는 학문을 강조하는데, 이 때 학문을 설명하기 위한 방법으로 그가 동원하고 있는 것은 '호학好學'의 자세이다. 공자는 끼니와 걱정거리 그리고 늙음조차 잊을 정도로 도리를 추구하며 배움에 몰두한 호학의 인물이었다.15) 주희는 이 부분을 공자가 자신의 "호학"이 두터움을 얘기한 것이라고 해석한다.(朱熹[20], 98쪽) 그리고 학문을 위한 기본자세로서 자신만의 생각意, 자신의 생각을 밀어붙이고자 하는 마음必, 자기주장을 굳게 지켜 양보하지 않는 마음固, 아집을 관통시키려는 마음我, 이 네 가지를 끊었다.16) 이를 근거로 나카무라는 공자가 '신견이설新見異說'에 대한 호기심과 관용, 더욱 근본적으로는 끝없는 지적 탐구심을 갖춘 인물이었다고 본다. 애초에 학문이란 삼라만상에 대한 이해이므로 한 권의 책이나 한 사람의 견해로 "천하天下의 사리事理"를 바로 잡기란 불가능한 법이다. 붉은 색 안경을 통해 세상을 본다면 삼라만상이 모두 붉게 보이는 것과 같은 결과를 가져올 뿐이다. 결국 학문이란 "중이衆異를 모아 그로써 생각에 대비하고, 낡은 견해를 씻어내고 새로이 얻기를 귀히 여기"는 것을 말하는 것이다.17) 그렇기 때문에 만일 공자가 메이지 초기의 일본에 살고 있다면 기꺼이 모든 '신견이설'을 배웠을 것이라고 나카무라는 확신한다.18)

---

15) "發憤忘食、樂以忘憂、不知老之將至.",『논어』술이편
16) "子絶四、毋意、毋必、毋固、毋我.",『논어』자한편
17) "夫學問之事、貴乎集衆異以備思察、濯舊見以冀新得、譬如貯書、若子擁萬卷、而同皆一書也. 則奚貴于多、譬如食大餐、郇廚侯鯖、五味八珍、衆異併備、然後美於口、不然而前方丈、所陳唯一種物、則其同也、豈不可厭乎、掛眼鏡之紅色者而觀物、森羅萬象、莫不紅者."『自由之理』[9], 2丁
18) "或又曰、是書所說、合於孔子之旨、故可取. 餘曰、然則子豈謂孔子之所不

인간사회의 다양성 확보에 대한 나카무라의 이러한 생각은 사카타니의 글들과 공명하고 있다.[19] 또한 두 사람의 글이 모두 밀의 『자유론』의 영향을 강하게 받았다는 사실 또한 미루어 짐작할 수 있다. 나아가 사카타니의 글에 빈번히 등장하는 '의疑' 자의 배경에 의심의 중요성을 강조한 밀의 주장이 있었다고 말할 수 있을 것이다. 두 사람에게 있어 서로 다른 의견, 서로 다른 인간들의 공존이야말로 일본 사회가 더 나은 미래를 위해 갖춰야할 가장 중요한 전제조건이었다고 말할 수 있을 것이다.

첨유諂諛의 배제를 위한 장치로서의 민선의원

사카타니가 다양성의 중요성을 주장한 데에는 「애적론」이나 『자유지리』가 직간접적인 계기가 되었음은 이상에서 살펴본 바와 같다. 그러나 니시나 나카무라와는 달리 사카타니는 이 문제를 추상적인 원론차원 너머의 현실 정치 영역에 적용시켜 논의했다는 점에서 차이가 있다. 그는 민선의원을 서로 다른 의견이나 의문들을 제도적으로 담보하는 장소로 생각했다. 그렇기 때문에 『메이쿠 잡지』에서 지속적으로 민선의원의 도입을 주장했던 것이다.

다양한 의견이 섞이고 부딪히는 가운데 합동성, 즉 친화합동親和合同이 일어나는 곳, 사카타니에 따르면 민선의원이란 그러한 장소였다. 존이尊異의 실천이 이뤄지는 곳인 것이다. 그가 이렇듯 존이의 자세를

言、則概不足取乎. 此與孔子之意悖矣. 不曰子絶四、毋意、毋必、毋固、毋我乎. 不曰發憤忘食、樂以忘憂、不知老之將至乎. 使孔子而生於今日、則其務聽納新見異說者、果何如也. 若死讀孔子之書、留滯而不化、以此規天下之事理、一言不合、駭以爲怪、如此則與孔子好學如不及之意正相反矣." 『西國立志編』[10], 第七冊第九編, 一丁ウ～二丁オ

19) 나카무라의 다양성의 강조에 대한 논의는 이새봄[93], p212~216에서 이미 지적된 바 있다.

강조한 근본적인 이유는 첨유諂諛에 대한 깊은 우려 때문이었다.[20] 첨유란 "아첨諂諛은 마음 속으로는 그릇된 것임을 알면서도 말과 행동은 여기에 반하여 사욕을 채우고자 하는 것"(▷p256)으로 존이의 반대 개념이자 "화和의 적賊"이며, "천하궤란天下潰亂의 근본"이다. 「존왕양이설尊王攘夷說」(▷p251)에서 설명한 바로는 첨유에는 다음과 같은 위험이 도사리고 있다.

> 아첨諂諛으로부터 생기는 것은 음험함과 은밀함으로, 그 해악은 헤아릴 수 없다. 예로부터 왕실의 쇠퇴는 모두 이것들로부터 발생했다. 자신과 같은 것은 끌어당기고 자신과 다른 것은 싫어하는 태도로 무리를 나누거나 도당을 맺어서, 오로지 나의 사사로움을 달성하기 위해 국가의 공론을 억압하다가 이윽고 횡포와 배반으로 멸망에 이르지 않는 한 멈추지 않는다.(▷p257)

그가 첨유를 지극히 경계한 이유는 그것이 애초에 논의의 성립 전제인 의견의 다양성 자체를 질식시켜버릴 수 있다는 점에서였다. 첨유란 아첨의 다른 말로 사사로운 이익을 위해 보편의 도리와 상관없이 어떤 의견 혹은 생각을 추종하는 비굴한 태도를 말한다. "비굴하기 때문에 아첨하는 것이고, 아첨하기 때문에 비굴한 것"이다. 첨유는 인간의 덕성이나 품행을 근본적으로 악화시키고, "사람을 어리석게 만들며 뇌수腦髓를 전도시켜 나쁜 길로 빠트리는", 그런 의미에서 아편보다도 두려운 위험한 해악이었다.(▷p257) 그리고 이러한 두려움의 핵심에 자리잡고 있던 결과가 바로 "차이를 업신여기는 것", 즉 다양성 확보와 유지의 실패였다.

사카타니는 이와 같은 관점에서 서구의 문명국들을 다음과 같이 이해하고 있었다.

---

[20] 자연스러운 표현을 위해 아래에선 '첨유' 대신 '아첨'으로 번역했다.

제13장 메이로쿠샤 지식인들 논의에 나타난 다양성과 공존의 문제

유럽 문명국들에는 이 점에서 볼만한 바가 있다. 국가 공공의 리理를 밝히고, 상하동치上下同治의 정체를 정한다. 이렇게 해서 아첨하는 자는 아첨할 대상이 없어지고, 비굴한 자는 비굴하게 굴 대상이 없어져서, 이를 행한다 하더라도 하나도 이로울 것이 없이 손실과 수모만 남게 된다. 조고나 이시다 미쓰나리 같은 인물이 있다 하더라도 그 간사함을 행할 데가 없어, 도리어 나라를 위해서 그의 재능과 지혜를 연마할 뿐이다. 중론衆論으로 헌법을 세우고, 법의 마땅함을 얻어 분쟁이 일어나지 않는다. 재화는 공공을 위해 쓰여서 의심스러운 바가 하나도 없고, 인선人選은 공평해서 분개할 바가 없다. 사람들이 분발하여 나라를 사랑하고, 맡은 바를 이루기 위해 용기를 내어 이전의 고루한 풍습에서 스스로 멀어지며, 부국강병하여 존양의 업의 성세가 거의 궁극에 이른다.(▷p258)

"상하동치의 정체"란 서구의 입헌군주제를 가리키는 개념으로 헌법의 제정과 의회의 설립이 전제된, 위와 아래가 함께 다스리는 정치체제를 가리킨다. 서구의 문명국가는 이 같은 정치 제도를 통해 첨유나 비굴의 습관이 들어설 자리가 없어졌다. 사카타니는 이러한 제도가 확립된 배경으로 "공공의 이치理"를 밝히고, 보편의 정리공도正理公道를 따르고자 하는 목표의식이 뚜렷하게 있었음을 지적한다. "화한구미和漢歐米의 풍토가 모두 다르긴 하지만 도리道理는 하나다"[21]는 확신을 가졌던 그가 보기에 서구의 국가들이 이룩한 문명 사회의 모습이란 역시 보편타당의 도리를 추구한 결과였다. 메이지유신을 통해 세습신분제 사회에서 벗어나 동등한 권리를 가진 개인들이 자유롭게 자신의 뜻을 이룰 수 있는 길이 열린 일본도 드디어 재화의 공공화[22], 인선의 공평함, 자발적인 애국심, 각자의 목표를

---

21) 「민선의원변칙론民選議院變則論」 제27호 [1875년 2월], 『明六雜誌 中』[27], 359~360쪽
22) 『메이로쿠 잡지』 제15호에 실린 사카타니의 논설문 「조세의 권을 상하 공공으로 해야 한다는 설」(▷p276)은 국가가 거둔 세금 운용에 대한 협의의 장소로서 민선의원의 필요성을 주장한 글이다.

실현하기 위한 노력이 보상받는 사회를 이룩할 수 있는 전제를 모두 갖게 된 것이다. 사익 추구, 비굴함, 아첨이 발붙일 수 없는, 그래서 다양한 개인이 공공의 이익을 추구하기 위해 논의를 통해서 공동체의 결정을 내리는 정치사회의 실현의 구상이 사카타니의 민선의원론에 담긴 이상의 모습이었다.

천황의 위치

메이지 신정부가 유신을 감행하며 내세웠던 명분의 두 축은 공론정치와 왕정복고였다. 전자는 헌법 제정과 의회 설립이라는 결실을 맺었고, 후자는 도쿠가와 쇼군將軍의 통치 체제를 무너뜨림으로서 실현이 되었다. 두 개의 명분은 메이지 정치질서의 근간이었던 만큼 그 누구도 이를 부정하지 않았다. 그러나 그 명분이 구체적으로 어떤 양상으로 실현되어야 할지에 대한 해석의 차이는 확실히 존재했다.

메이로쿠샤 지식인들 역시 두 명분에 대해서는 모두 동의하고 있었다. 공론정치의 구체적인 과제였던 민선의원설립 논쟁에 있어서 그들의 의견은 급진론인가 점진론인가의 문제를 두고 나뉘었을 뿐, 설립 자체에 대한 찬반 대립은 없었다는 점이 이를 잘 보여준다. 천황의 존재를 전제로 한 정치질서 구상들을 논의했다는 점에서도 왕정복고 자체에 대한 반대는 없었음을 알 수 있다. 사카타니의 경우 '황통皇統'의 보존이 곧 일본의 보존이라는 발상을 가졌지만, 이는 어디까지나 천황의 정치질서 내에서 차지하는 위치의 중요성을 강조한 것으로 천황 자체가 도덕적 가치의 기준이 된다고까지 판단한 것은 아니었다.[23] 도덕의 영역은 어디까지나 하늘天을 기원으로 하는 보편의 도리道理에 달려 있었다.

---

23) 사카타니의 메이지 이전부터 인심人心의 기둥柱으로서의 천황을 강조했다. 여기에 대해서는 李セボン[73]을 참조했다.

제13장 메이로쿠샤 지식인들 논의에 나타난 다양성과 공존의 문제

 이와 같은 자세는 훗날 천황을 중심으로 한 국민도덕의 확립을 적극적으로 주장한 『일본도덕론日本道德論』(1887)의 저자인 니시무라 시게키西村茂樹의 태도에도 나타나 있다. 이는 『메이로쿠 잡지』 제33호의 「적설賊說」(▷p237)이라는 논설에서 확인할 수 있다. 본 논설은 도쿠가와 막부 말기, 교토의 황실이 정국의 중심이 된 이후 정쟁으로 대립하는 이들이 서로를 가리켜 조정을 거역하는 조적朝敵 혹은 적적이라고 지칭하여 상대를 비난하고 스스로를 정당화하는 논법이 빈번하게 사용된 데에서 시작한다. 대표적인 예로, 금문禁門의 변(1864)이라는 사건을 거치며 조슈長州가 그렇게 불렸고, 막부파와 신정부파의 싸움이었던 무진戊辰전쟁 이후의 아이즈會津번 역시 조적이라는 오명을 벗기 위해 오랜 시간을 노력해야 했다.

 그런데 천황이 친정을 하기로 한, 즉 왕정이 탄생한 메이지기 이후에도 이러한 논법이 여전히 유효하다는 점에 대해 니시무라는 문제를 제기한다. 이러한 경향은 「적설」이 나온지 2년이 지난 시점의 서남西南전쟁(1877) 때에 이르러 절정에 다다른다. 메이지 정부에 반기를 들어 "고금무류古今無類의 충신忠臣"에서 순식간에 "고금무류古今無類의 적신賊臣"이라는 딱지가 붙게 된 사이고 다카모리西鄉隆盛의 사례가 바로 그것이다.[24] 여기서 문제는 적賊이라는 말의 뜻에는 명백하게 대상에 대한 도덕적 비난이 담겨있다는 점이었다. 과연 천황에 적대적인 세력, 즉 조적朝敵이란 '적賊'의 동일어인 것인가?

 니시무라는 이 문제에 대한 답을 제시하기 위해 『광운廣韻』, 『집운集韻』, 『운회韻會』와 같은 한자 사전들을 통해 적賊에 관한 사전적인 설명을 소개한다. 여기서 확인된 바로는 '적賊'은 한결같이 도盜, 즉

---

[24] 당시 사이고가 순식간에 '충신'에서 '적신'으로 몰리는 상황 속에서 후쿠자와 유키치는 그의 봉기를 '전제'에 대한 '저항'이라는 평가를 내린 「정축공론丁丑公論」[18]을 집필했다. 그러나 당시에는 공개하지 않았다가, 1901년에 『時事新報』에 게재를 허락하여 공개되었다.

도둑이라는 뜻으로 쓰였다. 그 외에도『옥편玉篇』,『서경書經』에서는 사람을 해친다는 뜻으로,『춘추좌씨전春秋左氏傳』에는 장애라는 뜻이라고만 쓰여 있음을 지적한다. 그렇기 때문에 니시무라는 적賊이라는 한자가 천자天子의 적대 세력을 가리킨다는 뜻으로 쓰이게 된 것은 후대 중국인들의 편견이라고 판단한다. 혹은 자기의 명분이 옳다고 생각하고 싶을 때 사람들은 적대관계에 있는 상대를 적賊이라고 부르기도 했다. 하지만 이와 같은 용법은 인군독재국人君獨裁國의 풍습으로, 임금人主을 지나치게 존숭하기 때문에 생겨난 "천한 말陋語"일 뿐이라고 한다.

> 천자天子와 대적하는 자를 가리켜 모두 '적'이라고 말할 수는 없다. 천자에게 대적하는 사람 중에 '적'이라고 부를 수 있는 자가 있고, '적'이라고 부를 수 없는 자가 있다. 위세와 권력을 천자와 겨루고자 하거나, 군주人君의 폭정을 바로잡고자 하거나, 군주를 고난에서 구하고자 하거나, 정부와 다른 의견을 가져서 저항하고자 하는 부류를 모두 '적'이라고 불러서는 안 된다. 다만 다른 사람의 재화를 훔치거나, 무고한 사람을 죽이고, 인민의 근심거리가 되는 자를 '적'이라고 불러야 한다. 그러므로 천자와 대적하는 사람 중에도 '적'이라 불러야 할 자가 있고, 천자를 돕는 사람 중에도 또한 '적'이라 불러야할 자가 있다.(「적설」(▷p237))

본 논문의 주제와 연결시켰을 때 이상의 니시무라의 논의에서 주목하고 싶은 부분은 그가 천황이나 정부와 대적하는 존재의 가능성을 열어 두었다는 점이다. 천황이나 정부와의 대립이 항상 도덕적 악을 표현한 말인 적賊과 연결되는 문제가 아니었다. 적은 도둑, 살인, 공공의 피해를 저지른 대상을 가리키는 말로 한정시켜 정확하게 사용해야 한다는 것이 니시무라의 핵심 주장이었다. 인군人君이라는 세속적 통치자에 대립한다는 사실이 그 자체로 도덕적 악을 의미하지 않는다는 사실은 더 높은 차원의 가치 기준이 그에게 명확하게 존재했음을 말해준다. 니시무라가 보기에 막말기 "외국을 가리켜 오랑캐夷狄라고 부른 것"처럼 "조적朝敵을 가리켜 적적이라 부르는 것" 역시 "지식이 협애하여 생긴 일"이다. "만국의 공정한 도리道理"에 비추어 보더라도, "지식知識의 진보"에 비추어 봐도 조적朝敵이 되었다고 이들을 모두 적賊으로 부르는 습관은 하루 빨리 바로잡아야 할 중대한 문제였다.

니시무라의 논의에는, 그가 천황이 항상 절대적으로 옳을 수 없음을 전제로 하고 있다는 점, 그렇기 때문에 천황과의 불화가 반드시 도덕적 비난의 대상이 될 수 없으며, 천황 역시도 보편적 도덕에 구속되는 존재임이 명확하게 드러나 있다. 이 역시 넓게는 차이를 둘러싼 갈등을 다룬 문제라고 볼 수 있다. 다만 대립관계의 한 편이 천황일 경우라는 점에서 특수한 사례이지만, 니시무라는 관계 속의 지위에 상관없이 대립이 일어나게 된 원인을 살핀 후 도덕적 기준에 비추어 적절한 판단을 내려야 한다는 점을 강조하고 있다. 대립이나 적대관계에 대한 판단, 그리고 이를 어떻게 해결할 것인가에 대한 고민이 세속적인 기준에 의해 흔들리지 말아야 한다는 것이다. 이런 점에서 니시무라 역시 차이를 둘러싼 갈등의 해결이 지향해야 할 방향을 제시한다는 점에서 사카타니와 나카무라의 문제의식을 공유하고 있다고 볼 수 있다.

맺음말

본 논문에서 주목한 메이로쿠샤 지식인들은 사회에서 일어나는 차이를 둘러싼 갈등을 이해하고 여기에 대응하기 위해 공통의 원리를 갖고 있었다. 특히 이 문제에 대해 깊이 천착한 사카타니는 메이지 일본이 문명 국가로 나아가기 위해 가져야할 자세로서 존이尊異를 강조하며, 이를 통한 사회내부의 다양성을 확보하고 유지해 나가는 것이 필수불가결한 전제 조건임을 주장했다. 나카무라 역시 사회구성원의 다양한 목소리가 살아있어야만 논의를 통한 사회의 정체를 방지할 수 있다는 밀의 논의에 공감하였고, 『자유론』을 직접 번역해 『자유지리』라는 제목으로 그 내용을 소개했다. 밀의 영향을 받은 나카무라 역시 신견이설新見異說에 대한 열린 자세와 적극적인 학습을 강조하며, 이를 통해서만이 인민人民 개개인의 품행品行을 향상시켜 진정한 문명국을 이루는 길이라는 확신을 갖고 있었다. 니시의 경우, "네 적을 사랑하라"는 성서의 구절을 통해 대립 혹은 적대관계에 놓여있는 타자에 대한 애愛가 보편적 도덕 의무로서 의미를 갖는다는 결론에 도달했다. 마지막으로 왕정복고를 공표한 메이지 천황의 치세에서 설령 천황(혹은 정부)과 대립하는 관계에 있다 하더라도 이 사실이 도덕적 비난의 근거가 될 수 없음을 지적한 니시무라 역시 차이로 인한 갈등의 문제에 주목했다.

본 논문의 주인공들이 이러한 시대적 과제에 직면했을 때, 이들에게는 인간 본성과 보편 도덕에 대한 공통의 믿음이 드러났다. 만일 이들이 인간의 본성 속에 차이를 둘러싼 갈등을 극복하고, 다양한 인간이 평화롭게 공존할 수 있으리라는 확신을 갖지 못했다면, 혹은 인류 전체를 규율하는 보편의 도덕이 실재한다는 믿음이 확실하지 않았다면, 이상의 문제에 대한 논의가 애초에 일어나지 않았을 것이다. 이러한 공통의 믿음의 기반에는 유학이 큰 비중을 차지하고 있었다. 나와 타인 사이의 차이, 이로 인한 갈등의 해결과 조화를 향한 길의 모색이라는 문제는 유구한 유학의 역사 속에서도 중요한 위치를 차지했다.

그러나 유학적 바탕만을 토대로는 차이를 둘러싼 갈등의 극복을 다양성의 긍정이라는 차원의 논의로까지 발전시키기 어려웠을 것이다. 여기에는 『자유론』의 영향처럼 메이지 초기에 새롭게 서구로부터 들어온 정치사상이나 제도의 영향이 있었다. 이에 더해 구체제의

제13장 메이로쿠샤 지식인들 논의에 나타난 다양성과 공존의 문제

붕괴 후 새로운 질서의 확립을 신속하게 실현해야 한다는 의무감이 합쳐졌다. 기존 도쿠가와의 정치 질서를 대체할 새로운 질서의 확립이 불투명했던 시점에서 국론의 분열을 막고 인민의 통합을 이루기 위해서 어떻게 하면 국가라는 공동체 구성원 사이의 차이를 둘러싼 갈등을 극복할 수 있을 것인가라는 문제는 중대한 현실정치의 과제였다.

이후 이들의 고민은 메이지 정부에 의해 메이지 헌법(1889) 제정과 교육칙어(1890) 반포 등의 방법을 통해 일견 해결된 듯 보였다. 헌법 제정과 의회의 설치를 통해 정부는 정치적 정당성을 확보하였고, 메이지 유신 이후 의견이 분분했던 국민 통합의 유일한 도덕적 기둥으로 천황을 세움으로써 일본의 안정과 통합의 기틀이 다져졌다. 그러나 이는 본 논문에서 살펴본 메이로쿠샤 지식인들이 지향했던 보편성과는 거리가 먼, 일본의 특수성에 의거한 다분히 고식적인 방법에 지나지 않았다. 그런 의미에서 이들의 사상이 지녔던 다른 역사적 전개 가능성에 대해 다시금 주목해볼 만한 이유가 있는 것이다.

제**14**장

자유민권운동 발흥을 향한 메이지 유학자의 시선[1]

이새봄

머리말

일반적으로 메이지 유신 이후 문명개화의 바람이 불면서 기존 학문의 주류였던 유학은 양학洋學에 대비되는 개념인 한학漢學이라고 불리며 쇠퇴 일로를 걷는 것처럼 인식된다. 그러나 결과적으로 유학이 쇠퇴하였다 하더라도 메이지 10년대의 상황을 구체적으로 살펴보면 소위 일신이생一身二生의 세대[2]에 속하는 학자들을 중심으로 한학 교육의 중요성이 다시금 강조되었다. 후대의 연구자들은 이를 시대의 흐름에 뒤떨어지는 보수주의적 행동으로 간주하거나, 특히 1890년에 반포된

---

[1] 이새봄, 「자유민권운동 발흥을 향한 메이지 유학자의 시선—사카타니 시로시阪谷素의 문제제기와 그 맥락」『동북아역사논총 57』, p330~361, 2017.

[2] 후쿠자와 유키치가 『文明論之槪略』에서 말한 "한 몸一身으로 두 생二生을 산 것과 같은" 경험을 공유하는 세대를 가리킨다. 메이지 유신을 통해 일본의 극적인 변화를 성인 이후에 겪은 세대에 해당한다.

제14장 자유민권운동 발흥을 향한 메이지 유학자의 시선

교육칙어와 연관시켜 황실 중심의 수신 교육의 강조라는 맥락에서 고찰하는 경우가 많았다. 이 때 구체적인 사례로 언급되는 대표적인 사례는 모토다 나가자네元田永孚(1818~1891)나 이노우에 테츠지로井上哲次郎(1855~1944)와 같이, 메이지 정부 혹은 황실과 직접적인 접점을 가진 인물들이었다. 그리고 흔히 이들의 사상적 특징은 메이지 유학 사상의 전형으로 취급되어 왔다.

물론 모토다나 이노우에에 대한 분석이 메이지 유학의 전개의 한 양상을 보여준다는 점에서 타당성을 갖지 않는 것은 아니다. 그러나 메이지 유학의 양상은 다양했고 당연히 모토다나 이노우에가 전부는 아니었다. 본 논문의 목적은 사카타니 시로시阪谷素(1822~1881)라는 인물을 통해 메이지 유학의 전개의 새로운 측면을 보여주는 데에 있다. 그는 앞서 언급한 '일신이생'에 속하며, 메이지 초기의 가장 대표적인 지식인 단체인 메이로쿠샤明六社의 동인이다. 메이로쿠샤 동인으로서의 인지도는 다른 동인들에 비해 상대적으로 떨어졌지만, 그는 메이로쿠샤에서 누구보다도 활발하게 회의會議와 공론公論의 실현을 위해 노력한 인물이었다. 본 논문에서는 특히 민선의원설립 논쟁이 시작된 시점부터 일관되게 주장한 상하동치上下同治의 정체政體에 대한 논의를 분석하는 작업부터 시작할 것이다. 이를 통해 사카타니의 민선의원에 대한 입장을 살펴보고, 이러한 생각이 자유민권운동의 발흥이라는 시대적 배경과 맞물려 어떻게 그의 문제의식에 영향을 주었는지 확인하고자 한다.[3] 이상의 고찰을 통해 사카타니의 사상이 갖는 의의를 제시하고자 한다.

---

3) 사카타니의 사상을 '전통'과 '근대'를 대비시키는 맥락이나 '유학'과 '양학'의 이분법적 구도 하에서 파악한 대표적인 연구로는 小股[47], 松本[48] 등을 꼽을 수 있다. 가장 최근 연구로는 河野[75]가 있다. 이들 연구는 모두 사카타니가 메이로쿠샤 동인으로서 활발하게 활동했던 1875년경 까지를 고찰 대상으로 삼았다. 본 연구는 선행연구에서 주목하지 않았던 1875년 이후 만년의 사카타니의 논설에 주목한다는 점에서 그 의의가 있다.

민선의원설립 논쟁 속 사카타니의 논의

상하동치上下同治 체제의 확립

사카타니 시로시는 『메이로쿠 잡지』상에 다양한 주제로 글을 썼는데, 그 중에서도 「민선의원설립건백서」(▷p80)에 의해 촉발된 민선의원설립 논쟁에 관련된 내용이 많았다. 민선의원설립 논쟁은 메이지 초년부터 시도되어온 의회 구상의 연장선상에서 전개된 것으로, 오로지 민선의원 설립 문제만이 논쟁의 대상이 되지는 않았다. 지방관회의, 관선의원官選議院, 화족華族회의 등 다양한 주체에 의한 여러 회의 형태를 상정하고 진행된 이 논쟁 속에서 사카타니도 적극적으로 자신의 의견을 개진했다. 사카타니에게는 민선의원 설립 그 자체보다 "상하동치上下同治"의 "정체政體"를 확립하는 일이 우선되어야 한다는 점이 중요했다.

상하동치는 막부말기와 메이지 초기 서구 정치체제에 대한 지식을 널리 세공한 가토 히로유키加藤弘之(1836~1916)의 『입헌정체략立憲政體略』(1868)에 나오는 표현이다. "공명정대확연불발公明正大確然不拔"의 '국헌國憲'을 확립하여 '군권君權'을 제한하고 신민이 나라일에 참여하는 길이 보장되는 정치체제를 뜻하는 상하동치는 사실상 입헌군주제를 가리키는 표현이다. 이 정체에서는 국헌과 의회라는 두 개의 축을 전제한다. 군주가 존재하는 정치를 뜻하는 군정君政의 유형 중 하나인 상하동치는 '개화문명開化文明'을 지향하는 나라가 선택해야 하는 올바른 길로, 군주천제君主擅制나 군주전치君主專治와 같은 오랑캐蠻夷의 정치체제와 차원을 달리했다.(加藤[5].)

이러한 맥락에서 사카타니는 "세계 일품의 황통皇統"을 가진 일본의 상황에서 채택해야 하는 정체는 상하동치 밖에 없다고 확신했다. 그 길만이 일본의 부강개명富強開明을 실현할 수 있는 방법이었다. 이때 상하동치라는 정체의 목적은 회의會議의 실현에 있어야만 했다.

제 14 장 자유민권운동 발흥을 향한 메이지 유학자의 시선

메이지 유신의 기본 정신이 담긴 오개조의 서문誓文에 등장하는 "널리 회의를 일으켜, 만사를 공론公論으로 결정할 것"이라는 항목에 입각한 발상이었다.

> 그러나 그것은 이미 유신의 시작과 함께 확립되었다. "널리 회의會議를 일으켜 모든 일을 공론으로 결정할 것"이라는 말이다. 그렇지만 그 말을 헛되이 내걸어 그 실제는 점차 미미해지고, 그리하여 모든 일이 흔들려 사람들 모두 마음의 주인을 잃었다. 여기에서 민선의원의 얘기가 오늘날 일어난 것일까. 일전의 밝은 조서詔書와 오늘 민선의원의 설은 뜻하지 않게 하나로 귀결된다. 오로지 상하동치 하나로 모이는 것이다. 자연스러운 일의 진행 정도는 이와 같은데, 여전히 "나라에서 금하는 것을 피해야 한다, 구습을 바꾸면 안 된다."고 말한다. 이는 지붕이 무너지고 기둥이 쓰러졌는데 그 밑에 앉아서 수리를 하지 않고 저절로 해결되길 기다리는 것과 같다. 위험하도다!
>
> 누군가 묻기를, "상하동치의 일을 민선의원에서 시작할 것이 아니라면 무엇으로부터 시작해야 하는가."라고 했다. 나는, "집을 지으려면 먼저 기초를 견고하게 한다. 민선의원은 기둥이고, 대들보이다. 기초를 다지지 않고 기둥과 대들보를 어디다 쓰겠는가."라고 대답했다.
>
> "그렇다면 기초인 상하동치의 정체는 어디서부터 손을 대는 것으로 시작해야 하는가."라고 물어서, 나는 다음과 같이 대답했다. 이랬다저랬다 하지 말고 목적을 분명하게 세워 과녁을 겨누어 오직 일진일퇴 하다보면, 백발백중의 결과가 나타나게 된다. 적어도 목적을 명확히 정하면, 그 처치 방안, 좋은 제도가 저절로 중론에서 나오게 될 것이다.(▷p102)

막부 말기부터 일관되게 "공론박의公論博議"와 "합의合議"의 정치 실현을 주장했던 그는 오개조의 서문에서도 회의와 공론이 등장하는 해당 항목을 특히 중요하게 여겼다.[4] 일본이 확립해야 할 문명국

---

4) 메이지 유신 이전의 사카타니의 정치질서론과 천황의 관계에 대해서는 다음

가로서의 정치체제란 무엇보다도 "공론"을 통한 정치적 의사결정이 이루어진다는 점을 목표로 해야만 했다. 집을 지을 때 기초를 다져야 하는 것처럼, 메이지 일본의 건설에도 상하동치라는 체제를 확립시키는 기초 작업이 필요하다. 그러한 기초가 확립되어야만 오개조의 서문이 지향하는 회의와 공론을 실현시킬 수 있기 때문이다. 민선의원 설립의 문제는 체제의 근간을 이루는 원리인 "회의"를 실현하기 위한 수단이었던 것이다.

> 이미 오늘날에 이르러서는 공의공론公議公論, 인민대의人民代議로 의사결정을 하고, 전국 일동이 그러한 맥락을 이해하여 위아래 모두 국가의 일이 전부 나를 위한 것, 나의 임무라는 점을 숙지하게 만들어 그 어떤 권력자라도 정해진 법을 마음대로 움직일 수 없는 '스타츠(state)'로 만들지 않는다면 국내외의 대사를 안정시킬 수 없을 것입니다. 특히 정신精神(spirit) 담력膽力이란 담당擔當(responsibility)으로부터 나오는 것으로, 담당의 힘은 는 학문보다는 재화財貨에서 발생하는 것입니다. 돈이라 하면 우민愚民도 능히 일 수 있는 것이니 의원議院의 주된 조세 비용에 있어서 군민공공君民公共의 뜻을 명백히 한다면 지금까지 노예의 습관에 젖어있던 자도 이대로 가만히 앉아 있을 수 없다하여 스피릿을 일으킬 것입니다. 세상에 재화를 쓰지 않는 자는 없습니다. 그 권한權이 위에 있으면 밑에 있는 자는 모두 노예 풍습이 굳어서 굽신거리기만 하고 정직正直의 풍습은 쇠퇴하여 첨유諂諛가 될 것입니다. (「民選議院變則論」, 『明六雜誌 中』[27], 368쪽)

기존 도쿠가와 정권 치하에서 위로부터의 명령에 복종해온 우민들에게 갑자기 정치 참여의 책임(responsibility)이 생겨나길 기대할 수는 없는 일이었다.[5] 그렇기 때문에 사카타니는 우민들이라도 참여의 의무와 책임을 가질 수 있게끔 하기 위해서는 회의를 통해

논문에서 자세하게 고찰하였다. (李セボン[73], 458~488쪽)

5) 사카타니의 민선의원 논의에는 구체적으로 선거인과 피선거인의 조건이나 선출 방식에 대한 언급이 등장하지는 않는다.

제14장 자유민권운동 발흥을 향한 메이지 유학자의 시선

결정하는 것이 재화의 문제라는 점을 분명하게 밝혀야 한다고 생각했다. 그리고 그러한 맥락에서 의원議院 설립의 논의를 진행시켜야 함을 강조했다.[6] 다시 말해 그에게 있어서 조세 문제는 국가의 일을 "군민공공君民公共의 뜻"에 입각하여 결정할 것임을 밝힘으로써 인민이 윗사람의 명령에 복종하기만 해온 "노예의 습관"에서 벗어나 책임감을 갖고 정치활동의 주체로서 거듭나기 위한 '스피릿'을 갖게 만들 수 있는 최상의 방법이었다.[7]

그러나 이 모든 과정은 일정한 순서에 따라서 점진적으로 진행되어야만 했다. 사카타니가 보기에 상하동치라는 새로운 정체가 미처 확립되지도 않은 상태에서 대다수 일본 인민은 그에 필요한 "정신 담력"을 갖추지 못했다. 그러한 인민들이 민선의원을 통한 정치 결정에 참여한다면, 그들은 미처 자신의 주체적인 의사결정을 내리지도 못한 채 이리저리 휩쓸리게 될 것이고 결국에는 상부의 지시에 따르기만 하는 과거와 같은 "노예의 습관"에서 벗어나지 못한 인민일 것이라는 생각이었다. 이러한 문제를 해결하기 위해 그는 "변칙적"인 방법으로써 "관선의원官選議院"을 내놓았다.[8] 그것은 궁극적인 목표를 향해 나아가는 과정에 필요한 임시적인 수단이었다.

---

[6] 사카타니의 사상을 중심으로 한 『메이로쿠 잡지』 동인들의 다양한 의회 구상에 관한 입체적인 분석으로는 河野[75]의 제2장을 꼽을 수 있다.
[7] 여기에 대해서는 별도의 논설 「조세의 권을 상하 공공으로 해야 한다는 설」 (▷p276)에서 전면적으로 다루고 있다.
[8] 사카타니가 말하는 관선의원官選議員은 "공론에 의한 관선"이라는 방법으로 학식이 있는 몇몇 분야의 일인자로 뽑힌 사람들이다. 그 동안 개화가 진행되고, 학교 교육이 뿌리내려 의회 제도에 필요한 준비가 이뤄지면 점차적으로 "관원官員이면서 의원議官을 겸하는 자가 줄어들어" 드디어 민선의원 설립에 관한 법률이 정해질 것이라는 전망하의 제안이다. (「民選議院變則論」, 『明六雜誌 中』[27], 380~382쪽)

자유민권운동의 발흥과 이에 대한 우려

1875년 11월을 끝으로 『메이로쿠 잡지』는 더 이상 발간되지 않았다. 같은 해 6월에 내려진 태정관포고太政官布告 제110호 참방률讒謗律과 제111호인 신문지조례新聞紙條例를 계기로 메이로쿠샤 동인들은 논의 끝에 기관지의 발행을 일단 그만두기로 결정했기 때문이었다. 폐간廢刊이 아닌 "출판정지出版停止"였지만, 그 후 끝내 간행이 재개되지 않았다.[9] 사카타니는 이후 『메이로쿠 잡지』에서 만큼의 빈도는 아니지만 양양사洋洋社, 동경수신학사東京修身學社, 동경학사회원東京學士會院 등의 모임에 참여하며, 그 기관지 등에 계속 글을 발표했다.

당시 일본 국내 정황을 살펴보면, 1875년 이후 불평사족의 문제의 심화와 더불어 소위 민권운동이 고취되어 가는 과정이었고, 이로 인해 일본 국내 정세는 점차 불안해졌다. 이러한 당대 상황을 반영한 것일까. 사카타니의 글에도 변화가 나타난다. 그는 민선의원 설립에 관한 청사진의 제시를 그만두고, 개인의 수신修身을 강조하고 일본의 문명화를 촉진시키기 위한 구체적 방법에 관한 논의들에 집중했다. 그리고 다시금 주자학적 수양론을 전면에 내세우며 황실을 보호하는 일의 중요성을 강조했다. 그렇다면 이 배경에는 어떠한 요인이 있었던 것일까. 이를 설명하기 위해 본 절에서는 소위 자유민권운동이 발흥한 시기의 배경 상황에 대해서 간략하게나마 논의해보고자 한다.

불평사족의 문제가 폭력을 사용한 정면충돌로 이어져 1877년의 세이난西南 전쟁으로 귀결되었다는 점은 널리 알려진 사실이다. 그러나 이후에도 메이지 신정부에 대한 불만은 곳곳에서 발생했다. 1878년에는 불평사족이 오쿠보 도시미치大久保利通, 1830~1878)를 암살한

---

9) 이는 메이로쿠샤 자체의 해산을 의미하지는 않았다. 잡지 발행을 그만둔 이후에도 "메이로쿠회明六會" 등의 명칭으로 불리며 지속적으로 사적인 모임을 가졌다고 전해진다. (大久保[70], 65~66쪽)

제14장 자유민권운동 발흥을 향한 메이지 유학자의 시선

사건, 같은 해 8월에는 농민 출신의 근위병이 반란을 일으킨 다케바시 사건竹橋事件 등이 일어났다. 이러한 움직임은 민권운동과 공명하는 효과가 있었다. 1879년을 전후하여 각지에 부현회府縣會가 설치되자 민권신장의 기운이 고조되었고, 민권운동의 결사체가 증가해가며, 애국사愛國社의 재흥대회가 개최되는 등, 일본 사회의 소란 상태는 계속해서 심각해져갔다.

이와 같은 상황에 대해 우려를 표한 지식인들 중 가장 대표적인 인물로 후쿠자와 유키치를 꼽을 수 있다. 그의 『통속국권론通俗國權論 2편』(1879) 첫머리에는 다음과 같은 내용이 있다.

> 세상 사람들의 모습에 평균을 내어본다면, 실로 일이 잘 풀리지 않아 불평을 지닌 자가 많으며, [이들은] 또한 인정에 기대어 불평을 호소하는 바가 실상보다 더 심하다. 이러한 세상을 가리켜 불평세계不平世界라고 말해도 좋을 것이다. 그러나 이렇듯 무수의 인민이 무수의 불평을 호소하는 그 상대가 누구냐고 물으면 다름이 아닌 바로 내 위에 있으면서 사회에서 [나보다 조금] 높은 위치를 점하고 있는 부강富强한 자를 향한 원망怨望일 뿐이다.(『通俗國權論二編』, 福澤[17], 651쪽)

후쿠자와는 당시의 상황을 가리켜 "원망"이 가득한 "불평세계"라고 말하고 있다. 도쿠가와 시대에는 압제에 의해서 학자나 게사쿠샤戲作者의 책에서나 간접적인 형태로 드러났던 정념이 메이지에 들어와서는 암살, 무장 반란, 그리고 민권운동의 집회 형태와 같은 직접적인 행동으로 곳곳에서 표출되게 되었다는 것이다.[10] 이를 가만히 놔둔다면 "정부를 전복시키려는 설"이 인기를 얻어서 "반란소요反亂騷擾"로까지 이어질 것이라고 후쿠자와는 깊이 우려했다.

그렇다면 실제 자유민권운동의 양상이란 어떠한 것이었을까?

---

10) 「제13편 원망이 인간에게 해가 된다는 것에 대해 논함」(福澤[16])

일반적으로 자유민권운동의 시발점이 되었던 1874년의 민선의원 설립건백서의 제출부터 1881년 10월 정부가 국회개설을 약속하는 「국회개설의 칙유^{敕諭}」를 발표함으로써, 그 때까지 정부에 대항하여 국회개설 요구를 주장하던 세력이 전략을 변경하게 된 무렵까지를 자유민권운동의 전반기라고 한다.[11] 이 시기 등장한 반정부 민권파의 주요 세력은 사족 출신이 많다. 그들은 재산이 없고, 그렇기 때문에 국회가 설립된다 하더라도 재산선거제라면 자신들이 참여할 여지가 없었다. 동시에 다른 한 편에는 재산선거제가 유리한 부유한 농민 민권가들이 있었다. 결국 재산이 없는 사족 출신 운동가들은 조세에 대한 교섭을 할 여건이 되지 않았기에 마음속으로는 민중을 멸시하면서도 자신들과 같이 재산이 없는 민중의 힘을 빌리지 않으면 자신들의 정치 참가를 실현할 수 없는 상황에 있었던 것이다.(牧原[58], 92쪽)

이들 운동가들 중에는 물론 우에키 에모리^{植木枝盛}(1857~1892)나 나카에 조민^{中江兆民}(1847~1901)과 같은 사상석 지노자늘, 다시 말해 지식인들도 포함되어 있었고, 이타가키 다이스케^{板桓退助}(1837~1919)와 같이 하야한 거물 정치가는 실질적인 지도자의 역할을 했다. 그러나 실제 각 지방의 연설장에서 활약한 혈기왕성한 운동가들 중에는 무식하고 아무런 정치적 경력이 없는, "조야하고 난폭한 서생^{粗暴書生}"들이 다수 존재했다. 이들은 제도적인 차원에서 정치를 논하고 민권과 의회제의 중요성을 사람들에게 일깨우기 보다는, 연설장을 감시하는 순사나 지방 관리들을 투쟁의 대상으로 취급하며 이들에 대항하여 싸우는 일이야 말로 인민의 "권리"이자 "자유"인 듯 선동했다. 동시에 정부에 대해 "인정^{仁政}"을 베풀 것을 요구하게끔 유도

---

11) 구체적으로는 국회기성동맹 제3회 대회 직전에 '국회개설의 칙유'가 나오게 됨으로써 선수를 치지 못하게 된 도사 중심의 민권파가 결국 자유당 결성 대회로 방침을 급히 변경했어야만 했던 상황을 가리킨다.

제14장 자유민권운동 발흥을 향한 메이지 유학자의 시선

하여, 그렇게 모은 자금을 유흥비나 생활비로 쓰는 인물들도 상당수 섞여 있었다.

그러나 사족이나 부유한 농민층만이 자유민권운동의 참여자는 아니었다. 운동을 위해 모여든 사람들 중에는 도시 하층민, 도박꾼, 빚에 시달리는 농민 등 다양한 부류가 존재했다. 이러한 사람들이 왜 참여하게 되었는지 그 이유를 생각하기에 좋은 단서로 다음의 예를 들 수 있다. 이는 1881년 4월의 아키타秋田현의 릿시카이立志會라는 민권운동 단체의 주장이다. 그들이 신문지상에 선전한 내용을 살펴보면 다음과 같다. "봉건제" 사회로 복고하여 징병제를 폐지하고 그 대신 릿시카이 회원들이 군사력을 담당한다. 만일 무슨 일이 생길 경우, 아키타 릿시카이는 회장의 명령을 따라 군사행동을 일으킨다. 그렇기 때문에 회원은 평소에 검도擊劍 연습을 꾸준히 해야 한다. 릿시카이가 권력을 잡게 되는 날, 릿시카이의 회원들은 "영세록永世祿"을 지급받는 사족이 될 것이다. 결국 민권운동 단체에 참가해서 운동이 성공하면, 예전 도쿠가와 시대 사무라이처럼 칼을 차고 정부의 녹을 받는다는 말이다.(松澤[?])

후대의 연구자들이 당시 활동을 자유민권운동이라고 명명했다고 하지만 기실 각각의 단체나 운동가가 민권운동이라는 이름을 걸고 추구한 목표는 오늘날의 자유주의나 민주주의와는 다른 지향점을 가진 당대 맥락에서 이해되어야 하는 움직임이다. 뿐만 아니라 그들이 생각한 자유나 민권의 의미도 다양했기 때문에 그들의 활동이 모두 하나의 통일된 기치 하에 모인 정치적 성격을 갖는 것이라고 볼 수도 없다. 아키타 릿시카이의 경우처럼 의회제와는 거의 상관없는 주장으로 사람들을 모은 결과 운동의 참여자들의 성격이 오합지졸이었던

점 역시 그러한 문맥에서 이해할 수 있다.[12]

앞서 언급한 지식인들과 같이 사카타니 역시 이러한 민권운동의 양상에 대한 우려가 깊었다. 상하동치의 정체를 확립하여 회의와 공론의 정치를 실현하는 과정으로서의 민선의원 설립을 생각했던 그에게 이와 같은 민권운동의 양상은 자격 없는 인물들에 의한 혼란으로의 길이었다. 그렇다면 사카타니가 생각했던 민권을 주장하는 자는 구체적으로 어떤 자격조건을 갖춰야 하는 것일까.

민권파의 문제: "식견"과 "재정裁定"능력의 부족

공의공론公議公論에 의한 정치를 목표로 삼았던 사카타니는 널리 일본 인민이 민권을 획득하여 정치 결정에 참여하는 세상이 오기를 희망했다. 그는 당연히 민권을 추구하는 일 자체에 대해 이의를 갖고 있지는 않았다. 다만 당시 활동하고 있던 민권운동가들에 대해서 비판적이었던 것이다. 사카타니가 소위 자유민권운동의 발흥기였던 1870년대 후반에 가졌던 우려는 그들에 대한 회의에서 비롯되었다. 그는 당시의 민권운동가들의 자질로는 올바른 민권 개념이 확립될 수 없으리라고 생각했다.

사카타니의 민권론자들에 대한 생각은 1876년의 「감인堪忍의 비유」[13]라는 글에서 확인할 수 있다. 먼저 그는 "민권의 설說"을 살펴보면 민권이 공리公理임은 만인이 동의하는 바로, 다만 그 안에 "급진

---

12) 마쓰자와 유사쿠松澤裕作는 현재의 가치관으로 자유민권운동을 평가해서는 안 된다고 강조한다. 그는, 1. 도쿠가와 시대부터 이어져 온 신분사회가 붕괴됨에 따라 발생한 혼란, 즉 각자가 속한 신분/역할에 따른 삶이 사라진 이후의 삶을 피치자층이 스스로 만들어보고자 한 움직임이라는 측면, 2. 戊辰전쟁이라는 내전 이후의 상황을 고려할 때 전투에 참여했던 다양한 사회 층의 사람들이 품은 보상을 바라는 심리=사무라이로서 통치에 참여하고자 하는 바람의 측면, 3. 새로운 사회에 대한 다양한 구상을 제시했다는 측면에 대한 평가로써 자유민권운동에 접근할 것을 제안한다.(松澤[?])

13) 「堪忍ノ喩」, 『洋洋社談』 제20호, 1876년 8월.

제14장 자유민권운동 발흥을 향한 메이지 유학자의 시선

과 점진의 논의論"가 있음을 지적한다. 이는 "구미각국"의 과거 백년 정도를 살펴보아도 "시세풍토"에 따라 이 같은 차이가 있는데, 문제는 이러한 차이를 고려를 하지 않은 채 일본의 민권파가 각각 급진론과 점진론에 입각해서 논쟁을 벌이고 있다는 사실이었다. 급진적인 민권파는 미국이나 스위스와 같은 나라와의 풍습의 차이를 생각하지 않고 "왕가王家를 전복시키지 않으면 안 될 것" 같은 기세이다. 한편 "점진"파는 "인군전권人君專權"의 체제에서 인군, 즉 군주의 의무란 "인민을 보호"하고 "프리드리히(Friedrich II, 1712~1786)왕과 같이 군주란 마치 하늘에서 밤낮으로 비와 이슬을 내리듯이 항상 땅을 적심에 멈춤이 없는 존재이어야 함을 잊은 채", "위로부터 내려오는 명령이라면 인민은 시비를 논하지 말고 받들어 모셔야" 한다고 믿고 있다. 즉, 급진과 점진 어느 쪽도 화禍를 일으키지 않을 수 없는 상황이라는 것이 그의 판단이었다.

그러나 그렇다고 해서 민권파의 "의논議論" 자체를 없애야 한다는 주장은 아니었다. 사카타니 평생의 신념이었던 "의논"은 모든 일事業의 단초였다. 그렇다면 그가 문제 삼고 있는 것은 무엇인가?

> 그러나 주장이나 언설論說이 많기 때문에 생기는 문제란 필경 그 (주장하는) 사람의 지식이 재정裁定할 능력이 안 되는 데에 있을 뿐이다. 중국 송宋나라 때, 의논議論이 너무 많아서 나라가 망했다고 얘기하지만, 실은 그렇지 않다. 재정하는 자가 공정公하지 못했기 때문에 망한 것뿐이다. 재정하는 사람이 만일 공평하게 들끓는 논의가 많은 것이 좋은 것이라고 말했다면 송나라는 반드시 망하지 않았을 것이다. 고로 나는 단지 무용한 변설을 늘어놓고, 유해한 편견을 이룹다고 하는 논의를 미워할 뿐이다. (중략) 적어도 사사로운 뜻私意을 제하고 식견을 공정하게 세운다면, 온전한 평안과 이로움安全利益의 길은 다름異에 대해서 강구하는데 있지 않을까.(「堪忍ノ喩」,『洋洋社談』제20호, 1876년 8월, 五ウ~六才)

흔히 송나라가 망한 이유는 너무나 많은 의견이 서로 논쟁을 벌였기 때문이라고 하지만, 사카타니가 보기에는 논쟁이 많은 것 자체는 문제가 될 수 없었다. 논쟁을 하는 사람들, 즉 서로의 의견을 듣고 판단하는 당사자들이 이를 위한 "공정"한 "식견"을 갖추지 못했기 때문이었다. 즉, 논쟁의 기본조건으로서 사사로운 마음 없이 "공정"한 "식견"과 이를 바탕으로 판단하고 결정하는 "재정" 능력이 갖춰져 있어야 함을 논한 것이다. 그리고 다수의 개인들이 이러한 기본조건을 갖추게 되었을 때, 진정한 공공을 위한 "온전한 평안과 이로움"의 길을 서로 다른 의견異 사이의 논쟁 속에서 찾을 수 있다는 것이다. 송나라의 사례는 "의논"을 위한 전제조건이 갖춰지지 않았기 때문에 국론이 분열된 것일 뿐이었다.

이러한 사카타니의 관점에서 볼 때, 민권론자 사이의 급진론과 점진론 사이의 논쟁은 본질을 벗어난 소란일 뿐이었다. 당시 민권론자들은 민권 확립 과정에 있어서 의회 설립의 진행 속도에 초점을 맞추어 흰 상황이 자신들이 보기에 빠른시 느린시 여부에 대한 의견들 뿐이었기 때문이다. 그리고 그는 이 과정에서 구미 국가들의 전례를 무조건적인 기준으로 삼아서는 안 될 것이라는 주의도 잊지 않는다.

그렇다면 사카타니는 어떤 방법을 통해서 "공정"한 "식견"과 "재정" 능력을 함양할 수 있다고 생각한 것일까? 사실 그가 민권론자들에 대해 갖고 있던 우려를 해결할 방법을 직접적으로 제시한 사료를 찾기란 쉽지 않으나, 아래 두 가지 사료 정도를 꼽을 수 있을 것이다.

첫 번째 사료는 1875년 11월 26일자 편지로 그가 "우활迂闊한 얘기이지만 민권이란 학교로부터 생겨난다. 학교의 일이란 대사大事이다"는 부분이다.(阪谷[11]) 다른 하나는 1879년 9월 10일자 편지에 "인민의 권리權를 세우는 일은 교육에 있다"라는 문구이다.(坂田警軒

宛書簡[11])[14] 이를 통해 사카타니가 학교 교육에 의한 민권 확립의 구상을 갖고 있었음을 알 수 있다.

실제로 이후 그의 행동은 이 구상을 실천해 옮긴 것이었다고 볼 수 있다. 사카타니는 민권론 융성기에 접어들면서 교육 현장으로의 복귀 의지를 표명한다. 1879년, 그는 그 때까지 일하던 정부기관을 그만 두었고, 이듬해에는 자신의 집에 "춘애학사春崖學舍"라는 사숙을 열어 젊은 학생들 교육에 집중하기로 한다. 그러나 교육가로서의 활동을 제대로 펼쳐보기도 전인 1881년 1월 타계했다.

교육가로서 전면적인 활동을 전개하지는 못했지만, 정부기관을 그만두고 죽기까지의 약 1년간 사카타니는 복수의 지식인 단체, 문인회, 정치적 사교회에 참여했다. 메이로쿠샤에 참가했던 시절처럼 그는 열심히 회의에 참가하고, 연설을 했으며 논설을 기고했다. 그러나 메이로쿠샤 시기의 그의 최대의 관심사가 민선의원 설립과 관련된 정치제도상의 과제였다면, 이 시기에는 어떻게 "유지독학자有志篤學者"가 "정신을 날로 새롭게"하여 그것이 "인민의 사회 유지의 돈독심敦篤心"을 배양하는 차원으로까지 나아갈 수 있는지, 어떻게 하면 "정신"과 "마음心"을 일으켜, "문명의 치세治"로 나아가게끔 할 것인지에 대한 것이었다. 여기에는 "학업"의 중요성이 대전제로 놓여있었다. 그 연장선상에서 사카타니는 "학교"나 "교육"면에서 할 수 있는 구체적인 방법을 모색하였다.

"학업"의 시대를 위한 구체적 방안들

그는 교육의 방법에 있어서 가장 중요한 것은 정성스러우면서 친절한 태도, 즉 "간절墾切"한 자세에 있다고 생각했다. 그러나 현실에서

---

[14] 사카타 게이켄坂田警軒(1839~1899)은 사카타니의 조카로 그의 뒤를 이어 오카야마의 興讓館을 맡은 인물이다.

"간절"한 자세란 찾아보기 힘들었다. 다음은 사카타니의 1879년의 교육계에 대한 진단이다.

> 대저 모든 일이 귀착하는 곳은 오직 간절懇切이라는 두 글자에 있다. 그래서 교육에 있어서 가장 중요한 교육의 방법과 규칙을 세울 때 간절하지 않으면 안 된다. 그리고 이를 실행할 때에도 간절이 가장 중요하다. 종래에 사람을 가르치던 사람들은 조금이라도 학생들이 난폭하게 굴면, 많은 경우 스스로 반성하지 않고, 학생을 짐승犬猿牛馬 대하듯이 하여 생각하기를, '저런 놈들은 오로지 찍어 누르는 수 밖에 없다'고 생각했다. 평소에 민권을 주장하는 자들 역시 왕왕 그러하다. [교사나 민권론자 조차 이런 상황이니] 하물며 그 외의 사람들은 어떻겠는가. 혹은 '내가 이 정도 가르쳤음에도 불구하고 저들은 아직 저런 지경이다. 나는 그저 글자나 가르쳐주면 된다. 그 나머지는 그들[학생들]의 자주자유自主自由에 맡기는 수밖에 없다', 고 생각한다. 여기에 이르러 학생들의 풍습은 날로 무너지고, 악폐惡弊는 수습하지 못할 정도에 이르렀다.[15]

여기에는 사카타니의 수기치인修己治人론에 입각한 주자학자적인 면모가 드러나 있다. 주지하다시피, 주자학에서의 학문의 단계를 보여주는 팔조목八條目은 사물에 대한 탐구格物致知로 시작하여, 나의 마음의 수양誠意正心에 기초한 수신을 말한다. 여기까지가 나 혼자만의 영역에 한정되는 것이라면, 제가濟家부터 치국治國, 평천하平天下는 타인과의 관계에서 어떻게 학문을 통한 수양의 내용을 반영할 것인가를 논한 것이다. 사카타니의 발상 속에서도 이와 근본적으로 일치하는 태도를 엿볼 수 있다. 자기반성 없이 교육자가 되고, 민권론자가 된 사람들에 의해 잘못된 교육과 잘못된 민권론이 확산되어 가는 세태에 대한 우려가 여기에 담겨있다. 그래서 그는 학문의 중요성을 다시금

---

[15] 「森學士調練ヲ體操ニ組合セ教課ト爲ス說ノ後ニ附錄ス」,『東京學士會院雜誌』第一編第七冊、明治12年, 160쪽

강조하였다.

인격적 수양론의 강조

사카타니가 자택에 사숙을 세우던 무렵의 글 중에는 동경수신학사東京修身學社의 기관지에 게재된 「에기 고엔의 미국행에 덧붙여 보내는 송별 연설江木高遠子米國行ニ付送言演說」이 있다. 그가 1880년 시점에 젊은 세대에 대해 가졌던 생각, 그 중에서 특히 "학업學業"을 주제로 발언한 이 연설의 원고를 검토함으로써 민권운동을 배경으로 학문을 어떻게 자리매김하고 있는 지에 대해서 살펴보고자 한다.

동경수신학사는 1876년 니시무라 시게키西村茂樹(1828~1902)가 중심이 되어 설립된 지식인 단체로, 사카타니도 이곳의 창립 멤버로 참가하였다. 1880년에는 수신학사로 개칭하여 『수신학사총설修身學社叢說』이라는 제목의 기관지를 간행하였다.

「에기 고엔의 미국행에 덧붙여 보내는 송별 연설」은 정확하게는 수신학사에서의 연설이 아니라 에기학교강담회江木學校講談會라는 곳에서 사카타니가 했던 송별의 인사말이었다. 그 내용은 1880년 3월, 외무성의 일등서기관으로 미국에 부임할 예정이었던 에기 고엔江木高遠(1849~1880)에 대한 격려와 함께 그곳에 있던 에기의 젊은 동료들 전체를 향한 메시지였다. 여기에는 세습 신분제의 붕괴 후, "문명의 세상"을 목표로 한 메이지 시대에 어울리는 "학업"의 발상이 필요하다는 생각이 드러나 있다.

> 대저 사회 안에 있으면서 사회에 이익이 되고, 또한 사회에서 영예를 얻기 위해서는 두 가지 방법이 있다. 공업功業과 학업學業이 그것이다. 그러나 공업이란 지략智略에 의한 것이기는 하지만, 문명의 시대에 이르러서는 필경 학업에 의해서 생기는 것이다. 그렇기 때문에 세상이 개화됨에 따라서 학업이 아니면 사람이 따르지 않고, 일도 이루지 못한다. 중국 및 우리나라

에서 공업으로 일어난 사람들, 유방劉邦이나 항우項羽는 원래 책을 읽지 않는 부류이며, 도요토미 히데요시豐臣秀吉는 말할 필요도 없고, 도쿠가와 이에야스德川家康와 같은 사람도 책을 좋아하기는 했지만 결코 학자에 들어가는 사람은 아니다.(「에기 고엔의 미국행에 덧붙여 보내는 송별 연설」[21], 55쪽)

유방과 항우, 히데요시나 이에야스와 같은 중국과 일본의 과거의 영웅들이 공적을 남긴 것은 결코 "학업"에 의한 결과가 아니었다. 유럽의 중세 이후처럼 '개화'된 세상에서는 "공업을 이루는 자는 모두 학자"였다.[16] 이러한 역사적 근거를 바탕으로 생각할 때 "문명의 시대"에 "일을 이루"기 위한 필수 조건은 "학업"이다.

> 공업을 이루기 위해서는 때가 있고, 운이 있고, 또한 나를 써줄 사람이 있어서 이들에 의지하지 않으면 안된다. [그러나] 학업은 내가 원하는 바를 오직 노력함으로써 나아가면 되는 것이다. 그리하여 나아가면 곧 천작天爵이 따라서 돌아온다. 오호, 부귀는 뜬 구름과 같아서 의지할 바가 못 된다. 외지할 것은 나의 자유자주自由自主로 이룰 수 있는 학업뿐이다.(「에기 고엔의 미국행에 덧붙여 보내는 송별 연설」[21], 55쪽)

"공업"이란 결코 스스로의 노력에 의해서만 성취할 수 있는 것이 아니다. 자신의 노력과는 상관없는 요소인 때나 운, 인적 환경에 의해서 생기는 결과가 "공업"인 것이다. 그러나 "학업"이란 개개인이 자신의 의지에 기초하여 노력함으로써 성취할 수 있다. 후쿠자와 유키치의 『학문의 권장』(1872~6)의 내용을 방불케 하는 부분이다. "하늘은 사람 위에 사람을 만들지 않고 사람 밑에 사람을 만들지 않는다"(『학문의 권장』[16])는 유명한 구절로 시작하는 『학문의 권장』은 천부인권설에 기반을 두고 메이지 유신 이후의 일본 사회란 신분에

---

[16] 이와 같은 유럽에 대한 정보는 메이지 초기의 베스트셀러인 『서국입지편』[10]에서 얻은 정보인 것으로 보인다.

의한 차별이 아닌 개개인의 능력과 노력에 의한 차이만이 존재하는 시대에 접어들었음을 널리 알렸다. 후쿠자와의 경우, 도쿠가와 일본 사회의 체제를 지탱한 문벌 세습제에 대한 통렬한 비판 의식에서 출발하여 "실학"에 기초한 개인의 노력을 통해서 스스로의 인생을 개척해 나갈 수 있음을 강조했다.

이에 비해 사카타니의 "학업"은 인격적 수양의 측면이 강조된 학문을 염두에 두고 있다. 이는 그가 『맹자』에 등장하는 "천작天爵"17)을 "학업"의 노력에 대한 보상으로 설명하고 있다는 점에서 알 수 있다. 인의충신仁義忠信과 같은 인성의 덕목들인 "천작"이 "학업"을 통해 따라온다는 것이다. 물론 이를 통해 세속적인 입신출세人爵가 부수적으로 가능해질 것이라는 전제가 있기는 하지만, 기본은 어디까지나 "천작"의 획득에 있다. 이는 그 다음 문장에서 "부귀는 뜬 구름과 같다"고 표현한 데에서 바로 알 수 있다. 이 역시 『논어』에서 인용한 내용이며 의롭지 않은 부귀, 즉 결과로서의 부귀만을 추구하는 태도에 대한 비판을 함축하고 있는 구절로 의로운 동기와 그에 따른 정당한 성공만을 인정하는 유학의 도덕적 순결성이 강조된 부분이다.18)

그러나 사카타니의 논의 역시 후쿠자와와 같은 메이지 일본의 시대적 맥락 속에서 나온 것이었다. liberty의 번역어 중 하나인 "자유자주"가 이를 잘 보여준다. 다만 주목해야할 부분은 이것이 단순한 번역어로서 등장한 것이 아니라 사카타니가 강조하고자 하는 인격적 수양이 동반된 "학업"의 노력을 가능하게 하는 기반으로서 동원되고 있다는 점이다.

---

17) "孟子曰、有天爵者、有人爵者. 仁義忠信、樂善不倦、此天爵也. 公卿大夫、此人爵也. 古之人、修其天爵、而人爵從之. 今之人、修其天爵、以要人爵. 旣得人爵、而棄其天爵、則惑之甚者也. 終亦必亡而已矣.", 『맹자』 고자편
18) "子曰、飯疏食飮水、曲肱而枕之、樂亦在其中矣. 不義而富且貴、於我如浮雲.", 『논어』 술이편

정리하자면, 사카타니에게 있어 개인의 "자유자주"에 입각한 "학업"을 통한 노력이 그에 상응하는 결실로 이어지는 사회란 서구의 "문명" 사회와 일치한다는 의미를 갖고 있었다. 그가 유학적 사고에 입각해 서양의 "문명"을 이해한 바로는 유학에서 말하는 것과 같이 학문에 기초한 인격의 수양이 지향하는 목표와 서구의 "자유자주"의 개인이 "학업"을 세우는 일은 분명히 일치했다. 그렇다면 이것이 일본 측에서 서양을 바라봤을 때 생기는 일방적인 착각일 수도 있지 않을까? 사카타니는 그렇지 않다고 생각했다.

> 공부자孔夫子의 학덕이란 미개한 시대에는 단지 중국에만 국한된 것이었다. 그러나 구미인歐米人들은 공평한 자세로 이를 칭찬해 마다하지 않았다. 유학의 경서는 대부분 [구미 언어로] 번역되어 출판되었다. 그러므로 구미의 성현聖賢들은 [일본인이] 만물의 뜻을 깨달아 일을 이루는 일開物成務을 위한 학업인 공부자의 공평한 학덕을 오늘날의 세상에서 실현시킨다면 반드시 [일본인을] 상찬하면서 '[그들도] 우리의 개물성무의 진리를 깨쳤구나'라고 여길 것이다. 공부자가 구미 성현과의 다른 점이란 문자, 언어, 풍습, 고금 시세가 다르다는 점뿐이다. [그러나] 그 귀착점의 요점에 어찌 조금이라도 차이가 있을 수 있겠는가.(「에기 고엔의 미국행에 덧붙여 보내는 송별 연설」[21], 55쪽)

그는 "구미인"도 공자의 높은 "학덕"을 인정했다는 점에서 결국 일본과 서양은 동일한 가치를 추구하고 있음이 증명되었다고 판단한다. 양자의 귀착점은 동일하다는 것이다. 사카타니에게 있어 일본과 서양의 성현들의 차이란 오로지 "문자, 언어, 풍습" 그리고 옛날과 지금이라는 시간적 차이에 밖에 없었다.

심신의 건강

사카타니의 교육 방법론 중에서 특이한 사항은 그가 심신 건강 유지의 측면에 대해서도 구체적인 방안을 마련하고 있다는 점이다. 그는

「교육에 관한 관견管見」19)에서 "교육의 대강大綱의 조리를 나누어서 생각해볼 때, 나의 소견으로는 [교육의 교教에 해당하는 가르친다는 부분보다도] 먼저 키우는 부분育을 논해야할 것 같다. (중략) 키움育은 가르침教의 토대로써 마치 집을 지을 때의 초석이나 재목과 같은 것이다"고 말한 적이 있다. 다시 말해 "정신을 충만하게 하고", "신체를 건강하게" 하는 일이 "지식, 예술"의 "가르침"의 영역보다 우선순위에 있다는 것이다.

> 근자에 외람되게 학사회學士會의 말석에 앉을 수 있게 되어 생각한 바로는 먼저 교육의 원리를 명확하게 한 다음에 이러한 일들[모리 아리노리가 주장한 조련調練과 체조를 합쳐서 학교 교과로 도입하는 일]을 실행해야 할 것이다. 또한 생각건대 인신人身이 있고, 그 연후에 인사人事가 있는 법이다. 신체가 건강하지 않다면 학술 사업을 어디다 쓸 것인가. 이에 건강, 교육의 근본을 미루어 생각하고 말단에 미쳐 이를 공론으로 바로잡고 논박을 하여 새로운 발견이 있기를 구한다. 20)

이러한 관점에서 그는 학교 교과에 "도법刀法"과 "유도柔術"를 도입할 것을 주장했다. 이 둘은 "건강에 도움이 되며 호신술을 겸하게 하므로 그 담력을 장대하게 함으로 일거양득의" 효과를 가져온다는 것이었다. 그리고 이것은 무엇보다도 "우리나라 고유의 기술[운동]로 인심이 함께 좋아할 수 있는 것으로써 우리나라 인민의 정신과 체력을 양성하"는 좋은 단서가 될 것이라고 사카타니는 말한다. 더군다나 도법과 유술을 잘 가르칠 수 있는 "사족士族"들이 아직 많이 남아있다는 점에서 이들을 활용할 수 있다는 측면에서도, 일본 고유

---

19) 동경 학사회원東京學士會院 원고 용지에 남겨진 미완성 원고. 일본의 國立國會圖書館憲政資料室에 있는 『阪谷朗廬關係文書』148~16에 남아있다. 추정 연대는 1880년경.

20) 「森學士調練ヲ體操ニ組合セ教課ト爲ス說ノ後ニ附錄ス」, 『東京學士會院雜誌』第一編第七冊、明治12年, 153쪽

의 "무武를 중시하는" 관습에도 적합하다는 면에서도, 도법과 유술을 학교 교과 과정에 도입하는 일은 긍정적인 효과를 가져 올 것이라는 전망이 있는 것이다.

심신의 건강을 위해서는 오랫동안 지속되어온 일본의 관습을 무조건 부정해서는 안 된다는 것 또한 그의 생각이었다. 특히 만년의 그는 "오래된 것舊을 무용한 것이라고 모조리 폐기하려 하"는 "일종의 야만적 관습"을 어떻게 없애야 할 것인지에 대해서 고민했다. "옛 사람을 중히 여기는 사모思慕 기념記念의 마음"이야말로 "인민의 사회 유지를 위한 돈독심敦篤心"이며, 이것이 없다면 "사회는 분열破裂되고, 새로운 일 또한 제대로 행해지는 바가 없을 것"이라는 생각이 바탕에 있었던 것이다.

이러한 옛 것, 옛 사람을 "사모기념"하는 마음을 유지하기 위한 방법으로써 사카타니가 제안한 방법은 "공자묘孔子廟를 보존"하는 일이었다.

> 많은 사람들 중 공자가 인륜 도덕을 설명하는 방식이 서양과 맞지 않는다고 미워하는 사람도 있을 것이다. 그러나 일본은 서양이 아니다. 그 풍습은 매우 다르다. 서양의 풍습이 가령 선善의 극치라 하더라도 우리의 천년 관습이 되어온 인륜의 정칙定則을 하루아침에 바꾸고자 하면 서양의 아름다운 관습에 미처 익숙해지기도 전에 오래된 것을 버리는 악습을 낳고, 오직 사사로운 뜻으로써 자주자유自主自由를 말하며 일종의 무뢰한의 경박한 습속을 낳을 것이다. 서양 풍습의 비천한 부분들이 분분하여 견디기 힘들게 될 것은 말할 필요도 없다. 그래서 내가 공자묘를 보존하고자 하는 것은 아무 생각 없이 무조건 공자를 공경하자는 얘기가 아니다. 인도人道를 중히 여기는 것이지, 그의 인도를 중히 여기자는 것이 아니다. 만국이 귀착하는 그 하나의 인도를 귀중하게 여기는 것이다. 요즘은 공자묘를 보존하자고 해도 종교敎法의 염불, 세례 등 여러 가지 법식을 엄격히 하니 공자가 말하는 가르침의 뜻에는 오히려 어긋나는 것과

제 14 장 자유민권운동 발흥을 향한 메이지 유학자의 시선

같으며, 이것도 중국풍, 저것도 중국풍이라며 외국의 의식임을 과장되게 내걸어서 공자의 본의를 잃게 하고자 하는 것은 결단코 원하는 바가 아니다. 다만 우리나라의 예禮에 입각해서 우리의 고원함을 추구하고 후덕함으로 돌아가는 정신을 기르기 위한 도움이 되기를 바랄 뿐이다.(「孔子廟ヲ保存スル說」[21])

그는 천년 이상의 역사와 함께 해오면서 일본의 "습관"이 되었고, "인륜의 정칙"이 된 공자의 가르침을 상기시켜야 함을 주장했다. "인륜"이나 "도덕"은 인류 보편의 내용이기에 비록 "만국"이 하나의 귀결점으로 모이게 되어 있지만, 그것이 각 지역에서 어떠한 형태의 "풍습"이나 "관습"으로 정착되었는지는 다르기 때문이다. 여기에는 메이지 유신 이후, 서양의 "자주자유"를 내세워 제대로 이해하지조차 못한 서양의 습속만을 강조하는 "경박한" 세태에 대한 사카타니의 경고가 들어있었다.

공자묘를 보존하는 일과 더불어 그는 공자의 동상을 세우기를 주장했다.

> 기독교를 주로 믿는 국가라 하더라도 워싱턴이나 나폴레옹의 상을 설립하는 것을 볼 때, [이 상을 세우는 것은] 기념하기 위한 목적임을 분명히 알 수 있다. 공자의 동상 역시 이와 같은 목적을 가질 뿐이다. 대저 공덕이 있는 사람을 모시는 일廟祀이란 모두 기념하기 위한 풍습에서 생겨난 것이다.(「孔子廟ヲ保存スル說」[21])

유학의 예제禮制가 끝내 정착하지 못했던 도쿠가와 시대가 끝나고 메이지 일본이 시작되었을 때, 유학자였던 사카타니가 생각한 "인륜도덕"의 재정비를 위한 방법 중 하나는 "천년"의 역사를 지닌 공자의 존재를 부각시키는 것이었다. 공자의 묘를 보존하는 것과 그 동상의 설립을 동시에 진행할 것을 주장하는 부분에서 메이지 유학의 전개의 한 방향을 확인할 수 있다.

위의 글이 『수신학사총설』에 게재된 무렵, 사카타니는 자택에 완공된 사숙인 춘애학사春崖學舍의 가규칙假規則을 완성했다. 이에 따르면 춘애학사의 첫 강의 커리큘럼은 『역경易經』이었다.(「春崖學舍假規則」 [13])

결론

사카타니 시로시는 막부 말기 이래로 일관되게 회의와 공론에 의한 정치를 지향해야 한다고 믿었던 인물이었다. 그가 『메이로쿠 잡지』 상에서 보여준 다수의 민선의원 설립문제에 관한 논설은 그 연장선 상에 있었다. 어디까지나 회의와 공론이라는 원리를 지키는 형태의 정치질서를 구상하고자 했던 그는 상하동치의 정체를 확립한다는 대전제를 확인하는 일에 중점을 두며 민선의원의 즉각적인 설립을 지지하지 않았다. 이와 같은 사카타니의 논의의 맥락을 고려할 때, 민선의원의 설립을 구실로 제각각의 요구 사항을 주장해대는 이른바 자유민권운동에 대한 그의 회의적인 시선은 자연스러운 것이었다. 또한 여기에는 1875년 4월에 발표된 〈입헌정체수립立憲政體樹立의 조서詔〉가 발표된 이상, 상하동치의 정체가 확립될 것임을 천황이 약속했다는 배경이 있었다. 약속된 입헌정체를 두고 여러 세력들의 추측과 기대가 난무하면서 불안정했던 메이지 초기의 정치 질서의 안정은 더욱 위협 받고 있었다.

이러한 가운데 사카타니의 관심은 올바른 "민권"의 확립을 위한 구체적인 방안이라는 문제로 옮겨갔다. 그는 제도의 문제를 논하기 이전에 인민 개개인의 지식의 신장과 의식의 개혁을 강조했다. 여기에는 민권론을 주장하는 운동가들의 다수가 정치적 이상의 실현과는 거리가 먼, 사사로운 이익을 동기로 삼고 움직인다는 사실에 대한 우려가 그 배경에 있다. 사카타니는 올바른 민권 확립을 위한 선결과제로 민권을 주장하는 자들의 "식견"과 "재정 능력"이 먼저 제대로 갖춰져야 함을 주장했다. 유학자인 그에게 있어 이와 같은 과제를 해결하기 위한 가장 근본적인 방법은 "학업"의 강조였다. 인격적인 수양이 동반되는 학문을 강조한 그는 일본의 역사적 맥락 속에서 공자의 가르침이 지닌 중요성을 지적하며 유학을 중심으로 한 새로운 교육 개혁의 방안들을 제안했다. 그래야만 인민 전체의 차원에서 올바른 민권 이해에 기초한 권리 행사가 가능할 것이기 때문이었다.

본 논문에서는 사카타니의 사례에 집중했지만, 민권운동의 진행과 더불어 양학 위주의 교육이 주류가 되어감에 따라 이러한 시세를 우려한 유학적 사고를 가진 지식인들은 여기에 대한 각자의 대응책을 내놓았다. 앞서 언급한 바와 같이 니시무라 시게키는 1870년대 후반에 동경수신학사를 창설하였다. '수신'이란 말에서 알 수 있듯이 유학 교의에 입각한 단체였다. 기독교 세례를 받기도 한 나카무라 마사나오中村正直(1832~1891)도 1870년대 중반 이후로 한학 교육의 중요성을 강조한다.[21] 이들 모두 사카타니와 같이 일본의 역사적 맥락을 강조하는 입장에서 한학으로 호명되는 유학을 중시했던 것이다. 이는 메이지 유신 후 10여 년이 지날 무렵, 일본의 정치적 상황과 국민 통합이 여전히 불안한 가운데 유학적 도덕관을 확고하게 가졌던 당시의 "일신이생"의 세대 지식인들이 내놓은 해결책들이었다. 그들이 유학의 색채를 다시금 짙게 드러낸 데에는 "도덕"적 가치, "품행"의 향상, "정신"의 건강이 담보되지 않은 상태에서 일본이 "문명개화" 국가로 거듭나기는 어려울 것이라는 공통의 위기감이 있었기 때문이었다.

서양의 문물과 제도가 자리 잡아 가던 메이지 10년, 즉 1877년을

---

21) 나카무라는 예를 들어 『東京學士會院雜誌』상에서 「四書素讀ノ論」(제3편 제2책), 「古典講習科乙部ニ就キ感アリ書シテ生徒ニ示ス」, 「漢學ヲ治ル工夫ヲ論ズ」(제5편), 「漢學不可廢論」(제9편 제4책) 등의 글을 발표하였다.

전후로 한 시기에 유학의 어휘와 사고틀을 동원한 이들의 주장은 이미 당대 젊은이들로부터도 낡은 것이라 여겨졌다. 본 논문에서 주목한 사카타니와 같은 고령의 유학자는 메이로쿠샤 모임에서 지루한 이야기를 너무 많이 한다고 공개적으로 비난을 받기도 했다.[22] 그는 당대에도 그리고 현대의 많은 연구자들에게도 "고루한" 유학자라는 인상이 강했다. 나카무라의 한학 교육의 주장도 사실상 구세대의 논의로 치부되어 거의 채택되지 못했다. 유학적인 수신론에 바탕을 둔 니시무라의 활동도 다음 세대를 적극적으로 포섭하는 형태로 이어지지는 않았다. 사회적 대세는 이미 서양화로 흘러가고 있었다. 그러한 대세 속에서 과거의 학문이 되어버린 유학에 기반을 둔 그들의 주장은 당시에도 이미 수구적 혹은 보수적이라는 이미지를 띨 수밖에 없었다.

그러나 이와 같은 특징이 그들의 시도를 낡고 의미 없는 것으로 치부해도 좋은 이유가 될 수는 없을 것이다. 그들의 시도는 민선의원의 설립이 기정사실화 된 현실 속에서 가장 근원적인 문제를 해결하기 위한 고뇌의 결과였다. 그때까지 치자治者의 위치에 서본 적 없는 압도적 다수의 개인들이 치자의 역할에 놓였을 때, 즉 민권에 의한 정치가 시작되려고 할 때, 개개인이 치자로서 갖춰야 할 조건을 충족시키기 위해서 어떻게 해야 할 것인가라는 문제에 그들은 직면했던 것이다. 물론 조건의 핵심은 도덕이었다. 오늘날의 민주주의적 제도 하에서도 유권자와 정치가들 모두의 도덕성 문제를 결코 무시할 수 없다는 사실에 누구나 동의할 것이다. 사카타니와 메이로쿠샤 지식인들의 고민은 여전히 곱씹을 주제이다.

---

[22] 사카타니의 연설에 대해 "독어인지 영어인지 알 수도 없는 우스운 말(을 섞어 쓰는 사카타니는) 그만 들어가도록 하라"며, "사카짱坂ちゃん의 불유쾌한 연기"는 "한 마디 들으면 하품이 세 번, 세 마디 들으면 두통이 생기면서 끝내 졸려워진다"는 악평을 쓴 투거가 『曙新聞』(1875년 5월 20일자)와 『日新眞事誌』 (1875년 5월 22일자)에 실렸다.

제 15 장

메이로쿠샤 지식인의 religion 이해의 맥락[1]

이새봄

머리말

전국시대와 도쿠가와德川 시대 초기 이래로 일본에서 기독교가 다시 본격적인 논의의 대상이 된 것은 메이지 유신 이후의 일이었다.[2] 1860년대를 거치면서 도쿠가와 정부와 지방의 번 정부들은 각각 서구로의 사절단과 유학생단을 파견하였고, 그들이 돌아와 메이지 일본의 건립에 각자의 영역에서 크게 활약한 것은 주지의 사실이다. 구미 국가들의 문명개화(civilization)상은 새로운 시대의 목표였고 메이지 초기의 지도적 인물들은 문명개화라는 공통의 목표를 향해 나아갔다. 정부가 기독교 신앙을 금지한 기리시탄 금제キリシタン禁制를

---

[1] 이새봄, 「메이로쿠샤明六社 지식인의 religion 이해의 맥락―니시 아마네西周의 「교문론」 분석―」『日本思想 32』, p127~150, 2017.
[2] 이 글에서는 천주교와 개신교를 구분하지 않고 기독교로 부른다.

제15장 메이로쿠샤 지식인의 religion 이해의 맥락

풀기로 결정한 것은 신정부가 들어선지 한참 지난 메이지 6년(1873)이 되어서였지만, 서양 국가들과의 교류를 천명하고 구체적인 접점이 급격하게 늘어가는 메이지 초기의 상황 속에서 그들은 기독교와 마주하지 않을 수 없게 되었다.

그 중 메이로쿠샤明六社에서도 기독교를 둘러싼 다각적인 논의가 이뤄졌다. 그들의 논의는 기독교의 교리 내용에 관한 것이라거나, 혹은 신앙인으로서의 자기 고백과는 거리가 멀었다. 그들은 기독교 자체에 대해서 논하기보다는 서양 사회에서의 기독교가 religion이라는 범주 안에서 이해되고 있다는 사실에 주목하고, 기독교가 아닌 종교 개념을 이해하기 위해서 서양 사회에서 종교란 무엇이며 어떠한 역할과 기능을 담당하는지, 또 그것을 일본에 적용할 경우 어디에 해당하는지 등등에 대해 여러 관점에서 분석을 시도했다. 이들의 관심은 학문적·정치적 논점으로서의 종교에 있었다.

이와 같은 맥락에서 일어난 메이로쿠샤 회원들 간의 흥미로운 논의들 중 하나로 니시 아마네西周(1829~1897)의「교문론敎門論」이 있다. 여기서 '교문'은 religion의 번역어로서 종교를 의미했다. 하지만「교문론」은 구체적인 종교 관련 정책 구상도 아니고, 특정 종교의 입장에서 종교에 관해 고찰한 글도 아니며, 특정 종교를 지지하며 쓴 글도 아니었다. 결론부터 말하자면, 니시는「교문론」을 통해서 인간이 가진 수많은 정신작용 중 종교와 깊은 관련이 있다고 판단한 '지知'와 '신信'이란 두 요소를 축으로 인간이 인간으로서 나아가야 할 방향, 그리고 궁극적으로 도달해야 할 목표에 대한 생각을 논했다. 그렇기 때문에 이 글이 한 마디로 종교에 대한 글이라고 말하기에는 어려움이 있다. 그리고 이러한 글의 성격 때문인지 기존의 연구들에서「교문론」은 니시의 다른 글들에 비해 상대적으로 주목을 받지 못해왔다.[3] 다만 최근의 정치사상사 연구에서 「교문론」이 새롭게 조명된 바가 있다.

먼저 스가와라 히카루菅原光는 본격적인 니시의 사상에 대한 연구서 『西周の政治思想　規律・公利・信』(2009)에서 「교문론」을 상세하게 다뤘다. 스가와라는 「교문론」이 인간의 사고思考방법론을 논한 글로써, 궁극적으로 니시의 "법질서론"이라는 큰 틀 안에서 이해해야 한다고 주장한다.[4] 한편, 오쿠보 다케하루大久保健晴의 논문 「明治初期知識人における宗敎論の諸相―西周と中村敬宇を中心に-」(2004)는 니시 아마네가 구체적으로 어느 서구 철학의 영향을 받아 「교문론」에 나타나는 사고방식을 형성하게 되었는지 분석한다.(大久保[64]) 오쿠보는 기존의 연구들이 주목한 콩트의 철학보다는 네덜란드의 자유주의로부터 받은 영향, 특히 옵조멜(Cornelis Willem Opzoomer, 1821~1892)의 영향을 받았다는 점을 논증했다.[5]

이상의 선행연구는 물론 니시의 사상이 갖는 유학적 요소와 서구의 법학, 철학적 요소를 분석한 연후 각각의 관심사에 따라 「교문론」이 니시 사상에서 차지하는 위치에 대해 논했다. 그러나 본 논문의 목표는 「교문론」이라는 글의 내용을 정밀하게 분석하여, 여기에 나타난 니시의 이상이란 무엇이었는지, 그리고 이 글을 통해서 왜 그를 비롯한 당시의 지식인들이 설명하는 종교 이해가 현대인에게 위화감을 줄 수 있는지에 대한 하나의 설명을 제공하는 데에 있다. 이를 위해서 본 논문에서는 도쿠가와 말기의 지식인들의 언설에 나타난

---

[3] 한국에서의 니시 아마네 연구는 주로 어문학·철학 분야에 집중되어 있다. 현재까지도 사용되는 수많은 번역어의 창시자로서 니시의 글은 주목을 받고 있다.

[4] 菅原[71]. 특히 「第四章　宗敎の再構成―「啓蒙」の戰略」가 이 문제에 대해 상세하게 다루고 있다.

[5] 국내 연구로는 김용덕[90]을 들 수 있다. 다만, 본 연구는 명육사 전체에 대한 논의로 니시 아마네의 「교문론」 분석은 극히 일부분 밖에 언급이 되지 않았다.

기독교 이해를 검토한 후, 니시의 「교문론」을 상세하게 분석해보고자 한다.

도쿠가와德川 말기의 기독교에 대한 관심

19세기 전반, 서양에 대해 관심을 갖는 일본 지식인들 사이에서 기독교는 점차 화제가 되어 가고 있었다. 철저한 기리시탄切支丹 탄압의 역사를 지닌 도쿠가와 일본에서 기독교는 예민한 사안이었다. 그러나 서양과의 접점이 뜻하지 않게 점차 늘어가는 상황 속에서 서양에 대한 이해를 한층 더 깊이 해야 할 이유도 함께 늘어갔다. 서양 열강의 식민지 건설 등의 소식을 전해 듣고 있던 일본의 입장에서 서양에 대한 경계심이 쌓여가는 것은 당연한 일이었다. 이러한 맥락에서 기독교의 정체를 파악하는 것은 곧 가상의 적을 이해하는 일의 일환이기도 했다.

가장 유명한 예로는 후기 미토학水戶學의 대표적 사상가인 아이자와 세이시사이會澤正志齋(1782~1863)의 『신론新論』(1825)에서의 논의를 꼽을 수 있다. 아이자와는 기독교의 "교법敎法"이 "사벽천루"하기 때문에 피치자 계층의 인민들을 홀리기 쉽고, 심지어는 통치자인 "사대부", 즉 교육을 받은 사무라이라도 자칫 그 꾐에 넘어갈 수 있는 교묘한 술수術라고 생각했다. 그가 보기에 서양 국가들이 세를 확장하는 방식이란 단순히 무력에 의한 것이 아니었다. 그들은 군사를 일으키기 전에 먼저 무역을 통한 교류를 시도하는데, 이는 무역을 통해서 상대국의 상태를 살핀 후 군사를 일으킬 것인지, 아니면 기독교를 통해 상대국 민심에 침투하여 민심을 등에 업어 자신들에게 유리한 상황을 만든 후 군사를 일으킬 것인지 여부를 결정하기 위함이란 것이다. 기독교의 위험성은 바로 여기에 있었다. 기독교를 받아들인 일본 백성들이 "오랑캐 신"을 받아들여 그들에게 재산을 바치고, 오랑캐 신의 나라가 자신의 나라를 집어 삼키더라도 그것이 신의 뜻이라며 오히려 서양의 침략을 두둔한다는 것이다.(『水戶學』[?], p398.)

아편전쟁과 페리의 내항 이후인 1850년대 양이攘夷론자들 사이에서 "대유大儒"라고 불렸던 유학자 오하시 토츠안大橋訥庵(1816~1862)의 논의에서도 유사한 기독교 이해는 강조되었다.

미토학의 영향을 받은 오하시 역시 서양의 통상 요구와 "요교妖敎"를 연결시켜 이해했다. 그는 기독교 종지宗旨의 핵심은, "천주天主를 세계의 공부公父로 삼아서 만국의 인민은 모두 천주의 자식이라 함으로써 친소후정親疏厚情의 차이를 두지 않고 모두 똑같이 재화를 교역하여 우의를 돈독하게 하는 일이야말로 천주의 뜻"(『闢邪小言』[3] (1857))으로 생각하는 것이라고 보았다. 그리고 이것이야 말로 묵자의 겸애설兼愛說과 유사한 원리를 바탕으로 한 "성인聖人의 가르침敎에 어긋나며 이륜彛倫을 파괴"하는 가르침이라고 보았다.

> 사람의 길道이란 넓다고 하지만 오전五典보다 중한 것은 없는데, 지금 이렇게 대륜大倫을 괴멸시켜 한연悍然히 수치스러워 하지도 않은 채 오로지 소위 호시互市라는 것을 핑계 삼아 사방 여러 나라의 흠을 엿보며 재화를 풀어서 우민을 기만하고 병탄잠식併吞蠶食을 꾀하고 있으니 저들[주:서양 국가]이 융적이만戎狄夷蠻임은 불을 보듯 뻔하다. 어찌 의심하지 않겠는가?(『闢邪小言』[3])

천황을 중심으로 한 오륜五倫의 보존으로 나라의 질서를 바로 잡아야 한다는 주장을 펼친 오하시는 기독교가 오륜의 틈새를 파고들어 일본 사회의 질서에 균열을 만들고 나아가 붕괴시킬 것이라고 예상했다. 그는 서양 문명의 근원인 기독교의 기능에 대해 더 구체적으로 설명하며 강하게 경계한다. 기독교는 가르침의 내용 그 자체로서 비도덕적임에도 불구하고 서양 국가들은 이 부정한 가르침을 통해서

제15장 메이로쿠샤 지식인의 religion 이해의 맥락

자국 내의 인민을 효과적으로 통솔하고, 대외적으로는 만국 평등의 논리로써 교역하여 다른 나라들을 "병탄잠식"한다. 요는 기독교가 원인이 되어 일본의 안전을 위협할 것이라는 점에서 일치한다. 무엇보다도 기독교는 그 가르침의 내용 자체가 잘못되었다.

그러나 기독교에 대한 도쿠가와 말기 유학자들의 의견이 모두 아이자와 오하시 같았던 것은 아니었다. 잘 알려진 대로 요코이 쇼난橫井小楠(1809~1869)과 같이 서양에 대해 호감을 가졌던 인물은 기독교가 서양 국가 내에서 담당하고 있는 역할에 주목했다. 쇼난은 서양에서 기독교가 "우부우부愚夫愚婦"의 "교화"를 위한 효과적인 "방편"의 기능을 하며, "사대부"의 경우 기독교에 "일종의 경륜궁리 經綸窮理의 학문"을 더해서 통치를 수행하고 있다고 보았다.(「沼山對話」[?]) 창평횡昌平黌의 유학자였던 나카무라 마사나오中村正直(1832~1891)는 1850년대의 글에서 일본인이 "견함堅艦을 만들고 병사를 태워서 만리萬里로 나아가 통상을 하는" "국제國制"의 변혁을 주장하면서, 일본인의 해외 진출에는 찬성하지만 외국으로 나간 "인민이 몰래 이교異敎를 받들게" 되지 않겠느냐는 우려를 표하는 의견에 대해 다음과 같이 반응했다. "나는 천하의 모든 일이란 원래 이해利害가 서로 영향을 미치는 것이 당연한 이치라고 생각한다."(「變國制」[6]) 다시 말해, 일본이 개항을 한 이상 일본인도 해외진출을 하게 될 것이고, 그렇다면 일본인이 기독교를 접할 확률도 높아지는 것은 당연한 흐름일 것이며 그들 중 기독교를 믿게 되는 경우가 생기더라도 이는 어쩔 수 없다는 것이다. 여기에는 무조건적으로 기독교의 전파를 경계하고 두려워하는 미토학의 지지자들이나 오하시와 같은 유학자들에 대한 비판이 바탕에 깔려 있었다.

물론 기리시탄에 대한 철저한 탄압을 통치 질서의 중요한 토대로 삼았던 도쿠가와 시대였던 만큼, 기독교에 대해 쇼난이나 나카무라가 내린 것 같은 평가 이상의 적극적인 평가를 찾아보기는 어렵다. 무엇보다도 그들은 기독교의 교리에 대해서 한정적인 지식 밖에 갖고 있지 못했다. 그러나 기독교에 대한 그들의 태도의 차이에도 불구하고 한 가지 사실은 공통적으로 남아있었다. 그들에게 기독교는 지속적인 관심사였던 것이다.

「교문론敎門論」 분석

니시 아마네西周 약력

니시는 1829년 쓰와노津和野번에서 태어났다. 번의 어전의御典醫 집안 출신인 그는 번교藩校인 요로칸養老館에서 유학을 공부하였고, 일찍이 난학蘭學 공부도 병행했다고 한다. 그는 주자학을 줄곧 공부하다가 17세 때 주자학에 비판적인 소라이徂徠학에 눈을 떠 소라이학에 심취하기도 하였다. 1849년에는 오사카에 유학하였고, 1854년에는 양학洋學 공부에 전념하기 위해 탈번脫藩하여 에도에서 공부를 계속한다. 이즈음부터 영어 공부도 시작한 그는 1857년에 막부의 반쇼시라베쇼蕃書調所의 일원으로 근무하며 공부를 계속하였고, 이후 1862년에는 막부가 파견하는 유학생단의 일원으로 선발되어 네덜란드에 유학한다. 그는 라이덴(Leiden) 대학의 피셔링(Simon Vissering)으로부터 법학, 철학, 경제학, 국제법 등을 수학했다. 1865년에 귀국한 이후에는 막부의 누마즈 병학교沼津兵學校 교수가 되었고, 마지막 쇼군인 도쿠가와 요시노부德川慶喜의 명으로 교토에서 사숙을 열어 가르치는 한편 대정봉환大政奉還 시에는 요시노부의 자문에 답하는 등 막부 말기 실제 정치에도 접점을 가진 인물이었다.

메이지 시대에 들어서 『만국공법萬國公法』(1868)을 번역한 그는, 메이지3년(1870)에는 신정부의 요청으로 병부성兵部省에 출사하게 되었고, 이후 문부성, 궁내성, 육군성 등을 돌며 관료로서의 커리어를 이어간다. 그와 동시에 메이로쿠샤 결성에 참가하였으며, 이후 동경학사회원東京學士會院의 회장을 역임하고 독일학협회학교의 초대 교장을 지내기도 했다. 그는 수많은 철학, 과학 용어를 번역한 인물로도 알려져 있다. 예를 들어 현재 한국에서도 일상적으로 쓰이는 어휘인 '철학', '예술', '이성', '과학', '의식', '지식', '개념' 등 모두 그가 만들어낸 번역어이다. 니시는 메이지 시대에도 정부 정책 형성과정에 참여하였는데, 야마가타 아리토모山縣有朋와의 관계로 1880년에 「군인칙유軍人敕諭」 초안을 작성한 일은 널리 알려진 사실이다.[6]

지知와 믿음信의 관계: 정치권력과 교문의 현실

본 논문에서 다루고자 하는 「교문론」이라는 글은 메이지 7년(1874) 메이로쿠샤의 기관지인 『메이로쿠 잡지明六雜誌』에 6회에 걸쳐 연재되었다.[7] 이 글은 내용의 특성상 크게 나누어 전반부 3회와 후반부 3회, 이렇게 두 부분으로 나눌 수 있다. 전반부에서는 교문의 확립을 위해 필수적인 믿음信과 그 믿음에 이르기까지의 사고 과정을 지탱하는 지知에 대한 고찰을 토대로 정치政와 가르침敎의 관계에 관한 다각적인 분석을 시도한다. 후반부에서는 교문이 나아가야 할 바람직한 방향이란 무엇인지에 대해 논의하고 있다. 여기에는 지知의 발달이 가져올 바람직한 믿음信의 구체적인 모습이란 무엇인지에 대한 내용으로, 니시가 그리는 이상이 무엇인지가 잘 나타나 있다.

「교문론」의 시작은 다음과 같다.

> 교문敎門은 믿음에 의해 확립되는 것이고, 믿음이란 지력이 미치지 못하는 곳에 뿌리내리는 것이다. 이를 알고 있으면 그 원리는 내 것이 된다. 그렇지만 알 수 없을 때에는 다만 아는

---

[6] 『백일신론』 한국어판 (허지향 역) 해제에 니시의 상세한 전기적 정보가 실려있다.

[7] 『메이로쿠 잡지』 제4, 5, 6, 8, 9, 12호에 연재되었다. 1872년 4월에서 7월에 걸친 연재였다. 본문 ▷p149

것을 가지고 미루어 짐작함으로써 알지 못하는 바를 믿을 뿐이다. 그러므로 그 원리 역시 나의 것이 아니다. 그렇다면 평범한 사람들이 나무나 돌, 벌레나 짐승을 신神이라고 믿는 것이나, 고명하고 박식한 사람이 천天을 믿고, 리理를 믿고, 상제上帝를 믿는 것도 모두 알지 못하면서 믿는 것이다. 여기에 차등이 있다고는 하지만, 믿는다는 점에서는 같다.(▷p149)

먼저 종교의 출발점은 신앙심에 있다는 사실을 니시는 말하고 있다. 학문이나 경험으로 알 수 없는, 지력이 미치지 못하는 곳, 바로 대상에 대한 믿음을 합리적으로 설명할 수 없어지는 영역이 바로 교문, 즉 종교이다. 그리고 "알지 못하는 것"에 대한 믿음이라는 의미에서 어느 종교나 본질적으로 동일하다. 나무나 돌, 벌레를 믿건 하늘이나 리, 상제를 믿건 믿음의 대상이 갖는 차이가 종교의 근본적인 성질에 영향을 미치지 않는 것이다. 그리고 이러한 종교가 의거하고 있는 "소위 믿음이라는 것은 사람들의 마음속에 존재하는 것이다". 종교는 인간의 내면에 관한 문제이다.

그렇기 때문에 니시는 믿음의 대상을 선택할 수 있는 권한이란 누구에게나 동등하게 주어진 조건이라고 생각했다. 동시에 "소위 정부란 것 또한 사람"으로 구성된 조직에 불과할 뿐이기에 정부 자신도 무엇을 믿고 있는지 모른다. 그렇다면 "다른 사람으로 하여금 자신이 믿는 바를 믿게끔 하고자 한다는 것은 이치에 맞지 않음이 명백하"며, "그 이치가 없다면 그 권한도 없다는 것 또한 명백"하다고 말한다. 다시 말해 종교의 선택은 개인의 자유이며, 정부라 하더라도 개인의 의사에 반하여 믿음을 강요하거나 변경, 박탈할 권한은 없다고 니시는 주장한 것이다.

또한, 믿음의 대상을 자유롭게 선택할 수 있다는 니시의 주장은 자연스럽게 일본에서 기독교의 신에 대한 신앙까지도 보장할 수 있어야 한다는 의미를 내포하게 된다. 이에 대해, "나의 신을 버리고

제15장 메이로쿠샤 지식인의 religion 이해의 맥락

다른 신을 믿는 것은 본말本末을 잃는 것"이라고 주장하는 사람이 있을 수도 있지만 "믿음에 본말이란 없고, 정변正變도 없다. 단지 그 참이라고 여기는 바를 믿는 것뿐이다"고 답한다. 모든 믿음은 그 자체로 절대적이다.

그러나 이처럼 그 어떤 대상을 신앙의 대상으로 삼던지 "인민이 좋아하는 바에 맡긴다"는 니시의 발상은 국가의 질서를 어지럽히는 요인이며 "국체國體", 즉 나라의 정체政體를 해할 것이라고 보는 시선도 존재했다. 물론 그 중에는 여전히 막부말기의 미토학자나 양이론자들과 같이 기독교에 대한 경계에서 비롯된 우려를 가진 사람들도 있었다. 하지만 여기에 대해서도 니시는 문제될 것이 없다고 답한다. 왜냐하면 "정치권력과 교문의 도道"는 본래 근본을 달리하는 것이므로, 이 둘은 다루고 있는 영역이 분리되어 있기 때문에 정치와 교문이 충돌하는 사태란 일어나지 않는 다는 것이다. 그는 "정부의 법"이란 오로지 현세에만 해당되며, "정부의 의무이자 권한"은 오로지 "인민을 모으고, 나라를 만들고, 부정不正으로 하여금 정正을 범하지 못하게끔 만들어 치안을 유지하는" 데에 있다고 말한다. 그러나 '교문'은 다르다.

> 이에 비해 교문의 경우는 정반대이다. 교문이 관여하는 바는 현세에 한정된 것이 아니라, 과거와 미래에까지 걸쳐있다. 행동이 법에 따르고 있는지 여부를 논하는 것이 아니라, 그 마음속에 있는 바가 무엇인지를 물을 뿐이다. 그 주된 목적은 귀의하는 사람들을 모아서 마음속의 선악가부善惡可否를 묻고, 선善을 따르고 악惡을 고치게 함으로써 사후의 안락으로 인도하고자 하는 것이다. 이러한 교문의 목적을 고려해보면, 신자들이 현세의 정령政令이나 법률에서 벗어나지 않으리라는 사실을 알 수 있을 것이다. 그러므로 정치와 교문은 전혀 그 근본을 달리하며, 서로 간섭하고 충돌하지 않는다. 그러니 어떻게 교문 때문에 정치가 해를 입는 일이 있겠는가.(▷p151)

니시는 여기서 "교문의 도"란 궁극적으로 "선을 따르고 악을 고쳐" 내세에서의 안락을 보장받기 위함이라고 보고 있다. 정치는 현세의 안부를 위한 장치이지만, 교문은 내세의 안부를 조정하는 장치인 것이다. 다만, 그 과정에서 사람들로 하여금 "선을 따르고 악을 고"치도록 유도한다는 점에서 현실에서 좋은 효과가 발생한다. 교문과 정치는 전혀 다른 두 세계를 통솔하기 위한 도구인 것이다. 그 과정에서 교문은 도덕적으로 좋은 효과를 불러일으키니 현세의 질서에 도움이 되면 되었지, 해가 될 일은 없었다.

단, 신권정치(theocracy) 즉 정치권력이 교문을 이용하여 정치질서를 유지하고자 할 때의 부작용은 말할 수 없이 크다. 왜냐하면 앞서 확인한 바와 같이 정치권력 역시 인간에 불과하고, 인간이 믿음의 영역인 "교문의 도"를 내세워 다른 사람의 믿음을 조종하고자 한다는 것이란 애초에 불가능한 일이기 때문이다. 고대의 여러 국가들이나 "지금의 티벳西藏"을 예로 들며, 니시는 이들 나라에 대해 "믿어야 할 것을 믿지 않고 서짓이 드러나지 않기를 기대했으니 어찌 멸망에 이르지 않을 수 있겠는가"라고 말한다. 즉, 인간이 알지 못하는 영역에 대한 믿음이라는 기반 위에 성립하는 교문을 한낱 인간에 불과한 통치자가 이를 통치행위에 이용한다면, 이것은 기만에 지나지 않는 일이라는 것이다. 이러한 의미에서 "정치권력政과 교문敎"이 분리되지 않은 신권정치란 바람직하지 않았다. 그리고 그렇기 때문에 둘 사이의 연결된 맥을 끊어내는 작업은 중요했다.

정교政敎의 분리를 위해 그는 여러 가지 구체적인 방안들을 제시했다. 정부로 하여금 교문을 관장하는 "사교司敎"라는 관청을 설치하여 인민이 속으로 신봉하는 바는 내버려두되, 실제 "정치에 해가 되는 것" 즉 겉으로 드러나는 바는 금지할 것을 제안한다. 또한 "일통만세一統萬世"의 황실의 존재는 일본의 제도적 근간이기 때문에 이것과 저촉되는 교문 또한 제재해야 한다고 주장한다. 그렇다고 해서 황실의

제 15 장 메이로쿠샤 지식인의 religion 이해의 맥락

존재 정당성을 아마테라스日神에게 맡긴다거나, 다른 나라 군주와의 관계에서 일본의 천황의 우위를 주장해서는 안 된다는 점도 강조한다. 다만 중국의 고전이나 서양의 예를 보면 "제사묘조祭祀廟祧의 전례典禮는 왕이 된 자의 집안일家事"이라는 점을 보면 신을 모시는 일은 황실이 맡아서 할 일이라는 점을 명시하기만 하면 될 뿐이지 정부가 여기에 상관할 필요는 없다.

니시의 제안은, 정부가 정치 질서에 해를 끼칠 수 있는 외형적인 위협 요소들을 제거하는 권한은 가지되 어디까지나 외형의 영역에 머무르는 제재일 것을 주장했다는 점이 특징이었다. 그렇게 함으로써 "오로지 정치의 권權을 자임하고, 이와 함께 문교文敎를 밝히는 것으로써 정치의 자산으로 삼으면 된"다는 것이다. 그것은 곧 "인지人智"의 발달을 가져오게 될 것이고, "인민이 믿는 바가 위로부터 명령하지 않아도 자연스럽게 고상해져서, 천하고 거칠며 난잡함에 빠지는 데서 멀어지고, 맑고 간결하며 진실한 믿음에 도달"하는 미래를 보장하는 길이다. 니시는 정부가 할 수 있고, 해야만 하는 일의 영역이 오로지 "인지人智"의 영역에 한정되어 있음을 강조한다. 그렇기 때문에 정치가 의거해야 할 바는 학술學術을 기초로 한 "문교文敎"에 있는 것이지, 불가지의 영역에 대한 믿음을 다루는 교문敎門을 끌고 와서는 안 된다. 예를 들어, 뱀이나 여우를 믿는 사람이 동물禽獸학을 배우면 자신의 믿음이 얼마나 엉터리인가를 깨닫게 되어 다른 믿음의 대상을 찾게 될 것이나, 이전과는 다른 차원의 대상을 믿게 된다는 점에서 믿음의 수준이 "높아진다". 다시 말해, "문교文敎가 점차 나아가면 믿는 바도 자연스럽게 높아진다"고 니시는 생각했다.

「교문론」이 발표된 이후의 일본의 역사가 전개된 양상을 아는 후대의 입장에서 보면 니시의 주장에 대해 여러 가지 합리적인 의구심이나 비판을 품을 수 있을 것이다. 결국 일본의 도덕적, 정신적 중심으로서의 역할을 맡은 황실을 건드리지 않는 선에서 종교의 자유를 허용하자는 논리는 1890년대 이후 국가신도의 정책으로 실현되었고, 이는 개인의 내면과 외면의 일치를 저해하며 이중적인 삶을 강요하는 폭력으로 이어졌다. 또한 인간의 지식수준이 높아지는 것과 신앙의 대상이 바뀌는 일이 반드시 연동된다고 보장할 수도 없다. 무엇보다도 "믿음의 수준이 높아진다"는 니시의 확신에 대해서는 이렇게 물을 수도 있을 것이다. 불가지의 영역을 믿는 데 있어서 어떻게 객관적 수준의 차이가 발생할 수 있는가, 라고. 그러나 니시에게 이러한 비판은 결코 문제가 되지 않았다.

니시가 기대한 교문의 역할

니시는 "인지人智를 개명함으로써 천하고 거칠고 난잡한 믿음을 제거"할 수 있으며, 이렇게 됨으로써 사람들의 "믿는 바가 자연스럽게 순수하고 간결해지며 정치와 서로 배치되는 일도 없을 것"이라고 확신한다. 다양한 신앙이 존재하지만 외부적인 힘에 의해 인간이 특정한 신앙을 갖게끔 강요할 수는 없는 일이다. 그러나 신앙의 객관적인 수준이 올라가게끔 만드는 것은 가능하다는 것이 니시의 주장이다. 그렇다면 그가 궁극적으로 원하는 바는 무엇인가?

일단 종교의 다양성을 확보하는 것 그 자체는 아니다. 그는 명확하게 "순청간결"한 믿음을 원하고 있으며, 높은 수준의 믿음이 바람직하다고 보고 있다. 여우나 너구리에 대한 믿음이 사라질 날을 니시는 기다리고 있는 것이다. 이미 확인한 바와 같이 천황이 믿음의 대상이 되는 것을 원하고 있지도 않다. 천황은 어디까지나 일본의 제도적 근간으로서 그 의의가 있는 것이다. 천황이 신앙의 대상이 되는 것은 고대의 신정정치와 다를 바 없는 것으로 인지의 개명이 날로 진전되는 당시로서 사람들로 하여금 거짓을 믿게 강요하는 일은 있을 수 없다. 여기에는 특정 신앙을 강요함으로써 사람들이 따르게끔 만드는 일에 대한 반대가 기저를 이루고 있다. 특정한 신앙, 즉

제15장 메이로쿠샤 지식인의 religion 이해의 맥락

특정 종교를 사람들에게 강요할 수는 없다. 그러나 확실히 믿음에는 "순청간결"한 믿음이란 것이 존재하고, 그는 이러한 믿음을 사람들이 갖기를 바라고 있다.

니시는 "앎의 정도가 큰 사람은 그 믿는바 또한 따라서 높다. 앎의 깊이가 깊은 사람은 그 믿는바 또한 반드시 두텁다"고 생각했다. 그러나 그것이 이 세상 모든 것에 대한 궁극의 깨달음으로 이어진다고 보지는 않았다. 그렇기 때문에 "세계實宇의 거대함은 인간이 능히 그 궁극을 알 수 없다. 이는 현우賢愚 모두에게 같다"며 현명함과 어리석음의 정도에 상관없이 인간에게 우주의 궁극은 알 수 없는 것이라고 말한다. 그렇기 때문에 "필부필부匹夫匹婦"만이 아닌 "현철賢哲"에게도 믿음은 필요했다.

> 필부필부도 믿는 바가 있는데, 하물며 현철이 어떻게 믿음이 없을 수 있겠는가. 하늘이 높고, 일월성신이 멀리 있음은 육안으로 보아도 보이지 않는 것은 아니다. 그러나 망원경이 한번 발명되기에 이르니, 그 멀고 가까움을 분별할 수 있게 되고, 그 실체를 관찰하여 육안으로 일찍이 보지 못한 바를 또한 보게 된다. 천왕성天王星, 해왕성海王星, 은하수의 별, 성운星雲 속에서 생성 중인 별, 시리우스처럼 이미 생성된 별, 태양의 불덩어리, 달의 크레이터 같은 것을 모두 기계의 힘을 빌려서 분명하게 그 실제를 가리키고 명확하게 그 이치를 알 수 있다.
> 생각건대, 성리性理상의 지智에 관해서도 같은 얘기를 할 수 있다. 현철들이 만물의 존재이유를 알고자 하여 마음의 미세한 것을 궁구하다가 주재자의 존재가 그 배후에 있음을 추측하여 알게 되었다. 현철들은 이미 주재자가 존재함을 믿기 때문에, 그 명령을 어겨서는 안 된다는 점을 알고 있다. 『시경』에서 "방안의 컴컴한 구석에서도 부끄러움이 없다"라고 얘기하는 경외와 애모가 멈추지 않는 정성의 자세는 아마 고금의 현철 모두에게 있으며, 지구상 어디에서나 그렇지 않은 곳이 없다. 다만 소위 교문에 이르러서는 그 문파에 의해 도덕이나 예의의

규칙이 다르고, 숭배하는 신이 같지 않다. 이 또한 사람들이 각자 선택할 뿐인 것이다.(▷p161)

현철의 믿음이란 "만물의 까닭"과 자신의 "마음의 아주 작은 부분"까지도 궁구함으로써, 즉 인간이 갖고 있는 "지智"를 사용하여 도달한 결론이다. 현철은 지력을 총동원하여 "주재主宰자"의 존재를 "미루어 짐작"하게 되고, 이는 곧 지의 한계 너머에 있는 존재에 대한 믿음으로 이어진다는 것이다. 그리고 그 믿음이 주재자의 명命을 실천하게끔 이끄는 것이다. 여기서 니시는 명命의 내용을 명시하고 있는데, 그 핵심은 유학 경전에서 강조되는 엄격한 자기수양의 경지인 신독愼獨과 맞닿아 있다. 홀로 있을 때에도 도리에 어긋남이 없도록 언행을 삼가는 태도를 가리키는 불괴옥루不愧屋漏와 이에 기초한 주재자를 향한 "경외와 애모敬畏愛慕가 멈추지 않는 성誠"을 다하는 자세가 그것이다. 그는 홀로 있음을 삼가는 군자君子의 모습이 "지구상 어디에서나" 통하는 도덕과 예의의 실체이며, 신을 숭배함으로써 얻는 결과라고 확신하고 있다. 결국 인간이 도덕적 존재일 수 있는 근거는 지知의 한계를 뛰어넘은 영역에 대한 믿음信에 있다는 것이다.

니시는 인간이라면 누구나 "내 마음이 좋다善고 생각하는 바"를 행하면, 마음이 "즐겁고愉悅", "마음이 나쁘다惡고 생각하는 바"를 행하면 "오뇌懊惱하고 후회悔恨"하는 "본성性"을 갖고 태어난다고 생각한다. 이는 "하늘이 부여한天賦" 것이다. 그렇기 때문에 인간이 이러한 본성에 따라 행동한다면, 다시 말해 "습속習俗"이나 "집안의 전통"이나 "편리함과 불편함"과 같은 기준들에 구애받지 않고 오로지 자신이 "참眞"이라고 생각하는 바를 따라서 행동하기만 한다면, 자연히 도덕적으로 올바른 인간이 될 수 있으리라는 결론에 니시는 도달했다.

인간이 만물의 장長으로 이 지구상에 군림할 수 있는 것은, 바

제 15 장 메이로쿠샤 지식인의 religion 이해의 맥락

로 이 마음을 잘 보존하고, 이 본성을 잘 알며, 능히 이 리理를 받듦으로써 어디서부터 나온 것인지와 무엇을 의지해서 이루어졌는지를 인식하고, 하늘을 경외하며 애모愛慕하고, 매일매일 잘못을 저지르지 않기 위해 조심함으로써 그 길을 준수하고 신봉하기 때문이다. 그렇지 않다면, 아무리 크고 높은 건물, 호화롭고 웅장한 집에 산다 하더라도 어찌 산호충珊瑚蟲과 다를 바가 있겠는가.(▷p167)

결국 인간이 만물의 영장으로서, 인간답기 위해서 필요한 조건은 바로 하늘이 부여한 바에 따라 실천하고자 하는 마음, 본성, 그리고 그래야만 하고 그럴 수밖에 없는 이치를 아는 데에 있다. 그 이치를 알기 위해서는 이치가 생겨난 그 원인이 있는, 지력을 넘어선 영역에 대한 "미루어推" 짐작해보는 행위를 거쳐 알 수 없는 것에 대한 "믿음信"으로 나아가는 수밖에 없는 것이다. 이것이 가능하지 않다면 아무리 문명개화의 상징인 "높고 거대한 건물"이나 "벽돌 건물"에 산다하더라도 그것은 껍데기에 불과할 뿐 "산호충"과 같은 하등생물과 다를 바 없다. 니시가 지知를 통한 믿음信을 이야기한 이유는 이처럼 명료했다.

그러나 모든 인간이 현철賢哲일 수는 없다. 지知의 수준이 낮은 사람들은 존재하며, 그로 인해 낮은 수준의 신앙을 유지할 수밖에 없다. 그들의 믿음은 위와 같은 고난도의 자기 수양, 덕행을 가능하게 해줄 수 없기에 니시는 현철들이 자신들이 믿는 바를 널리 밝힘으로써 보통 사람들匹夫匹婦이 "빠져있거나惑溺 미쳐있는狂妄" 믿음의 대상으로부터 벗어나게끔 "꾀어서 이끌고 풀어서 깨우쳐誘導解諭" 주어야 한다고 생각한다. 그리하여 "점차 교화敎化가 진행되면 혁면革面의 때"에 다다를 것이라는 주장이다. 이것이야말로 정부의 통치가 인민의 믿음 문제, 즉 종교의 문제를 다루기 위해 취해야 할 핵심적인 대처 방안이라고 그는 확신했다.

결론적으로 니시의 「교문론」은 인간 본성의 정의가 명확하고, 확고한 이상을 전제한 논의였으며, 선악의 구분 또한 분명하게 가능하다는 주장이었다. 니시가 그리는 인간의 도덕적 이상형은 홀로 있을 때도 삼가며 부끄러움이 무엇인지 아는, 이 세계의 주재자에 대한 "경외애모敬畏愛慕"의 마음을 성실하게 실천하는 군자와 같은 인간상이었다. 여기에는 보편적 도덕률로서의 유학적 도덕 기준이 짙게 깔려있었다. 그리고 이처럼 이미 절대적인 선善의 기준이 명확하게 전제되어 있기 때문에, 지知의 수준에 따라 믿음의 객관적 수준도 높아진다는 논리에 무리가 발생하지 않는다.

믿음의 대상이 무엇이든 상관없이 오로지 인간이 "참眞"이라고 믿는 바를 믿고 행한다면, 그것이 하나의 귀결점으로 모일 것이라는 「교문론」의 논리는 결과적으로 종교의 자유를 주장하고는 있지만, 결코 그것이 서구의 자유주의적 전통의 맥락과는 궤를 같이한다고 말할 수는 없다. 「교문론」은 어디까지나 여러 교문이 궁극적으로 동일한 인간의 본성을 바탕으로 하고 있다는 점에서 출발하며, 그렇기 때문에 궁극적으로 도달하고자 하는 목표 역시도 동일하다는 발상에 기초해서 나온 것이다. 그리고 이 때, 목표에 도달하기까지의 과정에서 어떤 '교문'을 선택하는가의 차이, 즉 믿음의 대상의 차이는 근본적인 문제가 될 수 없다.

가르침敎으로서의 religion

메이로쿠샤의 다른 회원들도 교문에 대해 유사한 사고방식을 공유하고 있었다. 예를 들어, 쓰다 마미치는 「삼성론三聖論」에서 다음과 같이 말했다.

> 삼성의 말이라 하더라도 지금 관점에서 보자면 틀린 곳이나 억지가 때때로 있다. 이는 그 당시에 사물의 이치가 아직 밝지

제15장 메이로쿠샤 지식인의 religion 이해의 맥락

않았기 때문이다. 그렇지만 인도人道의 대본大本이라는 차원에서 보자면, 삼성이 말하는 바는 흔들리지 않는 분명한 것으로 없어질 수 없는 것이다. 그 이유는 무엇일까. 석가는 자비慈悲를 말했고, 공자는 인仁을 말했으며, 그리스도는 사랑愛을 말하여 이를 각자의 도의 기본으로 삼았기 때문이다. 삼성 이전에도 소위 성인이나 현자들은 모두 자비, 인, 사랑이라는 미덕을 모르지 않았다. 그렇지만 미처 이것을 인도人道의 주축이 되는 근본으로 삼지는 못했다. 조물주 덕이란 광대하고 끝이 없다고 하지만, 한마디로 그 덕의 근본이 무엇인지를 형용할 수 있는 말은 이 몇 가지뿐이다. 효제孝悌, 충신忠信, 지용智勇, 정직 등은 모두 인도에 있어서 빠트릴 수 없는 것이라고 하지만, 만약 이들을 주된 덕목으로 삼는다면 이는 잘못이다. 자비, 인, 사랑을 주된 덕목으로 삼아 조물주의 살아있는 것들을 사랑하는 마음을 가장 잘 체현한 것은 석가, 공자, 그리스도, 이 세 성인에 비할 자가 없다. 이것은 삼성이 삼성일 수 있는 이유이자, 그 도가 유구하게 전승되며 바뀌지 않는 까닭이다. 자비, 인, 사랑은 문자는 다르다고 하더라도 뜻은 하나이다.(「삼성론」▷p186)

쓰다 역시 세 명의 성인聖人의 가르침이 공통적으로·인도人道의 근본·중심을 설파했다고 말하고 있다. 불교, 유교, 기독교의 핵심은 사람이 사람으로서 걸어가야 할 길의 근본을 설파했다는 점에서 공통의 기초를 갖고 있다는 인식인 것이다.

기독교 세례를 받은 나카무라 마사나오의 인식도 기본적으로 니시나 쓰다와 동일했다. 그는 일찍이 메이지 2년(1869)의 글에서 다음과 같이 말했다.

> 야만인은 예의란 것을 모른다 아프리카의 여러 나라들과 같은 경우. 그러나 또한 상像을 세우고 사당을 만들어 여기에 절하고 꿇어 앉는다拜跪. 혹자는 목석木石을 신神으로 삼고, 혹자는 반인반수半人半獸의 상을 두고 신으로 삼는다. 괴이한 형태와 이상한 형상들이 비교가 되지 않는다. (이것을 보고) 사람들은 혹 그 망상됨과 어리석음을 비웃는다. 그러나 나는 이것이야말로 야

만인이 금수와 다른 까닭이라고 생각한다. 생각건대 야만인도 또한 사람이기에 반드시 상제上帝의 한 부분을 점한다. 다만 그 지식이 아직 개명되지 않아서 사려가 깊지 못하고, 그래서 마음속의 한 점의 숭경崇敬하고자 하는 마음이 닿을 곳이 없어서 헤매는 것이다. 수 없이 상상하여도 여전히 그 마땅한 바를 얻지 못하였기에 여러 신의 상像이라도 갖고자 하는 것이다. 그들로 하여금 형태가 없는 진정한 신眞神 즉 조화造化의 주재主宰, 즉 상제上帝을 알게 한다면 그들도 반드시 기뻐서 춤추며 이를 숭배하고자 할 것이다.[8]

나카무라 역시 니시와 마찬가지로 목석이나 반인반수의 상을 만들어 이를 믿음의 대상으로 삼는 사람들의 근원적인 자세가 틀렸다고 말하지 않는다. 야만인도 인간이므로 보편의 본성을 동일하게 갖고 있기에, 당연히 초월적 존재에 대한 숭경崇敬의 마음을 품고 있는 것이다. 다만 나카무라도 그들의 "지식이 아직 개명되지" 않았기 때문에 믿음의 대상이 비웃음을 사기도 하는 것이지만, 그들도 진정한 신眞神 혹은 주재主宰, 상세를 알게 된다면 달라질 것이라고 생각한다. 그의 주장 역시 니시가 말하는 지知의 수준이 높아짐에 따라서 믿음信의 수준도 높아질 것이라는 논리와 동일한 구조를 갖고 있다.[9]

물론 메이로쿠샤 회원들이 모두 이러한 생각에 동의한 것은 아니었다. 대표적으로는 카시와바라 타카아키柏原孝章(1835~1910)가 니시의 「교문론」에 대한 반론(▷p172)을 『메이로쿠 잡지』에 게재한 사실을 꼽을 수 있다. 카시와바라는 모든 교문이 정도의 차이는 있지만 궁극적으로 하나의 보편적 목표점을 갖는다고 보지 않는다. 교문은 "정교正敎"와 "사교邪敎"로 분류되며, 일본처럼 인민이 사교에 경도된 정도가 심한 나라에서 니시가 말한 대로 각자가 믿는 바를 내버려둘

---

[8] 中村正直, 『請質所聞』, 자필본, 1869년 (靜嘉堂文庫所藏).

[9] 나카무라는 1887년 동경학사회원에서도 동일한 논의를 펼쳤다(「漢學不可廢論」). 여기에 대해서는 이새봄[97]을 참조.

제 15 장 메이로쿠샤 지식인의 religion 이해의 맥락

수 없다는 것이 그의 주장이었다. 그렇기 때문에 카시와바라는 정부가 나서서 인민들에게 올바른 가르침敎를 가르쳐야 한다고 믿었다.

이러한 발상은 앞서 살펴본 니시, 쓰다 혹은 나카무라와 근본적으로 다르다. 다시 말해, 그의 발상은 올바른 가르침正敎에 의해서만 정치적 안정과 질서의 유지가 가능하다는 데 반해, 니시 등의 발상은 인간이 갖는 믿음의 대상, 즉 어떠한 교문을 통해서 목적을 달성하는가는 중요하지 않다는 데 있는 것이다. 다시 말해, 교문이란 불가지 영역에 대한 믿음을 통해 인간의 도덕적 발전을 기할 수 있는 도구인 것이고, 어느 도구를 사용할 것인지는 부차적인 문제라는 인식이 「교문론」의 기저에 깔려있다.

하지만 카시와바라의 종교 이해 방식은 '가르침敎'에 정사正邪 구분이 있다는 점에서 막말기의 미토학자나 오하시와 같은 유학자의 발상과 궤를 같이 한다고 볼 수 있다. 앞서 살펴본 바와 같이, 니시나 나카무라와 같이 신앙의 대상이 무엇이건 상관이 없다는 태도와는 다르다. 이들 모두 서양의 종교 개념에 촉발 받아 이 같은 논의를 전개하고 있긴 하지만 그 중 누구도 영혼의 구제나 극락왕생을 말하지 않는다. 이들 얘기의 결론은 어디까지나 종교를 통해 얻을 수 있는 효과, 즉 도덕의 진흥과 문명국가의 실현에 있었다. 그리고 그 같은 효과에 초점을 맞추고, 이를 얻기 위한 수단으로서 종교가 갖는 의의를 평가하고 있다는 점에서 그들 모두는 종교에 대해 공통적인 태도를 갖고 있다.

왜 그들은 이런 식으로 종교를 이해한 것일까? 여기에 대해서는 와타나베 히로시의 최근 논고에서 중요한 힌트를 얻을 수 있다.[10]

---

10) 渡邊[?]에서 「宗敎とは何だったのか」라는 주제의 보론補論을 추가했다. 이 글은 저자의 기존 연구인 渡邊[?]나 渡邊[?] 등의 연장선상에서 메이지 초기의 정치 지도자와 지식인들이 서양의 religion을 이해한 기본 틀을 선명하게 제시하고 있다.

와타나베는 그들의 논의가 현재 우리가 생각하는 religion의 개념과는 다른, 인민과 나라를 위한 '가르침敎'에 대한 것이었을 가능성을 지적한다. 달리 말하자면 메이지 초기 지식인들의 기본 전제가 현재의 우리와 다르다는 것이다. 해당 시기 religion의 번역어들을 살펴보면, 法敎, 敎法, 敎門, 敎道, 神道, 宗敎 등 다양하다. religion이 진리, 절대적 신앙, 성스러움과 맞닿아 있는 개념이라면 이들 번역어에서는 모두 가르침으로서의 교敎가 강조되었다. 교의敎義, 교육敎育, 교훈敎訓, 교화敎化 등의 뜻이 복합적으로 포함되어 있는 것이다. "하늘이 명한 것을 성性이라 하고天命之謂性, 성에 따르는 것을 도道라 하고率性之謂道, 도를 닦는 것을 교敎라 한다修道之謂敎."는 『중용』 첫 구절의 의미가 깊이 각인된 유학적 교양인인 니시를 비롯한 메이지 초기의 지식인들에게 이는 어쩌면 당연한 일이었다. 그들은 서양사회의 '문명개화' 상태가 구성원 각자의 도덕성을 전제한다고 보았다. 유학적 교양인에게 도덕적인 삶은 천명天命이자 하늘이 부여한 인간의 본성性, 그리고 본성에 따르는 삶을 위한 길道에 부합하는 삶이 전제되어 있는 것이었다. 그렇다면 그러한 도덕적 삶의 실천이라는 목표를 달성하기 위해서는 서양인들에게 거기에 이르기 위한 어떤 수단 혹은 방법이 없을 수 없다. 그것이 바로 religion의 기능이다. 당시 서양을 관찰한 많은 일본인들이 보기에 서양사회에서 religion은 바로 그러한 기능을 담당하고 있었던 것이다.

절대적 초월자에 대한 신앙이 선행되어야 하고, 그 후에 초월자의 명령에 복종하는 것이 도덕의 실천으로 이어진다는 이른바 종교적 사고가 그들에겐 애초에 존재하지 않았던 것 같다.(渡邊[?], p275~276.) 「교문론」을 통해 본 니시의 논의도 역시 이와 같은 사고방식을 고스란히 드러내고 있다. '교문' 혹은 가르침의 다양성을 이상의 실현을 위한 다양한 가능성으로 인정하는 니시를 비롯한 메이로쿠샤 회원들의 태도에는 이렇듯 서양의 religion과는 사뭇 다른 전제가 깔려있던 것이다.

맺음말

기독교가 서구 문명의 핵심축이라는 인식은 도쿠가와 말기부터 이미 정착되어 있었다. 그리고 메이지 유신 이후, 일본의 지식인들 중 많은 사람들은 서구 문명의 기반인 religion이란 무엇인지, 그들이 믿는 religion인 기독교를 어떻게 이해할 것인지에 대해 구체적이며 본격적인 탐구를 시작했다. 니시의 「교문론」은 이러한 맥락 속에서 탄생한 religion=교문에 대한 고찰이었다.

그는 「교문론」을 집필하기 이전 글인 『백일신론百一新論』(1874)에서 신도神道, 공자, 노장老壯, 브라만婆羅門, 회회교回回敎, 기리시탄, 희랍교 등의 다양한 가르침百敎이 갖는 궁극적 취지란 "오로지 사람이 사람답게 사는 길을 가르쳐 준다"는 점에 있음을 설파한 바 있다. 다양한 가르침은 사람이 사람다운 삶을 영위해야 한다는 목표를 위한 다양한 방법이었던 것이다. 물론 이때 '사람다움'의 보편타당한 기준은 이미 전제가 되어 있는 상태였다.

그러나 이처럼 다양한 가르침敎이 공존하는 세계를 전제하고 있던 니시가 궁극적으로 지향한 것은 다양한 가르침이 공존하는 상태 그 자체는 아니었다. 「교문론」이 설정하고 있는 이상은 인민이 현철賢哲과 같이 높은 수준의 지知를 통해 높은 수준의 믿음信에 도달함으로써 소위 군자君子의 경지에 다다르는 것이었다. 그 경지는 달리 표현하자면 문명개화의 정점이었다. 그것은 지적으로나 도덕적으로나 가장 높은 수준을 견지한 현철의 경지를 인간이라면 누구나 지향해야 하고 지향할 수밖에 없는 것이지만, 거기에 이르기까지의 실천 방식은 다양할 수 있다. 「교문론」이 주장하고 있는 바는 명확했다.

이상과 같은 종교 이해 방식은 하나의 신앙에 절대적 가치를 두지 않고 종교 간의 상대적인 비교를 가능하게 한다는 점에서 현대인의 종교 감각과는 상충되는 부분을 발생시킨다. 그러나 니시를 비롯한 대다수의 메이로쿠샤 회원들에게 중요한 문제는 신앙에 의한 영혼의 구원이나 사후 세계의 안락함의 보장이 아니었다. 그러한 보상이 있을 것이라는 보장을 통해 현세에서의 도덕적 질서가 유지되는 것이 그들에게는 중요했다. 현실의 도덕적 질서의 실현이라는 목표를 위한 수단으로서 종교는 존재했던 것이다. 그러나 이와 같은 종교 이해의 방식은 메이로쿠샤 회원 다음 세대로까지 이어지지는 않았다.

제 *16* 장

메이지 일본의 '양처현모'론 탄생의 맥락1)

이새봄

양처현모론의 문제

일반적으로 오늘날 한국에서 '현모양처'라는 개념은 구시대적 여성상으로 통용되고 있다. 이는 식민지시기에 '양처현모'론이 유입되면서 생겨난 개념이었다.2)

이러한 맥락을 생각해 볼 때, 한국의 여성사나 젠더론에서의 현모양처론을 이해하기 위해서도 일본의 양처현모론이 등장하게 되는 역사적 맥락과 메이지 초기의 당대 배경을 알아야만 양자 사이의 차

---

1) 이새봄, 「메이지 일본의 '양처현모'론 탄생의 맥락―도쿠가와시대 여성 담론으로부터의 연속과 단절―」『개념과 소통 22』, p41~73, 2018.
2) 예를 들어, 한국에서는 신사임당을 현모양처의 모델로 언급하는 경우가 많지만, 조선시대의 문헌에서도 현모양처의 용례는 발견되지 않는다. 신사임당이 현모양처로 상징되는 등의 담론이 형성되는 식민지시기의 과정에 주목한 연구로는 홍양희, 2016, 「'현모양처'의 상징, 신사임당: 식민지시기 신사임당의 재현과 젠더정치학」, 『사학연구』122, 155~190쪽 참조.

제16장 메이지 일본의 '양처현모'론 탄생의 맥락

이와 공통점을 정확하게 분별 가능하다는 점을 알 수 있을 것이다.

메이지 초기 일본을 발상지로 하는 '양처현모良妻賢母'론은 지혜롭고 사랑이 넘치며 남편을 위해 헌신하는 아내이자 현명하고 자애로운 어머니로서의 역할을 여성에게 요구하는 내용이다.3) '양처'와 '현모' 모두 한문 고전에 전거가 있는 표현이나, 이 두 어휘를 합쳐서 하나의 개념으로 사용한 사례는 한문 고전에서는 물론 메이지明治 시대 이전의 일본 문헌에서도 찾기 어렵다. 한문 고전에서 사용되는 표현이 합쳐진 개념인 만큼 언뜻 생각하기에 유학적 여성관의 발현인 것처럼 생각되기 쉽지만, 그것이 유일한 기원은 아니다.

본 논문에서는 이처럼 근대일본에서 새롭게 등장한 양처현모론이 도쿠가와 시대의 여성 관련 담론과 어떻게 연결되는지 살펴보는 작업에서 시작하여, 메이지 유신 이후 양처현모 담론의 시발점으로 알려져 있는 나카무라 마사나오中村正直(1832~1891)의 논설을 구체적 분석 대상으로 삼아 논의를 진행한다. 우선 도쿠가와 정치체제의 무사 사회적 요소가 여성 담론에 끼친 영향, 도쿠가와 시대의 '이에家' 제도의 특징과 그 안에서 여성이 차지했던 지위와 역할, 여성교육의 특징 등에 관해 검토한다. 또한 이에 제도와 여성의 관계에 관해서 현대의 젠더론적 관점에서 평가를 내리지 않고, 가급적 당시 사회의 규율인 가업도덕의 원리에 입각해서 고찰해보고자 한다.

후반부에서는 '문명개화文明開化'의 바람이 일본 전체를 휩쓴 메이지 초기의 사회 분위기 속에서 남녀관계가 어떻게 새롭게 규정되어야 하는지 고민한 당대 지식인들의 논의를 간단하게 살펴볼 것이다. 그리고 이 과정에서 나카무라가 제시한 여성교육의 새로운 목표가 소위 양처현모론의 시초에 해당한다는 점을 확인하며, 그가 제시한

---

3) 한국에서는 일반적으로 '현모양처'가 사용되지만, 이 글에서는 일본사상사의 맥락에 따라 '양처현모'를 사용한다.

여성상이 어떠한 사상적 맥락들을 포함하고 있는지를 분석해본다.

이러한 작업을 통해, 양처현모론이 구체적으로 어떻게 도쿠가와 시대의 여성 담론과 연속되는 측면이 있었고, 동시에 무엇이 메이지 일본이라는 새로운 시대에 부응하는 새로운 측면이었는지를 밝히고자 한다.

도쿠가와 시대 여성론의 전제들

도쿠가와 사회 전체를 지배한 가업도덕家業道德

도쿠가와德川 시대(1600년대 초~1868) 일본은 무사가 지배하는 통치구조였다. 잘 알려져 있는 것처럼, 도쿠가와 쇼군이 통치 권력의 정점에 위치하는 이 정치체제에는 지배의 정당화를 위한 이념적 혹은 이데올로기적 장치가 존재하지 않았다. 전국시대를 거치며 탄생한 도쿠가와 정권은 가장 강했기 때문에 군림할 수 있었고, 도덕적, 이념적 정당화의 직업 없이 시작된 무사 정권은 압도적인 무력의 과시, 즉 '어무위御武威'를 통한 통치 하에서 무사들은 '전투자'로서의 정체성을 그대로 유지했다. 정부는 군대 조직이 관료조직으로 전환된 형태였다.

이 정부의 구성원들은 '무武'를 자기 정체성의 핵심으로 여기는 전투자인 무사였다. 무사 층의 위상은 같은 시대의 중국이나 조선에 비해 높았지만, 270여 년 동안 그들이 자기 정체성을 실제로 실현시킬 수 있을 만한 전투는 없었다. 대신 평화 속에서 무사로서의 정체성을 유지하기 위해 전투가 없더라도 항상 무사답게 행동해야 한다는 의식('무사도', '남도男道')을 갖게 되었고, 항상 '무사다움'을 의심 받지 않기 위해 노력해야만 했다.(渡邊[?], 한국어판 52~56쪽)

무사로서의 정체성인 '무사다움'은 '남성다움'을 강조하는 것이

제16장 메이지 일본의 '양처현모'론 탄생의 맥락

고, 이러한 '남성다움'의 강조는 그 이면에 여성의 멸시라는 풍조를 동반했다.[4]

남성 전투자들로 점철된 전장에 여성은 존재하지 않았고, 이러한 여성의 부재는 무사인 남성의 우월성을 증명하는 논리로 이어졌다. 우월성은 무사로서의 명예심의 기반이 되었다. 하지만 이러한 발상은 무가武家의 남성에게만 해당하는 신분 윤리이었다. 무가의 여성들에게까지 적용되는 윤리 의식은 아니었던 것이다. 그리고 이러한 무사의 신분 윤리를 통해 남성다운 남자들이 그렇지 못한 존재들을 통치한다는 의식이 만들어졌다.

그러나 도쿠가와 정부는 동시대의 중국이나 조선과는 달리 유학을 통치 이념으로 삼고 있지도 않았다.[5] 그렇다면 도쿠가와 시대의 일본 사회는 어떠한 도덕규범을 기준으로 삼았던 것일까? 사회 전체

---

4) 전국시대 이래 무사 계층 내의 남색男色은 바로 이러한 '남성다움'의 논리에 입각한 것이다. 전장이라는 여성이 부재하는 장소에서 무사들은 승려의 경우처럼 동성을 추구하는 필연성을 가졌다. 특히 전국시대 무사들의 풍습이 짙게 남아있던 도쿠가와 초기에 남색이 성행했으며, 후기로 갈수록 그러한 경향은 약해진다. 그러나 도쿠가와 일본에서 남색은 금기가 아니었으며, 남자가 바이 섹슈얼이라는 사실은 흔히 있는 일이었다. 여기에는 남색을 통해 무사 조직 내에서 출세 가능성이 높아진다는 차원의 요인도 있었지만, 더 근본적인 차원에서는 진정한 '남성다움'의 추구라는 맥락에서 이루어지는 것이었다. 『하가쿠레葉隱』와 같이 남색의 정신적 측면을 강조하여 주군을 향한 사랑愛을 북돋는 논의도 존재한다. 무사는 '여자'와 충분히 '남자'답지 못하는 신분의 남자들과 비교했을 때, 강한 남성상을 보임으로서 위압을 가했고 지배하고 있는데, 여자와의 과도한 접촉은 남성스러움을 오염시킬 위험이 있기 때문에 남성스러움을 유지하기 위해서는 피해야 하며 '여성의 뜻'을 받아들여서는 안 된다는 것이다. 즉 극단적인 남성다움의 추구의 결과, 남성들끼리의 애정을 남성과 여성 사이의 그것보다 더 높이 평가하는 논리가 도출되는 것이다. 菅野聰美, 「性(セクシュアリティ)」(米原[80])의 내용 참조.

5) 물론 도쿠가와 후기로 갈수록 무사 계급 및 부유한 상인, 농민층에 유학 교육이 보급되어감에 따라 유학적 도덕관념이 초기에 비해 상대적으로 큰 영향력을 갖게 되었다. 그러나 중국이나 조선과 같이 통치 이데올로기로서 유학이 채택된 사회와 비교하자면, 유학의 도덕적 규율이 사람들의 일상까지도 얽매는 정도의 파급력은 결코 갖지 못했다. 어디까지나 통치자의 위치에 설 수 있었던 사람들의 정치 생활에 있어서의 영향력의 증대라고 볼 수 있을 것이다. 도쿠가와 후기의 유학의 보급과 무사들의 사화士化, 그리고 메이지 유신의 관계에 대해서는 박훈[92]을 참조.

를 규제하는 규범의 구조를 이해해야만 각 성性에 요구되는 성역할, 도덕적 의무 등을 파악할 수 있다. 그러한 의미에서 우선 도쿠가와 일본의 '이에家' 제도에 대해서 살펴볼 필요가 있다.

도쿠가와 시대의 일본인들은 원칙적으로 누구나 이에家에 소속되어 있었다. '이에'란, 중국이나 조선과 달리 혈연관계를 기반으로 하지 않는 도쿠가와 질서 체제의 기본 단위이다. 지배층인 무사뿐만 아니라, 조닌町人(=상인, 직인), 햐쿠쇼百姓(=농민) 등 피지배층까지, 원칙적으로 신분에 상관없이 사람은 누구나 어느 '이에'에 소속되어 그 가업에 종사했다. 이에는 부계의 기氣 혹은 혈통의 전수를 기준으로 성립된 것이 아니다. 그렇기 때문에 동시대의 중국이나 조선에서 말하는 '지아家'나 '집안'과는 전혀 다른 성질의 단위 개념이다.

각 이에는 사회 내에서 맡은 역할을 갖고 있으며, 이에의 구성원은 자신이 속한 이에의 역할이 세대를 초월하여 계승되어야 한다는 목적을 위해 최선을 다할 것이 요구되었다.(中村敏子,「家」[80], 118~119쪽) 기본적으로 이에는 다음과 같은 특징을 갖는다.

이에는 부부와 그 혈족을 기본으로 하며 이에에 소속된 봉공인奉公人도 포함한 단위의 조직이다. 이에란 구성원 개개인의 편익을 위한 단체가 아니라, 구성원 모두가 이에라는 단체의 이익을 위해야 하는 구조였다. 그래서 어떤 이에에 소속되어 있다는 것은 모든 가치의 중심을 그 이에에 둔다는 의미였다. 선조로부터 물려받은 이에를 자손에게 고이 물려주는 것, 즉 세대를 넘어 영원히 존속해야 하는 것이 중요하다. 다시 말해, 한 개인이 이에가 지닌 사회적 역할(직업)에서 벗어날 수 없는 사회인 것이다. 이러한 '이에' 개념은 혈연이나 배우자와의 관계를 통해 엮인 일군의 사람들 자체의 문제가 아닌, 그보다 상위 가치로써 가업家業이나 가명家名이라는 고유의 목적, 즉 구성원들의 생사와 관계없이 존속하며 이에 자체에 대한 구성원들의 헌신을 요구함과 동시에 또한 그 구성원들에게 은혜를 베푸는 영속적인 목적이 존재한다. 마치 이에라는 상자 안에 사람들이 들어있는 채로, 시간이 지나면 사람들은 교체되지만 상자는 계속되는 이미지이다.(渡邊[?], 한국어판 81쪽) 이에라는 개념 자체에 가치와 목적이 모두 포함되어 있는 것이다.

이처럼 가업이 최우선시 되며 가업의 계승과 번성을 위해 사람은 노력해야한다는 명제를 '가업도덕'이라고 부른다.[6] 가업도덕은 모두 각자의 역할에 충실하여 삶을 영위하는 것 자체에 도덕적 가치가 있다고 보는 것으로, 특히 상공업 종사자인 조닌이나 농업을 위주로 하는 햐쿠쇼(주조업, 양조업 등 겸업)에게는 노동 의욕을 향상시키는 요인으로 작용했다.[7] 누구나 자신의 이에를 위해서 최선을 다하는 삶을 도덕적이라 여기고, 또 그것이 세상살이에서 보상을 받을 것이라는 가업도덕은 사회적, 정치적 불평등을 전제로 하면서도 많은 사람들에게 일종의 도덕적 평등을 느끼게 만들었다.(渡邊[?], 한국어판 91쪽) 이는 유학의 도덕관념을 기반으로 한 중국이나 조선에서, 학문과 수양을 통해 궁극적으로 도달해야 하는 목표가 통치자가 되는 데에 두어 통치 행위에 궁극적 우월성이 부여된 것과는 사뭇 다른 양상이었다. 결정적으로 유학에서 부계 혈통의 연속, 즉 부계의 성姓이 이어진다는 사실 자체가 중요한 것에 비해 이에 제도와 가업도덕이 지배하는 사회에서 부계 혈통의 연속은 지상과제가 아니었다.[8]

---

[6] 도쿠가와시대에 일반적으로 사용된 개념은 아니지만, '가업도덕'이라는 표현이 사용된 사례로 예를 들어, 河田正矩, 『家業道德論』(1740)이 있다.

[7] 무사의 이에의 가직家職을 군주인 번주나 쇼군으로부터 부여받은 것이기 때문에, 조닌이나 햐쿠쇼 등의 서민과는 달리 결혼이나 상속 문제 등에 위로부터 직접적인 승인이나 간섭을 받아야만 했다.(中村敏子, 「家」[80], 121쪽) 그리고 군주의 지휘 하에 있는 군사조직의 일부로서 존재하는 무사의 이에는 다른 신분과에 비해 상대적으로 가격家格 경쟁을 할 수 있는 여지가 적었다.

[8] "하나의 샘에서 몇 갈래로 물길이 나뉘어 흘러가듯이, 혹은 하나의 줄기에서 천지만엽千枝萬葉이 생겨 울창해지듯이, 종족宗族이란 하나의 선조의 생명이 연장되어 확대되어 가는 것과 다름이 없다. (...) 중국인이 뇌리에 그린 인간세계란

이에 제도 속 여성의 결혼과 결혼생활 윤리

결혼의 의미

이와 같은 특징을 갖는 이에家를 기본 단위로 하는 정치질서 속에서, 가업도덕의 지배를 받는 도쿠가와 시대의 결혼이란, 동시대 구미국가에서 지배적이었던 그리스도교적 결혼 관념과 같은 남녀의 일체화되는 것을 의미하지도,[9] 유학적 관념에 기초한 결혼 개념처럼 남편의 혈통을 이을 자식의 생산이 주목적이지도 않았다.

도쿠가와 시대의 결혼이란, 남성 이에 내의 아내妻라는 직분에 필요한 인재를 조달한다는 의미였다고 말할 수 있다.[10] 이에끼리의 사계약인 결혼을 통해 여성은 이에 운영의 책임을 갖는 위치에 서게 되었고, 상층 무사계급이나 황족, 구게公家 등 일부를 제외하고는 여성도 이에를 위해서 남성만큼 열심히 일해야만 했다. 현대의 샐러리맨과 같이 봉급생활을 하는 하급무사 집안의 여성들은 수입을 얻어 가계를 꾸리기 위해 가내업에 종사하는 경우가 많았고, 상인이나 농민층의 여성은 남성의 '바깥일', 즉 가업을 위한 보조의 역할에 그치는 것이 아니라 종종 거의 동등한 위치에서 가업에 함께 종사했다. 이에를

각각을 하나의 무형無形의 생명이라고 부를 수 있는 종족들이 병존하면서 성쇠를 거듭하는 세계였다" (滋賀[37], 37쪽)

9) 서양의 부부개념은 그리스도교의 성서(「창세기」)에 입각하여 성립했다. 즉, 여성의 시조인 이브가 남성인 아담의 신체 일부로부터 만들어졌다는 점과, 원죄原罪를 범했기 때문에 낙원으로부터 추방당한 그들이 약속받은 영원한 생명을 갖지 못하게 됨으로써 남녀의 성적 일체화를 통해 자손을 남겨야하는 필요성이 발생했다는 점에서 결혼이란 남녀의 성적 일체화라는 목적을 갖는 것이라고 생각하게 된 것이다. 영혼과 육체를 분리하고 우열의 관계에 놓는 그리스도교에서는, 원죄의 씨앗이 된 여성은 그 자체로 비난의 대상이 되었고, 원죄 이후 남녀가 육체관계를 가질 수밖에 없는 상황 역시 바람직하지 못한 것으로 여겨졌다. 원죄 이후 여성은 남편에게 복종할 것을 신이 명했기 때문에 여성에 대한 가부장적 지배 상황은 신이 정한 것이라고 해석되었고, 유일하게 허용된 남녀의 육체관계는 신의 축복을 받은 결혼이라는 제도 속에서만 가능하게 되었다. (中村[72], 37~41쪽)

10) 여성의 이에에서 양자로 들인 남성과 딸을 결혼시키는 경우 여성의 이에 내의 직분일 수도 있다.

대표하는 역할인 당주當主는 주로 남성이 맡았지만, 경우에 따라서 여성이 당주를 맡을 수도 있었다. 기본적으로 당주의 아내는 이에 내부를 관리하는 역할로, 대외적인 업무를 맡는 당주의 역할과 상호 독립적인 역할 수행을 바탕으로 한 협동관계에 있다고 간주되었다. 이에는 직장이자 가정이었던 것이다.

물론 그렇다고 해서 남녀평등이 실현되었다고 말할 수 있는 것은 결코 아니다. 지배층이 남성이라는 점, '남성다움'을 강조하는 무사도와 표리를 이루는 여성 멸시의 문화가 존재했다는 점, 도쿠가와 일본에서 유학적 도덕관이 점차 영향력을 갖게 되어가고 있었다는 점 등은 대다수의 전근대 사회가 그렇듯 일본 역시도 명백하게 남성 우위의 사회였다는 사실을 말해준다.

다만 도쿠가와 시대 여성들은 무사들의 신분 윤리에 직접적으로 구속받지 않았으며, 동시에 부계혈통의 연속을 가치의 기반으로 삼는 유학의 윤리에도 동시대 이웃나라 여성들만큼 얽매이지 않았다. 또한 중국과 조선에서의 통치계급은 유학을 통해, 구미의 경우 종교를 통해 여성의 순결, 정조 등을 강조하는 식으로 여성을 구속하는 체계적인 규범 혹은 이상적인 여성상을 만들어내는 데 비해, 도쿠가와 일본의 통치계급이 그것을 제시할 수 없었다는 점도 도쿠가와 시대 여성론에서 특기할 만한 사항이다. 같은 맥락에서, 도쿠가와 일본의 통치자는 유학에서와 같이 모든 계층의 인간에게 통용되는 도덕적 모범으로서의 통치자가 아니기에 성적인 자유분방함이 비난 받지 않는다. 또한 남자는 물론 여성의 성행위도 동시대 이웃나라들이나 구미 국가들에서처럼 엄격하게 규제되지 않았다.

'부부유별夫婦有別'과 '부부화합夫婦和合'의 차이

유학의 경우 부계혈통을 중심으로 한 사회를 전제로 하고 있는 만큼 필연적으로 여성의 성적 순결, 정조를 강조한 도덕규범이 여성을 강력하게 구속한다. 중국이나 조선의 궁중에 환관이 존재했던 것은 황제의 여인들이 사는 곳에 생식능력이 있는 남자를 둘 수가 없다는 발상에 기인하며, 일반적으로도 결혼 전의 여성에게 처녀성이 전제되어야 한다는 발상도 혹시나 혈통에 다른 피가 섞이게 될 위험이 생기기 때문이다.

대표적으로 『예기』와 유학 경전에서 이와 같은 우려는 '부부유별夫婦有別' 혹은 '남녀유별男女有別'이라는 말로 표현된다. 이는 남녀가 함부로 가까워져서는 안 되며, 제대로 분별別하여 '금수의 길'에 떨어지지 않고 사람으로서 사람다운 길을 걷기 위한 핵심 문제이자 예禮의 근본이라는 발상을 보여준다. 하늘이 사람에게 부여한 본성에 따라 만물의 영장답게, 사람답게 산다는 것은 짐승과는 달리 남녀 사이가 성욕을 극복한 형태로 인위적인 예에 따라 정의되어야 함을 의미했다. 그렇기 때문에 유학의 초월적이고 추상적인 규범에 맞추다보면 사회적·정치적인 힘이 약한 여성에게 훨씬 무거운 도덕적인 규제가 가해지기 마련이다.[11]

그러나 도쿠가와 시대의 일본에서는 이러한 남녀 사이에 관한 도덕적 규제가 통용되기 어려운 상황이었다. 이는 앞에서 설명한 이에의 논리와 깊은 연관성을 갖는다. 가업을 중심으로 구성된 직업

---

[11] 원래 남녀 사이의 무분별한 친밀함과 '금수의 길'에 떨어지지 않기 위한 지침 정도였던 '부부유별'은, 주희朱熹에 이르러 『소학小學』에서 「明夫婦之別」을 정리하는 과정에서 처첩 사이의 구별을 통한 부부관계의 명확화, 남녀의 공간적 분리와 분업을 강조하는 내용이 첨가되었다. 또한 그는 '삼종지도三從之道'와 같이 공자의 발언인지 불분명한 사항까지도 '공자왈孔子曰'이라는 문구를 삽입하여 공자의 가르침이라 명시함으로써, '부부유별'을 젠더를 산출하는 장치이자, 인간을 남녀로 이분화된 사회관계로 구성하게끔 하는 장치로 만들었고, 남녀관계를 명시적인 서열을 내포한 권력관계로 규정지었다. (關口[?], 312~313쪽)

제16장 메이지 일본의 '양처현모'론 탄생의 맥락

공동체의 성격이 강한 이에 제도 속에서는 이에를 유지하고 가업을 성공시키기 위한 덕목이 최우선시 되었고, 부부는 이에를 위해 사이좋게仲よく 단합해야 한다는 인식이 강했다. 그러므로 부부간의 '화합和合'이 중시되었고, 그러한 관념에 익숙했던 이들로서는 부부유별의 '별'에 위화감을 느낄 수밖에 없었다.[12] 이로 인해 부부유별의 해석을 둘러싸고 다양한 해석이 등장했으며, 때로는 글자 자체를 변경하기도 하였다.[13] 이혼율이 높았던 것도 부부간의 화합이 강조된 배경이었다. 결론적으로 부부유별이라는 규범은 도쿠가와 일본 사회에 뿌리내리지 못한 것이다.

도쿠가와 시대의 여성성 담론과 교육

이와 같이 이에家 제도는 남녀 모두에게 이에의 구성원으로서의 유동적인 역할을 부과하기 때문에 여성이라는 속성 자체에 의거한 이상적 모델을 제시하기 어렵다. 그렇다고 해서 지배층인 무사의 신분 윤리란 남성인 무사를 위한 것이므로 그 안에서 여성의 역할이나 이상적인 여성상을 논할 여지는 없다. 결국 도쿠가와 시대에 일본의 여성을 둘러싼 담론 중, 어디에서도 명확하게 이상적인 여성상이 제시되지 않은 상황에서 사람들은 이상적인 여성의 모델을 다른 곳에서 찾게 되었다.

하나는 아름답고 찬란한 풍아風雅의 문화 시대인 천년 전 헤이안

---

12) 부부유별夫婦有別과는 다른 부부화합의 의미에 대한 자세한 고찰은 渡邊[?]를 참조.

13) 도쿠가와 시대에 유학 경서에 대한 깊은 이해를 가진 사람은 극히 일부의 유학자에 한정되어 있었으므로, 예를 들어 나카무라 데키사이中村惕齋의『姫鑑』나 가이바라 에키켄貝原益軒의『和俗童子訓』에서 결혼 전 여성의 교육에 관한 내용을 기초로 만든『女大學』및 같은 계통의 책들도 기본적으로는『소학小學』의 내용 정도를 토대로 만들어진 것이 많았다. 다시 말해, 부부유별에 관한 중국이나 조선에서와 같이 깊은 경서 해석의 맥락을 구체적으로 파악하고 음미하지 않은 채 그 개념만이 범람하게 된 것이다. (關口[?], 313~314쪽)

平安시대의 문학·예술 속에 나타난 여성들 및 아직까지도 그 모습을 그대로 계승하고 있다고 여겨진 당대의 황실과 그 주변인 구게公家의 여성들이었다.『겐지모노가타리源氏物語』나『이세모노가타리伊勢物語』와 같은 사랑 이야기에 등장하는 이상적인 여성들은 부드럽고 친절하며やさしい, 애교愛敬를 기본으로 갖고 있고, 글씨가 예쁘며 연정을 노래하는 시를 잘 짓는 등의 우아함을 그 특징으로 가졌다.[14]

도쿠가와 일본에서 여성다움의 상징으로 여겨졌던 여성의 다른 모델은 유곽에서 일하는 '유녀遊女'들이었다. 무사사회가 남성다움의 기준으로 강인함, 기개, 올곧음 등이 꼽던 것과 대응하듯, 여성다움이란 정이 깊고, 부드러우며 애교가 있어야 한다는 등의 요소를 포함했다. 현실에서 이러한 조건을 충족시키는 여성을 볼 수 있는 것은 바로 유곽이었다. 다양한 기예나 문예를 통한 환대는 물론이고, 손님과 '나사케情'를 주고받는 관계라는 점에서도 유녀들이란 단지 육체적인 차원의 성노동에 종사하는 존재들이 아니었다. 또한 유녀들은 남성들만의 선망의 대상이 아니었다. 여성들에게도 최상위 유녀인 오이란花魁을 비롯한 고급 유녀들은 가부키歌舞伎 배우와 더불어 당대 패션 리더이자 여성다움의 상징으로서 선망의 대상이었다.

교토의 황실이나 구게 여성들과 유녀의 이와 같은 위상은『여중보기女重寶記』(도쿠가와 일본에서 가장 많이 읽힌 여성 교훈서 중 하나)에 실린 삽화를 통해 확인할 수 있다.[15] 오른쪽 페이지에는 교토에

---

14) 이러한 교토 여성에 대한 이미지는 부분적으로 오늘날까지도 이어져오고 있으며, 남성다운 남성을 지칭하는 아즈마오토코東男와 대응하여 교온나京女라는 호칭이 있다.

15)『여중보기』는 1692년에 나온 판본이 가장 오래된 것으로 알려져 있다. 이후에는 쇄를 거듭하거나 혹은 다른 사람에 의해 개정판, 증보판이 나오면서 도쿠가와 말기까지 꾸준히 간행되어 여성 교육에 사용되었다. 5권으로 이루어진 이 책에는 여성에게 필요한 지식이(마음가짐, 결혼, 임신, 여러 재주諸藝, 잡학) 실려 있고, 삽화가 많다. 아래 그림은 關口[?], 286~289쪽과 渡邊[?] 한국어판, 329쪽에서 도쿠가와 시대의 다양한 여성상을 보여주는 동시에 신분에 상관없이 모든 여성에게 갖춰야 할 하나의 미덕을 제시하고 있는 대표적 사례로 소개된

제16장 메이지 일본의 '양처현모'론 탄생의 맥락

카츠시카 오이葛飾應爲가 그린 『여중보기』의 삽화

거주하며 황실을 모시는 구게公家, 무가武家, 조닌(=상인, 직인), 햐쿠쇼(=농민) 신분에 속하는 여성들이, 왼쪽 페이지에는 첩, 유녀傾城, 유곽의 관리 여성火車, 미망인이 각각 배치되어 있다.[16] 양쪽의 구분 기준은 결혼을 한 것인지 아닌지에 의한 것으로 보인다. 그림 중앙에는 "종류品, 모양새形, 역할司, 지위位는 다르더라도, 마음만은 모두 부드럽고 친절하여라やさしかれ"고 적혀있다. 즉, 모든 여성에게 적용되는 공통의 규범으로 '부드럽고 친절한' 태도라는 것이 요구되고 있는 것이다.

바 있다.
16) 이 그림에는 젊은 미혼 여성이 포함되어 있지 않으나, 예를 들어 여성 교훈서 중 하나인 『女小學教草』(1833)의 그림에는 미혼 여성未通女나 여승도 포함되어 있다. (關口[?], 286쪽)

흥미로운 점은 여기에 여성들을의 소개하는 방식이다.17) 구게의 여성들이나 무사계층의 여성들이 유곽의 관리 여성(대부분은 유녀 출신)이나 유녀들과 같은 화면 안에 들어있다는 점, 그들 모두에게 공통적으로 적용되는 규범이 있으며 그 내용이 '부드럽고 친절한' 태도를 가지라는 점에서 같은 시대 중국이나 조선은 물론 서구 국가들에서도 상상하기 힘든 도쿠가와 일본의 독특한 여성 인식과 성규범을 확인할 수 있다.18)

도쿠가와 일본의 이와 같은 독특한 성규범은 여성교육의 문제에서도 그 특징이 고스란히 드러난다. 실제 도쿠가와 시대의 여성들이 받은 교육은 여성으로서의 매력을 어필하는 데에 무게 중심이 있었다. 대표적으로 고토筝, 샤미센三味線, 향합香合, 다도, 꽃꽂이, 노래, 하이카이俳諧 등이 여성이 갖춰야 할 인기 있는 교양, '여자의 업女の業'으로 여겨졌다. 그러나 도쿠가와 후기에 이르러 유학교육이 무사계층 전체에 보급이 되고, 부유한 상인이나 상층 농민들도 같은 교육을 받게 되면서 이러한 여성교육('女敎')의 실태가 점차 문제시되어 갔다. "세간의 여편네 중에는 남편 일에는 신경도 쓰지 않고, 자기 몸만 씻고 가꾸며, 머리는 화려하게 단장하고, 눈에 띠는 옷을 입고 하얀 분칠을 하고는, 입술은 번질번질하게 칠하고, 그렇게 해서

---

17) 대중적인 여성 교훈서에는 대부분 이와 유사하게 다양한 여성 부류를 소개하는 그림이 실려 있다. 물론 유녀의 부류에 속하는 여성들이 이른바 평범한 생활을 사는 여성들과는 별개의 존재로 취급되는 경우도 종종 있으나, 기본적으로는 유녀 역시 구게나 무가, 농민과 함께 '생업生業'을 기준으로 하는 분류했을 경우의 한 부류로 인정되었다.

18) 1776년 에도江戶에 정기 참부參府를 하러 네덜란드 상관장과 동행한 스웨덴인은 다음과 같은 기록을 남겼다. "대단히 기이하게 생각되는 점은, 어려서 유곽에 팔려오고, 거기서 일정 기간 일한 다음에 완전히 자유를 찾은 부인이 창피를 당하는 일 없이 그 뒤에도 지극히 평범한 결혼생활을 영위하는 것이 흔히 있는 일이라는 것이다". (ツュンベリー[?], 81쪽) 도쿠가와 일본에서 경제적 능력이 되는 남성들이 유녀를 낙적落籍하여 첩으로 두거나 경우에 따라서는 정실로 맞이하는 경우도 종종 있었다. 메이지 초기 유력 정치가들의 정실부인 중에도 이러한 케이스가 있다.

제16장 메이지 일본의 '양처현모'론 탄생의 맥락

유녀처럼 굴며, 배우의 몸짓을 따라하고, 가부키 배우 이야기라면 넋을 잃고 듣"는 부인들이나, "쿠시櫛·칸자시髮指같은 머리 장식도 배우의 문양이 들어간 걸 좋아하고, 극이 바뀔 때마다 보러가고 싶어 하며 (…) 고토琴·삼현三絃에는 조예가 깊어도 바느질은 싫어하는" 젊은 여성에 대한 탄식이 등장한 것이다.[19]

실질적인 이에 운영에 도움이 되는 재봉과 같은 기술은 배우지 않고, 유녀나 배우들을 흉내 내어 화려하게 치장만 하는 여성들이 늘어나고 있다는 탄식은 특히 에도와 같은 대도시에서 지적된다. 『여대학女大學』과 같은 대표적 여성 교육 텍스트의 훈계들이, 실제 당시 여성들의 삶에 녹아들지 못하고 있다는 반증이었다.

그리하여 도쿠가와 후기에는 여성교육용 텍스트들을 새롭게 개정하는 작업이 활발하게 일어났다. 예를 들어, 도쿠가와 전기의 대표적 여훈서女訓書였던 쓰지하라 겐포辻原元甫의 『여사서女四書』(1656)[20]의 내용에 입각해서 다시 고쳐 쓴 오오에 겐포大江玄圃의 『여학범女學範』(1768)과 같은 책에서는 여성들이 『겐지모노가타리』나 『이세모노가타리』를 읽는 세태를 비판하며 독서 목록에서 배제했다. 또한 도쿠가와 정부의 직할 유학 교육기관이었던 창평횡昌平黌에서 '현비賢妃'를 칭송하는 『내훈內訓』을 '관판官版'으로 번각했고, 창평횡의 유자도 여성의 교화 문제에 관심을 갖기 시작했다.[21] 오쿠무라 기사부로奧村喜三郎라는 인물이 1837년에 「여학교발기지취의서女學校發起之趣意

---

19) 池田義信, 1845, 『主從日用條目』 중, 「女房の式目」와 「娘の式目」.
20) 후한의 조대가曹大家, 『여계女誡』: 당의 진막陣邈의 아내 정鄭씨, 『여효경女孝經』: 당의 송약신宋若莘, 『여논어女論語』: 명조 영락제의 부인 인효문황후, 『내훈內訓』, 이 사서四書를 모아, 한문 원문을 읽기 쉬운 일본어로 번역한 여성용 훈계서이다. 『여사서』가 일본에 도입된 과정과 근대에 미친 영향에 관해서는 關口[?]를 참조.
21) 창평횡 유자였던 고가 도안古賀侗庵은 『호범신론壼範新論』(1815)에서 요시와라吉原 유곽의 폐지까지도 주장하는 폐창론부터 여성에게도 '학學'이 필요하다는 설, 일부일처제를 역설했다. 前田[67]의 내용 참조.

書」를 작성해 에도에 여학교를 설립할 것을 주장한 것도 같은 문제의식을 공유했기 때문이었다. 그는 특히 에도의 조닌 신분의 젊은 여성들이 샤미센이나 춤이 아닌, 『여효경女孝經』이나 『여대학』과 같은 교훈적인 문장을 접하고, 와카和歌를 배우며, 선택과목으로 무예(나기나타薙刀, 고다찌小太刀), 봉제기술 등을 습득할 기회를 가져야 한다고 생각했다. 여성에게는 기본적인 읽기·쓰기와 간단한 산술을 배우는 데라코야寺子屋 다음 단계의 교육기관이 마련되어 있지 않던 당시 이러한 기회에 대한 수요는 일정 정도 있으리라고 생각되지만, 오쿠무라의 기획은 끝내 실현되지 못했다.[22]

메이지 초기의 여성론

'문명개화'와 '남녀동권' 논쟁

널리 알려진 것처럼, 문명개화는 civilization의 번역어로, 흔히 서양화 혹은 서양식 근대화의 동의어로 인식되기도 하지만 실제 그 내용을 살펴보면 '문명개화=서양화'와 같은 단순한 등치 관계에 있지 않다는 사실을 알 수 있다. 특히 메이지 초기 문명개화 논의의 선봉에 섰던 지식인들이 서양의 문명(civilization)에 공감할 수 있었던 배경에 그들의 사상적 기반이 유학에 있음을 생각할 때, 문명개화의 목표는 유학적 이상의 실현과도 맞닿아 있는 문제였다.[23] 결국 문명개화의 논리는 광범위한 영역의 변혁을 촉진시켰다. 그 범위는 남녀 간의 관계란 어떤 것이어야 하는지의 문제에도 이르렀다.

이와쿠라岩倉 사절단의 수행 기록을 『특명전권대사 미구회람실기米歐回覽實記』로 편찬한 구메 구니타케久米邦武는 1871년 미국에서

---

[22] 오쿠무라 기사부로가 「여학교발기지취의서」를 작성해 에도 마찌부교쇼町奉行所에 제출하게 된 경위에 관해서는 村上[44]를 참조.
[23] 유학자의 시각에서 문명개화를 이해하는 방식에 대한 연구로는 이새봄[93]을 참조.

체험한 내용을 회상하면서 소위 레이디 퍼스트의 관행에 대한 충격, 이질감, 거부감 등을 표현했다. 이는 메이지 초기에 서양에 다녀온 남성들의 이야기에 종종 등장하는 소재로, 남녀가 함께 춤을 추는 광경이나, 집에서 남편이 부인을 대하는 태도 등 다양한 사례들이 등장한다. 사절단의 대부분의 남성들은 서양의 남녀 관계에 대해 부정적인 인상을 남기고 있다.

대부분이 무사 계층 출신인 메이지 초기 정치가나 지식인들 사이에서 서양의 남녀 관계론에 대한 거부감이 유독 심했던 것은 그들이 갖고 있던 무사로서의 정체성과 남성관에 비추어 보아 당연하다고 할 수 있다. 동시에 유학 교육을 받은 그들의 남녀관이 유학적 도덕 규범에 입각해 있었기 때문이기도 하다. 또한 그렇기 때문에 그들은 도쿠가와 시대의 대표적 여성 교훈서에서 가르치고 있는 내용들, 즉 『여사서女四書』나 『여대학女大學』 등의 내용을 기본적으로 긍정하고 있었다. 가업도덕과 유학에서의 여성관이 미묘하게 결합되어 있던 메이지 초기 남성 지식인들에게 자신들이 알고 있는 그것과 다른 규범이 존재할 수 있다는 생각이 내부적으로 일어나기가 어려웠던 만큼, 서양 문명사회의 여성관에 대한 충격도 컸던 것이다. 그러나 아무리 거부하려 해도 이것이 문명 세계의 규칙이라면 단순히 동양과 서양의 도덕의 차이로 치부하고 방치할 수 없는 문제였다. 문명개화를 목표로 한 일본의 입장에서 문명의 헤게모니를 장악한 서양의 문화를 일방적으로 부정하고 자신들만의 규범을 관철시킬 수는 없었다.

이러한 배경 속에서 등장한 것이 남성 지식인들 사이의 '남녀동권男女同權'을 둘러싼 논쟁이었다. 논쟁의 시작은 후쿠자와 유키치가 1874년 『학문의 권장』 제8편에서 "원래 세상에 태어난 남자도 사람이요, 여자도 사람이다"라고 선언하면서부터였다. 이는 곧 파장을 일으켰고, 모리 아리노리森有禮가 「처첩론妻妾論」(▷p111)이라는 논설을 다섯 차례에 걸쳐 『메이로쿠 잡지』에 게재해 여성을 멸시하고 첩을

두는 풍속에 대해 비판하면서 파장은 더욱 커졌다.[24]

이와 같은 후쿠자와나 모리의 주장을 남녀동권(혹은 '부부동권')을 주장하는 내용이라고 인식한 사람들은 즉각 반발했다. '남녀동권' 반대 진영의 선봉에 섰던 가토 히로유키加藤弘之는 남녀동권론이 가진 문제의 핵심을 부권婦權이 부권夫權보다 우위에 서있다는 점에서 찾았다.(▷p123) 즉, 서양에서 남녀동권이나 부부동권의 논리로 레이디 퍼스트의 관습이 뿌리내리게 되었다고는 하지만, 실제로는 여성이 우위에 서있는 것과 다를 바 없으니 '동권'이 아니라는 것이다. 그러므로 이러한 서양 문화를 무턱대고 일본에 들여오게 놔두어서는 안 된다는 주장이었다.

가토의 비판에 대해 모리는 자신이 주장하려던 것은 '동권'이 아니라 "부부 사이는 동등同等하게 존비尊卑의 차이가 없다"는 데에 있다고 설명하는 것으로 응답했다. 후쿠자와 역시 자신의 주장은 '동권'에 초점을 맞춘 것이 아니며, '동권' 대한 논의는 차치하고 일단 '남녀동수男女同數'라는 점에 착안하여 '일부일부一夫一婦'론부터 생각하자는 말로 정면충돌을 피했다.(▷p122) 쓰다 마미치津田眞道는 다른 각도에서 이 문제에 접근했다. 그에 따르면, 애초에 서양에도 남녀동권론 같은 것은 없으며, 이는 목표로 삼을 만한 것이 못 되니 남녀동등론 쪽으로 나아가면 된다는 것이다. 결국 이 문제는 누구도 가토의 비판에 대해 정면으로 응수하지 않은 채 막을 내렸다.(▷p127)

이러한 남녀동권을 둘러싼 논설 이외에도 더불어 도쿠가와 시대 이래의 여성의 지위·역할·복식, 처첩론 등을 둘러싼 다양한 논의가 『메이로쿠 잡지』상에서 전개되었다.[25] 그중에는 이후 근대일본의

---

[24] 모리 자신은 1875년 2월, 서양식 의복을 입고 혼인 계약서를 교환하는 형식의 파격적인 혼인식을 올렸다. 피로연 역시 입식立食 파티 형식이었다. (鳥海[56], 62~63쪽)

[25] 『메이로쿠 잡지』상의 전체 156개 논설 중 이러한 주제를 다룬 논설은 14개다.

제16장 메이지 일본의 '양처현모'론 탄생의 맥락

천황중심의 '가족국가' 성립과정에서 부상하게 된 소위 '양처현모' 모델의 주요 논거로 언급되는 나카무라 마사나오[26]의 「좋은 어머니를 만드는 설」(▷p144)이 있다.

양처현모론의 기초: 나카무라 마사나오의 「좋은 어머니를 만드는 설」

메이지 시대가 시작된 지 7년차에 접어든 1874년, 나카무라는 동인사同人社라는 이름의 학교를 자택에 개설하였고, 이곳에 여학생들의 교육과정을 부설하여 1879년에는 정식으로 동인사여학교를 설립하였다. 이 동인사여학교에 다녔던 여성 중에는 훗날 야마카와 기쿠에山川菊榮(1890~1980)의 어머니로 널리 알려지게 된 모리타 지세森田千世(1857~1947)가 있다. 모리타 지세는 아버지의 친구였던 나카무라의 학교에서 공부를 시작해 그가 섭리攝理로 취임해있던 동경여자사범고등학교를 수석으로 졸업한 제1기생이었다. 모리타 지세의 일대기를 기록한 딸 야마카와 기쿠에에 의하면, "지세가 기억하고 있는 한 '양처현모'라는 숙어는 나카무라 선생님이 처음 만드신 듯하며, 선생님 이전에 그러한 말을 썼던 사람은 기억하지 못한다"고 한다.(山川[41], 33쪽) 이처럼 양처현모라는 표현을 처음 사용한 것은 나카무라 마사나오였다는 설이 있는 한편, 미국에서 유학을 마치고 막 돌아온 모리 아리노리였다는 설(友野[54], 60쪽)이 일반적으로 알려져 있지만, 최초의 사용자를 확정하는 일은 쉽지 않다.

본 연구에서는 최초의 사용자를 확정하는 작업보다도, 기존의 많은 연구들이 나카무라가 『메이로쿠 잡지』상의 「좋은 어머니를 만

---

[26] 나카무라는 도쿠가와德川시대까지 도쿠가와 막부의 직할 유학 교육기관인 창평횡昌平黌의 최고 교수 지위인 어유자御儒者를 지낸 인물이다. 당대 최고의 유학자로 명성이 높았던 그는 1866년, 막부가 영국으로 파견하는 유학생단의 감독자격에 자원함으로써 유학자로써 이례적인 경력을 쌓고 1년 반 만에 귀국하게 되었다. 빅토리아시대 중기의 영국을 경험한 나카무라는 귀국 후 종교와 교육을 중심으로 한 사회 활동에 힘썼는데, 다양한 활동 중에는 여성 교육의 제도화를 위한 일련의 노력이 상당한 비중을 차지한다.

드는 설」이라는 논설 안에서 양처현모 개념을 사용했다는 후카야 마사시深谷昌志의 지적(深谷[35], 156쪽)을 답습해 온 경향이 있음을 지적하고자 한다.[27] 실제 해당 논설을 정독해보면, 나카무라가 양처현모라는 어휘를 사용한 적은 없음을 알 수 있다.[28] 다만 그의 다른 문장들에서 '양처'와 '현모'를 분리시켜 사용하고 있고, '선부양모善婦良母', '양처선모良妻善母' 등의 표현을 사용한 예를 발견할 수 있다는 점에서 그가 양처현모론의 주창자라고 기억될 만한 이유는 충분히 있다고 볼 수 있을 것이다. 또한「좋은 어머니를 만드는 설」의 내용을 보면, 여성의 양처현모로서의 역할이 강조되고 있다는 점은 사실이다. 나카무라가 해당 표현을 최초로 사용한 인물은 아니더라도, 일본에서 가장 이른 시기에 양처현모로서의 여성상을 제시한 인물이라고 말할 수는 있을 것이다.

그렇다면「좋은 어머니를 만드는 설」이란 어떠한 맥락에서 등장한 논의일까. 이 논설은 1875년 3월 16일 메이로쿠사 모임에서 행한 연설문으로, 이보다 한 날 선에 발표한「인민의 성질을 개조하는 설」(▷p188)과 짝을 이루는 내용이다.「인민의 성질을 개조하는 설」에서 나카무라는, 도쿠가와 막부가 붕괴된 이후 모두가 '어일신御一新'을 말하지만 실제 이루어 진 것은 정치 체제政體의 개혁일 뿐, 그 제도의 구성원인 인민은 여전히 과거의 인민과 다를 바가 없다고 지적한다. 그렇기 때문에 발본적인 개혁, 궁극적으로는 '문명文明'의 실현을 위해서는 "인민의 성질" 자체를 개조해야 한다는 것이다. 이러한 목표를 실현하기 위한 방법으로 그가 중시한 것은, 인민들로 하여금 '교법教法(=종교·도덕)'과 '예술(=기예·학술)'을 "수레의 두 바퀴, 새의 두 날개"처럼 장착하게 만드는 것이었다. 특히 "수신경신修身敬神의

---

27) 일본의 선행연구로는 小山[52], 10쪽; 瀨地[?], 143쪽 등이 있으며, 국내 연구로는 이성례[88], 12, 73쪽 등이 있다.
28) 단, '현모'라는 어휘는 등장한다.

제16장 메이지 일본의 '양처현모'론 탄생의 맥락

교양"에 해당하는 교법의 교육이 '본원本源'이며, 기예의 교육보다 우선되어야 한다는 것이 그의 주장이다.

한 달 뒤, 그는 교법 교육의 가장 중요한 부분을 '태교胎敎'라고 강조하면서 「좋은 어머니를 만드는 설」을 발표했다. 태교는 아이에게 "모럴(moral) 및 릴리져스(religious)", 즉 "수정修正의 가르침 및 천도天道의 가르침"을 '선입先入'시키기 위한 방안이다. 그러나 한층 더 근원적으로 문제를 해결하기 위해서는 그러한 태교를 담당할 여성의 교육에 주목할 필요성이 있음을 지적한다. 여성이 아이를 잉태하기 이전에 어떤 교육을 받았는지가 결국 "좋은 어머니"로 이어지기 때문이다. 그리고 "깊은 사랑의 정이 있는 부인"이 남편을 행복하고 안락하게 만들어줄 수 있고, 그러한 남성이야말로 "나라를 위해서 유용한 사업"을 성공시키는 사람이란 논리가 전개된다. 선천적으로 올바른 도덕관을 가진 아이를 낳아 기르고, 가정에서 남편이 "행복福祉과 안락"을 누리게끔 만드는 것. 나카무라의 의견에 따르면, 이는 보편타당한 여성의 모습이었다.

> 이 일은 서양뿐만 아니라 중국漢土에서도 고대의 성현이 착안했던 바로, 『역경』에서는 건곤乾坤을 시작으로 삼고 있고, 『시경』에서는 관저關雎를 으뜸으로 삼았다. 남녀의 올바른 위치란 천지天地의 대의大義라고도 할 수 있다. 문왕文王의 경우, 어머니인 태임太任의 뱃속에서 가르침을 받았고, 왕비에게는 현명함이 있어 내조의 이로움을 받았다.(▷p146)

어진 어머니와 현명한 아내라는 여성의 역할론은 원래 중국의 고대 현인들의 가르침에도 있었다. 그런데 그 이후의 "중국支那 학자"는 그러한 가르침을 더 발전시키지 못한 채 '남권男權'만을 중시하여 "크나큰 미혹"을 범해 버렸다. 나카무라 자신도 이 점에 대해 "최근에 깨닫게 된 바"임을 고백했다.

영국 유학을 통해 그는 "뭐든지 간에 영국 어머니들의 지식이나 식견이 높음"을 깨달았다고 한다.(山川[41], 30쪽) 그것이 "어미된 자는 미리 지식을 쌓아둠으로써 아이의 마음속 요구에 대응해야 한다. 그 중에서도 가장 중요한 것은 여자아이로 하여금 일찍이 진정한 신眞神을 알고, 이로써 선입先入된 주인을 삼아야 하는 데 있다"는 "서양인의 설"을 "여성을 가르치는 자가 마땅히 알아야 할 바"라고 확신하게 된 직접적인 원인일 것이다.[29] 이렇게 하여 "일국의 문명"은 "필부匹夫의 문명"에 기초하고, "필부의 문명"은 "그 어머니의 문명"[30]에 기초한다는 그의 문명론은 완성되었다.

이상에서 살펴보았듯이 나카무라의 「좋은 어머니를 만드는 설」은 전술한 '남녀동권'을 둘러싼 논쟁과 직접적인 상관이 없다. 여기서 나카무라는 오로지 여성의 가정 안에서의 역할에 초점을 맞추고 자신의 주장을 펼친다. 그에게는 남녀가 "동권同權인지 부동권不同權인지는 차치하고", "남녀의 교양"을 '동등'하게 만들기 위한 방법을 모색하는 일이 중요했다. 그가 보기에 "남녀동권의 폐해를 신경 쓰는" 논자들이 불안해하는 사태, 즉 남편을 우습게보고 제 멋대로 구는 아내가 늘어난다는 것은 여성이 "교육을 받지 못"했기 때문이었다. 궁극적인 목표로서 중요한 것은 교육을 통해 "인류 전체總體"가 "지극히 높고 지극히 맑은 지위"에 도달하는 일이었다. 그렇게 되기 위해서 "남자·부인이 모두 함께 같은 형식의 수양 과정을 갖게 하고", 이를 통해 "동등한 진보를 할 수 있게"끔 해야 한다고 그는 주장했다. '수양'의 주체로서의 인간 범주에 남성과 '동등'한 존재로서의 여성을

---

[29] 「教女規範敍」[6](1878). 참고로 만년의 나카무라는 『女學雜誌』와의 인터뷰에서 "교법教法에는 불교도 있고 유교도 있지만, 그 중에서 기독교가 가장 폐해가 없다고 생각한다. 또한 기독교는 사람의 마음을 안락하게 만들기 때문에 기독교를 믿는 부인으로 하여금 한 집안의 주부가 되게 된다면, 자연히 그 집안도 안락하게 될 것이다. 그러므로 여자의 덕육德育에는 기독교가 마땅할 것이다"고 말했다. (生野[1])

[30] 「母親之心得序」[6](1875)

포함시킨 것이다.

나카무라는 사뮤엘 스마일즈(Samuel Smiles)의 『자조론』(1859)을 『서국입지편西國立志編』이라는 제목으로 번역하였고, 이 번역서는 메이지 시대 동안 100만부 이상이 팔렸다고 알려져 있다. 그는 스마일즈의 다른 작품들도 번역하였는데, 그중 하나가 『인격론』 Character(1871)이었다.[31]

「좋은 어머니를 만드는 설」에서 말하는, "훌륭한絶好 어머니를 얻으면 훌륭한 아이를 얻을 수 있고, 장차 우리의 먼 자손대에 이르러서는 일본은 훌륭한 나라가 될 것", 즉 훌륭한 어머니의 존재가 궁극적으로는 훌륭한 국가로 이어진다는 논리는 바로 이 『인격론』에서 스마일즈가 주장하는 내용이다.[32]

그러나 그렇다고 해서 나카무라의 양처현모론이 단순히 '서양의 충격(Western Impact)'의 영향에 의한 것만은 아니다. 앞에서 살펴봤듯이, 그의 여성 교육의 핵심은 덕육德育으로, 덕을 키우는 '수양'을 통해 인류의 궁극적인 목표인 "지극히 높고 지극히 맑은 지위"에 도달하는 것이었다. 유학에서 전통적으로 강조해 온 학문의 목표를

---

[31] 번역서의 제목은 『서양품행론西洋品行論』(1878)이다. 나카무라는 「좋은 어머니를 만드는 설」을 발표했던 1875년 당시 이미 『인격론』을 읽은 상태로 보인다. 『인격론』 안의 'Chapter II-Home Power'나 'Chapter XI-Companionship in Marriage의 내용이 압축적으로 나카무라의 논설 내용에 반영되어 있다는 점이나, 논설에서 구체적으로 Robert Burns의 말을 인용한 구절의 경우는 거의 정확하게 Character의 11장 내용과 일치한다는 점 등을 들 수 있다.

[32] "The influence of woman is the same everywhere. Her condition influences the morals, manners, and character of the people in all countries. Where she is debased, society is debased; where she is morally pure and enlightened, society will be proportionately elevated. Hence, to instruct woman is to instruct man; to elevated her character is to raise his own; to enlarge her mental freedom is to extend and secure that of the whole community. For Nations are but the outcomes of Homes, and Peoples of Mothers.", Smiles, Samuel.(2006), Character, The Echo Library, p34. 밑줄은 필자에 의함. 이하의 선행연구에서도, 필자와 다른 부분을 인용하고 있지만, 나카무라의 논설과 『인격론』의 연관성을 지적한 바 있다. 윤소영[86], 85쪽 ; 關口[?], 323쪽

명백하게 여성교육에도 적용시키고 있다. 특히 덕육의 출발점으로 태교를 상정한다는 점에서는 서양으로부터의 영향을 받기 전인 도쿠가와 말기에 여성 교육서로 널리 읽히던 『여사서』 중 하나인 『여범첩록女範捷錄』 등의 영향을 확인할 수 있다.33) 그러나 아이의 교육을 위해서 어머니가 될 여성에게 체계적인 교육을 제공해야 한다는 발상은, 유학과도 다르고 도쿠가와 일본의 여성교육관34)과도 다르다.

결국 「좋은 어머니를 만드는 설」에서의 나카무라의 주장은 남녀가 동권을 가져야 한다고 보는 것이 아니라, 인간에게는 하늘로부터 주어진 서로 다른 성역할이 있고, 이 두 역할은 우열관계에 놓여있지 않다고 본다35)는 의미에서 남녀동등론이라고 부를 수도 있을 것이다. 무엇보다도 그의 논리는 기존의 '이에家' 제도 하에서 이에의 구성요소 중 한 사람으로서 여성에게 요구되었던 의무와 달랐다. 나카무라의 양처현모론은 더 이상 이에라는 공동체 운영의 공동책임자로서 여성을 파악하지 않는 대신, 결혼과 출산을 통해 발생하는 직분으로만, 남편과 자식을 기본 단위로 한 가성 안에서의 여성의 역할을 규정한다는 점에서 새로웠다. 주로 유학자들에 의해 도쿠가와 말기부터 이어져 온 덕육을 중심으로 한 여교女教의 필요성과 빅토리아 중기 영국의 가정관에 입각한 '좋은 아내(good wife)'와 '좋은 어머니(good mother)'36)로서의 여성상이 합치되면서 그의 양처현모론은

---

33) 전술한 오쿠무라의 「여학교발기지취의서」에도 태교의 중요성과 이를 위한 여성의 교육문제를 언급하고 있다. (村上[44], 27~28쪽)
34) 도쿠가와 시대의 무가에서 자식의 교육 책임은 일반적으로 남성인 이에의 당주에게 있었다.
35) 그리스도교적 인간관에 의거한 스마일즈 역시 동일한 인식을 갖고 있다. "The respective social functions and duties of men and women are clearly defined by nature. God created man AND woman, each to do their proper work, each to fill their proper sphere. Neither can occupy the position, nor perform the functions, of the other. Their several vocations are perfectly distinct.", Smiles, Samuel.(2006), *Character*, The Echo Library, p174.
36) 『인격론』에서 반복적으로 사용되는 어휘이다.

제16장 메이지 일본의 '양처현모'론 탄생의 맥락

탄생한 것이다.

양처현모론이 지워버린 것

메이지 신정부는 종래의 이에家 제도를 크게 개혁했고, 그 결과 메이지 일본에서는 이전과는 다른 성규범과 그에 따른 새로운 여성상이 각광을 받게 되었다. 그때까지 국가권력의 지배를 받지 않았던 이에의 조직을 새로운 법률망의 확립을 통해 국가 제도 안으로 끌어들였고, 이에 안에 가부장제적 구조를 만들고자 했다. 이러한 변화를 가능하게 한 요인으로는 두 가지를 꼽을 수 있다.

우선 부계 혈통의 연속을 중시하는 중국 유래의 유교적 가족제도이다. 메이지 정부는 국가지배의 기반을 만들기 위해 모든 국민의 실태를 파악하는 것을 목적으로 1871년에 호적제도를 도입했다. 율령시대에 실시되었던 호적제도를 과세나 징병을 위해서 각 호마다 사람들의 소재를 확인하기 위한 목적으로 부활시켰다. 장남 상속의 원칙을 규정하고 호주에게 징병이나 과세의 특혜를 주는 등, 국가가 이에 제도의 남계男系주의 지향을 명시함으로써, 기존의 도쿠가와 치세하의 이에 제도에서와 같이 이에의 존속자체가 아닌 남계의 존속이 목표가 되었다.

다른 하나는, 서양의 부부중심의 가족상에 기초하여 남편이 권력을 갖는 가족 형태이다. 이는 1898년에 성립한 메이지 민법에 잘 나타나 있다.(中村[72], 1~27쪽) 서양에서는 그리스도교의 교의에 따라 남녀의 일체화가 결혼의 목적이었기 때문에, 두 인격이 일체화되었을 때, 일체화된 존재의 의사 결정을 어떻게 할 것인가라는 문제가 있었다. 결국 이와 관련한 결정권을 남성에게 부여하여 가부장제적 권력[37]이 서양의 민법에 규정되었고, 메이지 일본에서도 이러한 서양

---

37) 여기서 말하는 '가부장제'란 일반적으로 페미니즘에서 사용하는 '남성의 여성에

민법의 구조를 도입하게 되었다. 본고에서 설명한 바와 같이 메이지 이전의 이에는 부부의 공동책임을 바탕으로 운영되었고, 이를 위한 역할 분담 방식의 협업이 강조된 일종의 기업체 같은 개념이었다. 하지만 여기에 서양식 부부관과 민법 규정을 들여오게 됨으로써 결국 기존의 이에 제도하의 관습 및 도덕관은 새로운 법적 규정에 강하게 구속당할 수밖에 없었다.

나카무라의 「좋은 어머니를 만드는 설」이 제시하고 있는 여성상은 이러한 제도적 변화와 더불어 메이지 일본에 빠르게 유포되었다. 문명국으로 거듭나고자 하는 목표 하에 근대적 교육제도가 정립되자 학교 교육을 통해 남녀 모두에게 새로운 시대에 걸맞은 바람직한 성 역할의 주입이 본격적으로 시작된 결과였다. 특히 초대 문부대신이었던 모리 아리노리가 여자교육의 주안점을 "누군가의 양처가 되고 누군가의 현모가 되어 한 집안을 정리하고 자제를 훈도할 수 있는 기질·재능을 양성하는 데에 있다."는 데에 두고, "국가 부강의 근본은 교육에 있고, 교육의 근본은 여자교육에 있다."(森[28])는 생각에 입각한 교육정책을 설계하고 실행한 덕분이었다.

이처럼 양처현모가 일본사회에서 이상적 여성상으로 자리 잡으면서, 도쿠가와 시대에 유녀의 최고봉으로 남녀 모두에게 선망의 대상이었던 오이란花魁과 같은 존재도 더 이상 이전과 같은 대접을 받기 어려웠다. 서양의 매음(prostitution) 개념이 도입되면서 사회적으로 멸시받게 되고 도덕적으로 열등한 위치에 놓이게 된 것이다. 그러나 그렇다고 해서 유녀에 대한 수요 자체는 사라지지 않았다.(關口[?], 295~297쪽)

또한 아내로서, 어머니로서의 역할로 여성의 사회적 역할이 한

대한 우위의 체제'라는 넓은 의미라기보다는, "남성이 남성이라는 속성에 의거하여 아버지로서, 남편으로서 사회적으로 승인된 권력을 갖고 가족을 지배하는 일"을 뜻한다. (中村[72], 3쪽)

제16장 메이지 일본의 '양처현모'론 탄생의 맥락

정됨에 따라 이에의 가업을 지탱하는 일원으로서의 여성이라는 기존 도쿠가와 사회에서의 역할론은 점차 희미해지기 시작했다. 반면 새로운 여성의 롤모델로는 양처현모론의 이상으로서 천황의 부인인 황후를 꼽게 되었고, 그 외에는 화족華族 여성들이나 여관女官이 언급되었다.[38] 도쿠가와 시대에 교토의 황실과 그 주위의 여성들에게 주어졌던 이상적 여성상의 권위가 유지되었지만, 그 권위의 기반에는 유학적 여교 논의와 서양의 문명관이 합치된 양처현모론이 자리 잡고 있었다.

---

38) 華族 (화족) : 도쿠가와 시대의 다이묘나 메이지 유신의 원훈들을 특별 대우하여 만든 최상위 사회계층
   女官 (여관) : 황실에서 일하는 여성들

제 *17* 장

부록

『메이로쿠 잡지』의 전체 목차

『明六雜誌』 영인본과 이와나미판을 대조하여 정리한 표이다.[1] 한자로 된 날짜는 원서에 인쇄된 발행소 측의 발매 예정일이고, 한국어로 된 날짜는 신문 광고에 실린 실제 발매일이다.[2]

1874년

- 제1호 4월 3일/明治7年3月
    - 서양 글자로 국어를 쓰는 일에 관한 논설(▷p27) (니시 아마네)　　　　　西周_洋字ヲ以テ國語ヲ書スルノ論
    - 개화의 정도에 따라 문자도 바꿔야 한다는 설(▷p46) (니시무라 시게키)　　　　西村茂樹_開化ノ度ニ因テ改文字ヲ發スベキノ論

---

[1] 이 내용은 한국어 위키백과 〈메이로쿠 잡지〉 항목에도 포함되어 있다. 덧붙여 〈메이로쿠샤〉, 〈니시 아마네〉, 〈후쿠자와 유키치〉 등의 주요 인물과 항목이 한국어 위키백과에 실려있어 여기선 별도로 싣지 않는다.
[2] 『메이로쿠 잡지』에 실리지 않았지만 제목이 확인된 연설의 목록은 페이지의 주석을 참고하라.

제17장 부록

- 제2호 4월 8일/明治7年
    - 후쿠자와 선생의 논설에 답하다(▷p70) (가토 히로유키)
        加藤弘之_福澤先生ノ論ニ答フ
    - 학자직분론에 대한 평(▷p73) (모리 아리노리)
        森有禮_學者職分論ノ評
    - 학자직분론에 대한 평 (쓰다 마미치)
        津田眞道_學者職分論ノ評
    - 비학자직분론(▷p74) (니시 아마네)
        西周_非學者職分論
- 제3호 /明治7年
    - 개화 제1화(▷p191) (모리 아리노리) 森有禮_開化第一話
    - 진언일칙(▷p192) (니시무라 시게키) 西村茂樹_陳言一則
    - 민선의원설립 건언서의 평(▷p86) (모리 아리노리)
        森有禮_民撰議院設立建言書ノ評
    - 러시아 표트르 대제의 유훈 (스기 코지)
        杉亨二_峨國彼得王ノ遺訓
    - 개화를 진전시키는 방법을 논하다(▷p183) (쓰다 마미치)
        津田眞道_開化ヲ進ル方法ヲ論ズ
    - 구상공의 논의를 반박하는 글 (니시 아마네)
        西周_駁舊相公議一題
- 제4호 4월 2일/明治7年
    - 인민의 자유와 토지의 기후는 서로 관련이 있다는 논 1 (미쓰쿠리 린쇼 번역)
        箕作麟祥_人民ノ自由ト土地ノ氣候ト互ニ相關スルノ論一
    - 블룬츨리『국법범론』발췌역:민선의원 불가립의 론(▷p88) (가토 히로유키)
        加藤弘之_ブルンチュリ氏ノ國法汎論摘譯:民撰議院不可立ノ論
    - 프랑스인 슐리씨가 나라가 쇠미를 향해가는 징후를 언급

- 한 조목 (스기 코지)
  杉享二_佛人シュルリー氏國ノ衰微ニ赴ク徵候ヲ擧ル條目
- 교문론 1 (▷p149) (니시 아마네) 西周_敎門論一
- 벽돌 건축론 (니시 아마네) 西周_煉火石造ノ說

• 제5호 4월 15일/明治7年
  - 보호세불가론 (쓰다 마미치) 津田眞道_保護稅ヲ非トスル說
  - 교문론 2 (▷p152) (니시 아마네) 西周_敎門論二
  - 북아메리카 합중국의 자립 (스기 코지)
    杉享二_北亞米利加合衆國ノ自立
  - 인민의 자유와 토지의 기후는 서로 관련이 있다는 논 2 (미쓰쿠리 린쇼 번역)
    箕作麟祥_人民ノ自由ト土地ノ季候ト互ニ相關スルノ論二
  - 미국정교 1 (가토 히로유키 번역) 加藤弘之_米國政敎一

• 제6호 4월 28일/明治7年
  - 출판의 자유를 바라는 글 (▷p209) (쓰다 마미치)
    津田眞道_出版自由ナランコトヲ望ム論
  - 교문론 3 (▷p157) (니시 아마네) 西周_敎門論三
  - 미국정교 2 (가토 히로유키 번역) 加藤弘之_米國政敎二
  - 종교 (모리 아리노리 번역) 森有禮_宗敎
  - 필모어 만국공법 중 종교를 논하는 장 (시바타 마사요시 번역)
    柴田昌吉_ヒリモア萬國公法ノウチ宗敎ヲ論ズル章

• 제7호 5월 17일/明治7年 5月
  - 독립국의 권리 (모리 아리노리) 森有禮_獨立國權議
  - 무관의 공순 (가토 히로유키) 加藤弘之_武官ノ恭順
  - 개화의 진행은 정부에 의하지 않고 인민의 중론에 의한다는 설 (▷p194) : 버클씨의 영국개화사 발췌 (미쓰쿠리 린쇼 번역)
    箕作麟祥_開化ノ進ムハ政府ニ因ラズ人民ノ衆論ニ因ルノ說

제17장 부록

バックル氏ノ英國開化史ヨリ抄譯

- 남북 아메리카 연방론 (스기 코지)   杉亨二_南北米利堅連邦論
- 고문론 1(▷p286) (쓰다 마미치)   津田眞道_拷問論一
- 히라가나의 설(▷p50) (시미즈 우사부로)

淸水卯三郎_平假名ノ說

- 제8호 5월 31일/明治7年5月
    - 복장론 (쓰다 마미치)   津田眞道_服章論
    - 처첩론 1(▷p111) (모리 아리노리)   森有禮_妻妾論一
    - 교육담 (미쓰쿠리 슈헤이)   箕作秋坪_教育談
    - 공상의 일을 기록함 (스기 코지)   杉亨二_空商ノ事ヲ記ス
    - 교문론 5(▷p159) (니시 아마네)   西周_敎門論五
    - 근원은 하나가 아니다 (쓰다 마미치)

津田眞道_本ハ一ツニアラサル論

- 제9호 6월 12일/明治7年6月
    - 운송론 (쓰다 마미치)   津田眞道_運送論
    - 리버티에 대한 논설 1(▷p212) (미쓰쿠리 린쇼)

箕作麟祥_リボルチーノ說

    - 교문론 6(▷p162) (니시 아마네)   西周_敎門論六
    - 정론 1 (쓰다 마미치)   津田眞道_政論一

- 제10호 6월 28일/明治7年6月
    - 고문론 2(▷p288) (쓰다 마미치)   津田眞道_拷問論二
    - 참된 위정자의 설 (스기 코지)   杉亨二_眞爲政者ノ說
    - 서학일반 1 (나카무라 마사나오 번역)

中村正直_西學一斑

    - 질의일칙 (사카타니 시로시)   阪谷素_質疑一則

- 제11호 7월 4일/明治7年6月
    - 정론 2 (쓰다 마미치)   津田眞道_政論二

- 처첩론 2(▷p113) (모리 아리노리)   森有禮_妻妾論二
- 서학일반 2 (나카무라 마사나오 번역)
    中村正直_西學一斑二
- 질의일칙 (사카타니 시로시)   阪谷素_質疑一則

- 제12호 7월 17일/明治7年6月
  - 교문론 7(▷p167) (니시 아마네)   西周_敎門論七
  - 정론 3(▷p91) (쓰다 마미치)   津田眞道_政論三
  - 서학일반 3 (나카무라 마사나오 번역)
      中村正直_西學一斑三

- 제13호 /明治7年6月
  - 미국정교 3 (가토 히로유키 번역)   加藤弘之_米國政敎三
  - 상상론 (쓰다 마미치)   津田眞道_想像論
  - 민선의원을 세우려면 먼저 정체를 정해야 한다는 것에 대한 의문(▷p97) (사카타니 시로시)
      阪谷素_民撰議院ヲ立ルニハ先政體ヲ定ムベキノ疑問

- 제14호 8월 7일/明治7年7月
  - 지知에 관한 설 1 (니시 아마네)   西周_知說一
  - 리버티에 대한 논설 2(▷p215) (미쓰쿠리 린쇼)
      箕作麟祥_リボルチーノ說二
  - 화폐의 효능 (스기 코지)   杉亨二_貨幣ノ效能
  - 덴구에 관한 설 (쓰다 마미치)   津田眞道_天狗說

- 제15호 9월 7일/明治7年8月
  - 처첩론 3(▷p115) (모리 아리노리)   森有禮_妻妾論三
  - 서학일반 4 (나카무라 마사나오 번역)
      中村正直_西學一斑四
  - 조세의 권을 상하 공공으로 해야 한다는 설(▷p276) (사카타니 시로시)
      阪谷素_租稅ノ權上下公共スベキノ說

제17장 부록

- 정론 4 (쓰다 마미치)   津田眞道_政論四
- 제16호 9월 22일/明治7年
  - 정론 5 (쓰다 마미치)   津田眞道_政論五
  - 인간 공공의 설 1(▷p261) (스기 코지)
    杉享二_人間公共ノ說一
  - 서학일반 5 (나카무라 마사나오 번역)
    中村正直_西學一斑五
  - 애적론(▷p227) (니시 아마네)   西周_愛敵論
- 제17호 9월 30일/明治7年9月
  - 재정변혁의 설 (간다 다카히라)   神田孝平_財政變革ノ說
  - 지진의 설 (쓰다 마미치)   津田眞道_地震ノ說
  - 지에 관한 설 2 (니시 아마네)   西周_知說二
- 제18호 10월 25일/明治7年10月
  - 서양 개화는 서행한다는 설(▷p197) (쓰다 마미치)
    津田眞道_西洋ノ開化西行スル說
  - 나라를 가벼이 여기는 정부 (가토 히로유키)
    加藤弘之_輕國政府
  - 인간 공공의 설 2(▷p264) (스기 코지)
    杉享二_人間公共ノ說二
  - 화장에 관한 의문 (사카타니 시로시)   阪谷素_火葬ノ疑
  - 정실설 (니시 아마네)   西周_情實說
  - 국악을 진흥시켜야 한다는 설 (간다 다카히라)
    神田孝平_國樂ヲ振興スヘキノ說
- 제19호 11월 4일/明治7年10月
  - 비밀설 (니시 아마네)   西周_祕密說
  - 민선의원의 때가 아직 도래하지 않았다는 논의(▷p105) (간다 다카히라)
    神田孝平_民撰議院ノ時未タ至ラサルノ論

- 존이설(▷p231) (사카타니 시로시)   阪谷素_尊異說
- 인간 공공의 설 3(▷p267) (스기 코지)

                                         杉享二_人間公共ノ說三

- 제20호 11월 29일/明治7年11月
  - 신문지론(▷p219) (쓰다 마미치)   津田眞道_新聞紙論
  - 처첩론 4(▷p118) (모리 아리노리)   森有禮_妻妾論四
  - 미신에 관한 의문 (사카타니 시로시)   阪谷素_狐說ノ疑
  - 미신론의 확장 (사카타니 시로시)   阪谷素_狐說ノ廣義
  - 지에 관한 설 3 (니시 아마네)   西周_知說三

- 제21호 12월 14일/明治7年11月
  - 대만정벌 강화회의에 관한 연설 (후쿠자와 유키치)

                                         福澤諭吉_征臺和議ノ演說

  - 삼성론(▷p186) (쓰다 마미치)   津田眞道_三聖論
  - 인간 공공의 설 4(▷p269) (스기 코지)

                                         杉享二_人間公共ノ說四

  - 여성의 치장에 관한 의문 (사카타니 시로시)

                                         阪谷素_女飾ノ疑

- 제22호 12월 19일/明治7年12월
  - 지에 관한 설 4 (니시 아마네)   西周_知說四
  - 부부유별론 (쓰다 마미치)   津田眞道_夫婦有別論
  - 정치와 도덕에 관한 의문 1 (사카타니 시로시)

                                         阪谷素_政教ノ疑一

  - 화학 개혁의 대략 (시미즈 우사부로)

                                         清水卯三郎_化學改革ノ大略

  - 지폐 교환을 깊이 바라는 글: 화폐4록 1 (간다 다카히라)

                                         神田孝平_紙幣引換懇願錄貨幣四錄一

- 제23호 /明治7年12월

- 내지여행(▷p297) (니시 아마네)   西周_內地旅行
- 정금의 해외 유출에 대한 탄식: 화폐4록 2 (간다 다카히라)   神田孝平_正金外出嘆息錄貨幣四錄二
- 서학일반 6 (나카무라 마사나오 번역)   中村正直_西學一斑六

- 제24호 /明治7年12月
  - 내지여행론(▷p306) (쓰다 마미치)   津田眞道_內地旅行論
  - 무역개정론 (스기 코지)   杉亨二_貿易改正論
- 제25호 /明治7年12月
  - 지에 관한 설 5 (니시 아마네)   西周_知說五
  - 정치와 도덕에 관한 의문 2 (사카타니 시로시)   阪谷素_政敎ノ疑二
  - 괴이함에 관한 논설 (쓰다 마미치)   津田眞道_怪說

1875년

- 제26호 /明治8年1月
    - 내지여행에 관한 니시 선생의 주장을 논박하다(▷p311) (후쿠자와 유키치)　　　福澤諭吉_內地旅行西先生ノ說ヲ駁ス
    - 무역균형론 (쓰다 마미치)　　　津田眞道_貿易權衡論
    - 지폐의 미래 망상록: 화폐4록 3 (간다 다카히라)
      　　　神田孝平_紙幣成行妄想錄貨幣四錄三

- 제27호 2월 13일/明治8年2月
    - 처첩론 5(▷p119) (모리 아리노리)　　　森有禮_妻妾論五
    - 민선의원변칙론 1 (사카타니 시로시)
      　　　阪谷素_民撰議院變則論一

- 제28호 2월 19일/明治8年2月
    - 민선의원변칙론 2 (사카타니 시로시)
      　　　阪谷素_民撰議院變則論二
    - 세가지 정체에 관한 설 1 (니시무라 시게키)
      　　　西村茂樹_政體三種說一
    - 세가지 정체에 관한 설 2 (니시무라 시게키)
      　　　西村茂樹_政體三種說二

- 제29호 2월 26일/明治8年2月
    - 망라의원의 설(▷p106) (니시 아마네)　　　西周_網羅議院ノ說
    - 자유 교역론 (니시무라 시게키)　　　西村茂樹_自由交易論
    - 교문론 의문 1(▷p172) (카시와바라 타카아키)
      　　　柏原孝章_敎門論疑問一

- 제30호 3월 8일/明治8年2月
    - 메이로쿠샤 제1회 임원 개선에 관한 연설(▷p15) (모리 아리노리)　　　森有禮_明六社第一年回役員改選ニ付演說
    - 인재론 (쓰다 마미치)　　　津田眞道_人材論

제17장 부록

- 교문론 의문 2(▷p176) (카시와바라 타카아키)
  柏原孝章_敎門論疑問二
- 인민의 성질을 개조하는 설(▷p188) (나카무라 마사나오)
  中村正直_人民ノ性質ヲ改造スル說

• 제31호 3월 15일/明治8年3月
  - 부부동권의 유폐론 1(▷p123) (가토 히로유키)
    加藤弘之_夫婦同權ノ流弊論一
  - 부부동권의 유폐론 2(▷p125) (가토 히로유키)
    加藤弘之_夫婦同權ノ流弊論二
  - 수신과 치국은 두 갈래 길이 아니라는 논의(▷p271) (니시무라 시게키)
    西村茂樹_修身治國非二途論
  - 교문론 의문 3(▷p179) (카시와바라 타카아키)
    柏原孝章_敎門論疑問三
  - 남녀동수론(▷p122) (후쿠자와 유키치)
    福澤諭吉_男女同數論

• 제32호 3월 25일/明治8年3月
  - 국민 기풍에 관한 논 (니시 아마네)
    西周_國民氣風論
  - 첩설에 관한 의문(▷p129) (사카타니 시로시)
    阪谷素_妾說ノ疑

• 제33호 4월 6일/明治8年3月
  - 좋은 어머니를 만드는 설(▷p144) (나카무라 마사나오)
    中村正直_善良ナル母ヲ造ル說
  - 적설(▷p237) (니시무라 시게키)
    西村茂樹_賊說
  - 일요일에 관한 설 (카시와바라 타카아키)
    柏原孝章_日曜日ノ說
  - 화폐의 병근을 치료하는 법 : 화폐4록 4 (간다 다카히라)
    神田孝平_貨幣病根療治錄貨幣四錄四

• 제34호 4월 25일(추정)/明治8年4月
  - 쇄국상상설 (스기 코지)
    杉亨二_想像鎖國說

- 화폐4록 부언 (간다 다카히라)　　　神田孝平_貨幣四錄附言
- 정욕론 (쓰다 마미치)　　　津田眞道_情欲論
- 제35호 5월 14일/明治8年4월
  - 중국을 얕보지 말아야 한다는 논설 (▷p246) (나카무라 마사나오)　　　中村正直_支那不可侮論
  - 천강설 1 (사카타니 시로시)　　　阪谷素_天降說一
  - 부부동권변 (▷p127) (쓰다 마미치)　　　津田眞道_夫婦同權辨
- 제36호 5월 20일/明治8年5월
  - 천강설 속편 (사카타니 시로시)　　　阪谷素_天降說ノ續キ
  - 서양 단어 열두 개에 대한 풀이 : 문명개화 해석 (▷p199) (니시무라 시게키)　　　西村茂樹_西語十二解一
- 제37호 6월 7일/明治8年5월
  - 서양 단어 열두 개에 대한 풀이 : 자주자유 해석 (▷p221) (니시무라 시게키)　　　西村茂樹_自主自由解西語十二解二
  - 상과 벌, 편훼와 명예에 관한 논의 (나카무라 마사나오)　　　中村正直_賞罰毀譽論
  - 철광산을 열어야 한다는 주장 (간다 다카히라)　　　神田孝平_鐵山ヲ開クヘキノ議
- 제38호 6월 14일/明治8年6월
  - 인생의 세 가지 보물 1 (니시 아마네)　　　西周_人生三寶說一
  - 전환의 이음새에 관한 설 (사카타니 시로시)　　　阪谷素_轉換蝶鉸說
- 제39호 6월 25일/明治8年6월
  - 인생의 세 가지 보물 2 (니시 아마네)　　　西周_人生三寶說二
  - 정부와 인민은 이해를 달리한다는 논 (▷p203) (니시무라 시게키)　　　西村茂樹_政府與人民異利害論
  - 서학일반 7 (나카무라 마사나오 번역)

제17장 부록

                 中村正直_西學一斑七

- 제40호 9월 5일/明治8年8月
    - 인생의 세 가지 보물 3 (니시 아마네)   西周_人生三寶說三
    - 정신 함양설 (사카타니 시로시)   阪谷素_養精神一說
- 제41호 9월 5일/明治8年8月
    - 사형론 (쓰다 마미치)   津田眞道_死刑論
    - 벼꽃 교배법 주장 (쓰다 센)   津田仙_禾花媒助法之說
    - 정신 함양설 2 (사카타니 시로시)   阪谷素_養精神一說二
- 제42호 10월 10일(혹은 16일)/明治8年10月
    - 서양 단어 열두 개에 대한 풀이 : 권 해석 (니시무라 시게키)   西村茂樹_權理解 西語十二解三
    - 인생의 세 가지 보물 4 (니시 아마네)   西周_人生三寶說四
    - 폐창론 (쓰다 마미치)   津田眞道_廢娼論
- 제43호 11월 14일/明治8年11月
    - 전환설 (니시무라 시게키)   西村茂樹_轉換說
    - 존왕양이설 (사카타니 시로시)   阪谷素_尊王攘夷說

메이로쿠샤 동인들의 연령 비교표

1874년 4월 1일을 기준으로 만 나이를 표시했다.[3]

이름	출생		사망
사카타니 시로시	1822	(51)	1881
미쓰쿠리 슈헤이	1826	(48)	1886
니시무라 시게키	1828	(45)	1902
스기 코지	1828	(45)	1917
니시 아마네	1829	(45)	1897
쓰다 마미치	1829	(44)	1903
시미즈 우사부로	1829	(44)	1910
간다 다카히라	1830	(43)	1898
나카무라 마사나오	1832	(41)	1891
후쿠자와 유키치	1835	(39)	1901
카시와바라 타카아키	1835	(38)	1910
가토 히로유키	1836	(37)	1916
쓰다 센	1837	(36)	1908
시바타 쇼키치	1842	(31)	1901
미쓰쿠리 린쇼	1846	(27)	1897
모리 아리노리	1847	(26)	1889

3) 출처는 『明六雜誌 (中)』, 岩波書店(2008), 436쪽

참고 문헌

[1] 生野ふみ,「敬宇中村先生を訪ふ」(1891),『女学雑誌』第232号

[2] 大西祝,「啓蒙時代の精神を論ず」『国民之友』362号, 1897

[3] 平泉澄・寺田剛編,『大橋訥庵先生全集上巻』, 至文堂, 1938

[4] 烏尾小彌太,「述懐論」,『時事談』, 中正社, 1891

[5] 加藤弘之,『立憲政體略』, 紀伊國屋源兵衛, 1868
김도형 역,『입헌정체략・진정대의』, 세창출판사, 2017

[6] 中村正直,「教女規範敍」(1878),『敬宇文集』卷十四, 吉川弘文館, 1903

[7] 中村正直,『請質所聞』, 靜嘉堂文庫所藏, 자필본, 1869

[8] John Stuart Mill, *On Liberty and Other Essays*, Oxford, Oxford University Press, 2008
서병훈 역,『자유론』, 책세상, 2016

[9] 弥爾著・中村敬太郎訳,『自由之理』全二卷, 同人社藏版, 1872

참고 문헌

[10] 斯邁爾斯著, 中村敬太郎譯, 『西國立志編』, 山田俊蔵, 1870~71

김유신 역, 『자조론』, 21세기북스, 2005

[11] 山下五樹編, 『阪谷朗廬先生書翰集』, 私家版(岡山), 1980

[12] 山下五樹編, 『朗廬先生宛諸氏書簡集』, 私家版, 1993

[13] 阪谷朗廬, 『阪谷朗廬文書』国立国会図書館憲政資料室編

[14] 阪谷朗廬著/阪谷芳郎·阪田丈平編, 1893, 『朗廬全集』, 私家版(「白鹿洞揭示說」, 1862)

[15] 福澤諭吉, 『福翁自傳』, 1899

허호 역, 『후쿠자와 유키치 자서전』, 이산, 2006

[16] 福澤諭吉, 『学問のすすめ』東京:岩波文庫, 2010

남상영, 사사가와 고이치 역, 『학문의 권장』소화출판, 2012

[17] 慶応義塾編纂, 『福澤諭吉全集』, 岩波書店, 1958

[18] 福澤諭吉, 『福澤諭吉著作集』, 慶應義塾大學出版會, 2002

[19] 福澤諭吉, 『文明論之概略』(1875)(『福澤諭吉全集 第四卷』, 岩波書店, 1959)

성희엽 역, 『문명론 개략』, 소명출판, 2020

[20] 朱熹撰 『四書章句集註』, 北京:中華書局, 1983

[21] 『修身學社叢說』: 第三冊, 明治13年5月~7月

[22] 西村茂樹, 『往事錄』1905

[23] 西周, 『百一新論』, 1874

허지향 역, 『백일신론』, 빈서재, 2020

[24] 広瀬順晧編, 『近代演説討論集』第6卷, ゆまに書房, 1987

[25] 今井宇三郎 外 校注, 『水戶学 日本思想大系53』, 岩波書店, 1973

[26] 大久保利謙編, 『明治啓蒙思想集 明治文學全集3』, 筑摩書房, 1967

[27] 山室信一・中野目徹校注『明六雜誌 上・中・下』, 岩波書店, 1999-2009

[28] 森有礼,「明治二十年秋森文部大臣第三地方部学事巡視中演説ノ旨趣」,『新修森有礼全集』第二巻, 大久保利謙監修, 文泉堂書店, 1998

[29] 山崎正董編,『横井小楠遺稿』, 日新書院, 1942

[30] C.P.ツュンベリー著・高橋文訳,『江戸参府随行記』, 平凡社, 1994

[31] 鳥尾小彌太,「述懐論」,『時事談』, 中正社, 1891

[32] 清水連郎,「瑞穂屋卯三郎のこと」,『新旧時代』第一年第十冊, 明治文化研究会編, 1925

[33] 麻生義輝,『近世日本哲学史：幕末から明治維新の啓蒙思想』, 書肆心水, 2008[初出1942]

[34] 宮川透,「民選議院論争と明六社」『思想』1955년 10월호

[35] 深谷昌志,『良妻賢母主義の教育』, 黎明書房, 1966

[36] 宮川透『日本精神史への序論』, 紀伊国屋新書, 1966

[37] 滋賀秀三,『中国家族法の原理』, 創文社, 1967

[38] 服部之総,「明治の思想」(大久保利謙編,『明治文学全集三 明治啓蒙思想集』筑摩書房, 1967)

[39] 植手通有,「明治啓蒙思想の形成とその脆弱性」,『日本の名著三十四 西周・加藤弘之』, 中央公論社, 1968

[40] 本山幸彦,『明治思想の形成』, 福村出版, 1969

[41] 山川菊栄,『おんな二代の記』, 平凡社, 1972

[42] 山下敏鎌編,『興譲館百二十年史』, 岡山：同記念刊行會, 1973

[43] 穂積陳重,「余ガ見ザル郎廬先生」(1931), 山下敏鎌編『興譲館百二十年史』, 同記念刊行會, 1973

[44] 村上直,「近世増上寺領における『女学校発起之趣意書』について」,『法政史学』30号, 法政大學史學會, 1978

[45] 阪谷芳直,『三代の系譜』, みすず書房, 1979

[46] 杉山光信,『戦後啓蒙と社会科学の思想』, 新曜社, 1983

[47] 小股憲明,「阪谷素における傳統と啓蒙」,『日本思想史』第26號, 1986

[48] 松本三之介,「儒學の展開と洋學の受容―阪谷素の場合」,『日本近代思想大系 10・學問と知識人』岩波書店, 1988

[49] 辻元雅史『近世教育思想史の研究』, 思文閣出版, 1990

[50] 萩原隆,『中村敬宇研究―明治啓蒙思想と理想主義』, 早稲田大学出版会, 1990

[51] 遠山茂樹,『明治維新』,『遠山茂樹著作集』第一卷, 巖波書店, 1991

[52] 小山静子『良妻賢母という規範』, 勁草書房, 1991

[53] 戸沢行夫,『明六社の人々』, 築地書館, 1991

[54] 友野清文「良妻賢母思想の変遷とその評価―近年の研究をめぐって」,『歴史評論』517号, 1993

[55] 山下五樹,『岡山文庫177 阪谷朗廬の世界』, 日本文教出版, 1995

[56] 鳥海靖,『明六雑誌と近代日本 上』, 日本放送出版協会, 1995

[57] 瀬地山角,『東アジアの家父長制』, 勁草書房, 1996

[58] 牧原憲夫,『客分と国民のあいだ―近代民衆の政治意識』, 吉川弘文館, 1998

[59] 荻原隆,「明治啓蒙思想の構造」西田毅編(『近代日本政治思想史』, ナカニシヤ出版, 1998)

[60] 渡辺浩,「「夫婦有別」と「夫婦相和シ」」,『中国』第15号, 2000

[61] 関口すみ子,「『女四書』と近代日本」,『季刊日本思想史』第59号, ぺりかん社, 2001

[62] 中野目徹,『書生と官員 —明治思想史点景—』, 汲古書院, 2002

[63] 小川澄江,『中村正直の教育思想』, コスモヒルズ, 2003

[64] 大久保建晴,「明治初期知識人における宗教論の諸相—西周と中村敬宇を中心に-」,『政治思想研究』4, 2004

[65] 渡辺浩,「教と陰謀国体の一起源」(朴忠錫ほか編『韓国・日本・西洋--その交錯と思想変容』, 慶応義塾大学出版会, 2005「'교'와 음모 – 국체(國體)의 한 기원」,『한국・일본・'서양'』, 아연출판부, 2008

[66] 関口すみ子,『御一新とジェンダ- 荻生徂徠から教育勅語まで』, 東京大学出版会, 2005

[67] 前田勉,「付論2 女性解放のための朱子学」,『兵学と朱子学・蘭学・国学 近世日本思想史の構図』, 平凡社, 2006

[68] 羽賀祥二編,『洋々社談』(復刻版), ゆまに書房, 2007

[69] 真壁仁,『徳川後期の学問と政治』, 名古屋大学出版会, 2007

[70] 大久保利謙,『明六社』, 講談社学術文庫, 2007

[71] 菅原光,『西周の政治思想 規律・公利・信』, ぺりかん社, 2009

[72] 中村敏子,「家父長制からみた明治民法体制：近代化過程における婚姻関係」,『北海学園大学法学研究』45(1), 2009

[73] 李セボン,「朱子学者阪谷素の「理」と天皇」,『政治思想研究 政治思想と周縁・外部・マイノリティ』第10号, 風行社, 2010

[74] 渡辺浩,『日本政治思想史 十七~十九世紀』, 東京大学出版会, 2010

김선희, 박홍규 역, 『일본 정치사상사 [17~19세기]』, 고려대출판문화원, 2017

[75] 河野有理, 『明六雑誌の政治思想-阪谷素と「道理」の挑戦』, 東京大学出版会, 2011

[76] 渡辺浩, 「儒教と福澤諭吉」, 『福沢諭吉年鑑』39, 福沢諭吉協会, 2012

[77] 木村直恵, 「「社会」以前と「社会」以後-明治期日本における「社会」概念と社会的想像の編成」『東アジアにおける知的交流——キイ・コンセプトの再検討——』, 国際日本文化研究センター, 2013

[78] 木村直恵「<ソサイチー>を結ぶ: 明六社「ソサイチー」社交・アソシエーション実践(プラクティス) (前後編)」, 『学習院女子大学紀要』16, 2014

[79] 渡辺浩, 『東アジアの王権と思想　増補新装版』, 東京大學出版會, 2016

[80] 米原謙編著, 『「天皇」から「民主主義」まで』, 晃洋書房, 2016

[81] 松沢裕作, 『自由民権運動　<デモクラシー>の夢と挫折』, 岩波新書, 2016

[82] 三谷博, 『維新史再考 公議・王政から集権・脱身分化へ』, NHK Books, 2017

[83] 澤井啓一, 「西周と儒學・國學」, 『北東アジア研究』第31號, 2020

[84] 김용덕, 「명치초기 일본의 지식인운동 -「明六社」의 사회계몽활동을 중심으로」, 『지역연구』제2권 제1호, 1993

[85] 임종원, 「후쿠자와 유키치와 明六社 小考」, 『한양일본학』제13집, 한양일본학회, 2004

[86] 윤소영,「근대국가 형성기 한·일의 '현모양처'론 -그 공통점과 차이점을 중심으로-」,『한국민족운동사연구』44, 2005

[87] Albert M. Craig, *Civilization and Enlightenment*, Harvard University Press, 2009

[88] 이성례,「일본 근대 메이지기 인쇄 미술에 나타난 현모양처 이미지」,『한국근현대미술사학 21』, 12, 2010

[89] 이건상, 정혜정,「일본 메이지유신(明治維新)기 메이로쿠샤(明六社) 결성과 문명개화론의 성격」,『일본학연구』제33집, 단국대 일본연구소, 2011

[90] 김용덕,「메이지 초기 일본 지식인의 기독교 이해 – 명육사(明六社)를 중심으로」,『일본비평』제9호, 서울대 일본연구소, 2013

[91] 미야지마 히로시,『일본의 역사관을 비판한다』, 창비, 2013

[92] 박훈,『메이지 유신은 어떻게 가능했는가』, 민음사, 2014

[93] 이새봄,「나카무라 마사나오의『西國立志編』서문에 나타난 보편성 논의」,『동방학지』제172집, 2015

[94] 이새봄,「中村正直의 文明論: 天의 사상과 품행의 관계」,『日本歷史研究』41권, 2015

[95] 이새봄,「메이로쿠샤(明六社) 지식인들 논의에 나타난 다양성과 공존의 문제」,『개념과 소통』제18호, 2016.

[96] 홍양희,「'현모양처'의 상징, 신사임당: 식민지시기 신사임당의 재현과 젠더정치학」,『사학연구』122, 2016

[97] 이새봄,「「경천애인설」에 나타난 나카무라 마사나오의 사상적 전환」,『일본비평』제16호, 2017

[98] 이예안,「메이지일본의 '계몽' 개념: '啓蒙'과 'Aufklärung'의 교차」,『용봉인문논총』통권52호, 2018

[99] 이새봄, 「이노우에 데쓰지로(井上哲次郎)의 '유학 삼부작': 근대 일본 유학사의 시초」, 『한국사상사학』 제61집, 2019

[100] 이예안, 「메이지 일본의 국체론적 계몽주의 –이데올로기로서의 '교(敎)'와 계몽의 구조」, 『개념과 소통』 23권, 2019

[101] 장인성, 「유길준의 문명사회 구상과 스코틀랜드 계몽사상」, 『개념과 소통』 제23호, 2019.

[102] 최정훈, 「해제: 후쿠자와 유키치와 존 힐 버튼의 지적조우」, 『문명의 아르케』, 2019

찾아보기

【ㄱ】

가토 히로유키 16, 26, 70, 88, 123, 125, 159, 329, 332, 333, 336, 383, 447

개명 . 29, 57, 77, 81, 88, 97, 101, 103, 113, 117, 145, 158, 159, 176, 211, 217, 219, 221, 278, 279, 288, 328, 343, 383, 419, 425

거류지 / concession 300
고계학 / paleontology 159
곡물법 / Corn Law 195

공론 . 85, 96, 103, 104, 257, 259, 281, 322, 351, 356, 359, 373, 375, 382, 384, 386, 391, 400, 403

공리 / axiom 299

공의여론 . 80, 82, 86, 88, 96, 107, 109, 110, 195

공자 . 32, 93, 168, 186, 197, 227, 367, 371, 399, 401, 402, 424

공화정 72, 210, 213, 216, 225
교문 87, 117, 122, 135, 136, 149, 153, 156, 158, 181, 202, 410, 449, 451

교제 ... 28, 56, 73, 111, 123, 124, 128, 191, 198, 200, 201, 205, 223, 239, 244, 245, 253, 264, 268, 315, 318

국법범론 88, 90
국체 . 86, 98, 105, 150, 216, 244, 278, 416

권 ... 62, 71, 74, 81, 85, 94, 105, 111, 114, 122, 124, 127, 132, 133, 145, 204, 205, 212, 214, 216, 218, 223, 227, 244, 263, 276, 277, 288, 305, 374, 393, 404

귀납 / induction .. 298, 301, 304, 315, 316

기독교 ... 31, 173, 184, 185, 328, 355, 361, 402, 404, 407, 408, 410, 412, 415, 424, 428, 437, 451, 453, 454

기조 / François Guizot 200

【ㄴ】

나카무라 마사나오 ... 16, 26, 144, 188, 246, 329, 333, 349, 353, 367, 404, 412, 424, 432, 448

나카에 도주 32
나폴레옹 3세 210, 234
내셔널리티 / nationality 244
내지여행 297, 300, 302, 305, 306, 309, 315, 350, 355

니시 아마네 ... 16, 21, 26, 27, 74, 106, 149, 152, 157, 159, 162, 167, 227, 297, 329,

479

찾아보기

332, 339, 341, 344, 350, 353, 360, 408, 409
니시무라 시게키 . 16, 26, 46, 192, 199, 203, 221, 236, 271, 326, 338, 355, 376, 396, 404

【ㄷ】
다마노 요후지 286
다이라노 마사카도 . 100, 257, 279
대만정벌 105, 107, 241, 242, 249, 331, 336, 354
대일본사 237
데스포테스 / despotes . 212, 213, 222
듀로스 / doulos.... 212, 213, 222
디오니시오스 / Dionysius I of Syracuse 214

【ㄹ】
로니 / Léon-Louis-Lucien Prunel de Rosny 35
로직 / logic 298
루이 14세 / Louis XIV 217
리 . 123, 130, 165, 166, 188, 193, 272
리버럴 / liberal 70
리버티 / liberty ... 212, 214, 222
리비 / Titus Livius 222
리터러처 / literature 43
리폼 빌 / Reform Bill 196

【ㅁ】
마담 캉팡 / Henriette Campan 142
마키 료코 247
만국공법 229, 413

메이로쿠 잡지 . 17, 18, 21, 23, 25, 107, 137, 311, 321, 326, 333, 335, 339, 341, 344, 349, 350, 356, 358, 360, 372, 383, 387, 403, 414, 446, 448
메이로쿠샤 15, 19, 21, 22, 24, 26, 29, 42, 55, 56, 119, 185, 255, 326, 346, 349, 353, 356, 360, 367, 375, 378, 380, 382, 387, 394, 405, 408, 413, 414, 423, 425, 427, 429
메이로쿠회 332
메이지 6년의 정변 83
메이지 유신 ... 27, 28, 41, 50, 61, 63, 75, 78, 82, 83, 101, 188, 271, 301, 314, 321, 335, 342, 345, 347, 350, 354, 359, 374, 375, 380, 381, 384, 397, 402, 404, 407, 428, 432, 434, 449
모노와리노 하시고 52, 54
모디피케이션 / modification . 304
모럴 / moral .. 43, 144, 145, 230, 363, 364, 450
모르몬교 / Mormones .. 131, 137
모리 아리노리 . 15, 16, 26, 71, 86, 110, 111, 113, 115, 118, 119, 139, 191, 326, 329, 331, 339, 400, 446, 448, 455
문명개화 27, 48, 56, 57, 128, 129, 133, 169, 170, 183, 185, 191, 194, 197, 199, 201, 219, 221, 225, 235, 239, 249, 274, 293, 300, 306,

308, 322, 324, 341, 343, 349, 350, 352, 353, 356, 381, 383, 396, 407, 427, 432, 445
미쓰쿠리 린쇼 . 16, 194, 212, 215, 329
미쓰쿠리 슈헤이 . 16, 20, 26, 140, 329, 338
미첼 / Samuel Augustus Mitchell 180
민선의원 . . 81, 84, 86, 88, 91, 92, 94, 96, 98, 100, 103, 105, 107, 110, 189, 280, 282, 336, 350, 351, 355, 372, 375, 382, 385, 387, 389, 391, 394, 403
밀 / John Stuart Mill . . 200, 212, 353, 367, 370, 372, 379

【ㅂ】
바실레우스 / basileis 214
백거이 32
버클 / Henry Thomas Buckle 194
번즈 / Robert Burns 147
벤담 / Jeremy Bentham 273
봉칙시말 255
부부동권 122, 125, 127, 128, 131, 133, 138, 145, 446, 447
부부유별 439, 440
브라우닝 / Robert Browning 146
비스마르크 / Otto von Bismarck 90, 169, 211

【ㅅ】
사마광 235
사이고 다카모리 83, 376

사이언스 / science 43, 144
사카타니 시로시 . 26, 55, 97, 129, 231, 251, 276, 329, 332, 333, 339, 344, 345, 357, 382, 383, 403
사토우 / Ernest Mason Satow 198
사회 77
사회적 / social 29
새비지 / savage 200
서경 237, 293, 296, 310, 324, 377
서양 글자 . 34, 37, 38, 41, 46, 47, 50, 350
석가 157, 173, 181, 186, 187, 197, 424
세르비 / servi 212, 222
소극 / negative 302, 304, 317
소사이어티 / society 19, 328
스기 코지 . . . 16, 17, 26, 261, 264, 267, 269, 329, 332
스타티스틱 / statistics 258
스피릿 / spirit . 62, 132, 385, 386
슬레이버리 / slavery 213
시경 146, 161, 173, 220, 420, 450
시미즈 우사부로 . . 16, 26, 50, 332
시빌리제이션 / civilization . . 199, 201, 324, 325
신교정치 / theocracy . . 151, 152, 159, 176
신문지조례 21, 22, 333, 336, 338, 387
신율강령 112, 289, 292, 294
써클 / circle 299
쓰다 마미치 . . 16, 26, 73, 91, 127, 183, 186, 197, 209, 219, 286, 288, 292, 294, 306, 329, 334, 339, 344, 423,

481

447

【ㅇ】

아구라나베 323
아리아드네 / Ariadne 165
아베 마사히로 312
아시카가 다카우지 100, 254, 257, 279
아트 / art 43, 144
안씨가훈 28
야마자키 안사이 32
양이절교 299, 304, 308, 309, 411, 416
양처현모 352, 431, 432, 448, 452, 455, 456
역경 97, 146, 324, 403, 450
연설 / speech 331
연역 / deduction .. 298, 300, 313, 315
예기 137, 439
오개조의 어서문 96, 101, 259, 359, 360, 384, 385
오규 소라이 32
오쿠보 토시아키 322
왕안석 235
왕양명 32
육도삼략 43
이에 327, 432, 435, 437, 439, 444, 453, 454, 456
이타가키 다이스케 79, 83, 91, 335, 336, 351, 363, 389
이홍장 169, 249
인디언 / indian 304
일본도덕론 327, 376
일본서기 237
일본어회화안내 35
일본외사 237

일신이생 . 348, 349, 381, 382, 404
입헌군주정 . 72, 91, 98, 101, 103, 213, 225, 258, 259, 355, 359, 374, 382, 384, 386, 403

【ㅈ】

자유자재 116
자주자유 ... 22, 57, 74, 124, 131, 134, 155, 156, 184, 204, 209, 211, 213, 215, 219, 222, 225, 263, 269, 285, 289, 291, 306, 308, 337, 338, 343, 353, 363, 370, 389, 395, 397, 398, 401, 402, 415, 443
잡거 31, 305, 311, 314, 318
장자 75, 181
적극 / positive 302, 304, 317
전제정 75, 83, 213, 215, 218
전천 / a priori 45
정체 . 97, 98, 100, 102, 188, 234, 258, 374, 382, 384, 386, 403, 416
조항 / stipulation 304
쥬리스딕션 / jurisdiction 305
집의원 100

【ㅊ】

참방률 21, 22, 336, 338, 387
체사레 베카리아 / Cesare Beccaria 296

【ㅋ】

카노사의 굴욕 153
코뮤니스트 / communist 70
콘페데레트 / confederate 239

쿠사카 겐즈이 251
큐리어시티 / curiosity 43

【ㅌ】
타르퀴니우스 / Lucius
   Tarquinius 222
타리프 / tariff 305
태고사 / mythology 159
태정유전 303
토끼 투기 317
토마스 브라운 / Thomas Browne
   273
토마스 웨이드/ Thomas Francis
   Wade 249
티라노스 / tyrannos 214

【ㅍ】
팔러먼트 / parliament ... 89, 108
페이시스트라토스 / Peisistratos
   214
폴리크라테스 / Polycrates ... 214
폴리틱 / politic 230, 363

표트르 / Pyotr Velíkiy . 169, 210,
   233
피트 / William Pitt the Younger
   89

【ㅎ】
하야시 라잔 32
학자직분론 59, 74, 351
한자동맹 217
해리 파크스 / Harry Parkes . 297
헵번 / James Curtis Hepburn 35
호화개교 300, 304
혼인률 안 120
화영어림집성 35
황통 99
후천 / a posteriori 45
후출사표 237
후쿠자와 유키치 .. 16, 21, 26, 59,
   122, 180, 241, 311, 324,
   329, 331, 333, 342, 348,
   351, 376, 388, 397, 446